江戸町人地の空間史

都市の維持と存続

髙橋元貴

東京大学出版会

A Spatial History of Edo's Commoner District:
the Maintenance and Continuity of the City

Genki TAKAHASHI

University of Tokyo Press, 2018
ISBN 978-4-13-026247-7

江戸町人地の空間史／目次

序

本書は、都市空間が「どのようにかたちづくられたのか」ではなく、「どのようにかたちづけられていったのか」という視点のもと、日本近世都市の社会的・空間的な実態の解明を通して、都市の空間構造が歴史的に有した特質を考察するものである。

周知のように、一九九〇年代以降、日本近世都市史研究は、歴史学・歴史地理学・考古学・建築史学などの学際的な研究交流の活性化とともに飛躍的な進展をみせた。このうち都市空間に関しては、建築史学を中心に研究成果が蓄積されてきたが、誤解を恐れずにいえば、その多くは都市空間の開発や形成、その構造の確立や移行の局面――〈変化の相〉――に関心の重きがおかれてきたように思われる[1]。これに対し筆者の主眼は、安定や成熟、維持や存続の局面――〈持続の相〉――から都市空間ないしその構造を捉え直すことにある[2]。

対象とするのは、日本近世最大の城下町・江戸。このうち、商業・手工業・流通・労働などの諸活動の枢要を担った町人地――町方社会とその空間――を主たる舞台に、これを人的かつ物的にささえる基盤であった道・堀川を素材として、その維持と存続のありようを論ずることで、冒頭にかかげた課題にせまってみたい。時代は、筆者の視角（本書第Ⅰ部第1章）ともかかわって、江戸の都市域の空間的拡大が収束し、町奉行支配地が最大化された一八世紀半ばから、都市の空間再編がみられる天保期（一八三一―四五年）ごろのおおむね一九世紀前半までである[3]。

本書の課題を具体的にしめせば、以下の三点にまとめられる。

第一は、近世中後期における江戸町人地の特質を、多様な社会的・空間的な変化にみるのではなく、空間構造が再生産されてゆく過程のなかに見出すことである。

第二は、この視点のもと、都市の基盤施設であり、都市空間を外的に規定する物理的存在であった道と堀川を中心的な分析素材に、町人地がいかにして維持管理されてきたのか——されてこなかったのか——、そしてどのように存続してきたのか、を社会的・空間的実態の把握をもとに明らかにすることである。

第三は、以上の分析を通して、社会的分業が進展し、さまざまな社会諸集団が共在する近世中後期の江戸町人地における空間構造のなかに、いかなる画期あるいは史的段階を見出すことができるかを明示することである。

右の三点を検討するため、本書はつぎのような構成をとる。

まず第Ⅰ部「空間史研究への視座と城下町江戸」では、これまでの江戸町人地、ひいては城下町江戸に関する研究史の批判的検証に重点を置く。これは筆者が、現在にいたる研究史を総括し、新たな方法論を提起することが、建築史学からの江戸の都市史研究にとって重要な課題であると認識していることによる。

そのため、第1章「江戸町人地研究と本書の視角」では、日本近世都市史研究の方法論と江戸町人地研究の達成点をふまえた筆者の問題の所在と視角を提示し、つづく第2章「江戸の都市史研究と建築史学」では、江戸都市史研究の包括的な整理をもとに、建築史学に立脚点をもつ本書の研究史上の位置づけを試みる。

このうえに立って、具体的な分析を行うのが、つづく第Ⅱ部「江戸町人地と道」、第Ⅲ部「江戸町人地と堀川」、第Ⅳ部「都市空間をささえる人びと」である。あらかじめ各章の概要をしめせば以下の通りである。

第3章「道支配と管理体制——町人地における歴史的展開」では、一七世紀半ばから一八世紀末にかけての江戸町人地における道空間の支配と管理体制について考察する。ここでは、町共同体が負担した町内の道における維持管理のあり方を、幕府（町奉行と道奉行）の管理体制（認可システム）の生成過程の検討を通して浮かび上がらせ、これが一八世紀末に確立されたことを明らかにする。そして、町奉行による管理が、許認可制度による町内の道にかかわる多様な実態（「往還ニ相拘リ候儀」）の掌握と統制を意味していたこと、その管理権限の保持の背景には、町人地の支配という城下町の空間編成原理の存続にかかわる争点が孕まれていたことを指摘する。

第4章「道と「持場」――維持管理の空間構造」では、第3章で明らかにした認可システムと対になる江戸市中の道の管理体制であった「持場」の問題をとりあげ、江戸市中全体における道の維持管理構造としての位置づけを試みる。まず、先行研究によって指摘されてきた町共同体による町内の維持管理負担（「持場負担」）の実態を、個別町分析から再検討する。つぎに、場末の町方地域の事例をもとに、隣接する武家地や寺社地の負担関係もあわせて、それぞれの持場の空間的諸相を考察する。以上をふまえ、江戸市中における道の維持管理が、機能維持と治安維持の二つの位相に分化して考えられること、負担単位となる「持場」が二つの空間類型として把握できることを明らかにする。

第5章「堀川の空間動態と存続――「古町之川岸」の実像」では、江戸町方中心部を対象に、一七世紀後半から一九世紀半ばにかけての堀川の空間動態とその存続形態を論じる。江戸では堀川の機能維持を目的とする浚渫事業（「川浚」）が行われており、これが幕府によるもの（「公儀浚」）と堀川沿いの町人（ないし武家・寺社）によるもの（「自分浚」）とに分かれていたことが知られるが、この体制が一八世紀前半に一応の定式化をみることを推定する。そして、町方中心部の堀川で行われた川浚の実施動向を通時的に整理することで、当該期における堀川の質的状態を長期的に復元していく。そこでは、川浚が定期的に実施されていたとはいい難く、一部の堀川では通船機能に障害が出るような恒常的な「川埋り」が発生していたこと、他方では、川浚なしでも堀川の機能維持を実現できていたことなどを指摘し、類型ごとの堀川の特質を詳らかにするとともに、〝水の都〟としての江戸の都市イメージに一石を投じる。

第6章「江戸河岸の片影――神田堀と材木仲買」では、第5章で明らかとなった堀川の空間動態をふまえ、江戸町方における河岸空間——堀川と河岸地——の実態とその存続の意味を、神田堀を事例に、そこに集中して店を構えた材木仲買商との関係から考察する。まず、一七世紀後半に掘削され、一八世紀にかたちづくられた神田堀沿いの町々の空間構成と、江戸市中における材木仲買商の存在形態および仲間集団の内部構造をみる。そして、一八世紀末以降、神田堀沿いが材木仲買商の一大センターとなっていたことを指摘したうえで、当該期において神田堀が自然の堆積作用によって実質的に埋まっていたこと、また河岸地の人為的な築き出しによる土地利用がなされていたことを明らかにする。こうした相反する江戸河岸の社会的・空間的様相をふまえ、材木仲買にとっての河岸空間の本質が、運輸・交通機能よりも、貯蔵機能におかれていたのではないかとの仮説を提示している。

第7章「境界領域の規制と空間認識——沽券地・庇地・公儀地」では、江戸町方における道空間管理のひとつとして、文化年間(一八〇四—一八年)に町奉行所主導のもと実施された「庇地」の統制政策(「町々取調」)をとりあげる。これは、町役人(町名主・月行事)の立ち合いのもと、町奉行所役人(「町々取調懸」)によって行われた、江戸町方の庇地=店前空間の一斉摘発であり、調査方法もふくむその実施内容を具体的に検討する。そして、公儀地である「庇地」の確保を目指した町奉行所側の規制方針が、名主たちの土地境界の論理——下水を規制基準とする考え——によって換骨奪胎される様を、両者が作成した絵図の比較分析からあぶり出す。また、結果としては徒労に終わった右の統制政策の史的意義が、近世後期における幕府の都市空間把握の転換点として見出せると推定した。

第8章「町空間の再生産と民衆世界——鳶人足と火災復興」では、江戸町人地における実質的な維持管理の担い手であった鳶人足(集団)に焦点をあてる。まず、町方において鳶人足が有した職分の基本的性格を概観したうえで、安政二(一八五五)年の神田多町二丁目火事を題材に、彼らが日常的に取り組んだ、火災時における町の消火から類焼後の初期的な復興までの一連の過程を、町空間の維持行為として位置づける。従来必ずしも明らかにされてこなかった鳶人足の消火活動と土木・普請工事の請負実態を通して、町人地の存続にとって彼らの労働が不可欠な要素であったことを実証的に検証することで、江戸における都市空間の再生産労働の基底をなした都市下層社会の一端を照らし出す。

以上をふまえ、終章「江戸町人地の空間構造、その史的段階」では、個別分析を通して得られた知見を、通時的な観点から整理し、従来は静態的に捉えられがちであった近世中後期における江戸町人地の空間構造の歴史的段階を仮説的にしめしたい。

註

（1）たとえば、『図集 日本都市史』（東京大学出版会、一九九三年）の髙橋康夫・宮本雅明・伊藤毅による「総説」では、古代の「都城」と近世の「城下町」を前近代の日本固有の都市類型とみて、「「境内」と「町」の多様な実相——発生・展開・複合・解体・再編・移動・純化など——に着目」し、「変革期・移行期を重視する」との立場がしめされ、日本の都市空間の通史が叙述される。

（2）筆者の視角については本書第Ⅰ部第1章で詳述するが、こうした都市空間の捉え方の源泉は、アナール学派のフランス史家フェルナン・ブローデルの歴史的時間概念——長期持続・変動局面・出来事——の提起にある（同「世界の尺度としての歴史」原文未刊行、同「長期持続」原文初出一九五七年。ともに『ブローデル歴史集成Ⅱ 歴史学の野心』藤原書店、二〇〇五年に所収）。なお、〈変化の相〉と〈持続の相〉という用語については、アナール学派の日本への紹介者でもあったフランス史家・二宮宏之による表現から着想をえた（二宮宏之「全体を見る眼と歴史家たち」『二宮宏之著作集1』岩波書店、二〇一一年、初出一九七六年）。二宮は一九七〇年代のフランス歴史学の動向を整理するなかで、リュシアン・フェーブル、ブローデルにつぐアナール学派（第三世代）のエマニュエル・ルロワ＝ラデュリによるコレージュ・ド・フランスの近代文明史講座着任時の開講の辞「変わらざる歴史 L'histoire immobile」（この講演録は、Annales. Économies. Sociétés. Civilisations. Année 1974, Volume 29, Numéro 3, pp. 673-692 に掲載、日本語版としては「動かざる歴史」と訳出されルロワ＝ラデュリ『新しい歴史——歴史人類学への道』藤原書店、一九九一年に収録）をとりあげ、一四世紀初めより一八世紀までのフランスを「変化の相よりは不変の相において見ようとした」ものと評し、「歴史における数量的方法の信奉者」とされるルロワ゠ラデュリが、同時に「時を経ても変わらぬ歴史の基層」への強い志向性を有していたと指摘している（『二宮宏之著作集1』一〇―一一頁）。

（3）天保改革期にはさまざまな都市政策が実施されており、床店の取締、岡場所の摘発、歌舞伎座の強制移転などといった大規模な都市空間再編が行われた事実はよく知られている（藤田覚『遠山金四郎の時代』校倉書房、一九九二年などを参照）。ただし、天保改革が江戸の都市空間構造にどのような影響をあたえるものであったのかについては十分な議論がなされていないように思われる。終章でも述べるように、筆者は江戸町人地の空間構造を考えるうえで天保改革期前後を重要な画期であったと想定しており、この点に関しては本書では十分な検討ができないが、今後の課題としておきたい。

第Ⅰ部　空間史研究への視座と城下町江戸

第1章　江戸町人地研究と本書の視角

はじめに

日本近世都市史研究は、一九九〇年代以降、学際的な研究交流が進展し、領域横断的なアプローチが一般化するにつれて、それぞれが拠って立つ学問分野の自明性を無批判には前提できない研究段階に来ている。こうしたディシプリンの問題は、ややもすれば研究者相互の表層的なすれ違いや没交渉にも陥りかねないが、このような研究状況にあっても、自らの立脚点――本書では建築史学ないし空間史という方法論的立場[1]――を研究史のなかであらためて自覚する態度も重要と考える。

そこで本章では、視野を限定し、これまでの日本近世都市史研究の方法論的展開と江戸町人地研究の到達点をあわせてふりかえり、筆者の考える空間史研究の視角を提示してみたい。

一　方法論と研究史の整理

町屋敷論と個別町研究の確立

（ⅰ）町と町屋敷[2]

建築史学において都市史的観点から町家・町屋敷の存在に着目したものとしては、江戸に関する大熊喜邦の研究[3]や平安京を題材とした関野克の研究[4]が戦前期にみられるが、町家・町屋敷を主題とする本格的な都市史研究が開始されるのは一九五〇年代後半から七〇年代前半にかけてである。それは、伊藤鄭爾による中世奈良の住居研究[5]や、日本都市史通史の叙述を皮切りに、寺内町や近世城下町を素材に都市共同体について論じ、建築史学のなかではじめて〃都市史〃を標榜した西川幸治の研究[6]、都市設計論の視点から城下町江戸のフィジカルな全体像を通時的に整理した内藤昌の研究[7]、建築史の立場から前近代日本の都市空間形態を論ずるための基本的な視点と方法を提示した小寺武久の研究[8]などの先駆的な都市史研究においてである。

その一方で、当該期、民家緊急調査における町家の発見[9]や各地の都市・集落調査の経験[10]が、建築学研究者のあいだで積み重ねられていったことも重要であろう。すなわち、さきにみた建築史学における都市史研究の黎明期とは、従来の建築史研究（住宅建築）の主題とされてきた貴族・武士住宅とは別に、「民家」（農家と町家）が住宅建築として再評価されるとともに、町家・町屋敷が都市のなかの主要な要素として位置づけられてゆく過程でもあった。

これをうけた七〇年代後半から八〇年代にかけての成果は、建築史学における都市史研究のまさに画期をなすものと評価できる。町触史料や沽券絵図を駆使した多角的な町屋敷分析から江戸の都市構造にせまった玉井哲雄の研究[11]、緻密な史料考証による町の街区復元をもとに、中世京都における町の変容とその開発過程を詳らかにした髙橋康夫の研究[12]、その全貌が世に知られることになったのは没後のことであるが、玉井や髙橋に先んじて、中・近世京都の町空間における土地所有形態をもとに町家と町屋敷割の形成・維持・変容の有機的な関係性を論じた野口徹の研究[13]があげられる。そして、これらに刺戟をうけながら、日向進（近世京都）[14]、小川保（近世京都）[15]、伊藤毅（中・近世大坂）[16]らによる研究があいついで生み出されていった。

これらは総じて、町家・町屋敷、ないし、その集合体である町という空間を基礎に都市構造が論じられるもので、建築史学における都市史研究の水準を歴史学とも肩をならべるまでに引き上げるとともに、独自の方法論をも構築してゆくものであった。

（ii）町と町人[17]

歴史学分野で、近世都市における「町」の重要性をいちはやく指摘したのは、近世京都の町と町組を分析した秋山国三[18]である。しかし、この観点は直接には戦後の都市史研究には継承されなかった。

一九六〇―七〇年代には、近世史研究のなかでも都市への関心があつまり、幕藩制における都市が、商業や手工業が集約される流通や交通の結節点、領主支配の拠点として焦点化された[19]。こうした近世固有の権力の所在や社会の再生産構造の検討のなかで、五〇年代の「封建都市」論[20]を経た都市研究が、近世史のなかで確かな位置を占めてゆくことになる。このうち、幕末期江戸の都市打ちこわしを論じた松本四郎の研究[21]は、その主要な当事者であった江戸の都市下層民の存在形態を、各町の借家層の比重や裏店の規模から明らかにし、こうした都市内地域の特質の把握から階層間矛盾の表出要因を探ろうとしたもので、江戸をはじめ、近世都市史研究に大きな影響を与えた。

八〇年代にはいると、都市社会における町（共同体）の自律性が重視され、町人（身分）の存在形態が考究されることで、近世都市史研究は方法論的にも格段の深化をとげた。その起爆剤のひとつとなったのは、朝尾直弘による「地縁的・職業的身分共同体」論の提起である[22]。

朝尾は「町」を中世社会の達成である「惣村」を母胎として成立したものと位置づけ――「双生児」としての「村」――、これを「家屋敷・財産・信用の共同保全」を目的とする自律的な社会集団（「地縁的・職業的身分共同体」）と規定した。そして、町人の「身分（実態）」とは、公権力によって上から編成される「横断的かつ普遍的」なものではなく、当該の町（「身分的資本・身分的所有の単位」）によって第一義的に決定されるとしたのである。

他方、この議論を活性化させたのが、朝尾に相前後して発表された吉田伸之の諸論考である[23]。吉田は、所有論の見地から朝尾説を批判し、近世身分論のいまひとつの問題提起であった高木昭作の国役賦課と諸身分との対応関係を国家編成体系とみる「役―身分」論[24]をふまえながら、町の主たる構成員である町人（身分）とは、商・手工業未分離の小経営者である町屋敷所持者＝家持であり、彼らは公儀の役負担者としてその存在が公的に定位されるとした。そして本来の町は、町人＝家持と町屋敷とが人格的に一体的な関係のもとで結集する平等性を備えた地縁的共同体であるとした。

その後も町人の存在形態や当該身分をめぐっては活発な議論が繰り返されてきたが[25]、「町」を基礎に近世都市を理解すること、つまり個別町分析にもとづいて都市社会を構造的に把握するという、現在にいたるまでの方法論がここにしめされたのである。

(iii) 江戸町人地の構造――町方の社会と空間

以上のように、建築史・近世史それぞれの研究動向のなかで、町を軸に置いた都市史研究の進展が一九八〇年代までにみられたが、ここで注目したいのは、双方の方法を統合せしめる契機のひとつが城下町江戸、ないしこれを対象とした二人の研究者の交差――玉井哲雄と吉田伸之――にあったことである[26]。両者の成果が、江戸町人地研究にとって現段階でも最良の到達点をしめすことは誰しも異論のないところであろう。

玉井は、江戸町人地の本質を、町の最小単位となる土地空間＝町屋敷にもとめ、その社会的・経済的な指標――沽券高、所有・賃貸関係、居住者構成——から、町屋敷の利用や形態、町人地の空間構造の基本的特徴を明らかにした(27)。これによれば、町屋敷を通じた幕府の町方支配政策は、一七世紀末に端緒を見出せ、沽券絵図による復元図をもとに江戸町人地の土地空間の規定条件、すなわち町割・屋敷割は一七世紀半ばから幕末期までおおむね継承されたとする。そして、町・町屋敷の内部構造は、一八世紀初頭から、古町を中心に不在地主化（居付地主層の不在化）、「表店」と「裏店」という二元的な空間層序がすすみ、一九世紀前半の町屋敷の空間構造は「表地借裏店借型」「表裏店借型」「全戸地借型」の三つから性格づけられることを指摘した。

また玉井は、こうした町・町屋敷の構造的理解を背景としながら、初期江戸の形成過程を中世・草創期・成立期の三つの復元図から推定する(28)一方で、幕末期江戸の土地利用形態の復元作業（『江戸復原図』(29)）にも取り組み、江戸全体を俯瞰するような空間構造の通時的展開を跡づけた。

一方の吉田は、さきに述べた「町と町人」論とも深い連関をもちながら、江戸を中心に近世都市の下層社会の構造解明をすすめ、一七世紀後半以降、「裏店層」と「日用層」とに二重化するかたちで「民衆世界」（都市下層社会）が成立することを指摘した(30)。さらに、この対極には、少数の「商人＝高利貸資本」が台頭することで、フラットな地縁的組織としての町共同体が変質してゆくとの見通しもしめしている。こうした町人地＝町方の社会構造は、町・町屋敷空間と密接不可分な関係のもとで把握できるとし、家持とその代理人としての家主＝家守、表店層と裏店層、日用層といった社会的諸関係を、町・町屋敷内で垂直的に展開される諸位相として鮮やかに描き出したのである。

右の町屋敷の空間構造把握は、玉井による研究方法に多くを学んだと本人も述べるものの(31)、七〇年代の町会所研究のなかで取り組まれた町屋敷史料の読解にもとづく吉田自身の内在的理解も大きな基盤となったと考える。公にされたのは後のことだが「江戸町会所と町屋敷経営」(32)は、日本橋・京橋といった「場所柄宜敷」地域と対比される「場末」地域の町屋敷の構造と当該の地域的特性を断片的な史料から明らかにした労作で、町方中心部に限られる玉井の成果を補完するとともに、江戸の町屋敷理解をより深める内容を有している。

両者は、巨大都市であった江戸において町人地が果たした役割を一貫して重視する点で共通する。そして、内容的によく照応する双方の研究によって、江戸町人地の基本的性格と内部構造の展開過程が、空間と社会の両側面から照らし出され、江戸の町や町屋敷を類型的に把握することが可能となったのである。これを本書の課題に即していいかえれば、おおむね一七世紀末―一八世紀初頭以降の江戸町方の展開が、町屋敷内部あるいは都市内地域における多様な社会的・空間的な変容と複雑化を包摂しながらも、町とこれを構成する町屋敷という基礎単位のもとに維持あるいは再生産されてゆく過程として捉えられたといえるだろう。

社会＝空間構造論のゆくえ

（ⅰ）都市史研究の方法――社会＝空間構造論

一九八九―九〇年に刊行された『日本都市史入門』[33]（全三巻）は、九〇年代以降の都市史研究における学際的研究交流の試金石となる記念碑的論集であった。このうち第一巻の「序」や同巻所収の玉井論考[34]のなかで、都市空間とは、単なる「物理的な空間」ではなく「人文的かつ社会的な空間」であって、「都市に関係する人間ないし、人間集団のあり方と、相互に密接不可分の関係」にあると述べられ、その後、吉田によって「社会＝空間構造」論[35]が提唱されたことはよく知られるところである。

こうした社会と空間とを不可分な関係のなかで捉える方法は、さきにみた「町と町屋敷」「町と町人」という建築史・近世史双方における発見を自覚的に統一したものといえ、これは『日本都市史入門』の構成が「空間」「町」「人」とされることにもうかがえよう。筆者も社会＝空間構造論という視点を研究上の基本的な立場とする。ただし、建築史学からの都市史研究が、文献史への傾斜を強めている現状を批判的にみるならば、都市空間が「道路や街区、都市施設や町並み、住居」などによって構成される「物理的な空間」であったことをあらためて強調しておきたい。都市空間は、自然的・地理的な所与の条件をもとに、人間の手によって築かれた環境（Built Environment）であって、その構造体をなす諸要素があくまでも〝物質〟として存在したという事実を、建築史・空間史研究者は見失ってはならないと考える。この点については、次節で再度触れたい。

（ii）社会構造分析の深度と江戸町方研究

一九九〇年代以降の江戸町方に関する都市史研究は、社会＝空間構造論をベースにすすめられていったが、玉井の研究以後、建築史分野からの進展はほとんどみられなかったといっても過言ではない[36]。すなわち、その成果の大半は近世史分野の研究者によって生み出された。そして、江戸をふくむ近世都市の社会構造論的アプローチの主柱をなした方法論は、塚田孝の「重層と複合」論と吉田の「分節構造」論の二つである。

塚田は、近世賤民制研究を基盤に、近世社会を総体として捉える場合、社会集団の「重層と複合」関係に注目して全体像を見据えるべきとした[37]。「重層」とは、町人にとっての町、百姓にとっての村、商・職人や非人にとっての共同組織といった基礎的な社会集団が、町組、組合村、仲間組合のように同種関係のもと二次的・三次的に集団を形成する関係をさし、「複合」とは、町（町人）と非人組織（非人）との間の「仕切」関係などにみられる異種の社会集団間の交流関係をさす。塚田の提起の重要な点は、八〇年代の個別町研究の達成を、町共同体という限定された視野から解き放ち、身分制のもとにある近世社会の特質を、多様に存在した身分集団・利害集団の問題のなかで捉え返したことにある[38]。

一方の吉田は、塚田の方法論にも刺戟をうけながら、近世都市（城下町）の特徴が、原理の異なる町人地や武家地、寺社地などの社会＝空間構造を基礎に、これらがひとつの都市域内に分節的に併存する点にあり、その全体像にせまるには、個々の社会集団とこれを束ねる権力秩序、相互の複層関係のありようといった部分社会の丁寧な構造解明から、帰納的・構築的に把握することが不可欠であるとした[39]。こうした分節構造論の考えは、吉田の言葉を借りれば「社会＝空間構造の分析方法、あるいは視点」であり、後述する「伝統都市」の段階把握とも密接にかかわっている[40]。

近世史分野からの江戸町方に関する研究は、おおむね右に述べた都市社会の捉え方を背景にすすめられていったように思われる。ここでは個々の研究内容については次章に譲ることとし、「社会」と「空間」の二つの側面から研究成果を照らしてみたとき、次のような流れと特徴が見出せることを指摘しておきたい。

①社会的側面――町共同体から社会集団・身分集団へ

町・町屋敷の社会＝空間構造的理解をうけて、町方住民――家持・家守・表店層・裏店層・日用層など――の実態をより多面的に把握するために、都市内地域で多様な生業に従事した商・職人、民衆世界に生きる人びとや周縁的身分とされる宗教者や賤民などがひろく対象化され、彼らの生活や営み、固有の職分にもとづく仲間組織の形成やその内部構造、集団相互の関係構造などの解明がすすめられた[41]。

②空間的側面――町・町屋敷の空間から町内・町域外の多様な場へ

①の側面とあわせて、右に指摘した人びとの諸活動が営まれる空間や場についても考察がすすめられた。表店や店前、町内の通りにおける売の諸形態をはじめ、複数の町にまたがるかたちで展開される市場――肴市場や青物市場など――、床店や葭簀張が建ちならぶ広小路、市中内・外の舟運ターミナルとなる河岸――堀川と河岸地――などといった居所＝町屋敷とは区別される多様な空間的様相が、社会的実態をもとに把握されることとなった。

(iii)「伝統都市・江戸」の発展段階と空間構造

一九九〇年代以降の江戸町方の都市史研究を牽引してきた吉田は、発展段階論的類型把握にもとづく近世都市の総括的な叙述も行っている[42]。(ii)でみた研究の多くは、この「伝統都市」論の強い影響下にあった。吉田によれば、城下町江戸をひとつの到達点とみる近世都市（城下町）の展開はつぎのように整理される。

［段階Ⅰ］一六世紀末―一七世紀前半

近世の城下町は、本源的には城郭を中心として身分的に編成される武家地・足軽町・寺社地・町人地などの即自的な分節構造（「分節構造α」）からなり、武士の権力のもとに凝集的に統合されることで、都市の全体性を有した。ただし、これらはそれぞれ独立した領域（社会＝空間）をもって共在しており、武士のイエや家中組織、町人の町、寺院組織といった「イエ、共同体・仲間・部屋」の三つの要素から固有に構造化されるとする。

［段階Ⅱ］一七世紀後半―一九世紀前半

都市社会、とりわけ町人地における社会的分業の進展にともない、［段階Ⅰ］とは位相を異にする対自的な分節構造（「分節構造β＝単位社会構造」）があらわれる。これは有力商人として存立する「大店」や特定品目を扱う問屋・仲買商人といった「市場社会」など、「社会的権力」を磁極として編成・秩序化される。その一方で、これに対抗する存在として措定できるのが、近世を通じて町人地を規定した町共同体と、「若者組」や「通り者層」といった民衆世界を基盤とするヘゲモニー主体によって形成される「対抗的社会構造」である。また、これらは町や町人地という枠を越えて展開し、可視化されにくく輪郭のあいまいなアモルファスな空間構造をとるとされ、この段階において社会と空間とは乖離する傾向をもつという。

右の吉田のシェーマそのものに批判的検討を加える準備は筆者にはないが、本書が対象とする［段階Ⅱ］における江戸の空間構造に関係して、つぎの二点を指摘しておきたい。

第一に、町人地という空間領域についてである。一八世紀以降の都市社会では、さまざまな商・職人の仲間組織が、幕府への役負担を足がかりとして公認されることになる。他方、民衆世界でも周縁的諸身分による多様な集団化・組織化の動きが顕著にあらわれ、都市内にはこうした集団相互の関係性にもとづく複層的な場が生み出されてゆくこととなる。

しかし、彼ら個人の居所や第一義的な帰属先はあくまでも町・町屋敷であって、幕府による支配あるいは都市行政・司法政策のほとんどが町共同体を梃子に行われた。また、町共同体の内実の変質と形骸化、その意義の相対化がすすみながらも、身分（制）にもとづく城下町という居住編成の原理は、幕末まで貫徹されたことは周知の通りである。本書では、［段階Ⅱ］の局面においてもなお、江戸の都市空間を初発の段階から規定した町人地という即自的な社会＝空間構造が持続していた点を重視したい。

吉田も、単位社会構造に対抗する存在として町共同体をとりあげ、「町人地の基礎構造を規定する町共同体の枠組みが、社会＝空間構造としても牢固に残存した」と評価するが[43]、この論点を深めるような研究はほとんどみられない。いいかえれば、玉井が抽出し一八世紀前半までに確立されたとする江戸町人地――町と町屋敷――の空間構造が、どのように維持されてきたのかという問いは、これまで真正面からは取り組まれてこなかったように思われるのである。

第二に、単位社会構造が展開される空間ないし場の特徴についてである。単位社会構造に対応する空間構造は、大店層や商・職人仲間と武家・寺院との出入関係や在方との商品流通関係にみられるスケール横断的・ネットワーク的な性格、あるいは市場における売買や、祭礼儀礼、喧嘩の調停などの際に立ちあらわれる時限的・現象的な性格など、流動的・不可視的な様相を呈する。

（ⅱ）でみた九〇年代以降の江戸町方に関する議論は、おおむね［段階Ⅱ］における空間構造に関するものといえる。ここからは――もちろんすべてに該当するわけではないが――、右の研究の中核となる舞台設定が、町内の道路、広小路や火除明地、河岸地や堀川などといった町屋敷＝「沽券地」外の土地であったこと、つまり「公儀」の土地であったという指摘はあながち的外れな見解ではないだろう。これらは町や町屋敷の空間を外枠から規定する物理的存在、つまり居所とは明確に分離される道や堀川に展開される場といえる。

ここに、第一の論点とも深くかかわって、［段階Ⅱ］における江戸町人地の空間構造を考える場合、都市の骨格をなすインフラ・ストラクチャーの存在が不可欠な題材として浮かび上がってくるように思われる。また、町住民による社会的・空間的実態が重視されるあまり、幕府側の主体性は軽視されがちであったことは否めず、道や堀川の支配や管理、公儀地に対する規制や都市政策といった空間秩序をめぐる諸問題は、近世中後期の江戸町人地を考えるうえであらためて検討されるべき課題といえるだろう。

都市史におけるインフラという問題系

（i）インフラ論と江戸

都市のインフラ・ストラクチャー（以下、「インフラ」と略す）について考えるにあたってまず注目すべきは、伊藤毅によって提起された「インフラ」論である[44]。

伊藤は、国家的・公共的機関が構築・管理する重厚長大な基幹的施設としてイメージされがちな一九世紀的なインフラ概念を、「社会的共通資本」という考えを梃子に拡張し、「建築から都市までを一連の有機体、あるいは環境」として把握するための方法論として提示した。これは、従来の諸施設としてのインフラを分析対象とするだけではなく、前近代の都市社会において「時代性」と「地域性」を有して多様なかたちで展開された物理的存在を「インフラ」として新たに発見・抽出する分析概念である[45]。

この視角のもと伊藤は、江戸の最大の特質が「初発の段階からインフラ優先型の都市形成」を行ってきた点にあるとみる[46]。ここでインフラに比定されるのは、江戸形成期につくられた道三堀や小名木川、江戸城の内・外堀、町地を囲繞する大小の堀川、埋立や造成によって創出された屋敷地、計画的に通された街路などの人工的な構造物にくわえ、フロンティアとして残された武蔵野台地や江戸内海の臨海部などの自然環境をもふくむ、江戸の物理的諸条件の総体である。こうした初発に構築・準備されたインフラが、明暦大火後の都市政策——武家地や寺社地の郭外展開、町方中心部の入堀の埋立、火除地・明地の設置と代地町の設定、本所・深川地域の土地開発など——の前提になることで、江戸の巨大化が可能であったとするのである。

同論考のなかで本書にとってもっとも示唆に富む指摘は、結論部において、一八世紀半ば以降の展開を、既存のインフラの機能的な読み替えや「調整・按配（appropriation）」によって「大江戸」が成熟してゆく段階と評価した点にある。つまり、吉田の述べる［段階Ⅱ］における江戸の都市空間は、すでに安定的な構造を織りなすインフラのやりくりによって維持されたとするのである。

この点に関連して参照すべきは李信勳の研究[47]である。そこで明らかにされた近世中期の江戸における明地の設定と、これにともなって代地があたえられた町の移動の様相は、伊藤の見通しを裏づけるひとつの証左といえる。明暦大火から享保期（一七一六—三六年）にかけての大規模な都市空間再編を経た江戸町人地——町と町屋敷は、その骨格となる空間構成を大きくは変えずに、幕府による対症療法的な明地と代地町の設定、自律的な会所地の宅地開発や新道の敷設などといった地域内での局所的な再編と高密化を繰り返してゆくのである。こうした空間構造のうちに潜む一八世紀半ば以降の微弱な空間的動態は、今後もさらなる検討が求められる課題といえる。

筆者も伊藤のしめしたインフラ論や江戸の空間構造の歴史的段階を首肯する立場をとるが、都市を構成する物理的諸条件のすべてを呑み込んでしまうようなインフラ概念が、都市社会やその空間におけるさまざまな諸現象を「インフラ」という言葉で一括りに摑み出し、実態分析をともなわない操作的な説明を可能としてしまう危うさをも孕んでいることには十分な注意が必要である。そしてとりわけ、本書のようにいわゆるインフラ——道と堀川——を分析対象にすえる場合、「インフラ」という論題をいかに引き受け、自己の研究課題のもとに結実させるかが問われていると考える。

（ii）城下町建設とインフラ

そこで以下、インフラ論の視角のもと、道と堀川などのいわゆるインフラを中心的な分析対象とする江戸の都市史研究をふりかえってみたい。まず、初期江戸の都市空間、とりわけその計画や形成に関する研究にその蓄積を見出すことができる。

建築史分野からの成果としては、初期江戸の街路・町割り計画をヴィスタ論の観点から読み解いた宮本雅明の研究[48]や、上水道の敷設や庇地の設定実態の分析を通して江戸の城下町の設計方法を論じた波多野純の研究[49]が代表的なものとしてあげられ、土木史分野からの特筆される成果として、明治期の測量地図にもとづいて微地形や街区寸法を解析し、江戸町人地が先行する自然的条件の巧みな読み込みのもと計画・施行されていたことを明らかにした阿部貴弘の研究[50]などがある。

一方、歴史学・考古学分野からは、考古学的知見を援用しながら地形と水系を読み込み、中世末期から近世初頭にかけての江戸の都市形成過程を明らかにした鈴木理生の一連の研究[51]は現段階での達成をしめすものであろうし、天下普請による江戸外堀の建設実態を、考古学調査と文献資料とのつきあわせによって詳細に跡づけた北原糸子による研究[52]や、江戸遺跡の発掘調査にもとづく江戸遺跡研究会の一連の成果[53]などがあげられるだろう。

ところで、戦国期から江戸時代初頭にかけては、当該期の建築・土木技術を結集した山下町・城下町の簇生が全国的にみられた時期にあたる。こうした都市建設とは、土地の造成、堀川の掘削、街道の整備、惣構の建設、屋敷地の割出しといった一連の都市基盤整備であって、インフラの形成とほぼ同義といってもよい。すなわち、やや乱暴なまとめかたをすれば、江戸をふくむ近世城下町や戦国城下町の計画やその空間形成、これをつくりあげた諸技術に関する研究が、一見してインフラ論と親和的なことはある種自明なことともいえる。

先にあげた初期江戸に関する研究の意義を否定するわけではないが、インフラそのもの——道、水路、上・下水道など——を分析対象として個別に取り出し、これをもっぱら都市空間の形成や構成との関わりから論じるだけでは、従来と同様の都市空間の形態・類型論あるいは技術論的な範疇にとどまってしまうのではないか。その要因のひとつは、政治的・軍事的権力の意志を直接に反映し、都市全体を覆うような計画性を備えた公共事業的な性格を有する近世的なインフラが、近現代的なそれと相似的に把握できてしまう点にあるだろう[54]。

江戸形成期についていえば、近年、金行信輔によって「寛永江戸全図」の存在が紹介され、寛永年間（一六二四—四四年）には江戸の「惣構」周辺部においてすでに武家屋敷の拝領や町場化がすすんでいたことが明らかになってきた[55]。初期江戸の形成や開発についてインフラを手がかりに考えるのであれば、江戸城周辺や町方中心部における幕府主体の都市計画のような大局的な視点ではなく、中世以来の大寺院などの領主的存在が核をなす浅草や品川といった江戸周縁諸地域における空間形成のプロセスを丹念に読みとっていく作業がもとめられているのではないだろうか。

ただし、こうした従来の対象化の方法だけでは、伊藤の提起したインフラ論の射程を十分には活かしきれないように思われる。これに対し、戦国城下町をインフラ論の観点から論じた岩本馨の「城下町」[56]は、狭義のインフラそのものを分析対象とする際の困難さを乗り越える手がかりをあたえてくれる。

岩本は、①戦国城下町から近世城下町への展開（「城下町の近世化」）を、都市建設における武士の両義的性格——在地領主と職能民——の止揚の過程として捉え、②戦争が絶え間なくつづく「異常」な時代＝戦国期の城下町固有の性格を、「定着・定住」の原理が支配する「平和」な時代における近世城下町のそれと対比的にみることで、戦国城下町＝インフラ整備の特質が、「つくる技術」と「壊す＝再利用する技術」が併存したこと、つまり「建設と破却との連動」のダイナミクスにこそあると指摘する。そのねらいは、恒久性を前提する基盤施設として捉えられがちなインフラを、戦国期特有の時代性のもとに再解釈することにあったと考えられ、さらにここにはインフラという構造物の分析にとって時間の尺度を導入することの必要性が示唆されている。

岩本の行論に学べば、近世城下町の建設が「定着的で固定的な」都市を志向するものとする指摘は重要である。つまり、近世城下町におけるインフラの意義は、長期的・恒常的に都市をささえる基盤としての存在にあったといえる。この点は、近世城下町の多くが、近代以降の都市の直接の母胎となったことからも明らかであり、この意味では現在のインフラに期待される役割と同様でもある。しかし、これまでの近代的なインフラ理解から脱却し、近世固有の特質にせまるには、形成以後のインフラの存在形態の具体的な考究、すなわち、インフラそのものがどのように利用・運用され、機能していたのか、またこれと裏表の問題として、いかにして維持管理され、存続していたのかという視線が必要とされるのではないだろうか。そして、こうした側面はインフラをめぐる地域性にも強く拘束されるものと考える。

(iii) 都市基盤としてのインフラ

つぎに、本書の問題意識にかかわって、とくに後者の視点――インフラの維持と存続――から研究史を瞥見してゆきたい。

まず後藤新平の『江戸の自治制』[57]や幸田成友の『江戸と大坂』[58]といった戦前期の江戸研究のなかにすでに重要な指摘が見出せる。後藤や幸田は、江戸の道や堀川、橋などといったインフラは幕府の管理下にはおかれていたものの、その実質的な維持や管理が、町人や武家、寺社といった都市住民によって負担されていたこと、つまり、都市内地域の地縁的な社会的諸関係に強く依存することでインフラが存立していたことを指摘していた。しかしその後、こうした論点は十分には展開されてこなかった。

他方、伊藤好一の『江戸の町かど』[59]は、江戸の「明地」と「町の施設」に着目し、これらの利用や運用、管理上の法制度などについて包括的・概要的に明らかにしたもので、インフラ論の視角からみれば、町人地の社会と空間が、会所地・広小路・火除地・河岸地や木戸・番屋・ごみ溜・下水・雪隠などといった小さなインフラによって成立していたという事実をはじめて本格的に論じたものとして評価できよう(60)。

こうした先駆的研究ののち、一九九〇年代以降の近世史分野からの都市社会史研究のなかには、近世中後期の江戸のインフラを考えるための重要な論点を多く見出すことができる。

道や堀川は、九〇年代以降の江戸町方研究における主要な舞台となり、その利用形態や用益権をめぐる社会的実態にかかわって、維持管理のあり方についても少なからず言及がなされてきた。こうしたなかで、まずとりあげられるべきは小林信也によってすすめられた江戸町人地における空間管理に関する一連の論考である(61)。

小林は床店＝広小路研究をすすめるなかで、公儀地である道路の維持の二つの側面——機能維持と治安維持——の理解を深め、町屋敷や武家屋敷、寺社境内の地先地として分割される土地＝道が、当該の屋敷地・境内地の所持者である町人や武家、寺社のそれぞれが負担者となって維持管理が行われていたことを指摘し、これが江戸市中の道の管理体制の原則であったとしている（「持場負担」論）。また右の考えを堀川へも応用し、河岸地に対する町住民の権利関係ともあいまって、川沿いの町屋敷（「河岸付町屋敷」）を所持する地主＝狭義の町人によって、浚渫事業（「川浚」）が負担されるかたちが、江戸町方における堀川の維持管理の基本であったともしている。小林の議論は、先述した幸田や後藤、伊藤らによる素朴な指摘を、個別町分析にもとづく実態解明によって展開させたものといえ、一体性をもった道や堀川が、地縁的ないし空間的に分節されるかたちで維持されていたことを明らかにした。

他方、インフラの維持や管理に関しては、とりわけ江戸の武家地・武家屋敷研究のなかで重要なテーマとされてきた。その先鞭をつけたのは、岩淵令治による辻番に関する研究である(62)。岩淵は、武家屋敷周辺の治安秩序の維持を担った辻番の制度的検討と、その運営・職務実態、この負担を目的として幕府によって編成された武家の地縁的関係

(「武家組合」)の具体像を明らかにした。ここで特筆すべき論点は、市中の治安維持のために武士が担った「番」を、城郭や城下町建設などの「有事」に際して賦課される「軍役」と対比させ、武家の都市居住＝武家屋敷所持(「拝領」)に対して課される「平時の役」と位置づけたことにある。これによって、武士が単なる都市の消費者や支配役人であるだけでなく、都市住民として居所周辺の環境の維持管理において重要な役割を担っていたこと、これを目的とする地縁的組織であった武家組合の存在意義があらためて確認されたのである[63]。なお岩淵には、治安維持と機能維持を目的として自律的に組織された寺院組合に関する論考もあり[64]、数少ない寺社地における実態の一端も明らかにしている。

この岩淵の武家による役負担の議論を手がかりとして、インフラ——道や堀川、上下水道や橋など——の機能維持の側面に着目して武家地内の地縁的な社会的諸関係を論じたものとして藤村聡、北原糸子、松本剣志郎などの研究があげられる[65]。

右のような実質的な負担者やその社会的諸関係——町人・武家・寺社——の実態解明がすすむ一方で、幕府によって出された法制度や管理者である幕府役人に関する研究もみられ、堀川や上・下水道に関する法制度と普請奉行の職掌について検討した坂詰智美の研究[66]、江戸市中の道、上水、下水などのインフラを身分横断的に監督・管理する立場にあった道奉行の基本的性格や職務内容を明らかにした松本剣志郎の研究[67]などがある。

これを建築史の立場からみれば、インフラや建築にかかわる規制や制度は、都市の物的環境を直接に拘束するものであるため、当該分野でも古くから基礎的な検討素材とされてきたといえる[68]。しかし、こうした史料をもとにした研究の多くはいまだ、規制内容のみをとりあげて詳論し、その発令の事実から実態との乖離が指摘されるにとどまるものも少なくないように思われる。近年の研究でもしめされているように、今後は地域ごとの諸規制の運用実態をはじめ、社会的側面との相互関係をもふまえながら、体系立っておらず散発的なものにみえる幕府の規制政策に込められた意図や時代的・地域的性格を再考してゆく必要があろう(69)。

一方、ひろく近世史研究者の眼からみれば、近世における都市や集落内のインフラの多くが共同体や仲間組織による相互扶助によって成り立っていたことは自明なことであろうし、当該の地域社会構造を、インフラ分析を通してみる方法はさして目新しい手法とはいえないだろう。しかし、構造的な変化なき史的段階における都市内地域の空間的特質や、建築・土木などの構造物の持続性という時間的性格を考えるうえでインフラ分析は重要な方法たりうると考えている。

逆に、近世史分野からのインフラ分析の最大の問題点は、インフラが維持ないし管理される（べき）こと、あるいはインフラが期待される機能が保持され、そこに存在しつづけたことをなかば自明視して考察がすすめられていることにあると考える。この点は、都市空間やインフラの形態が、固定的・静態的にしか叙述されていないことによくあらわれている――ただしこの点は建築史・空間史研究者にこそもとめられている課題であろう。その意味で、こうした研究もまだ近現代的なインフラの捉え方に囚われすぎていると思われるのである。

江戸の古絵図や地図を眺めてみれば、道や堀川のほとんどが近世中後期を通じて存在しつづけたことは確かである。しかし図に描かれるようなかたちで維持管理されていたのであろうか、はたまたどれほどの質や状態に保たれることが維持管理されていると呼びうるものであったのだろうか。この問いに答えるのは、現代都市においても難解である。しかし、近現代的な視野に縛られることなく維持や管理の問題を、建築的営為として空間分析のなかでひろく捉え直すこと、物理的存在であるインフラの〝質〟の位相にまで踏み込んだ空間的な実体を明らかにすることで、右の疑問に対する解答の一端が見出せるのではないかと考える。

二　本書の視角

前節では方法論と研究史の整理を通して、江戸町人地研究として本書が焦点をあてる時代（近世中後期）と分析対象（道・堀川）に対する筆者なりの問題の所在を述べてきた。以下では、都市空間を〈持続の相〉のなかで捉えるという筆者の視角を、「維持と存続」の二つの側面から整理しておきたい。

空間の維持

「維持」とは都市空間をかたちづける人間の営み、都市の物理的側面を保ちつづけるための人為的な活動やこれを社会的・経済的にささえる諸関係や仕組みを意味し、つぎの三つの方向性から特徴づけられる。

第一は、建築や土木構造物に対して行われる簡易な修復や修繕から解体修理や再建・増改築・改造、移築などの建築的な営為である。いいかえれば、以前までは存在していなかった諸施設の「新規」の建設行為を除く、「有来候」ものにかかわる建設行為全般をさす。

第二は、建築や土木構造物に対する管理である。これは幕府や都市行政機構などの政治的・社会的諸権力が命じる法令や制度、彼らによる規制や取締り、建設活動の制御・監督などといった、いわば第一の点を秩序づけるための仕組みや諸政策のことである。

右の二つは、わたしたちが通常〝メンテナンス〟――維持と管理[70]――という言葉から想起するものであろう。こうした着眼点は、都市環境や地球資源の保全、持続可能な都市（Sustainable City）、都市や建築のライフサイクルマネジメント（LCM）などの現代社会においても取り沙汰される課題、あるいは文化財としての建築・町並みの保存といった問題にも通ずるものといえる。今後の建築史研究においてもこうした観点に立つ現代的な課題設定は重要であろうし、注目すべき研究成果も生み出されている[71]。しかし本書では、右のような現代的な価値意識や評価軸をもとに過去をみる立場からはあくまでも一線を画することとしたい[72]。

そこで、いまひとつ付け加えてみたいのが、第三にあげる「放置」あるいは「放任」という側面である。これは一見して第一、第二にあげた側面とは対蹠的な性格のものとも思われるが、都市空間が維持管理される（べき）という指向性を自明のものとしないためにも、「空間の維持」という視角に人びとの消極的な姿勢をも込めておくべきであろう。都市住民は必ずしも建設当初のすがたを理想とするような営みを是として徹底してはいなかったであろうし、支配者側もまたこうした態度をなかば黙認するようなかたちで管理を行ってきたと考えられる。そして「維持」における右の側面は、つぎに述べる「存続」の問題、すなわち、建築や都市空間の物質性や持続性を考えるうえでも重要な視点と思われる。

空間の存続

「維持」を都市空間の〈持続の相〉における人的側面とすれば、「存続」とはその物的側面のことをさす。ここでいう「存続」とは、都市空間の構成要素である建築や土木的な諸施設などが、文字通り解体・喪失するまで存在しつづけるという意味である[73]。すなわち本書では、従来は捨象されがちであった都市空間を構成する建築や諸施設の耐久性や老朽化といった物的環境そのものが固有に有した特質についても議論の俎上にあげてみたい。「都市空間が人為的に維持管理されていたのか」、あるいは人びとの「放置や放任」の態度をもふまえたとき、都市を「物理的な空間」として再認識し、長期にわたってもちこたえた建築や土木構造物の存在形態や質的状態の考察が可能となるのではないだろうか。

「維持と存続」という視角は、都市の空間構造を分析するにあたって、歴史的時間の問題をあらためて問い直すことをわたしたちに要請している。アナール学派のフランス史家フェルナン・ブローデルは「空間はそれ自体変動するのか」とわたしたちに問いかけ、「文明の地理的枠組み」、すなわち気候や植生、生息する動物、海域や山域などの地理的諸条件、人間の居住生活や生業、文化をささえる自然環境そのものが有したゆるやかな変動の局面(「長期持続」)を、歴史学におけるひとつの時間概念として措定した。[74] また「構造」という言葉ないし捉え方そのものが「長期持続の諸問題を統括している」とも述べている点は、[75] 空間構造分析の深化を目指す本書にとって重要な示唆をあたえてくれる。

ブローデルのいう「空間」とは、あくまでも地理学的な意味でのそれであるが、自然環境を人為的に改変・開発することでつくりあげられた「都市空間」もまたこうした側面とは無関係ではないだろう。筆者は、都市の基盤として静態的に捉えられがちな道・堀川の史的考察を通して、安定して再生産されるかにみえる近世中後期の江戸町人地の構造のうちに「空間はそれ自体変動するのか」という問いを投げかけてみたいのである。

註

(1) 近年岩本馨は、従来の研究上の「学部学科単位別あるいは既存の学会単位のセクショナリズム」を解消するため、方法論(空間史・社会史・文化史)にもとづく研究枠組みを提起しており、自身の立場を「空間史」と標榜している(岩本馨「吉田伸之著『伝統都市・江戸』を読む――空間史の立場から」『歴史科学』二一五、二〇一四年、同「日本近世都市史」『都市史研究』一、山川出版社、二〇一四年)。

(2) 以下にみる建築史学からの都市史研究の展開については、伊藤毅「学界展望　日本都市史」(『建築史学』六、一九八六年)などを参照。

(3) 大熊喜邦「江戸時代住宅に関する法令と其影響　附住宅に関する政策」(『建築雑誌』三五―四二〇、一九二〇年)。

（4）関野克「平安京の宅地割と町屋」（『建築史研究』二―二、一九四〇年）。
（5）伊藤鄭爾「中世奈良の研究」一―三（『建築史研究』一四―一六、一九五四年）、同『中世住居史』（東京大学出版会、一九五八年）など。
（6）西川幸治『日本都市史研究』（日本放送出版協会、一九七二年）。
（7）内藤昌『江戸と江戸城』（鹿島出版会、一九六〇年）、同『江戸図屏風　別巻　江戸の都市と建築』（毎日新聞社、一九七二年）。
（8）小寺武久「都市の空間形態に関する史的研究」（東京大学学位論文、一九七八年）。
（9）関野克・太田博太郎・伊藤鄭爾・稲垣栄三・大河直躬・西川幸治「今井町民家の編年」、同「今井町民家についての若干の問題点」（ともに『日本建築学会論文報告集』六〇、一九五八年）など。
（10）都市デザイン研究体『日本の都市空間』（彰国社、一九六八年）、『SD別冊　日本のコミュニティ――その1　コミュニティとその結合』（鹿島出版会、一九七七年）、『復刻・デザインサーヴェイ』（彰国社、二〇一二年）など。
（11）玉井哲雄『江戸町人地に関する研究』（近世風俗研究会、一九七七年）。
（12）髙橋康夫『京都中世都市史研究』（思文閣出版、一九八三年）。
（13）野口徹『中世京都の町屋』（東京大学出版会、一九八八年）、同『日本近世の都市と建築』（法政大学出版局、一九九二年）。
（14）日向進「近世京都町家の形成と展開に関する指摘研究」（京都大学学位論文、一九八三年）。
（15）小川保「近世京都における町の成立と解体に関する研究」（東京大学学位論文、一九八五年）。
（16）伊藤毅『近世大坂成立史論』（生活史研究所、一九八七年）。
（17）以下にみる一九八〇年代の歴史学分野における近世都市史研究の動向については、吉田伸之「近世の都市」（『近世都市社会の身分構造』東京大学出版会、一九九八年、初出一九八九年）などを参照。
（18）秋山国三『公同沿革史』上（元京都市公同組合連合会、一九三四年）。
（19）中井信彦『幕藩社会と商品流通』（塙書房、一九六一年）、佐々木潤之介『幕末社会論』（塙書房、一九六九年）、山口啓二『幕藩制成立史の研究』（校倉書房、一九七四年）など。
（20）代表的なものとして豊田武『日本の封建都市』（岩波書店、一九五二年）、原田伴彦『日本封建都市研究』（東京大学出版会、一九五七年）、その集大成に豊田武・原田伴彦・矢守一彦編『講座　日本の封建都市』全三巻（文一総合出版、一九八一一八三年）がある。

(21) 松本四郎「幕末・維新期における都市と階級闘争」（『歴史学研究』別冊、一九七〇年）、同「幕末・維新期における都市の構造」（『三井文庫論叢』四、一九七〇年）。ともにのち大幅に再構成のもと同『日本近世都市論』（東京大学出版会、一九八三年）に所収。この松本の研究は、吉田伸之によって近世都市史研究の「第二の波」を牽引したものと位置づけられている（前掲註(17)吉田「近世の都市」）。

(22) 朝尾直弘「近世の身分制と賤民」（初出一九八一年）、同「日本近世都市の性質——一七世紀の町を中心に」（初出一九八六年）、同「惣村から町へ」（初出一九八八年）など。いずれも同『都市と近世社会を考える』（朝日新聞社、一九九五年）に所収。

(23) 吉田伸之「公儀と町人身分」（初出一九八〇年）、同「町人と町」（初出一九八五年）、ともに前掲註(17)吉田『近世都市社会の身分構造』に所収。

(24) 高木昭作『日本近世国家の研究』（岩波書店、一九九〇年）。

(25) 町人身分、ひいては近世身分（制）に関する近年の研究史整理としては、小野将「身分制社会論という視角」（『歴史評論』五六四、一九九七年）、同「身分（制）社会論・身分的周縁論の諸課題」（『論集きんせい』三四、二〇一二年）、塚田孝「近世身分制研究の展開」（『現代歴史学の成果と課題一九八〇—二〇〇〇 Ⅱ 国家像・社会像の変貌』青木書店、二〇〇三年）、横山百合子「前近代身分制研究の動向——成果と課題」（『部落問題研究』一八〇、二〇〇七年）、吉田伸之「所有と身分的周縁」（『身分的周縁と社会＝文化構造』部落問題研究所、二〇〇三年、初出二〇〇〇年）などがある。なお、これまでの前提とされてきた高木昭作と朝尾直弘の議論に再検証を試みる牧原成征による近年の諸論考は、近世身分論のつぎなるステージを予感させ注目される（牧原「近世身分論の原点」『東京大学文学部次世代人文学開発センター研究紀要　文化交流研究』二五、二〇一二年、同「日本の「近世化」を考える」清水光明編『「近世化」論と日本』勉誠出版、二〇一五年、同「近世的社会秩序の形成」『日本史研究』六四四、二〇一六年など）。

(26) 一九七〇年代における玉井と吉田の交流については、吉田伸之「都市社会＝空間構造の分節的把握」（『伝統都市・江戸』東京大学出版会、二〇一二年、初出二〇〇一年）および同「『山口啓二著作集』第二巻の編集に携わって」（『歴史評論』七〇四、二〇〇八年）を参照。ただし、その後の方法論の構築に関していえば、吉田による精力的な研究実践が多大な貢献となった点は附言しておきたい。

(27) 前掲註(11)玉井『江戸町人地に関する研究』。
(28) 玉井哲雄『江戸――失われた都市空間を読む』（平凡社、一九八六年）。
(29) 東京都教育庁社会教育部文化課編『江戸復原図』（東京都教育委員会、一九八九年）。
(30) 前掲註(17)吉田『近世都市社会の身分構造』。
(31) 前掲註(26)吉田「都市社会＝空間構造の分節的把握」。
(32) 吉田伸之『近世巨大都市の社会構造』（東京大学出版会、一九九一年）所収。吉田のほか、江戸の町屋敷分析としては片倉比佐子『都史紀要三四　江戸住宅事情』（東京都公文書館、一九九四年）がある。
(33) 髙橋康夫・吉田伸之編著『日本都市史入門』全三巻（東京大学出版会、一九八九―九〇年）。
(34) 玉井哲雄「都市史における都市空間研究」（前掲註(33)『日本都市史入門Ⅰ　空間』）。
(35) 前掲註(26)吉田「都市社会＝空間構造の分節的把握」。なお「社会＝空間」という用語の初出は、吉田伸之「都市の近世」（『日本の近世9　都市の時代』中央公論社、一九九二年）。
(36) 他方、対象は江戸に限らないが、一九九〇年代以降の武家地・寺社地に関する建築史分野の研究展開は、隣接諸分野へも刺戟を与える重要な成果であった（本書第2章を参照）。
(37) 塚田孝「社会集団論をめぐって」（『近世日本身分制の研究』兵庫部落問題研究所、一九八七年、初出一九八五年）、同「吉原――遊女をめぐる人びと」（『身分制社会と市民社会』柏書房、一九九二年、前掲註(33)『日本都市史入門Ⅲ　人』に所収）、同「身分制の構造」（『近世身分制と周縁社会』東京大学出版会、一九九七年、初出一九九四年）など。
(38) 近年、塚田は、近世大坂の非人集団や都市下層民の研究を深めるなかで、身分社会の全体像を捉えるための戦略的な分析方法として「身分制イデオロギーレベル」「集団構造レベル」「個人のライフヒストリーレベル」の三つの位相を提示している（同『大坂の非人――乞食・四天王寺・転びキリシタン』ちくま新書、二〇一三年、同『大坂　民衆の近世史――老いと病・生業・下層社会』同、二〇一七年など）。
(39) 前掲註(35)吉田伸之「都市の近世」、同「巨大城下町――江戸」（『巨大城下町の分節構造』山川出版社、二〇〇〇年、初出一九九五年）、同「城下町の成立と展開」（前掲註(26)吉田『伝統都市・江戸』初出一九八八年）など。
(40) 吉田は、二宮宏之の所論を通じて、フランス史研究において育まれた「全体史」と「地縁的結合関係（ソシアビリテ）」という考えを念頭に、多層的な支配や権力にもとづく社会秩序の問題（「社会的権力」）をもふくみこむかたちで「分節構造」を整理している（吉田『成熟する江戸』講談社、二〇〇二年、同「ソシアビリテと分節構造」『伝統都市4 分節構造』東京大学出版会、二〇一〇年など）。

(41) この流れと軌を一にする研究動向として、賤民研究、幕朝関係・朝廷研究、都市下層民研究の統合というかたちから出発した「身分的周縁」論の提起と共同研究の展開がある（塚田孝・吉田伸之・脇田修編『身分的周縁』部落問題研究所、一九九四年、シリーズ『近世の身分的周縁』全六巻、吉川弘文館、二〇〇〇年、シリーズ『身分的周縁と近世社会』全九巻、吉川弘文館、二〇〇六―〇八年）。

(42) 前掲註(39)吉田「都市の近世」、同「巨大城下町――江戸」、同「城下町の成立と展開」。また、在地社会をもふくめて展開される「地域社会」論も参照（同『地域史の方法と実践』「第Ⅰ部 地域史の方法」校倉書房、二〇一五年）。

(43) 吉田「城下町の類型と構造」（前掲註(26)吉田『伝統都市・江戸』初出二〇〇一年）。

(44) 伊藤毅「都市インフラと伝統都市」（『伝統都市3 インフラ』東京大学出版会、二〇一〇年）。

(45) この「インフラ」論は、同じく伊藤が提起した「イデア」論と対になるものであり（「イデア＝インフラ構造」論）、社会＝空間構造論の深化が企図されたものであったことにも留意する必要があろう（伊藤「方法としての都市イデア」『伝統都市1 イデア』東京大学出版会、二〇一〇年）。伊藤の行論をふまえ筆者なりに整理すれば、社会＝空間構造論は都市を「水平的な局面」から捉える方法であり、都市内に見出せる分節的な社会＝空間が、社会的権力やヘゲモニー主体のもとに束ねられるという吉田の垂直的把握（分節構造論）に学んで、都市の社会＝空間を空間史的観点から「上下に」規定する概念装置として、造形・計画理念などに特徴的に見出せる観念的位相（イデア）と不可視な都市基盤としての物理的位相（インフラ）の二つを措定した（前掲註(44)伊藤「都市インフラと伝統都市」）。ただし、吉田の分節構造論が一体のものとして理解されているのに対し、伊藤のイデア＝インフラ構造論は、個別分析がまだ少ないこともあってか、意図されたセット概念としてはあまり論究されていないように思われる。本章ではこうした理解を前提としながらも、イデア論については関説するにとどめ、インフラ論を中心に述べてゆく。

(46) 伊藤毅「インフラ都市・江戸」（『別冊都市史研究 江戸とロンドン』山川出版社、二〇〇七年）。ここでは江戸の「都市イデア」についてはは言及されないが、都市計画・設計の根幹にすえられたイデアが、インフラ・ストラクチャーの構築にあったと同論考を読み替えることもできるだろう。

(47) 李信勲「近世江戸の代地に関する都市史的研究」（東京大学学位論文、二〇一〇年）など。

(48)　宮本雅明「近世初期城下町のヴィスタに基づく都市設計」（『建築史学』六、一九八六年）、同「櫓屋敷考」（『日本建築学会計画系論文集』三五五・三六〇、一九八五・八六年）など。宮本の成果に先んじたものとして、桐敷真次郎「天正・慶長・寛永期江戸市街地建設における景観設計」（『東京都立大学都市研究報告』二四、一九七一年）がある。

(49)　波多野純・黒津高行「江戸の都市設計に関する研究」一―五（『日本建築学会東海支部研究報告集』および『日本建築学会学術講演梗概集』一九八四―八七年）、波多野純「都市施設としての上水を通してみた江戸の都市設計」（鵜川馨ほか編『江戸とパリ』岩田書院、一九九五年）など。

(50)　阿部貴弘「江戸における城下町の都市設計――町割の規範と街道・水系の関係」（『土木史研究』一七、一九九七年）、同「江戸における城下町中心部の都市設計」（『土木学会論文集』六三二、一九九九年）、同「近世城下町大坂、江戸の町人地における城下町設計の論理」（東京大学学位論文、二〇〇五年）。

(51)　鈴木理生『江戸と江戸城――家康入城まで』（新人物往来社、一九七五年）、同『江戸と城下町――天正から明暦まで』（新人物往来社、一九七六年）、同『江戸の川・東京の川』（放送ライブラリー、日本放送出版協会、一九七八年。のちに井上書院、一九八九年）、同『江戸の都市計画』（三省堂、一九八八年）、同『幻の江戸百年』（筑摩書房、一九九一年。のち改題して『江戸はこうして造られた――幻の百年を復原する』ちくま学芸文庫、二〇〇〇年）、同編著『〈図説〉江戸・東京の川と水辺の事典』（柏書房、二〇〇三年）。

(52)　北原糸子『江戸城外堀物語』（ちくま新書、一九九九年）。

(53)　『近世江戸のはじまり』（江戸遺跡研究会大会報告集二一、二〇〇八年）、『江戸をつくった土木技術』（同二二、二〇〇九年）、江戸遺跡研究会編『江戸の開府と土木技術』（吉川弘文館、二〇一四年）。

(54)　逆にいえば、この点にこそ、城下町がイデア論としての恰好の素材になりうる所以があり、イデアとインフラの密接な関係性がうかがえるのではないか。こうした理解にたてば、宮本の城下町のヴィスタ研究（前掲註(48)宮本「近世初期城下町のヴィスタに基づく都市設計」）が、インフラ論ではなくイデア論の先駆的業績として高く評価されてきた点はよくうなずける。伊藤毅もまたイデア論の観点から戦国期から近世にかけての城下町形成をあらためて総括している（伊藤「移行期の都市イデア」前掲註(45)『伝統都市1　イデア』）。

(55)　金行信輔「初期江戸における大名家の屋敷地獲得活動」（「江戸の都市政策と建築に関する研究」東京大学学位論文、一九九八年）、同「寛文期江戸における大名下屋敷拝領過程」（『日本建築学会計画系論文集』五一六、一九九九年）、同「寛永江戸全図──臼杵市所蔵の新出江戸図について」（『建築史学』四六、二〇〇六年。のちに補訂、改稿して同「寛永江戸全図について」『寛永江戸全図』之潮、二〇〇七年）、同「最古の江戸全体図『寛永江戸全図』」（『週刊新発見！日本の歴史』三〇、朝日新聞社、二〇一四年）。

(56)　岩本馨「城下町」（前掲註(44)『伝統都市3　インフラ』）。

(57)　後藤新平『江戸の自治制』（二松堂書店、一九二二年）。

(58)　幸田成友『江戸と大阪』（冨山房、一九三四年）。

(59)　伊藤好一『江戸の町かど』（平凡社、一九八七年）。

(60)　このほか伊藤には、江戸の上水道の制度史的研究である「江戸の水道制度」（『江戸町人の研究』第五巻、吉川弘文館、一九七八年）、江戸町方の塵芥処理について論じた『江戸の夢の島』（吉川弘文館、一九八六年）などの社会史・文化史的観点からの先駆的なインフラ研究もある。しかしどちらも、われわれが現在甘受する公共機関による近現代的な管理システムにおかれるインフラのあり方を前提とする立場から江戸町方のインフラが評価されているため、近世固有の特質を見えにくくさせてしまっているように思われる。なお、後者については岩淵令治による批判的検討がある（岩淵「江戸のゴミ処理再考──〝リサイクル都市〟・〝清潔都市〟像を越えて」『国立歴史民俗博物館研究報告』一一八、二〇〇四年、同「創られる「都市江戸」イメージ──その虚像と実像」前掲註(55)『週刊新発見！日本の歴史』三〇など）。

(61)　小林信也『江戸の民衆世界と近代化』（山川出版社、二〇〇二年）。

(62)　岩淵令治「泰平の世の「番」」（『江戸の危機管理』新人物往来社、一九九七年）、同「江戸城警衛と都市」（『日本史研究』五八三、二〇一一年）、同「境界としての江戸城大手三門──門番の職務と実態」（『東京大学史料編纂所研究紀要』二二、二〇一一年）。

(63)　なお、都市住民としての武士または武家の居住性という着眼点は、建築史分野においても注目され、武家地・武家屋敷に関する都市史研究において重要な視点となっている（藤川昌樹『近世武家集団と都市・建築』中央公論美術出版、二〇〇二年、同「武家地の空間とその流動性」前掲註(46)『別冊都市史研究　江戸とロンドン』、同『江戸の政権交代と武家屋敷』吉川弘文館、二〇一二年など）。

(64)　岩淵令治「江戸における中小寺院の地縁的結合について──江戸市谷南寺町組合を素材に」（『国立歴史民俗博物館研究報告』一〇八、二〇〇三年）。

(65) 藤村聡「近世後期における江戸武家屋敷の上水・橋々組合について」(『歴史学研究』六八二、一九九六年)、北原糸子「近世都市江戸の環境問題――溜池の開発と維持管理を中心に」(『環境と歴史』新世社、一九九九年)、同「近世の溜池明地の管理と保全」(『溜池遺跡：地下鉄七号線溜池・駒込間遺跡発掘調査報告書七―二』一九九七年)、松本剣志郎「江戸武家屋敷組合と都市公共機能」(『関東近世史研究』五七、二〇〇四年)、同「江戸外堀と赤坂溜池組合」(『白山史学』四八、二〇一二年)。

(66) 坂詰智美『江戸城下町における「水」支配』(専修大学出版会、一九九九年)。

(67) 松本剣志郎「江戸幕府道奉行の成立と職掌」(『地方史研究』三四九、二〇一一年)、同「江戸の公共空間と支配管轄」(『比較都市史研究』三四―二、二〇一五年)。

(68) この点にいち早く注目したのは大熊喜邦である(前掲註(3)大熊「江戸時代住宅に関する法令と其影響 附住宅に関する政策」)。そのほか法制度史的観点から近世都市空間を論じた水野耕嗣による一連の研究があげられる(同「近世都市・建築法制史の研究その一―一九」『日本建築学会学術講演梗概集』、『日本建築学会支部研究報告集』ほか、一九七五―八九年など)。

(69) 近世における建築規制とその運用実態については、光井渉『近世社寺境内とその建築』(中央公論美術出版、二〇〇一年)、金行信輔「寺社建築に対する江戸幕府の規制法令について――〈寛文八年令〉の再検討」(『建築史学』三三、一九九九年)、同「幕府寺社奉行所における建築認可システムの史料学的検討」(『日本近世史料学研究――史料空間論への旅立ち』北海道大学図書刊行会、二〇〇〇年)、妻木宣嗣『近世の建築・法令・社会』(清文堂出版、二〇一三年)などがある。

(70) 両者の厳密な使い分けは難しいが、本書では、それぞれの性格を強調する場合には前者を「維持」、後者を「管理」と記すことにする。

(71) 伊原惠司「古建築の修理周期」(『普請研究』三二、一九九〇年)、伊藤毅「歴史のなかの都市・建築のＬＣＭ」(『都市の空間史』吉川弘文館、二〇〇三年、初出一九九七年)、中村琢巳『近世民家普請と資源保全』(中央公論美術出版、二〇一五年)など。

(72) 江戸の都市史研究をふりかえってみれば、一九八〇年代の江戸東京論ブームのなかで、現代的な価値観を安易に過去に投影することで、「リサイクル都市」「エコ都市」「清潔都市」などといった過大に美化された虚構的な江戸像が流布されたことはよく知られる。こうした都市江戸の歴史的な表象形成に関しては、前掲註(60)岩淵「江戸のゴミ処理再考」・「創られる

「都市江戸」イメージ」を参照。

(73) 空間の「存続」という筆者の視角に示唆をあたえる研究として、近世における寺院建築の存続のありようについて検討した金行信輔「寺院における建築の存続について」(前掲註(46)『別冊都市史研究 江戸とロンドン』)がある。

(74) フェルナン・ブローデル「世界の尺度としての歴史」(『ブローデル歴史集成Ⅱ 歴史学の野心』藤原書店、二〇〇五年、原文未刊行)。

(75) フェルナン・ブローデル「長期持続」(前掲註(74)『ブローデル歴史集成Ⅱ 歴史学の野心』)。ここでブローデルは「よくも悪くも、この語(構造――引用者註)は長期持続の諸問題を総括している。社会的事象を観察する者は、構造ということばを、さまざまな社会的現実と社会的集団の間にある有機的関連や一貫性、いくぶん緊密な関係と理解している。われわれ歴史家にとって、構造とはおそらく、集積、構築物、さらに正確には、時間を経ても摩耗することがなく、時間によってゆっくりと伝達されてゆくような一つの現実であろう」と述べている。

第2章　江戸の都市史研究と建築史学

はじめに

城下町江戸を題材とする都市史研究はこれまで厖大な研究蓄積をもち、その整理は容易ではない。しかし、江戸の都市史研究における建築史学からの諸達成とその占める位置の相対化は、不可欠な作業と考える。

本章では、江戸の都市史研究の包括的な整理を行うが、その前提として、江戸に限って都市史研究のレビューを試みる理由を以下の二点から述べておきたい。

第一は、研究史整理の状況にある。日本近世都市史については、歴史学を中心に多くの研究史整理がなされてきた(1)。建築史学からは、戦前から一九八〇年代までの前近代の日本都市史研究史が伊藤毅によって著され、この整理をふまえ近年には岩本馨が二度にわたって日本近世都市史研究の動向を整理している(2)。

江戸に対象をしぼった研究史整理をみてみると、歴史学からは、一九七七年の水江漣子による江戸研究と都市研究の概観、これをふまえた一九八七年の塚本学による「都市江戸の研究史私見」、一九八八年の吉原健一郎による「江戸・東京学の現状」くらいであって意外にも少ない(3)。

他方、考古学分野には江戸を対象とする研究史整理が多く(4)、なかでも武家地・武家屋敷に焦点をあてたものとしては、岩淵令治（日本近世史）、藤川昌樹（建築史）、渡辺理絵（歴史地理）らによって本格的な研究史があいついで出されている。[5] これは近世考古学の中心領域が東京の江戸遺跡にあること、その発掘地点の大半が武家屋敷・武家地に位置することともあいまって、江戸の武家地・武家屋敷に関する都市史研究が一九八〇年代後半から格段に進展したことに起因するだろう。

右にみられる研究史整理の状況は、つぎに掲げる点とも深くかかわっている。

第二は、江戸という都市の特異性にある。八〇年代から九〇年代にかけて日本近世都市史研究は、領域横断的な研究交流によって飛躍的な展開をみせた。研究史でもたびたび指摘されてきたが、おおむね三都（江戸・京都・大坂）を軸に、方法論的、理論的な深化を遂げ、それぞれが多くの研究蓄積をもつ。なかでも江戸は、幕府の所在地であり、近世最大の城下町であったこともあり、いまなお研究上の中心的な位置を占めていることは間違いない。

それゆえ、京都や大坂研究と比べてみたとき――これは江戸に関しては中世以前の研究と近世以後のそれとで圧倒的な分量の差があることにもよるのだが――、江戸を対象とする都市史研究の個別の成果が近世都市一般の問題へと溶かし込まれ、その姿が見えづらくなってはいないだろうか。いいかえれば、ひとつの都市あるいはひとつの地域としての認識が希薄になっているように思われるのである。

一方、近代へと目を転じてみると、日本近代都市史研究は、近年までほぼ東京の都市史研究というほどに大きく偏向していたといっても過言ではない。[6] このことは、東京が国家の都市としての〝帝都〟、あるいは現代日本の〝首都〟という特殊な地位にあることにくわえ、江戸や東京を題材とした八〇年代の都市論ブームとも無関係ではないだろう。こうした点が逆に、江戸という都市を茫漠なものにさせ、研究史上の位置をさらに歪めてしまっているように思われる。

右の問題設定をふまえ本章では、建築史学という立脚点から江戸の都市史研究の包括的な整理を試みてみたい。

まず第一節から第三節にかけて、建築史学において〝江戸〟が置かれた位置に留意しながら、戦前から八〇年代までの江戸の都市史研究を整理する。また、他の学問分野における研究展開も関連性の強いものを中心に可能な限りフォローしてゆく。つづく第四節の九〇年代以降は、都市史研究における学際的研究交流が急速に進展したこともあり、前節までのように学問分野ごとに峻別はできないが、あくまでも建築史ないし空間史の立場から叙述していく。以上の整理をふまえ、筆者の関心に引きつけて建築史分野からの江戸の都市史研究の可能性を論じたい。

一　江戸の建築・都市への眼差し――戦前期

時代としての都市江戸

戦前期の建築史学における日本都市史研究の先駆的業績については、伊藤毅によって的確な整理がすでになされているが[7]、はじめに江戸に関するものに限ってふりかえっておきたい。というのも、戦前期における諸成果が、戦後の研究を直接・間接に準備したという以上に、建築史研究において〝江戸〟が置かれる位置を強く規定するものであったと考えるからである。

意外に指摘されていないが、都市江戸における建築について、おそらくはじめて包括的に語ったのは伊東忠太の「江戸の建築」[8]であろう。これは建築学会創立三〇年記念大会の講演記録で、あくまで「江戸の建築の漠然たる総論のやうなことを申述べる」に過ぎないとしながら、江戸幕府の政治的沿革をひもときながら総論的に「江戸の建築」を日本建築史のなかに位置づけている。

伊東は江戸時代を「旧日本建築から新日本建築に移る中間の期」「桃山時代から明治時代へ移っていく中間の期」とし、宗教建築が衰退する一方で住宅建築が「中心建築」として著しく発達した時代とする。そして、江戸城をはじめ、大名屋敷、霊廟、寺社のいずれもが「住宅建築」の展開のなかで捉えられるとされ、「今日我々の住んで居る普通の家屋」を「江戸時代に発達した住宅の続き」としている点も興味深い。

ここで留意しておきたいのは、都市江戸における建築を語ることが、江戸時代の建築を論じることと同義とみなされている点、さらにいえば、近世建築の代表として城下町江戸の武家住宅が措定されている点である。このような〝都市〟と〝時代〟という二重の意味を孕んだ「江戸」理解は、当時他の学問領域においても同様の傾向にあった。こうした「江戸」への眼差しは、戦後建築史研究における近世建築および都市江戸の評価を拘束することになる。

期せずして一九一六（大正五）年は民間の建築系雑誌『建築世界』刊行一〇周年にあたり、建築世界社から記念論集『住宅建築』[9]が出版された。これは、辰野金吾や妻木頼黄など名だたる「建築家」自邸の写真や図面にくわえ、計四五本もの住宅建築に関する歴史、計画、意匠、構造、環境系などさまざまな分野からの論文で構成され、建築界において「住宅改良」が主題として前景化してきたことと軌を一にする企画であった。

ここに収録されたのが大熊喜邦「江戸時代の住宅建築概論」[10]である。大熊も伊東同様、江戸時代を「住宅建築の最も発達したる時代」と位置づけ、「施政の中心地」で「文化的生活」が営まれた都市江戸における住宅建築を同時代の「標準」とみなす。ここでの主題は江戸時代における住宅建築の史的展開にあるのだが、多数の絵図面や古写真にもとづきながら城館や大名屋敷、中・下級の武士住宅、旗本住居にくわえ、伊東がほとんど論じなかった町人地の住宅建築、すなわち町人の住む町家（表店）、都市下層民の住む裏長屋（裏店）、そして町屋敷の空間構成の検討にまでおよんだものとなっていることは特筆されよう。

これをもとにして都市史的に展開させた論考が「江戸時代住宅に関する法令と其影響　附住宅に関する政策」[11]である。ここではまず江戸の住宅建築を論ずる前提として、江戸の都市域拡大を各時期の都市図から概観し、人口、戸数の史的推移、消防制度が述べられている。そして、当時の身分ないし社会階層から江戸の住宅建築を「武家」（武家屋敷）と「民家」（町家）とに大別したうえで、両者を規定する要素として幕府法令にみられる家作制限に着目し、その影響を三つの項目（格式・火災・倹約）から詳らかにしている。また、住宅建築に関する幕府の都市政策として賃銀統制令や店賃抑制策、無宿人対策としての人足寄場の設置にまで説きおよんでいる。

こうした社会的観点から住宅建築を論じた研究は他に類をみないものであって、近世における建築と都市法令（「触」）との関係性を史料から具体的に指摘したこと、戦後も住宅史研究の中心的題材とされた武家屋敷とあわせて、町屋敷をもとりあげた点は高く評価できる。

そのほか大熊には江戸に関するいくつかの研究があるが、戦前版岩波講座に寄稿された「近世武家時代の建築」[12]は、戦後の武家屋敷研究を文字通り準備するものであったことも指摘しておく必要があろう。すなわち、大熊の研究は近世住宅史ならびに江戸都市史研究双方にとっての戦前期における到達点といえるのである。

築かれた江戸の大地

歴史研究とはやや趣を異にするが、戦前期における建築学からの成果として復興局建築部が刊行した『東京及横浜地質調査報告』[13]（および「附図」）をとりあげてみたい。

一九二三（大正一二）年九月、関東大震災の発生によって甚大な被害をうけた東京は、帝都復興院（一九二四［大正一三］年に内務省の外局の復興局に引き継がれる）の主導のもと復興計画がすすめられ、従来の都市構造を大きく転換させたことは周知の通りである。

この事業の一環として、帝都復興院建築局長・佐野利器の建議にもとづいて予算準備がなされ、農商務省地質調査所・井上禧之助の主導のもと建築構造学者の北沢五郎らによって実施されたのが被災地域のボーリング調査であった。さきにあげた調査報告書はこの成果である。この調査によってはじめて東京の狭義の下町、つまりかつての江戸町方中心部の地盤（地質・地層）の状態とその成り立ち、そしてその下に複雑な地形（「東京層」）が埋もれていることが明らかにされた。戦後にはこれを継承するかたちで、北沢や竹山謙三郎を中心に東京二三区全域をふくんだ『東京地盤図』が刊行されている。(14)

こうした成果は直接には建築構造学をはじめ、地震学や地質学などの諸科学に寄与したことはいうまでもないが、のちの中世江戸の地形復原、東京都心部の江戸遺跡発掘調査の基礎的なデータとして活用されるなど、江戸の都市空間研究にとっての重要な知見となった。

江戸研究と都市研究

最後に、他分野からの江戸に関する研究成果にも簡単に触れておこう。戦前期、歴史学分野のなかでは都市研究と江戸研究とは乖離的な状況にあった。(15)

水江漣子によれば戦前期の江戸研究には二つの波があったとされ、第一の波は、江戸開府三〇〇年にあたる一八八九（明治二二）年から一九〇二―〇三（明治三五―三六）年ころで、旧幕臣系の人びとによる回顧録や好事家による事実考証、江戸時代編纂物の刊行などである。つづく第二の波は、東京奠都五〇周年にあたる一九一七（大正六）年から関東大震災にかけてで、自治体による市史・区史編纂と、それにともなう個別研究である。先述した建築史分野からの研究は独自の問題関心のなかでの成果ではあったとはいえ、図らずも伊東・大熊両氏の論考はともに一九一六年に出されており、大局的にみればこうした同時代的文脈のなかに位置づくものでもあった。

戦前期におけるもっとも重要な成果といえば、一九一一（明治四四）年から刊行が開始された『東京市史稿』の編纂であろう。(16)これは江戸と東京に関する史料を収集し、年代順に整理、項目別に編纂したもので、江戸ないし明治期東京の都市史研究のための基礎的な史料をいまなお提供しつづけている。関連する研究成果としては、東京市長・後藤新平の名で刊行された『江戸の自治制』[17]がある。また『東京市史稿』の編纂方法は『大日本史料』などの官府修史事業にならったものであったが、自治体による史料編纂を先導したことは間違いなく、一九三〇年代になって東京各区の区史もあいついで刊行されることになった[18]。

一方、戦前期における都市研究は右にみた江戸研究とは関心を異にしてすすめられていった。このうち江戸を主題とする都市研究としては幸田成友による「江戸の市制」[19]や『江戸と大阪』[20]にまとめられた一連の社会経済史研究をあげておかねばならない。歴史的諸段階の把握にかかわる理論的側面が弱く、同時代に著された城下町ひいては近世都市の古典的研究として後進にも多大な影響をあたえた小野均（晃嗣）の『城下町の研究』[21]や「近世都市の発達」[22]とは対照的な性格ではあるものの、江戸の都市生活の実像を明らかにする基礎事実の発掘は、意義のある成果であった。

二　都市史研究の萌芽、あるいは戦後日本住宅史研究の裾野——戦後—一九六〇年代

西川幸治の都市史研究

戦後すぐはみるべきものは少ないが、一九五〇年代に発表された伊藤鄭爾による中世奈良を題材とした一連の住居史研究は、建築史分野からの都市史研究の先鞭をつけるものであった[23]。これは五〇年代から建築史研究者による民家調査が本格的にすすめられていったことをはじめ、戦後歴史学の影響をも多分にうけながらの成果といえよう。一九六〇（昭和三五）年に伊藤によって建築史分野からはじめて日本都市史通史が叙述されたことをひとつの契機としながら[24]、建築史分野からの都市史研究は六〇年代から徐々に本格化していくことになる。

伊藤の研究につづいて、五〇年代後半から六〇年代の高度経済成長にともなう未曾有の都市化と対峙するなかで独自に生み出されたのが西川幸治による一連の都市史研究である[25]。寺内町・城下町研究、都市の再編成・改造を軸にし

た近世都市論、これらを基礎に打ち出された都市の保存修景計画理論など、西川に対する建築史学上の都市史研究の先駆者としての評価はすでに十分に知られるところである。

ここでは江戸都市史研究に関連して、西川の研究の起点となった五〇年代後半に集中的に発表された彦根藩などを素材とした江戸藩邸研究[26]についてみておきたい。これは直接には一九五七年にはじまる『彦根市史』[27]編纂事業と不可分の成果で、後述する歴史地理学者・矢守一彦との研究交流からうけた影響も大きかったと思われる。学位論文「都市構成に関する史的考察」（京都大学、一九七六年）をもとに刊行された『日本都市史研究』[28]でこれら成果は、第三章「城下町の成立と構成」に収録され、江戸藩邸を論じたものは独立して同章第五節「近世江戸——江戸大名居館の構成と家臣団の集団居住」にまとめられている。

ここでの特筆すべき指摘は、政治的中心たる城下町江戸の特質を、参勤交代制の成立にともなう「諸大名」と「勤番・定府の家臣団の集団居住」、すなわち都市空間における江戸藩邸の存在形態にもとめたことにある。当時の住宅史研究のなかでは上層武家住宅の主屋や殿舎の構成といった建築単体の問題のみに関心が向けられていたのに対し、西川は、藩の上・中・下屋敷にくわえ、屋敷内や屋敷境界に建設された家臣団の居住施設（長屋）をもふくめて検討し、江戸藩邸を都市史的観点から評価した。

内藤昌の江戸の都市史研究

西川の成果とほぼ同時期に、江戸を題材とする都市史研究があらわれる。それが内藤昌『江戸と江戸城』[29]（①）である。これは、江戸の都市形成過程を通観したうえで、その構成から独自の「都市設計理念」を抽出し、さらに武家地・町人地・寺社地における建築についても包括的に論じたものであった。『区史』や『東京市史稿』、大熊による研究の整理を中心としたものではあったが、当時このような江戸全体を扱ったものがなく、都市江戸のフィジカルな展開を総合的に描いたという点において画期的なものであった。これを増補、再構成して出されたのが『江戸図屛風別巻　江戸の都市と建築』[30]（②）である。

これまでの研究史整理では、内藤の江戸都市史研究は――出版時期や一般書のかたちで世に出されたことにも起因するであろうが――①がとりあげられる場合が多く、都市デザインの観点からの先駆的研究として評価されてきた[31]。筆者もこれに格別の異論はないが、内藤も自ら認めているように①の到達点は②にあって、②にこそ内藤の問題意識が明瞭に見出せると考える。以下、戦後の住宅史研究の流れをふまえ、少し立ち入って内藤の研究を再検証しておきたい。

戦後建築史学における中心的主題が住宅史研究にあったことは間違いない。その課題を簡潔にしめせば「寝殿造から書院造へ」という住宅様式の通史的シェーマを個別研究から跡づけることにあった。これに対し、古代・近世二つの時代からアプローチが試みられたわけだが、近世からの研究をみれば明らかなように、幕府の拠点であり政治的中枢に位置した江戸は、武家住宅の恰好の舞台とされた。現段階でも通説として理解される近世住宅史の画期が「明暦大火」（明暦三［一六五七］年）に置かれているように、時代を代表する住宅建築はやはり都市江戸にこそもとめられたのである[32]。このような視点からみれば、さきにみた西川の研究は戦後住宅史のなかの武家屋敷研究のひとつでもあったのである。そして、内藤の研究の基軸もまた近世武家住宅にあり、建築における「間」の概念に着目し、学位論文「書院造における「間」の研究――寸法調整の変遷」（東京工業大学、一九六〇年）がまとめられている。①によくあらわれる設計論的視点は、こうした分析方法を都市空間へと応用、展開させたものと捉えられよう[33]。

それでは②について具体的にみていこう。これは一九六五（昭和四〇）年に発見された「江戸図屛風[34]」をふくむ十数点にわたる都市図屛風のカラー図版を収録した絵画史料集『江戸図屛風[35]』の別冊として刊行されたものである。まず「序」をみてみると、歴史学、歴史地理学、建築学分野からの城下町研究を概観したうえで「都市としての江戸の位置づけ」が十分にはなされていないとし、これまでの江戸研究が回顧的・趣味的なものにとどまっていることが、建築史学における「江戸建築」研究においても認められることを批判する。そして「江戸の都市史的考察を前提とした建築論の必要性」を説き、「江戸の都市と建築をできるだけフィジカルに考究する」ことを本書の目的として掲げている。

つづいて②の構成を①のそれと比較してみよう。①の第一部「江戸の歴史」（第一―五章）と第二部の「都市の構造」（第六章）、「都市施設」（第十章）は、それぞれ②の第一章と第二章に圧縮、集約されている。また、①の第二部「寺社地の建築」（第八章）および「町人地の建築」（第九章）は、それぞれ同題で②の第九章、第十章にまとめられている。寺社地については寺社建築の個別研究がくわえられ、町人地に関しては「江戸図屛風」や町屋敷図、防火政策を通してみた町家の展開過程が論じられている。そして、②には「江戸図屛風の景観」（第十一章）と題した都市図屛風の年代比定に関する章が追加されている。

とりわけ注目されるのは、①では一章分（第二部第七章）でしかなかった江戸城と武家屋敷に関する記述が、②では第三―八章として圧倒的な増補とともに叙述されている点である[36]。個別分析にもとづいた「武家住宅の様式」の展開、すなわち書院造の成立から崩壊までが独自に跡づけられており、ここが同書の白眉といえよう。これら武家屋敷分析に関する個々の当否についてはは言及できないが、全国の「各藩に継承された」史料を駆使した緻密な実証的研究であることは間違いない。

これらを総括した終章にすすむと、内藤のねらいがさらにはっきりと浮かび上がってくる。そこでは「近世建築の位相」と銘打たれ、伊東忠太および関野貞によってしめされた日本建築史上における「近世」という時代の位置づけを概観したうえで、つぎのような見解が提起される。「それ（従来の江戸時代建築に対する軽視――引用者註）は近世の建築が固有にもつ「都市性」に起因すると思う。近世は個々の建築を云々する以上に、群としての建築像を重視せねばならぬ時代である」と。ここから、内藤の強い関心が建築史における「江戸建築」の位置、つまり近世建築＝武家住宅の評価をめぐる問題に置かれていたことは明らかである。そして同書こそが、内藤のいう「都市史的考察にもとづいた」江戸＝近世建築論といえるだろう。

しかしこのことは、内藤の成果がまったくもって近世住宅史研究に回収されてしまうことを意味するわけではない。近世建築の「都市性」や「群としての建築像」という視角は、同書に相前後して発表されていた一連の都市図屛風に関する研究[37]から醸成されたものであろうし、近世都市史研究に対しても十分に示唆をあたえるものといえよう。

近世都市研究と江戸

歴史学分野における都市史研究としては、一九五〇年代から豊田武や原田伴彦が主導した「封建都市」論があげられる[38]。これは西欧中世の封建都市、自治都市と日本のそれとを比較し、その限界を問うものであったため、江戸が対象としてとりあげられることはほとんどなかった。

六〇年代になると近世史分野において、中世の到達点、あるいは明治維新の前史としての時代的理解を克服し、近世固有の権力や社会構造に着目する研究が開始される[39]。そして、都市を幕藩制における支配や流通の拠点として捉える「幕藩制構造」論にもとづくかたちで、流通史を中心とした近世都市研究もすすめられ、江戸を題材とするものも徐々に生まれてくることになる。

代表的なものをあげれば、成立期における江戸古町の編成を町人の役負担との関係から読み解いた三浦俊明の研究[40]、個別町における商人仲間の社会構造論的アプローチを試みた大伝馬町木綿問屋に関する北島正元・松本四郎の研究[41]、いまなお江戸の問屋仲間研究の到達点と評される林玲子の研究[42]、江戸を核とする関東周辺地域の市場経済圏の成立と展開を論じた伊藤好一の研究[43]、無宿・野非人、武家奉公人、人宿、日雇座など江戸の都市下層社会研究に先鞭をつけた南和男の研究[44]などがあげられる。

また、江戸町触を中心に編纂された法令集である『正宝事録』[45]が、一九六四(昭和三九)年から六六(昭和四一)年にかけて近世史料研究会によって出版されたことは、七〇年代以降の研究上、多大な貢献であったことも指摘しておきたい。

他方、自治体による活動に目をむけると、東京都都政史料館(現東京都公文書館)の資料調査・編纂と連動する近世江戸と近代東京に関するシリーズ『都史紀要』が五〇年代後半から続々と刊行されたことが注目される[46]。なかでも川崎房五郎・鷹見安二郎の手による近代初頭の東京に関する研究は先駆的な業績といえる。また、一九四七(昭和二二)年の二三区制施行後はじめての各区による区史の編纂、刊行もすすめられた[47]。

そのほか、江戸に限った研究ではないが、都市空間をフィジカルな観点からとりあげたという点で建築史分野へより直接的な影響をあたえたものとして、歴史地理学分野からの松本豊寿や矢守一彦による城下町研究[48]がある。いずれも城下町の都市空間を形態論的に分析、類型化し、その史的展開を明らかにしたもので、建築史分野からの城下町研究の基礎となった。

三　江戸の都市史研究の旅立ち——一九七〇—八〇年代

玉井哲雄の江戸町人地研究

建築学分野では、一九六〇年代後半から七〇年代にかけて大学を主体とする数多くの民家・集落調査(デザイン・サーヴェイ)が行われるとともに、都市史研究としての成果の蓄積がすすめられた。こうした都市史研究の隆盛をうけて、一九七六(昭和五一)年に「都市史研究の問題点」というテーマのもと日本建築学会大会の研究協議会(歴史・意匠部門）が開かれ[49]、翌年には『建築雑誌』で「主集 都市史（日本）の視点[50]」が編まれている。ここでは新たな視点や方法、今後の展望などが鮮明に打ち出されたとは必ずしもいえないが、建築史学のなかで都市史研究がひとつの転機を迎えたことは確実であろう。この間、江戸の都市史研究の水準を飛躍的におしあげたのが、七〇年代から継続的に発表された玉井哲雄の一連の江戸町人地研究である。

最初にとりあげたいのは「江戸町人地の住宅[51]」である。玉井はすでに数本の江戸町屋敷に関する大会報告を行っていたが[52]、これは後述する『江戸町人地に関する研究[53]』の素描といえる論考となっている。ここで注目したいのは、「江戸町人地の住宅」の結論において「町人地の住宅を介しての諸関係が、江戸という都市を考える場合に重要な基礎としての意味をもち、また逆に江戸町人地全体の構造から見る立場をとらない限り、江戸町人地の住宅そのものの本質をもあきらかにはできないのである」と述べている点である。ここには玉井の都市史研究に対する問題意識がよくあらわれている。この指摘は、同論考が『建築雑誌』誌上に組まれた「主集 日本住宅史の現状」に寄せられたものであったことを想起すれば、都市へと視野をひろげながらも武家屋敷・武家地に中心を据えて展開される江戸の都市史研究のあり方、あるいは建築単体で自己完結してしまう日本住宅史研究への批判的スタンスを率直にしめすものであったと理解できよう。

さきに触れたように、玉井の江戸町人地研究のひとつの集大成が『江戸町人地に関する研究』である。玉井は、「沽券図」「町屋敷絵図」といった絵図史料を主とした町屋敷分析を通じて、明暦大火から幕末にいたるまでの「江戸町人地の構造、及びその変質の過程」を明らかにしている。

ここで第一に重要な点は、「幕藩制社会」における都市江戸にとって、事実上都市の生産および流通機能をささえた「町人地の役割」を最重視したことである。第二に、「沽券図」の分析から町屋敷を、町を構成する最小の空間単位であるとともに、「そこに住居をもつ住民まで含めた」社会的・経済的関係の基礎として摘出したことにある。ここには後述する「社会＝空間構造」という都市史研究の方法論の原型がすでに内在していたといえる。そして第三に、沽券金高の動態にみる町人地の地域構造、町屋敷の利用形態と空間類型、町屋敷内部の住民構成など、町屋敷を多角的に分析することで、史料の乏しい江戸町人地における「幕藩制的構造」の確立から解体までを通時的に描ききったことにある。

こうした玉井の一連の江戸都市史研究にみられる先鋭性は、伊藤鄭爾による住居史研究[54]をはじめ、間近で先駆的な町家・町屋敷論を展開しはじめていた野口徹の研究[55]など、同時代的に建築史独自に鍛え上げられていった都市史研究の流れ[56]のなかにあったが、むしろ、山口啓二の幕藩制都市論[57]や松本四郎の近世都市論[58]に直に接することで磨き上げられたものと思われる[59]。

八〇年代以降の玉井の成果としては「江戸町人地の構造[60]」、「近世都市と町家[61]」、「江戸の町家・京の町家[62]」などがあるが、いまひとつの達成は『江戸——失われた都市空間を読む[63]』であろう。これは主に『江戸町人地に関する研究』では扱われなかった江戸時代前半を中心に、独自に作成した「中世」および「草創期」、「成立期」の江戸復元図から各時期の空間構造が読み解かれ、いくつかのトピックごとに都市江戸の展開過程を論じたものである。

以上にみてきた玉井の成果は、いまなお建築史分野からの江戸町人地研究ないし江戸都市論の到達点である。ここに町家・町屋敷論を軸とした江戸の都市空間の成立→形成→発展→崩壊の通史的見取図がしめされたといえる。ただし、近世を通じて町人地のなかでも特殊な地位にあった江戸古町のみを対象に論が組み立てられている点は一定の留意が必要であろう。都市域拡大のなかで一八世紀半ばころから町方支配へと編入されていった周辺地域の個別町研究にもとづく相対化はいまだ必須の課題である。

玉井が述べるように町屋敷ないし町の構造は、享保期(一七一六—三六年)以降、社会的・空間的に「安定化」したと考えられ、「幕藩制的構造」の明らかな崩壊は明治維新によってもたらされることとなる。しかし、近世中後期にかけての歴史的動態がほとんど捨象されてしまっている点は看過すべきではない。そこでは、近世史分野でさまざまに明らかにされてきた都市社会の成熟過程のなかで、空間史独自の切り口をいかに見出していくかがひとつの鍵となろう。

江戸の武家屋敷に関する研究

一九五〇―六〇年代の研究につづく、江戸武家屋敷に関する研究のなかで、都市史的なものとしてとりあげるべきは鈴木賢次の研究であろう。鈴木は七〇年代後半から旗本住居に関する一連の論考を発表しているが、まとまった成果は①「旗本住居の都市における存在様態」[64]、②「旗本住居の平面構成について――江戸時代中期の様相と展開」[65]、③「上級旗本住居の平面構成における階層的性格について――幕末期、旗本・池田家屋敷の主屋の平面と居室からの検討」[66]の三つである。[67]①と②は、一八世紀以降の大名・旗本・御家人の拝領屋敷収受の記録である「屋敷渡預絵図証文」[68]（旧幕府引継書、国立国会図書館所蔵）を基本史料として、家禄高に応じた屋敷規模や建坪率、旗本住居の平面構成を、都市空間との関係から論じたもので、③は幕末期の上級旗本・池田家の史料をもとに住居平面構成について検討を行っている。

鈴木の研究は、それまでの近世住宅史研究が大名屋敷や比較的上層の武家住宅に対象が限定されていたのに対し、旗本住居に焦点をあて、かつ都市内における旗本住居の空間構成とその全般的な通時的動向を明らかにしたという点においても有意義な成果であった。

時期は少し下るが、鈴木につづく研究として波多野純『城郭・侍屋敷古図集成　江戸城Ⅱ（侍屋敷）』[69]がある。これは明治期に編纂され幕末期のすがたを伝えるとされる「旗本上ヶ屋敷図」（東京都公文書館所蔵）にもとづく、平面構成や都市内分布などを中心とする分析である。鈴木同様、幕末期江戸における旗本住居の様相が明らかにされている。

しかし、これら建築的な基礎整理以後の研究展開はほとんどみられなかったといってもよい。武家地に属するとはいえ、旗本・御家人屋敷が、大名屋敷と異なり空間的な閉鎖性・自立性をもたず、実際には拝領町屋敷として利用され町人地化する場合も少なくなかったことを想起すれば、社会的諸関係もふくめたより地域に即した分析が望まれる。(70)

近世城下町の都市設計・景観論

つぎに、一九七〇年代から八〇年代にかけて出された全国の城下町を対象とした近世都市空間の設計・景観論的研究をみておきたい。これらは必ずしも江戸のみを対象としたものではないが、城下町という都市類型のなかに江戸を位置づけるとともに、建築史学からの城下町研究としての新たな視角を提示するものであった。

まず、水野耕嗣による「近世都市・建築法制史研究」(71)がある。江戸幕府による法令の考察から近世における建築規制の内容を明らかにするなかで「都市の景観構造」への影響を論じている。水野の視点は、大熊が指摘した近世建築と「都市・建築法制」との関係性についての展開とみなせる。都市空間や建築形態を直接に拘束する幕府法令の検討は基本的な方法といえるが、近世における都市・建築法令が実効性に乏しく、散発的で多分に即地的であったことをふまえれば、各時期における幕府の都市空間の管理政策に対する姿勢や個別地域における運用実態との関係性のなかでの検証、その歴史的性格をも視野に入れるべきであろう。

つぎに、都市施設としての上水に着目し、江戸をふくむ全国の城下町を対象に都市設計手法を検討した波多野純の「都市施設としての上水を通して見た城下町設計方法の研究」(72)がある。各地の城下町建設に際しての上水道建設の実態を明らかにし、配水系統が町割や道路計画と密接に関連していたこと、開渠と暗渠の別が、城下町の立地（内陸部と臨海部）や地域的分布（東国と西国）とよく対応し、開渠型から暗渠型への移行（元和年間［一六一五—二四年］）が城下町類型の展開をも示唆していることなどが明らかにされている。江戸に関しては、「上水から見た江戸の都市設計」[73]などがある。

　これらはインフラ・ストラクチャーに注目した都市史研究として先駆的な成果であって、江戸の都市形成を考えるうえでも有用な視角といえる。ただし、上水道そのものは独立したかたちで構築されるものの、江戸成立期の上水に関しては不明な点も多いため、今後は連接する堀川や下水もふくめた水系理解や考古学的知見からの考察が不可欠であろう。さらにいえば、都市設計という着眼点ゆえに俯瞰的な印象が強く、個別の町々や町屋敷といった数段階のスケールからの分節的な配水・排水システムおよび維持管理体制をふまえた構造的理解が課題と考える。

　そのほか、波多野には黒津高行との共同成果である「江戸の都市設計に関する研究」[74]がある。これら成果は、後述する国立歴史民俗博物館および江戸東京博物館の常設展示のための町並み復原模型の設計とパラレルな関係であった。ここでの主たる関心は、江戸町人地の表通りにあった「庇地」の考察にあって、幕府から出された庇地規制令の検討をはじめ、「沽券図」「町屋敷絵図」などを利用してその運用実態を明らかにし、「江戸図屏風」などから明暦大火以前の庇の様相も復元的に考察している。ただし、この一事例のみをもって敷衍化するのは困難であって、日本橋・京橋といった江戸町人地の中心部においても沽券図上に庇地の記載がない場合も少なくなかったことをふまえれば、町方周辺部の状況もふくめ、庇地概念の歴史的変容など、再考の余地が残されているといえよう。

　最後に、宮本雅明による城下町のヴィスタ計画に関する都市景観論的研究をあげておきたい[75]。この視点はすでに桐敷真次郎によって先鞭がつけられてはいたが[76]、これを引き継ぎつつ、ひろく全国各地の城下町を事例とし、遺構と文献史料を駆使して建築史学独自の視角から日本城下町の空間構造の全体像把握に達したことは大きな成果であった。ここでは宮本の論考の詳細は割愛するが、江戸に限ってみても、城下町計画や形成に関する拠るべき史料が少ないなか、「景観演出」という観点からみた江戸の空間構造理解はいまだ説得的な立論のひとつとなっている。

共同の場としての江戸・東京

一九八〇年代は建築史学においても都市史研究が格段に精緻化し、豊富な成果がだされた時代であった。その反面、江戸、そしてその延長線上にある東京という都市が、とりわけ特異な存在として浮上してきた時代でもあった。建築学に限らず、歴史学、社会学、文学などさまざまな学問分野において、江戸・東京に素材をもとめた都市史研究あるいは都市論があいついで発表されたことは周知の通りである。世はまさに「江戸・東京論ブーム」の様相を呈した。さきにみた建築史分野からの江戸に関する研究も、確かにその大きなうねりと無縁ではなかった。そして、このムーブメントにおけるひとつの焦点が、一九九二(平成四)年に開館された江戸東京博物館の周辺にあったことは誰もが認めるところであろう。

江戸の都市史を対象とする本章の課題上、こうした動向への言及は避けては通れまい。しかしここでは、江戸・東京論の是非、その舵取りを強く担った「江戸学」ないし「江戸東京学」なるもの、あるいは学術研究の枠をはるかに越えて、文化行政的指針のもと計画・建設がすすめられた江戸東京博物館やその展示内容をめぐる問題などの狭義の議論には立ち入らない[77]。当時からすでに四半世紀という時が経ようとしているいま、筆者はむしろ都市史を共同する場が、江戸・東京を舞台として集約的にあらわれたことにこそ、この時代の研究史上の意義を見出しうると考える[78]。そこで以下、とくに江戸の都市空間の考察に直接かかわる共同研究による成果をみておきたい。

(i) 国立歴史民俗博物館と「江戸下町復原地図」

一九八一(昭和五六)年、国立歴史民俗博物館の創設とともにたちあがった共同研究「都市における生活空間の史的研究」の一環として、「近世史部門」では歴史学以外の異分野の研究者との相互交流をめざした「近世都市江戸町方の研究」がはじめられた[79]。ただし、研究対象と目的に関していえば、共通の研究関心からではなく「研究史の蓄積・史料の便・研究者層」という現実的な問題から「江戸」という都市が選定され[80]、博物館の常設展示という具体的な目標に直結した課題設定であったことは否めないだろう。研究の目標は「A 江戸における都市空間の復原」「B 江戸市制と町方の生活の研究」「C 江戸と諸国との交流関係史料の収集」の三点で、研究成果としてはBとCの一部については『歴博研報』[a]に、Aについては『歴博研報』[b]にまとめられている。以下、とくにAとBについてみていく。

まずAについては、玉井哲雄が中世末期から江戸時代前期を、中村静夫が幕末の嘉永年間(一八四八―五四年)を対象に「江戸下町復原地図」を作成しているが、とくに重要と思われる玉井の成果をみておきたい[81]。一つめは、明治二〇(一八八七)年前後に内務省によって作成された「五千分ノ一東京実測図」から推定復原された「江戸周辺の地形および中世末期江戸推定図」。二つめは、寛永九(一六三二)年ころを描いたとされる「武州豊嶋郡江戸庄図」を基礎にした「寛永期江戸下町図」。三つめは「新板江戸大絵図」と「江戸方角安見図」にもとづいた「寛文・延宝期江戸町地分布図」である。

それぞれが「中世末の江戸湊の周辺の地形」「成立期の江戸町地」「江戸町の発展過程」の三段階に対応し、中世末期から江戸時代初期の江戸、そして明暦大火後の江戸町人地へという変遷過程を跡づけるもので、城下町江戸の成立や一七世紀の都市空間を考えるうえで決定的な成果であった。前述した玉井の『江戸――失われた都市空間を読む』は、こうした地道な復元作業のうえに成り立っていたのである。ただし、玉井自身が「江戸の復原図に基く都市史的考察はまだまだ基礎作業の段階」とするにもかかわらず、ことに建築史分野からの江戸形成期に関する研究が、ある種の思考停止に陥ってしまった嫌いがあることは自覚せねばなるまい。また、その範囲が古町周辺に限定されていることにも注意が必要である。

つぎにBについて。これは主に文献史料を素材としたもので、小泉和子「江戸の暖簾」、南和男「江戸の床見世――天保改革」、熊井保「江戸の牛稼ぎ」、加藤貴「寛政改革と江戸名主」といった個別の研究成果がみられるが、共同研究の中心に据えられたのが「江戸橋広小路旧記」（旧幕府引継書・国立国会図書館所蔵）の読解にもとづく「江戸橋広小路」の事例研究であったことは指摘しておかねばなるまい。つまり、塚本学が指摘するように「共同研究の実質的な」成果は、波多野純による論考「江戸橋広小路の変遷と復原」と、それと対をなす復原模型（六〇分の一）の設計であった。先述した波多野による「江戸の都市設計に関する研究」は、「江戸橋広小路」および江戸東京博物館における復原模型（「両国橋西詰」三〇分の一）の設計の副次的な成果でもあったのである。

ところで、そもそも広小路がどのような問題意識、研究視角のもと題材として選ばれたかについては詳らかではない。いずれにせよ、復原模型そのものは仮説的なデザイン性をふくみ、ある特定の時間的断面の結晶化であること、そして、八〇年代の江戸・東京の都市論における鮮烈な盛り場論[82]とあいまって少なからず当時の時代感覚と結びついた近世江戸イメージであったことに対しては、より慎重な批判的検証が課題として残されている[83]。

（ⅱ）近世江戸遺跡と東京都教育委員会「江戸復原図」

一九六九年の加藤晋平・中川成夫による「近世考古学の提唱」[84]、そして近世都市江戸の考古学史上の画期といえる「地点」が一九七五年に行われた千代田区立一橋高校遺跡にあったことはすでによく知られている[85]。八〇年代のバブル期にはいると都心部には再開発の波が打ち寄せ、それにともなって発掘調査も増えはじめた。そして、各自治体による埋蔵文化財行政の整備ともあいまって、八〇年代後半には江戸遺跡の発掘件数は急激に増加することとなった。考古学調査による直接の成果については他稿にゆずることとし[86]、ここでは「東京都心部遺跡分布調査団」による共同研究をとりあげておきたい。

「東京都心部遺跡分布調査団」とは「考古学・文献史学・歴史地理学・建築史等の専門領域からなるプロジェクトチーム」で、一九八二年から八六年にかけて都市絵図史料の調査および「東京都縮尺二五〇〇分の一地形図」のうえに幕末期江戸の土地利用形態の復元作業をすすめ、一九八九年に『江戸復原図』[87]を刊行した。これは江戸遺跡の地点や、出土される遺構・遺物を時間的・空間的に把握するための基礎図である。しかしそれ以上に、現状の地図のうえに江戸市中全域の地割復元を行ったことは、江戸の都市空間理解にとって極めて重要な成果であった。

これら二つの「江戸復原図」の作成は、江戸の都市空間の通時的把握が可能となる全体像が提示されたことを意味する。具体的にいえば、地割や屋敷地形状の変容過程といった宅地レベルにおいて、近世から近代、現在への空間的変遷が一望できるとともに、各地域における内部構造の分析へと展開するための大きな素地がつくり出されたといえよう。

その後、便宜的なものとして吉原健一郎らによる『復元・江戸情報地図』[88]が一般向けに刊行されている。ただし、建築史の立場からみたとき、その実証的精度はあまり高いものとはいえない。

歴史学における江戸の都市史研究の動向

都市江戸に関する研究は、ひとつには戦後の地方史研究の歩みのなかから生まれた。なかでも西山松之助を中心とする「江戸町人研究会」によって『江戸町人の研究』[89]が一九七〇年代に続々と刊行された。これらはそれまでの回顧的・趣味的な江戸研究を乗り越え、江戸研究と都市研究とを統合する試みであった。ここには西山をはじめ、六〇年代からすでに成果を発表していた林玲子や南和男、伊藤好一らの研究にくわえ、寛政改革に関する竹内誠の研究や江戸町役人に関する吉原健一郎の研究など多岐にわたる内容がふくまれており、江戸研究の新たな段階をしめしている。この研究グループには、八〇年代以降もシリーズ『江戸選書』[90]や『江戸学事典』[91]などに代表される文化史・社会経済史的観点からの多様な成果があり、こうした流れのなかから江戸東京学も生み出されていくことになる。

ここでは建築史・空間史的関心から、伊藤好一の『江戸の町かど』[92]をとりあげてみたい。これは、会所地・広小路・火除地・河岸地といった江戸の「明地」、木戸・番屋・ごみ溜・下水・雪隠といった「町の施設」に関する制度的な検討を行ったもので、町共同体をささえる基礎的な諸施設群や都市の社会・経済・文化活動を駆動させる「明地」という存在に着目し、これらをはじめて本格的に論じたものである。江戸の都市社会と空間が、こうした小さなインフラ・ストラクチャーを媒介にして存立していたという事実には、今後も考究すべきさまざまな課題が多くふくまれている。

他方、ひろく近世都市史研究の潮流をみてみると、「幕藩制構造」論や「世直し状況」論といった動向のなかで生み出された松本四郎による一連の研究が注目される。なかでも、江戸の町住民の構成と彼らの存在形態（地主・地借・店借）を抽出し、都市内地域における都市下層民の所在を明らかにした論考(93)は、都市社会の内在的構造にはじめてメスをいれたものとして、以降の近世都市社会史研究に大きな影響をあたえた。

八〇年代にはいると近世史分野における都市史研究、とくに三都（江戸・京都・大坂）を舞台とした都市社会史研究が新たなステージを迎えた(94)。これを牽引したのは、朝尾直弘と吉田伸之らによって展開された「町と町人」論(95)である。前章で少し詳しくみたが、「町人」という身分そのものの存在様式を根源的に問い直し、近世における「町」の自律性が共有されることで、「家屋敷・財産・信用の共同保全を目的とする地縁的な共同組織」としての「町」を基礎とした研究方法が確立されたのである。こうした理解をもとに個別町研究がすすめられ、「町共同体」論を展開させた動向として近世中後期における「組合町」や「惣町」といった個別町を越えた結合関係に着目した西坂靖（大坂）や塚本明（三都）、今井修平（大坂）などの研究(96)も生み出された。

これと並行するかたちですすめられた吉田伸之による江戸の都市下層社会研究(97)（「民衆世界」論）も特筆される。吉田は、三井越後屋を「商人＝高利貸資本」と規定し、三井からの施行（せぎょう）の対象とされた「奉公人」や職人・労働者（大工・左官・鳶など）の存在から「其日稼之者」の実相を浮かび上がらせた。また、町における鳶や髪結の存在形態を、身分と職分の関係から把握した先駆的な論考もある(98)。こうした分析成果をもとに吉田は、家持や家守、表店層に対して都市下層に分厚く展開する裏店層・日用層といった町方社会の存立構造を描き出した。こうした町ないし町屋敷の内部に縦に展開される社会的諸位相の把握には、玉井による都市空間研究の方法論の吸収と、七〇年代に吉田が町会所研究[99]の一環として取り組んだ町屋敷分析にもとづく理解が基礎になっていると考えられる。

町方社会を対象とした研究蓄積のなかで、町共同体のみに集約されない、利害を共有する社会集団への着目が都市社会の全体像把握には不可欠であると指摘した塚田孝の「重層と複合」論も重要である[100]。前章でその内容に触れたが、ここではむしろこの提起が、江戸(関八州)のえた・非人を対象とした近世賤民研究[101]のなかから抽出されたものであったことにあらためて注目しておきたい。

塚田の研究は江戸のえた・非人研究における最良の到達点といえ、とりわけ町との「仕切」関係から摘出されるテリトリーの問題(「勧進場」「旦那場」)やえた・非人の居住の実態(「非人小屋」)など、都市空間史のテーマとしてもさらなる深化が期待される発見が豊富にふくまれている[102]。

最後に、右にみてきたいわゆるアカデミーの潮流からは一定の距離をとった位置から、江戸の都市形成史を独自に論じた鈴木理生の成果をあげておきたい。鈴木は、人文地理学的観点から江戸の都市形成過程の総合的な叙述を試み、自身の仮説を幾度にもわたって再検証し、その成果を断続的に公にしつづけた[103]。鈴木の一貫した態度は、都市の根源を「市場」機能にもとめ、考古学・地質学・地形学などの知見を精力的に取り入れた江戸の水系と微地形の読み取りにささえられている。そのほとんどが一般書のかたちをとることもあって、叙述には抒情的側面も見え隠れするものの、中世から近世にかけての江戸の都市基盤の成立過程、すなわち土地の造成と堀川の付替・掘削という複合的な形成プロセスの解明と各時期の江戸の都市復元図は、今後も参照されるべき成果といえる。

四　方法としての都市史、対象としての江戸――一九九〇年代以降

都市史というプラットフォーム

一九九〇年代以降の日本近世都市史研究の展開を考えるうえで最大のメルクマールといえるのは、一九八九年から九〇年にかけて刊行された『日本都市史入門』[104]、そしてこの成果のうえに一九九〇（平成二）年に立ち上げられた「都市史研究会」[105]の活動であろう。一九九三（平成五）年以降、同研究会から『年報都市史研究』の刊行が開始され、このほか学際的研究成果も多数発表されている[106]。さらに、この組織を発展的に継承し二〇一三（平成二五）年一二月に「都市史学会」（Society of Urban and Territorial History）が創設されたことは記憶に新しい[107]。

この学際的な研究動向と密接にかかわりながら、建築史学の都市史研究者によって独自に編まれたのが『図集　日本都市史』[108]である。これは「図集」という形式をとったこれまでの空間史研究の集大成であるとともに、「移行期」に着目し「境内と町」という建築史固有の空間概念をもって前近代日本都市の通史的叙述が目指されたものであった。また、この編者をコアにふくむかたちで、一九九九（平成一一）年には日本建築学会の建築歴史・意匠委員会のなかに、世界各地を専門とする都市史研究者のプラットフォームとなる「都市史小委員会」が設立され、現在も活動をつづけている[109]。二〇〇五―〇六年には、鈴木博之・石山修武・伊藤毅・山岸常人を編者として『シリーズ都市・建築・歴史』も刊行された[110]。

こうして、歴史学（日本近世史）と建築史学を中心とした本格的な研究交流がはじめられたが、この共同性の楔ともいえるのが、都市史研究に取り組む際の共通の土台とされてきた「社会＝空間構造」という視角である。『日本都市史入門Ⅰ　空間』の序文や、同書に収録された玉井論考[111]で、都市空間とは「単なる物理的な空間」であるだけでな

く「人文的かつ社会的な空間」であって、それは「都市に関係する人間ないし、人間集団のあり方と、相互に密接不可分の関係にある」と述べられているように、社会と空間とをセットで理解する見方は研究者間で共有される方法論であったことは間違いないだろう。

「社会＝空間構造」の概念化そのものは吉田伸之によるものだが[112]、玉井の江戸町人地研究のなかに「異なる分野における都市史研究の方法が、社会＝空間構造論として自覚的に統一され」ていたと吉田自身が語るように、七〇年代に江戸の都市史研究に対峙しはじめた異分野の二人の研究者――玉井哲雄と吉田伸之――の交流のなかに、こうした方法論がすでに胚胎していたといえよう[113]。

吉田都市論と伝統都市・江戸

建築史分野から江戸の都市史研究を刷新させた玉井は、一九九〇年代以降はひろく日本近世の都市空間研究、ないしアジアのなかに日本都市史を位置づける試みへとその関心を傾斜させていった[114]。その一方、江戸を主戦場に、さきにみた都市史の研究交流をいまなお牽引しつづけているのが吉田伸之である。吉田の魅力は、緻密な史料読解から抽出される豊穣な実態とその構造的把握、そしてこれをもとに提起されるさまざまな方法論や全体史にむけての理論構築にある。

現段階での全体像がしめされる『伝統都市・江戸』[115]から吉田都市論の立脚点はつぎのようにまとめられる。グローバル化する現代都市への批判的視座から、前近代都市を一括して「伝統都市」と呼び、その発展段階を「所有と生産様式」にもとづいて把握する。「伝統都市」のなかでも近現代を強く拘束する日本固有の都市類型である城下町を重視し、その到達点として城下町江戸を位置づける。そのうえで、吉田によって提示された方法論が、①「社会＝空間構造」論、②「分節構造」論、③「社会的権力」論／「対抗へゲモニー」論、④「身分的周縁」論の四つである。

これらはそれぞれが独立したものではなく、有機的な連関をもちながら磨き上げられていったものである。筆者なりの整理を試みれば、まず②は、異種的な社会集団（身分・血縁・地縁・職業・宗教など）から構成・編成され、それらが相互に交流・関係・規定しあいながら「共在」し、空間的に「併存」したかたちで全体をなす近世都市を、部分から把握していく方法である。これは、①の社会＝空間構造論と対で理解されるべきもので、①と②は吉田都市論の基底をなしている。

つぎの③は、都市発展にともなって顕在化してくる分節的な社会＝空間（①・②）を、さまざまなレベルにおいて統合あるいは秩序化する主体（町役人、「大店」「問屋」など）と、これに従属しながらも対抗的に形成されるアモルファスな主体（「通り者」「鳶頭」「若者組」など）などを抽出し、彼らが織りなす社会的結合関係を紐解いていく方法である。

最後の④は少し位相を異にするが、塚田孝らとの共同研究の視角として提起されたもので、身分制の枠組みからはみだす周縁的な社会諸集団（「乞食」「日用稼」「乞胸」など）に光をあて、近世における身分（制）理解を深化させるとともに、①～③の分析をより豊富化させるものとなっている。

ここで誤解を恐れずに敢えていえば、②―④はあくまでも都市の社会構造分析を深めるなかで鍛え上げられた方法であることは自覚しておくべきだろう。吉田自身の分析は、空間構造に対する強い関心と意識が貫かれているが、これらの方法論やその成果から何を学び、近世史分野からの多様な成果にいかに対峙して、建築史固有の論点や方法論を見出していくかがわれわれに課されていると考える。

さて、城下町であった江戸の都市構造を把握していくうえでもっとも基礎となる枠組みが、武家地・寺社地・町人地などの身分制にもとづいて初発に編成された居住領域（「社会＝空間」）にあることは間違いない。吉田もこれを城下町の基本要素としてあげ、都市を即自的に分節するものとみている。そして都市が発展、成熟し、近代にいたるまでにこの構造がいかに内在的に変容し、解体されていくかという観点から城下町の発展段階的類型論を叙述している(116)。そこで、いささか便宜的な面もあるが、まず武家地、寺社地、町人地に分けて九〇年代以降の江戸の都市史研究を概観していきたい。

武家地に関する研究

江戸の武家地に関しては一九八〇年代後半からの江戸遺跡の発掘と考古学調査の進展とあいまって研究の活性化は目覚ましいものがあった。そのため、武家地や武家屋敷を対象とする近世都市史研究については、建築史分野からは藤川昌樹が、近世史分野からは岩淵令治がすでに緻密な研究史整理を行っている(117)。また、江戸遺跡を中心とする近世考古学についても、岩淵や谷川章雄らによる詳細な研究史レビューが存在する(118)。そのため、ここでは二〇〇〇年代以降の注目すべき成果を簡単にみておきたい。

まず、作事記録研究会による『大名江戸屋敷の建設と近世社会(119)』がある。この研究会は、江戸の武家地に関する都市史研究を大きく躍進させた宮崎勝美を中心として建築史の藤川昌樹・金行信輔、近世史の森下徹・岩淵令治・渋谷葉子らから構成され、そのベースには一九九四(平成六)年から継続的に実施されてきた「作事記録を読む会」という史料講読会がある。同書では、萩藩江戸屋敷の「作事記録」を基本史料に、「巨大で複合的な建築」である大名屋敷の建設体制、技術者組織、資材調達、地域社会との関係性など、江戸藩邸の建設実態が多面的に明らかにされた。さらに、同研究会によって「作事記録」の翻刻史料集(120)も刊行されており、今後の研究上にも大きなインパクトをもたらすものである。

つぎに、岩本馨の研究がある。岩本の視角は、武家地に限らず、ひろく近世都市における「空間」や「場」の形成あるいは変容過程を、ひとつの都市内で完結した現象として捉えず、さまざまな「関係」のなかで動態的に読み解いていくことにあり、空間分析の新たな方法論としても注目される。江戸に関するものとしては、幕藩体制における政治変動や国元城下町との関係性から江戸武家地の空間的変容とその流動性を明らかにした一連の研究がある。[121]

いまひとつみておくべきは岩淵令治による諸研究である。岩淵の分析対象は多岐にわたるが、その視角の根本は、武家を都市居住者として捉え武家地の存立をめぐるさまざまな社会＝空間的諸関係を解明するという点にあろう。このうち空間史の立場から特筆される成果としては、武家屋敷や江戸城郭周辺の空間管理と治安秩序を担った辻番や城門番を武家の「平時の役」として検討した「番システム」論、[122]この一環で武家による江戸消防体制を再評価し、はじめて包括的に論じた論考、[123]武家屋敷建設やそれにともなう不断の土地造成のあり方から地域社会を照射した「土木の社会史」研究[124]などがある。くわえて、勤番武士の日常生活の動向からその活動範囲を空間的に明らかにした論考[125]なども興味深い。また、岩淵の研究のいまひとつの特徴として近世考古学との積極的な共同[126]がある点も付言しておきたい。

そのほか、近世考古学からの成果として江戸遺跡研究会による『図説　江戸考古学研究事典』[127]の刊行がある。これは武家地に限らず、これまでの近世都市江戸の考古学の集大成といえる。また同研究会は毎年テーマを設け大会を開催しており、その成果は随時出版され、武家地に関するものとしては『江戸の大名屋敷』[128]がある。

寺社地に関する研究

これまで寺社地に関する研究は少なく、江戸の都市域拡張にかかわって論じられた一、二の研究があるのみであった。[129]しかし、一九九〇年代以降にみられた建築史分野からの諸成果は、以後の研究を基礎づけるものであったといえる。

はじめに都市における寺院の存在形態にいち早く着目した伊藤毅による一連の論考をとりあげておきたい。[130]伊藤は、中近世の京都と大坂を対象に宗派や本末関係、開基・移転といった寺院の自律的な動向の分析から三つの存在形態

──「境内型」「町寺型」「寺町型」──を摘出し、近世都市一般にも敷衍化できる空間類型として提示した。また江戸の寺社地についても、谷中地区を事例に「借地寺院」の存在を明らかにし、計画的にみえるいわゆる寺町型であっても、地域ごとに多様な寺院集合の原理や特質が見出せるとした。

つぎに、近世寺社建築研究からの成果として、日塔和彦、光井渉による研究がある。日塔は、「御府内寺社備考」を用いて江戸市中全体の寺社境内地とその建築に関する数量的、統計的分析を行っている[131]。一方、光井の研究[132]は、歴史学分野へも強い刺戟をあたえるもので、浅草寺子院群を素材として明らかにされた「門前町屋型」と「借家型」といった境内の宅地利用や、護国寺を事例とする「遊興空間」としての開発といった境内地経営にかかわる実態解明は、従来の寺社イメージを刷新するものでもあった。このほか光井には『都市と寺社境内──江戸の三大寺院を中心に』[133]がある。

さらに、江戸の寺社地における社会＝空間構造分析のための基盤的研究を行ったのが金行信輔である[134]。金行は、江戸の寺社地一般に関する諸制度や土地政策を通時的に跡づけ、寺社地における土地をめぐる事実関係を具体的に明らかにした。あわせて、江戸の寺院や寺社地研究にとっての基礎史料となる「諸宗作事図帳」（旧幕府引継書、国立国会図書館所蔵）の史料学的検討も行っている。これらは、江戸に多数存在した寺院の個別分析にとっての前提になるとともに、寺社地という都市空間における構造的枠組みを理解するための重要な成果といえる。

一方、近世史分野からの成果としては、浅草寺を事例とした吉田伸之による一連の研究[135]がある。吉田は、浅草寺を核に形成される「磁界」のような周辺社会（「寺院社会」）を「山内」「境内」「寺領」の三つの空間領域から整理し、個別分析を行っている。

そのほか、考古学的知見をあわせて江戸における埋葬の実態と寺檀関係を明らかにした北原糸子や西木浩一の研究[136]、大名と菩提寺との関係や中・小寺院で構成される寺町における地縁的結合関係を論じた岩淵令治の研究[137]、江戸の神社や神職集団に関する竹ノ内雅人の研究[138]などがある。
ただし、武家地や町人地に比していまだ研究が少ない状況にあることは否めない。研究対象も江戸の大寺院に集中しているといえ、中・小寺院やそれらが集合する地区の個別分析の蓄積が目下の課題であって、現存する寺社の史料調査などが期待される[139]。

町人地に関する研究

町人地に関しては一九八〇年代までの諸達成をもとに、数多くの研究蓄積がみとめられる。ところが、建築史分野に限っていえば、玉井による研究以後、まったくといっていいほど成果がみられないのが実状ではないだろうか。すなわち、九〇年代以降、町人地に関しては、建築史分野からの研究的深化はほとんどみられず、社会構造分析に力点が置かれるとはいえ、空間論にかかわる多くの指摘も以下にあげる近世史分野の研究が提供してきたといわざるをえない。

空間史の立場から九〇年代以降の町人地に関する研究動向を端的にしめせば、個別町分析の蓄積、町域の外部あるいは「公儀」の土地に展開される社会や空間（市場、広小路、河岸など）、江戸周縁部の複合的な町場への着目と整理できるだろう。

（ⅰ）吉田伸之の諸研究

まず吉田伸之による一連の研究からはじめたい。吉田は、江戸の町方社会に関してじつに多彩な個別研究を行ってきた。またそれらを梃子に町方社会を包括的に論じたものも多い。すべての整理は筆者の力量を遥かに越えるため、個別研究を軸としながら以下の五点に絞って整理したい。

第一に、城下町における町人地の位置づけにかかわる論考として「巨大都市江戸の空間構成と社会構造[140]」をあげておきたい。これはもともと国際会議「イスラームの都市性」における講演の日本語原稿で、巨大都市江戸の社会＝空間の全体像を三つの構成要素（武家屋敷／寺院・仏閣／町家）からはじめて概観し、以後展開される城下町論の起点とされた。

ここで特筆されるのは、都市における商業、流通、手工業、労働力のほとんどが「江戸の町家＝町人地」によって担われていたこと、これとは別に、裏店に住む職人・小商人・日雇らが、武家屋敷や寺社・仏閣における消費生活や労働力の供給源となっていること（「都市社会の賄機能」）、すなわち江戸の都市社会が「民衆世界」によって「その存立基盤を直接に強く拘束され」るとした点にある。これは、町家・町屋敷の内部構造理解をもとに町人地の役割を巨大都市江戸のなかに明確に位置づけるとともに、武家地、寺社地の存立構造を考えるうえでの重要な指摘でもあった。これを嚆矢として展開されたのが「巨大城下町—江戸」[141]や『伝統都市・江戸』に収められた城下町論である。

第二に、「町」の社会＝空間構造に関する研究である。このうち、個別町の空間構造を考えるうえで重要と思われる以下の二つの論考をとりあげてみたい。

まず「振売」という商人を通じて町における「売の諸形態」を検討した論考[142]である。これは、町における売買の主体として、表通り沿いに常設店舗を構える表店商人（「見世売」）と、裏店や近辺の町に居住し行商を行う諸商人（「振売」）の二つを見出し、中世からの展開を視野にいれながら彼らの存在形態を論じたもので、一七世紀後半以降の江戸では、三井のような新たな商人資本（「大店」）の登場によって両者が駆逐、あるいは従属させられていくとの見通しが述べられている。この論考は「町」という共同体的枠組みを内側から解体させる町方社会における「磁極」としての「大店」＝社会的権力を措定するとともに、「町」における商人のあり方そのものを問い直す契機ともなった。

他方、町屋敷における表店と裏店に即応する二つの「売」の形態、三井を事例として明らかにされた町家前の庇下・庇地における「前売」の場としての「片見世」や「下店」の検出は、町空間の理解にとっても重要な発見であった。

これに関連する成果として「熈代勝覧」を素材とした論考[143]がある。ここでは、描かれた「売の諸相」が、町内の表通り沿いの「表店」、路上に展開される常設・仮設の売場（「市場」「立売場」「商番屋」など）、そして道を行き交う「振売」の三つの類型から包括的に論じられている。

つぎは麴町一二丁目（「野口家文書」新宿区立歴史資料館所蔵）を対象に、町方社会の特質を「表店」と「裏店」の二つの世界から描いた論考[144]である。これは表店と裏店にそれぞれ暮らし、同町やその周辺で営業するさまざまな商職人とその仲間集団の社会構造を分析したものである。特筆すべきは、絵地図や沽券図から町空間を復元し、玉井が指摘した江戸町を特徴づける町屋敷の空間類型をふまえて、社会構造分析がすすめられている点にある。この論考はいわば、個別町の社会＝空間構造分析のお手本ともなっている。

第三に、「市場社会」に関する研究[145]である。これは、町内における売の諸形態を前提に、都市内に点在する特定品目を扱う売り場＝流通センターとしての市場に着目し、そこに結集する問屋や仲買層を核として形成される社会＝空間（「市場社会」）の解明をめざしたものである。このうち江戸の肴市場の中心地であった日本橋魚市場を素材とした本船町表店と河岸地における「肴納屋」、それぞれの店前の「板舟」という「売場」の空間的実態と、それを特質づける社会的諸関係の解明は刺戟的である[146]。

第四に、市場社会とも密接に関係するものとして、江戸市中の交通・運輸機能の主役たる堀川のネットワークを社会的実態から描き出した「流域都市」に関する一連の研究がある[147]。吉田は、江戸の舟運システムを海上ルート（「江戸湊」）と内陸河川ルート（「江戸河岸」）の二つの局面にわけ、それぞれに対応する運送業務全体を統括する「問屋」（「廻船問屋」「船積問屋」）と、その差配のもと江戸市中深部へと荷を運ぶ「宿」（「瀬取宿」「艀宿」）という二つの社会集団を見出した。また、これにかかわって江戸内の堀川沿いに数多く分布する「揚場」や「河岸地」における社会＝空間の実態が地域特性をふまえ論じられている。従来の絵地図などによる漠然とした理解ではなく、ここにはじめて舟運システムの全体像をふまえた社会的・空間的な実相がより鮮明に把握されたといえよう。なお江戸河岸については、本材木町川通りの肴問屋新肴場組を事例に江戸町方の河岸地をめぐる重層的な利権構造を明らかにした小林信也による先駆的論考もある。[148]

第五に、芸能・文化をめぐる社会＝空間構造研究である。[149]これらは、身分的周縁論や遊郭社会論などの都市社会史や地域史研究の一環のなかで理解されるべきものである。ここではそれぞれの詳細には触れられないが、遊郭（新吉原・深川）や宿場＝旅籠屋（新宿・品川）、岡場所（根津門前町）、芝居地（木挽町・猿若町）、境内興行地（浅草寺）など、多様な芸能や文化の問題が、江戸周縁部の町の空間構造とともに論じられており学ぶべき点が多い。

（ii）個別町分析の深化と町域外への着目

つぎに、吉田の分析視角に学びつつ展開されたものとして小林信也と岩淵令治の研究をとりあげてみたい。

小林は、江戸の広小路における床店・葭簀張営業地の分析を通じて、これら営業の場が表店の店舗経営からは疎外された裏店層の小商人の存立基盤になっていたことを指摘した。[150]また、維持や管理を名目として広小路という社会＝空間の利権を実質的に掌握し、公権力（幕府や大寺院など）と小商人との間を媒介する床店請負人の存在形態も明らかにしている。江戸の床店・葭簀張営業地ないし広小路に関する研究は、小林のほかにも、吉田（両国橋詰）、横山百合子（柳原土手）、神田由築（采女馬場）などの諸研究があり、[151]一九九〇年代以降大きく進展をみせたテーマである。

右にみた研究とも重なるが、小林には、江戸の道や堀川の維持管理のあり方に着目し、都市空間の管理体制について論じた一連の論考もある。[152]小林は、広小路や個別町の分析を通して、町や武家、寺社が、それぞれの所持する土地の地先にあたる一定の区域を分担して維持（機能と治安）することが、江戸市中の道の管理体制の原則であったと指摘している（「持場負担」）。また同様の観点から、堀川沿いの町屋敷を所持する地主＝町人が、浚渫事業（「川浚」）の費用を負担するかたちが、江戸町方における堀川の管理体制であったともしている。

一方の岩淵は、江戸古町の個別町を対象に、地主（不在地主と居付地主）や家守の存在形態とその史的展開を明らかにし、あわせて町屋敷内の空間構造についても復元的な考察を行った[153]。ここでの主眼は、町人＝地主の代理として町政・町役の担い手となった家守らの町内における動向（「家守の町中」）を考究することにあったが、特異な商人ともいえる三井を代表して論じられていた江戸町の社会＝空間構造の歴史的様相を、そのほかの表店商人の事例をもって相対化したことは重要である。

さらに岩淵には、駒込村における寺社の入植や拝領屋敷としての上地による武家地化、街道沿いの町場化といった一七世紀末ころからの空間的変遷など、場末地域の都市形成過程を多角的に検討した一連の研究がある[154]。また、これに付随して江戸在住の仲買・小売商であった高崎屋の経営実態に関する論考もある[155]。こうした成果は、場末における町場の成立過程が、周辺の武家地や寺社地との関係性のなかで捉えるべきもので、これを立体的に描いたという点で評価しうる。江戸町人地研究は、明らかに古町に偏重して論じられており、一八世紀前期までに町方支配に編入されることになる山の手地域の町人地研究はあまり多くはない。岩淵の研究は、江戸周縁部の町方研究のひとつの方法の提示としても読めるだろう。

また岩淵には、上記の成果をふまえた一七世紀後半から一八世紀にかけての江戸における町方社会の展開を論じた「近世都市社会の展開」[156]がある。

（iii）江戸町方関連史料の刊行と研究成果

右にみた諸研究と並行して、東京都や各区などによる精力的な史料調査や編纂事業、共同研究が行われ、江戸町方に関する多数の基礎史料の公刊がすすめられたことも注目される。網羅的ではないが、以下代表的なものを摘記しておきたい。

まず東京都公文書館による成果がある。先述したように『東京市史稿』の継続的な刊行にくわえて、同館に所蔵される町方史料の翻刻が積極的にすすめられ、一七世紀の貴重な江戸古町名主の記録である『日記言上之控』[157]、本所深川地域の町方史料である『重宝録』[158]、文政期の江戸の都市領域をしめした絵図史料である『旧江戸朱引内図』[159]などが刊行されている。そのほか、江戸の周縁部――下谷・芝・深川・麻布・四谷――をふくめて、町屋における地代店賃の動向や町屋敷経営について論じた片倉比佐子『江戸住宅事情』[160]があり、町屋敷絵図や沽券図が網羅的に収集、検討されている。また近年、岩淵令治によってこれまで確認されている江戸の沽券図に関する総合的な整理が行われた[161]。

つぎに江戸東京博物館の成果がある。同館における研究や共同調査成果は、毎年刊行される『江戸東京博物館研究報告』（二〇一一年以降は『江戸博物館研究紀要』と改称）や「江戸東京博物館調査報告書」のかたちでまとめられており、二〇〇一（平成一三）年からは年間テーマを掲げた「江戸の地域研究」が開始されている[162]。なかでも注目されるのは、近世後期から明治期にかけての四谷塩町一丁目の史料が、「江戸東京博物館史料叢書」[163]として翻刻刊行されたことであろう。他方、同町周辺（現新宿区四谷一―四丁目）では一九九〇年代後半から現在にいたるまで多くの発掘調査が実施され町屋敷や組屋敷跡の遺構が発見されている[164]。これは、江戸町人地における数少ない考古学的調査事例という点でも意義をもつとともに、活発な学際的共同研究が期待される。

このほか、高山慶子を中心に実施された大伝馬町の名主に関する史料調査と共同研究[165]などは、幸田成友をはじめとする、吉原健一郎、片倉比佐子、加藤貴、吉田伸之、大野祥子、小林信也らによる一連の研究成果[166]ともあいまって、江戸の名主研究を大きく進展させた。

さて、江戸町人地研究にとって最重要ともいえるのが、近世史料研究会による『江戸町触集成』[167]の刊行である。『正宝事録』と異なり、底本が年代によって異なっているなど、扱う際には慎重な態度も必要であるが、一七世紀半ばから幕末にかけての江戸町触史料が活字で利用できる環境が整ったという点でまさに画期的な成果であり、研究上多大な便宜を図るものである。このほか町方史料として『藤岡屋日記』[168]『浅草寺日記』[169]などが公刊されている。

以上、武家地、寺社地、町人地という三つの共時的な枠組みから研究史を概観してきた。つづいて、これらには包摂されない通時的ともいえる三つのテーマから研究動向を整理してみたい。

初期江戸の都市空間とその形成

まず初期江戸の都市空間にかかわる研究である。中世から明暦の大火前後の都市空間研究は、史料が非常に乏しいこともあって、玉井による研究ののち、あまりすすんでいなかった。しかし、二〇〇〇年代以降になってさまざまな分野から新たな成果が生み出されつつある。

まず、硬直化していた江戸の都市設計論に大きな刺戟をあたえたのが阿部貴弘の研究である。[170] 阿部は、土木史的観点から明治初頭の地図をもとに微地形や街区寸法などを割り出し、均一な町割が施されていたとイメージされがちな江戸町が、先行する自然的・人工的条件を巧みに利用しながら計画されていたことを具体的に明らかにした。これは、絵図による漠然とした理解を、解析的に論証したという点において特筆される。

つぎに、建築史分野の金行信輔による研究がある。金行は、江戸初期の大名や旗本屋敷の拝領動向を梃子に江戸の都市域拡大を論じている。とくに江戸南郊の下屋敷拝領過程における幕府の下賜政策を分析し、明暦大火以前に拝領屋敷地がすでに不足し、江戸周縁部において武家が自律的に敷地選定を行うことで拝領が実施されていた事実を明らかにした。[171] このうえで通説とされてきた明暦大火後の計画性が希薄であったことも指摘している。さらに重要な成果は、現段階で最古のものとされる寛永末期ころの江戸全体（「御府内」）の様子がうかがえる「寛永江戸全図」を見出し、その作成者や年代、記載内容についての基礎的な検討を行ったことである。[172] この絵図によって――金行が推定していたように――、江戸の都市域拡大が明暦大火を優に遡り、寛永末年ころにはすでに「総構」を越えて武家地・寺社地・町地が広がっていた事実が裏づけられたのである。今後は、この絵図をもとに初期江戸の都市形成史をより具体的に検討していくことがもとめられていよう[173]。これに類似する絵図史料として、明暦大火直後を描いたとされる「明暦江戸大絵図」（三井文庫所蔵）も公刊されている[174]。

絵画史料論・歴史図像学からの成果としては黒田日出男の研究がある。黒田は、一九九〇年代にすでに歴博本江戸図屛風を読解、分析し、これを松平伊豆守信綱が絵師に命じ、寛永一一―一二（一六三四―三五）年ころに作成されたものとする仮説を提示していた[175]。そして、近年になってふたたび「江戸図屛風」をはじめ、「寛永江戸図」「江戸名所図屛風」といった明暦大火以前の都市景観を知ることのできる唯一の絵図史料群に関する研究をあいついで発表している[176]。これらは、重厚な絵画史料批判とその読解の書として意義深いものであるとともに、これまでの研究史とそれらへの批判が精緻に論じられている点においても有益である。

考古学分野からは、初期江戸の地形環境の復元や、土木技術の側面から城下町江戸の開発と形成を論じた江戸遺跡研究会の成果がある[177]。これは江戸遺構の「地点史」をもとにした江戸町の復元的検証や、開発にともなう地形改変といった考古学独自の観点からの成果である。また、二〇一五、二〇一六年には「江戸の町人地――遺跡から見る近世都市江戸」と題した大会が開催されており、「地域ごとの様相差や、地点内における時代による変容」をふまえた江戸町人地全体での比較検討が行われた[178]。

最後に近世史分野からの成果として牧原成征の論考をあげておきたい[179]。牧原のねらいは、江戸城下に町人身分として編成され、その中心をなす狭義の町人（「家持」）＝商人が規定されたのち、それに疎外された商人たちがいかなる存在形態や動向をみせるのかという点にある。江戸大伝馬町を事例に、町の表店に結集した「太物店仲間」が「問屋」へと収斂していく歴史的様相が精緻な史料読解のもと論じられており、町人と商人の原型とその特質を考えるうえでも重要な論点を提起している。この前提として牧原は、「寛永江戸図」をもとに一七世紀における江戸町の編成と各町の特質を商業の展開から復元的に考察しているのだが、既往研究に依拠するかたちとはいえ、個別に分散していた成果を江戸町全体にわたって包括的に整理したものとなっており、初期江戸の都市空間理解にとっても資するところが大きい[180]。

インフラという視角と成熟する江戸

都市空間の骨格をかたちづくり、都市社会におけるさまざまな営みをささえるインフラ・ストラクチャー（以下、「インフラ」と略す）に着目した研究が、近年少しずつひとつのかたちをなしはじめているように思われる。

インフラ概念を、宇沢弘文の社会的共通資本論をひとつの糸口にしながら、従来の物質的あるいは技術的観点から解き放ち、都市社会史という文脈のなかで捉え直すことで新たな空間史の方法として提起したのが伊藤毅である[181]。伊藤は、城下町江戸の特質を「初発の段階からインフラ優先型の都市形成」を行ってきた点に見出し、江戸を「インフラ都市」と規定する[182]。こうした初期的な「インフラ」（武蔵野台地などの自然的要素も含む）が、明暦大火後の「大局的な都市政策」（堀川の埋立て、火除地・明地の設置と町の移転、武家地や寺社地の移転、本所深川の開発など）の前提として機能することで、江戸の巨大化が可能になったとし、一八世紀以降はむしろ「既存のインフラ」の機能的な読み替えや「調整・按配」によって都市が成熟していったとする魅力的な江戸都市論を展開している。

この視角のもと研究史をふりかえってみれば、波多野や伊藤好一の研究は、江戸のインフラ論研究の先駆的な成果であったといえる。また、先述した岩淵が着目する武家地における断続的な中小規模の土地造成や、岩淵・小林などが検討したさまざまな公儀地（道、広小路、河岸、堀川）における社会秩序あるいは空間管理の問題なども、インフラをめぐる研究として捉えることができよう。

建築、土木史分野からは、江戸の建設業者に関する藤尾直史の一連の研究[183]、江戸市中における橋の制度的、技術的検討を行った松村博の研究[184]などがある。なかでも江戸市中における代地と明地という幕府による土地政策を、町の移転動向とその実態から浮かび上がらせた李佶勲の研究[185]は注目されよう。

他方、ひろく近世史分野の研究をながめてみると、武家地研究において顕著な成果が見出せる。まず、さまざまなインフラの開発、維持管理のための武家屋敷組合の分析を通して、武家による共同負担のあり方や武家地における地縁的関係を明らかにした藤村聡、北原糸子、松本剣志郎などの研究[186]があげられる。

北原には、発掘調査成果と新たな史料を駆使し、天下普請による江戸外堀の建設実態を詳細に明らかにした研究[187]があり、城下町江戸の形成史にとって特筆すべき成果といえよう。また松本は、江戸市中の道、上水、下水などのインフラについて、身分的な居住領域を横断的に管轄した道奉行の職掌を通して「公共空間」の支配を論じたもの[188]をはじめ、インフラ維持と都市空間の「公共（性）」とを関連づけた精力的な成果を数多く発表している[189]。

そのほか、「水支配」という視点から江戸の堀川、上水、下水の管理に関する法制度と、幕府役人についての検討を行った坂詰智美の研究[190]、江戸の三橋会所に関する若山太良の研究[191]などもある。

これら成果の多くは、インフラを分析対象としてとりあげ、あくまでも法制度や社会構造の解明に主眼をおいているものの空間論として示唆をあたえるものも少なくない。他方、いまひとつ示唆される点は、近世中後期においてこそインフラの問題が、巨大城下町江戸の都市空間の特質や社会との関係構造をより深く考えるための恰好の視角たりうることではないだろうか。この意味で、近世後期に大きな江戸の都市再編をせまった天保改革（一八四一―四三年）に関する藤田覚の一連の研究[192]などは、あらためて江戸の空間構造の転換を考えるための手がかりとなるだろう。

近代移行期と近世都市の表象・記憶／記録から災害へ

一九九〇年代以降の学際的な近世都市史研究の活発化にともない、近世江戸から近代東京への移行期に着目する動きが二〇〇〇年代ころから徐々にあらわれてきた[193]。これらの多くは、幕末維新期あるいは一九世紀末期から二〇世紀初頭までの東京が主な舞台とされるものの、近世後期における江戸の社会＝空間構造の特質をふまえたうえで、近代への移行を見据え、その実態解明をめざそうとする研究群である。

歴史学分野からは、近世城下町の空間構成原理であった分節的な構造（町人地・武家地・寺社地）の解消過程を、幕末維新期における人別・戸籍政策の制度的検討とその展開から明らかにした横山百合子の研究[194]がある。このほか横山には、ジェンダーの見地を江戸の都市社会史研究に積極的に取り入れた注目すべき論考[195]もある。また、身分制廃止後の実態については、東京のえた・非人組織の解体過程とその後の動向について論じたジョン・ポーターの研究[196]がある。

小林信也は、空間管理体制や名主組織のあり方といった近世後期の都市行政の動向から近代への転換を見通す[197]一方で、明治初頭から二〇年代にかけて武家地跡地に出現した「新開町」と呼ばれた町場あるいは盛り場（興行地、勧工場）の社会＝空間の実態を具体的に明らかにしている[198]。また、滝島功は都市における地租改正の問題を全国の厖大な史料から跡づけているが、対象を東京に限っても、地価、道路（床店・葭簀張営業地）、河岸地、寺社地など都市空間構造の再編にかかわる制度的な検討が近世段階をふまえて論じられている[199]。

他方、建築史分野からの重要な成果として松山恵の研究[200]がある。松山は、武家地処理と東京の「首都化」の動きをパラレルに捉え、「江戸―東京」の都市空間構造の再編過程の全体像を描きだした。また、工学系分野にはよく知られる明治期東京の都市計画事業の再検証をはじめ、多様な都市的改変の新たな実態を明らかにしている。また岩本（三倉）葉子は、京都を中心としながら東京に関しても町の近代化を土地所有の観点から跡づける論考を発表している[201]。

このほか経済史分野から、三井を事例に近代的不動産経営の成立を論じることで、町を基礎とした町屋敷の所持・賃借をめぐる情誼的関係が、どのように近代的な契約関係へと移行したのかを明らかにした森田貴子の研究[202]などがある。

さて、近代においてつくられた都市江戸のイメージ、すなわち半ば作為的、捏造的にかたちづくられてきた「江戸」像に対する史的検証を試みる岩淵令治の一連の歴史表象論[203]も注目されよう。これはさきにみた動向を近代への視線とすれば、その逆の視線といえる。

このように、緻密な史料読解を通じた実態分析によって、八〇年代にみられた江戸・東京論がようやく相対化されはじめたといっても過言ではない。しかし、すでに岩淵が警鐘を鳴らしているように[204]、二〇二〇年の東京オリンピック・パラリンピック開催を控えたいま、「遺産」や「観光」を大義名分とした国家や都による偏向した「江戸像」の政治的利用や、これに乗じて巷に蠢くであろう文化的ナショナリズムの昂揚に対し、ひろく歴史研究に携わるわたしたちの冷静な態度がもとめられている。

さらに、渡辺浩一による文書管理に関する研究[205]にもふれておきたい。渡辺は、日本近世における諸社会集団による文書の作成・授受・保管といった過去の情報蓄積の総体を「記憶」と概念化し、一次史料による実証分析から、まちや共同体の「記憶創成」の問題にせまっており、新たな視角の提起といえる。江戸を対象としたものとしては町人地を題材に、町奉行所、町年寄、町名主、個別町の四つの位相から情報蓄積とその利用実態が概観されている。

また、文書アーカイブの問題とも連動して、近年取り組まれているのが江戸の災害史、とくに水害に関する研究である[206]。都市江戸における水害については、意外にもこれまでほとんど研究蓄積がなかった。渡辺は、災害時における人びとの対応や認識、ひいては災害があくまで社会の非常態の一種であって、その理解のためには当該期の社会の常態と連続的に理解する必要があるとする。考古学や歴史気候学などとの学際的共同、国際比較を通した自然と人間の相互関係を歴史的に考察する試みは、従来の災害史を乗り越える可能性を秘めている。

五　城下町江戸の空間史研究にむけて

本章ではほぼ一世紀にわたる江戸の都市史研究の動向を、建築史・空間史の眼から概観してきた。研究史の流れとそれぞれの達成点をふまえ、本来は江戸の都市史研究の今後の展望を論ずるべきだが、筆者はまだ未熟に過ぎる。そのため、ここでは自身の問題意識に強く引きつけて、ひろく近年の注目すべき研究潮流にもふれながら、建築史学からの今後の江戸の都市史研究にむけての若干の論点を提示することでむすびとしたい。

空間分析の方法と対象

まず建築史学が取り組むべきは空間分析のための方法論の拡充であろう。

日本近世都市史研究における社会構造分析の方法は、個別研究を下地として多様に展開されてきた。他方、建築史学においても、空間の物理的形態の復元や形態論、類型論、分布論といった独自の方法を育んできており、従来からの方法による不断の研究蓄積は必須の課題といえる。しかし、一九九〇年代末ころから「方法としての都市史」の衰退が指摘されて久しいなか(207)、まだ素朴な方法論的の適応にとどまっている感も否定できない。

まずは、歴史学における方法的深化と厖大な諸成果に正面から向き合い、空間史の立場から、これらを発展的、批判的に読み直す作業が必要であろう。そのうえで、建築史学固有の空間史的な方法論を模索していくことが重要と考える。たとえば伊藤毅による「イデア＝インフラ構造」論(208)や、武家の集団居住のあり方を動態的に捉える藤川昌樹の視角(209)、岩本馨による「関係」論(210)など新たな方法論も提起されている。

ところで都市空間の問題を、形成や変容といった局面のみから思考することは一面的には過ぎないだろうか。これは、歴史という学そのものが変化の発見と叙述を基本とすることとも無縁ではないだろう。前章でしめしたように筆者が提起してみたいのは、都市空間を〈変化の相〉ではなく〈持続の相〉から捉えるという視点である。たとえば、類型論とは、都市空間の共時態的把握によって空間類型（建物類型）を抽出し、その発展や変容の諸相を通時的に叙述する方法といえる。逆にいえば、その類型そのものは、多様なレベルでの実体的な変質を包摂しながらも、長期的に持続あるいは構造的な安定性をもつがゆえに存立するものでもある。筆者は都市空間の把握においては、後者の視点を重視してみたいのである。

そもそも「方法」とは、「対象」との相互の関係性のなかで発見されるものである。筆者は、近世中後期における江戸の都市空間、とりわけ町人地を研究対象としており、当該期は、江戸がメガロポリス化を達成し、都市の空間的拡大―町場化が限界をむかえた時代、つまり都市の大局的な空間構造が定常状態あるいは動的平衡状態となった時代とみなせる。そこでは、変化が乏しい当該期における都市を〈持続の相〉のなかで把握することが、空間構造を捉え返す糸口になるのではないかと考えている[211]。

またこれと表裏の関係にあるのが、都市・建築の制度や規制、政策といった古典的な問題群の再考である。〈持続の相〉の視点からみると、「都市政策」を「諸主体の自律的活動に対する規制策だけではなく、そうした活動を容認するような公権力の姿勢も含意する」ものとする金行信輔の視角[212]は示唆的である。すなわち、右のような都市や建築に対する秩序形成は、理念と実態との相克を経ながら、都市空間そのものをかたちづける建築的な営為としてあらためて問い直されるべきテーマとして浮上してくるように思われる。

こうした筆者の視角とは別に、昨今空間分析の方法的展開をうながしている注目すべき研究は、さまざまな学問領域からの絵地図史料をめぐる一連の成果であろう。この点に関しては近年、岩本馨による研究史整理[213]のなかでもＧＩＳによる分析や絵図史料論の展開が紹介されている。

江戸の都市史研究に限って記せば、絵図の幾何補正を通じて江戸の風景図から都市景観を再現した土木史の清水英範・布施孝志らによる研究[214]や、江戸図に描かれた図像と実体との歪みを計測し、当時の民衆の空間認識を浮かび上がらせた千葉正樹の研究[215]などは特筆すべき方法的発見といえる。このほか、藤川昌樹を代表とする科学研究費グループのなかで高屋麻里子を中心にすすめられている「御府内沿革図書」のＧＩＳによるデータベース化なども、今後の展開やその利用などが期待される。[216]また金行信輔がかねてからすすめてきた写真史料を緻密に読み解いた研究成果[217]も注目される。

さらに、江戸文化に関する注目される成果として、浮世絵や絵巻から都市社会や空間との関係を論じた浅野秀剛・吉田伸之らの研究[218]、行列図を素材とした久留島浩らによる研究[219]、江戸風景画に関する大久保純一の研究[220]などがあげられる。さきに触れた初期江戸の絵図史料の発見は、こうした空間分析の対象としても有益な史料群となりうるだろう。

「方法としての都市史」の新たな波

さて、四半世紀以上にわたって都市史というプラットフォームを築きつづけてきた吉田伸之と伊藤毅によって、近年ほぼ同時期に、ともに親和的な新たな視角が提起されている。

吉田は、幕末期江戸の都市打ちこわしを再考するなかで、その起点となった品川における地域社会分析から「地帯構造」論を提起している。[221]これは、長年にわたる飯田市や旧清内路村における史料調査と研究実践のなかで培ってきた、地域社会の歴史的把握方法である「単位地域[222]」という考えを巨大城下町江戸の社会分析に応用するなかで編み出されたものである。吉田は、町、村、寺社、耕地が入り組んだ重層的な支配をうける品川領＝地帯を、宿村、寺社門前、漁師町、かわた町村などの単位地域に分節して考察し、総体として把握するための作業を試みはじめている。[223]また、近年の論考[224]によれば、この「地帯」とは「領域と地域のあいだ」に位置づけられるもので、「中間権力」（近世の豪農や豪商、近代の地主や名望家など）が直接的に支配する諸地域のまとまり、あるいは、「地域を構成する共同体や共同組織」が結束してつくられる「自治的な枠組み」（在地領主による一揆、惣村や組合村、近世の惣町など）としての地域的まとまりをさすとしている。

一方の伊藤は、東日本大震災をひとつのトリガーとしながら、筆者も参画する研究室のフィールドワークを中心に「領域」論の方法的実践を試みている[225]。この方法論についての直接の言及はみられないが、戦国期の大名の領国経営にあらためて焦点をあて、都市類型として支配的とみなされてきた城下町や在郷町、湊町にくわえ、当該期に山中や山麓に戦国武将によって形成された鉱山町、温泉町を起点として近世都市の成立を論じた論考は注目される[226]。これは中・近世城下町が一定の「領域」のもとに存立していたことを再認識させるとともに、藩あるいは領などの地理的広がりのなかで近世都市の形成を再定位しうる可能性を示唆している。また、調査成果自体はまだ十分には開示されていないが、『建築雑誌』誌上で、この方法にいたる着想と展望が語られている[227]。

この二つの方法論の提起は、単体の都市そのものに自閉しがちな近年の傾向、いわば分野史と化した都市史研究に対する痛烈な批判でもあろう。ただし、このような視点は右の二人の研究者のみに集約される問題関心ではなく、近世史ならびに建築史双方における現在進行形の研究動向の大きなうねりを象徴するものと理解したほうがよい。

近世史分野でいえば、都市史研究の方法論が成熟すると同時に、農村や山村、漁村などが「都市性[228]」という観点から捉え返され、地域史研究、地域社会論の新たな展開へと結びついてきた[229]。これは歴史研究者による自治体史編纂や地域住民との共同のもとでかたちづくられてきたひとつの潮流であって、近年注目すべき共同成果や個別研究[230]も続々と生み出されてきている。

他方、建築史分野でも、対象とする時代や地域はさまざまであるが、日本中世の都（京都）や琉球王国の都（首里）を題材とする髙橋康夫の環境文化研究[231]や、ながらく地域学（テリトーリオ）を提唱し実践しつづける陣内秀信らの村プロジェクトなど、それぞれ類似した関心の所在が注目される。
研究[232]、重要伝統的建造物群地区の批判的検証[233]、重要文化的景観の学際的調査研究[234]、中谷礼仁・清水重敦らによる千年村プロジェクト[235]など、それぞれ類似した関心の所在が注目される。

これらの方法論から江戸の都市史研究をみれば、先述した岩淵による駒込村の研究や髙山慶子による深川猟師町の研究[236]などは、江戸周縁部における地域史あるいは領域論として読み直すこともできるだろう。また従前、江戸近郊農村に関する研究は地域史研究として独立してすすめられていた傾向にあるが、こうした成果と都市史研究との止揚も今後の課題といえる。

この視点を、筆者の対象とする時代を中心に空間史の立場から若干敷衍してみれば、城下町江戸を分節して描いた「江戸切絵図」は、江戸における地域特性をあらわした絵図として重要な糸口をわれわれにあたえてくれる。さらに、輪郭の曖昧な江戸の都市域についての問題も浮上してくる。たとえば、幕末まで維持された武家地、寺社地、町人地といった即自的な空間的枠組みの再検討、あるいは文政元（一八一八）年に一応の確定をみた「御府内」という都市領域の空間史的意義、そして「御府内往還其外沿革図書」「御府内場末往還其外沿革図書」といった地図編纂にみられる幕府による江戸の都市空間把握の問題など、今後の展開にもさまざまな可能性を示唆している。

史料的限界を越えて

最後に、江戸の都市史研究における史料環境の整備について触れておきたい。国立国会図書館では所蔵する書籍や史資料の保存にかかわってデジタルアーカイブ化がすすめられており、二〇〇〇年代にはいってインターネット上での公開が徐々にはじめられた[237]。とりわけ注目すべきは、ここ数年間で、江戸市制および江戸幕府の研究にとっての基本史料といえる「旧幕府引継書」の公開が本格的にはじめられたことである[238]。これは江戸幕府の評定所・寺社奉行・町奉行・作事奉行・鞘番所などの記録であって、数多くの絵図類もふくまれ、その総数は五九五六冊におよぶ。これは極めて決定的な研究環境の変化にむすびついている。なお、「旧幕府引継書」の細目録は南和男『江戸の社会構造』の巻末附録に掲載され、細々目録は『旧幕引継書目録』として国立国会図書館から刊行されている[239]。

筆者もこのデジタルデータから多大な恩恵にあずかる学徒のひとりである。ただし、数十秒でダウンロードできるpdf化されたカラー版史料を手にしたとき、先達たちが足繁く図書館に通いつめ、原文書あるいはマイクロフィルムをめくりながら眼を凝らして史料を読みすすめていたことを決して忘れてはいけないだろう。史料ひとつひとつに向き合う真摯な態度は、これからも変わってはならない。

現在の東京にはかつての江戸の面影はまったくなく、近世の建物や遺構などもそう多いわけではない。わたしたちは「近代東京」という色眼鏡を通して江戸のすがたを想像するほかないのである。しかし、厖大な史料群を簡単に手に取れるようになったいま、江戸を対象に都市史研究に立ち向かい、建築史学からも深めるべき視点や課題が数多く残されているように思われる。

註

（1）松本四郎『日本近世都市論』（東京大学出版会、一九八三年）、塚田孝『近世の都市社会史』（青木書店、一九九六年）、同「都市における社会＝文化構造史のために」（『都市文化研究』一、二〇〇三年）、吉田伸之「近世の都市」（『歴史研究の新しい波Ⅶ』山川出版社、一九八九年。のち同『近世都市社会の身分構造』東京大学出版会、一九九八年に所収）、同『伝統都市・江戸』（東京大学出版会、二〇一二年）、望月良親「近世都市史研究の現在」（『歴史評論』七六三、二〇一三年）など。

（2）伊藤毅「学界展望　日本都市史」（『建築史学』六、一九八六年）、岩本馨『近世都市空間の関係構造』（吉川弘文館、二〇〇八年）、同「日本近世都市史」（『都市史研究』一、二〇一四年）。

（3）水江漣子『江戸市中形成史』（弘文堂、一九七七年）、塚本学「都市江戸の研究史私見」（『国立歴史民俗博物館研究報告』一四、一九八七年）、吉原健一郎「江戸・東京学の現状」（『史潮』新二四、一九八八年）。このほか吉原健一郎による一九八〇年代から九〇年代までの都市江戸の近世史研究の整理があるが（「地方史研究の現状三八　東京都（上）」『日本歴史』六一

二、一九九九年)、その研究量の多さゆえに、個別論文の羅列の感が否めず、ここから研究史の潮流は読み取りがたい。しかし、網羅的に個別研究や報告書がひろわれており有益な文献リストとなっている。

(4) 亀田駿一「近世都市江戸の考古学――成果と課題」(『東叡山寛永寺護国院――都立上野高等学校改築に伴う第一次調査概報』都立上野高等学校遺跡調査会、一九八八年)、谷川章雄「考古学からみた近世都市江戸――考古学と歴史学の関係をめぐって」(『史潮』新三二、一九九三年)、同「地方史研究の現状三八　東京都(下)」(『日本歴史』六一三、一九九九年)、江戸遺跡研究会編『図説　江戸考古学研究事典』(柏書房、二〇〇一年)など。

(5) 岩淵令治『江戸武家地の研究』(塙書房、二〇〇四年)、藤川昌樹「近世の武家屋敷と都市史研究」(『年報都市史研究2　城下町の類型』山川出版社、一九九四年。のち同『近世武家集団と都市・建築』中央公論美術出版、二〇〇二年に所収)、渡辺理絵『近世武家地の住民と屋敷管理』(大阪大学出版会、二〇〇八年)。

(6) 日本近代都市史については、石塚裕道「近代都市史研究の課題と方法――首都東京をめぐって」(『人民の歴史学』一〇一、一九八九年)、成田龍一「近代日本都市史研究のセカンドステージ」(『歴史評論』五〇〇、一九九一年)、同「日本近代都市史研究における閉塞・相克と新たな兆候」(『都市空間の社会史』山川出版社、二〇〇四年)、原田敬一「地域史のなかの近代都市史研究」(『部落問題研究』一九三、二〇一〇年)、松山恵「日本近代都市史研究の歩み」(『都市史研究』二、二〇一五年)などを参照。

(7) 前掲註(2)伊藤「学界展望　日本都市史」。

(8) 伊東忠太「江戸の建築」(『建築雑誌』三〇―三五四、一九一六年)。

(9) 光岡義一編『住宅建築』(建築世界社、一九一六年)。

(10) 大熊喜邦「江戸時代の住宅建築概論」(前掲註(9)『住宅建築』)。

(11) 大熊喜邦「江戸時代住宅に関する法令と其影響　附住宅に関する政策」(『建築雑誌』三五―四二〇、一九二一年)。

(12) 大熊喜邦「近世武家時代の建築」(『岩波講座　日本歴史』第七巻、近世二、岩波書店、一九三五年)。

(13) 復興局建築部『東京及横浜地質調査報告』(帝都復興院、一九二九年)。

(14) 東京都の地質地盤図については、戦後に北沢五郎・竹山謙三郎を中心とする東京地盤調査研究会から『東京地盤図』(技報堂出版、一九五九年)が出版され、その後、東京都土木技術研究所から『東京都総合地盤図一・二』(技報堂出版、一九七七年および一九九〇年)が刊行されている。なお、現在は東京都で収集されたボーリングデータがインターネット上で公開されている（東京都土木技術支援・人材育成センター「東京の地盤（GIS版）」。URL: http://doboku.metro.tokyo.jp/start/03-jyouhou/geo-web/geo-webmap.aspx、閲覧日：二〇一八年三月一七日）。

(15) 前掲註(3)水江『江戸市中形成史』。

(16) 東京市史編纂事業史については『都史紀要二七 東京都の修史事業』（東京都、一九八〇年、菊池昭執筆）、『都史紀要三八 東京の歴史をつむぐ――草創期の東京市史編さん事業』（東京都、二〇〇一年）に詳しい。

(17) 後藤新平『江戸の自治制』（二松堂書店、一九二二年）。同書の執筆者は、当時東京市史編纂主任であった塚越停春（芳太郎）であったと考えられている。

(18) 『神田区史』（一九二七年）、『麴町区史』（一九三五年）、『下谷区史』（一九三五年）、『浅草区史』（一九三五年）、『新修 日本橋区史』（一九三七年）など。

(19) 幸田成友「江戸の市制」（『岩波講座 日本歴史』第六巻、近世一、岩波書店、一九三三年）。

(20) 幸田成友『江戸と大阪』（冨山房、一九三四年）。

(21) 小野均『城下町の研究』（至文堂、一九二八年）。

(22) 小野晃嗣「近世都市の発達」（『岩波講座 日本歴史』第六巻、近世一、岩波書店、一九三三年）。

(23) 伊藤鄭爾「中世奈良の研究」一―三（『建築史研究』一四―一六、一九五四年）、同『中世住居史』（東京大学出版会、一九五八年）など。

(24) 伊藤鄭爾「日本都市史」（『建築学大系四 都市論』彰国社、一九六〇年）。

(25) 西川幸治『日本都市史研究』（日本放送出版協会、一九七二年）、同『都市の思想――保存修景への思想』（日本放送出版協会、一九七三年）。

(26) 西川幸治「彦根藩江戸屋敷について（江戸赤坂中屋敷）」（『日本建築学会研究報告』四一、一九五七年）、同「彦根藩江戸屋敷について（千駄ヶ谷屋敷・八丁堀屋敷）」（『同』四一、一九五七年）、同「岡山藩江戸御本屋敷・向御屋敷について」（『同』四六、一九五九年）、同「弘前藩江戸藩邸における家臣団の居住形態」（『同』四七、一九五九年）、同「江戸大名居館における殿舎の構成」（『同』五〇、一九五九年）。

(27) 『彦根市史』（上巻・一九六〇年、中巻・一九六二年、下巻・一九六四年）。

(28) 前掲註(25)西川幸治『日本都市史研究』。

(29) 内藤昌『江戸と江戸城』(鹿島出版会、SD選書、一九六七年)。これは『SD――スペースデザイン』(鹿島出版会)上に発表した論考「江戸と江戸城」(『同』三［特集］東京――未来への指標、一九六五年)を大幅に改訂したものである。内藤は同様の観点から、江戸のほか京都(「京の街・その発生と展開」『同』六［特集］京都――開発と保存、一九六五年)、名古屋(「名古屋の歴史」『同』一二［特集］名古屋――工業化時代の大都市形成、一九六六年)に関する論考を発表している。

(30) 内藤昌『江戸図屛風　別巻　江戸の都市と建築』(毎日新聞社、一九七二年)。

(31) 前掲註(2)伊藤「学界展望　日本都市史」、同岩本『近世都市空間の関係構造』および同「日本近世都市史」など。

(32) 平井聖『日本の近世住宅』(鹿島出版会、一九六八年)、同『日本住宅の歴史』(日本放送出版協会、一九七四年)など。他方、中・下級の武士住宅については地方都市(仙台藩・盛岡藩・弘前藩)を対象とした佐藤巧『近世武士住宅』(叢文社、一九七九年)がある。

(33) 内藤によれば「学位論文をまとめるにあたって江戸の都市史的考察を前提とした建築論の必要を強く感じ、とりあえず『江戸と江戸城』を公(ママ)した」と回顧している(前掲註(30)内藤『江戸図屛風　別巻　江戸の都市と建築』)。

(34) 当時の「江戸図屛風」の発見とその後の経緯については、村井益男「補稿――学術文庫版あとがきにかえて」(『江戸城』講談社学術文庫、二〇〇八年)を参照。村井をふくむ「江戸図屛風」の最初の共同研究成果として『江戸図屛風』(平凡社、一九七二年)がある。

(35) 諏訪春雄・内藤昌『江戸図屛風』(朝日新聞社、一九七七年)。

(36) より細かく述べれば、①の第七章の各「節」が、ほぼそのまま②の「章」へと格上げされて記述されるかたちとなっている。

(37) 内藤昌「肥前名護屋城図屛風の建築的考察」(『国華』九一五、一九六八年)、同ほか「近世都市図屛風の建築的考察」一―六(『日本建築学会大会学術梗概集』、『日本建築学会論文報告集』など、一九七〇―七二年)、同ほか「近世洛中洛外図屛風の景観類型」(『国華』九五九、一九七三年)など。

(38) 豊田武『日本の封建都市』(岩波書店、一九五二年)、原田伴彦『日本封建都市研究』(東京大学出版会、一九五七年)。この到達点として『講座　日本の封建都市』全三巻(文一総合出版、一九八一―八三年)がある。

(39) 朝尾直弘「日本近世史の自立」(『日本史研究』八一、一九六六年。のち『朝尾直弘著作集』二、岩波書店、二〇〇四年に所収）。

(40) 三浦俊明「江戸城下町の成立過程――国役負担関係を通してみた町の成立について」（『日本歴史』一七二、一九六二年）。

(41) 北島正元編『江戸商業と伊勢店――木綿問屋長谷川家の経営を中心として』（吉川弘文館、一九六二年）。

(42) 林玲子『江戸問屋仲間の研究――幕藩体制下の都市商業資本』（御茶の水書房、一九六七年）。

(43) 伊藤好一『江戸地廻り経済の展開』（柏書房、一九六六年）。このほか林玲子「江戸地廻り経済圏の成立過程」（『資本主義の形成と発展――山口和雄博士還暦記念論文集』東京大学出版会、一九六八年）がある。

(44) 南和男『江戸の社会構造』（塙書房、一九六九年）。

(45)『正宝事録』全三巻（日本学術振興会、一九六四―六六年）。

(46)『都史紀要』はすでに戦前に第一巻が出版されていたが、川崎房五郎、鷹見安二郎を中心に一九五七（昭和三二）年以降に続々と刊行された。

(47)『大田区史』（一九五一年）、『台東区史』（一九五五年）、『新宿区史』（一九五五―五六年）、『千代田区史』（一九六〇年）、『文京区史』（一九六七―六九年）など。

(48) 松本豊寿『城下町の歴史地理学的研究』（吉川弘文館、一九六七年）、矢守一彦『都市プランの研究――変容系列と空間構成』（大明堂、一九七〇年）。

(49)「都市史研究の問題点」（『建築雑誌』九〇―一一一二、一九七五年）、湯浅耕三「都市史研究の問題点（五一年度日本建築学会秋季［東海］大会）」（『同』九一―一一一九、一九七六年）。

(50)「主集　都市史（日本）の視点」（『建築雑誌』九一―一一一五、一九七六年）。

(51) 玉井哲雄「江戸町人地の住宅」（『建築雑誌』九〇―一一〇〇、一九七五年）。

(52) 玉井哲雄「江戸の町屋敷」一―三（『日本建築学会大会学術講演梗概集』計画系四七―四九、一九七二―七四年）。

(53) 玉井哲雄『江戸町人地に関する研究』（近世風俗研究会、一九七七年）。同書の第一編は、日本橋町人地を対象とする同「江戸町人地の研究」一―六（『日本建築学会論文報告集』二五二―二五六、一九七七―七八年）で構成され、第二編は同様の手法による京橋町人地の研究からなる。ほか、同「江戸の町と裏長屋」（『江戸災害史』東京法令出版、一九七五年）、同「江戸裏長屋について」（前掲註(50)『建築雑誌』）、同「江戸における町人地構造の変容」（『建築雑誌』九三―一一四一、一九七八年）がある。

(54)　前掲註(23)伊藤「中世奈良の研究」。
(55)　野口徹「近世京都に於ける宅地所有の実態と町」（東京大学修士論文、一九六八年。のち同『日本近世の都市と建築』法政大学出版局、一九九二年に所収）、同「町家の展開過程——その基礎的条件をめぐって」（東京大学学位論文、一九八三年。のち同『中世京都の町家』東京大学出版会、一九八八年および前掲『日本近世の都市と建築』に所収）。
(56)　一九七〇年代後半から発表され、八〇年代にまとめられていく建築史学からの都市史研究の成果として、中・近世京都を素材とする髙橋康夫「中世京都の展開過程に関する都市史的研究」（京都大学学位論文、一九七九年。のち増補して同『京都中世都市史研究』思文閣出版、一九八三年）、日向進「近世京都町家の形成と展開の過程に関する史的研究」（京都大学学位論文、一九八三年）、小川保「近世京都における町の成立と解体に関する研究」（東京大学学位論文、一九八五年）、中・近世大坂を素材とするものとして伊藤毅「近世大坂成立過程に関する都市史的研究」（東京大学学位論文、一九八六年。のち同『近世大坂成立史論』生活史研究所、一九八八年）などがある。
(57)　山口啓二『幕藩制成立史の研究』（校倉書房、一九七四年）。
(58)　松本四郎「幕末・維新期における都市と階級闘争」（『歴史学研究』別冊、一九七〇年）、同「幕末・維新期における都市の構造」（『三井文庫論叢』四、一九七〇年）。ともにのち大幅に再構成のもと前掲註(1)松本『日本近世都市論』に所収。
(59)　この点については前掲註(53)玉井『江戸町人地に関する研究』、および吉田伸之「『山口啓二著作集』第二巻の編集に携わって」（『歴史評論』七〇四、二〇〇八年）を参照。
(60)　玉井哲雄「江戸町人地の構造」『講座 日本の封建都市』第三巻、文一総合出版、一九八一年）。
(61)　玉井哲雄「近世都市と町家」（『講座 日本技術の社会史七 建築』日本評論社、一九八三年）。
(62)　玉井哲雄「江戸の町家・京の町家」（『列島の文化史』一、一九八四年）。
(63)　玉井哲雄『江戸——失われた都市空間を読む』（平凡社、一九八六年）。
(64)　鈴木賢次「旗本住居の都市における存在様態」（『建築史学』二、一九八四年）。
(65)　鈴木賢次「旗本住居の平面構成について——江戸時代中期の様相と展開」（『日本建築学会計画系論文報告集』三五四、一九八五年）。
(66)　鈴木賢次「上級旗本住居の平面構成における階層的性格について——幕末期、旗本・池田家屋敷の主屋の平面と居室からの検討」（『日本建築学会計画系論文報告集』三七一、一九八七年）。

(67)　このほか、鈴木賢次「旗本住居の研究」一―一一（『日本建築学会研究報告集』および『日本建築学会学術講演梗概集』一九七七―八六年）がある。

(68)　近年、この厖大な史料の精緻な整理が岩本馨によって行われている（岩本「幕府普請奉行役所による拝領武家屋敷の把握について――『屋敷渡預絵図証文』を中心に」『都市史研究』四、山川出版社、二〇一七年）。

(69)　平井聖監修・波多野純編著『城郭・侍屋敷古図集成　江戸城Ⅱ（侍屋敷）』（至文堂、一九九六年）。

(70)　この点に関しては、松山恵「幕末期江戸における幕臣屋敷の屋敷地利用と居住形態――近世近代移行期における江戸、東京の都市空間（その一）」（『日本建築学会計画系論文集』五四五、二〇〇一年）がある。

(71)　水野耕嗣「近世建築法制のカテゴリーについて」（『岐阜工業高等専門学校紀要』一〇、一九七五年）、同「江戸の都市構造におよぼした法的規制」（『建築雑誌』九三―一一三五、一九七八年）、同「近世都市・建築法制史の研究」その一―一九（『日本建築学会学術講演梗概集』、『日本建築学会支部研究報告集』ほか、一九七五―八九年）など。

(72)　波多野純「水道（用水）」（『講座　日本技術の社会史六　土木』日本評論社、一九八四年）、同「都市施設としての上水を通して見た城下町設計方法の研究」一―四（『日本建築学会計画系論文報告集』三九七・四〇〇・四〇八・四一六、一九八九―九〇年）。

(73)　波多野純「都市施設とその上水を通してみた江戸の都市設計」（鵜川馨ほか編『江戸とパリ』岩田書院、一九九五年）。このほか、同「ネットワークとしての江戸の上水――玉川上水以前を考える」（『江戸の上水・下水』吉川弘文館、二〇〇六年）、同「神田上水白堀からみた江戸の都市設計と景観――全国の近世城下町の上水と比較して」（『小日向一・二丁目南遺跡――文京区福祉センター（仮称）建設に伴う埋蔵文化財緊急発掘調査報告書』文京区教育委員会、二〇一四年）がある。

(74)　波多野純・黒津高行「江戸の都市設計に関する研究」一―五（『日本建築学会東海支部研究報告集』および『日本建築学会学術講演梗概集』一九八四―八七年）。

(75)　宮本雅明「近世城下町の都市意匠に関する研究」一―一〇（『日本建築学会研究報告』一九八四―八六年）、同「近世初期城下町のヴィスタに基づく都市設計」（『建築史学』六、一九八六年）など。

(76)　桐敷真次郎「天正・慶長・寛永期江戸市街地建設における景観設計」（『東京都立大学都市研究報告』二四、一九七一年）、同「慶長・寛永期駿府における都市景観設計および江戸計画との関連」（『同』二八、一九七二年）。

(77)　江戸東京博物館の建設をめぐっては、歴史学を中心とする以下のような批判的検討が行われた。前掲註(63)玉井『江戸』、

『史潮』（新二四、一九八八年）、小泉弓子「江戸東京博物館建設計画をめぐって」（『歴史評論』四七一、一九八九年）、『人民の歴史学』（一〇一、一九八九年）、吉田伸之「都市の近世」（『日本の近世9　都市の時代』中央公論社、一九九二年）ほか。

（78）二〇二〇年開催の東京オリンピック・パラリンピックが目前にせまってきたいま、歪んで偏向した「江戸像」がふたたび氾濫しはじめている現状については、岩淵令治の論考が重要である（岩淵「遙かなる江戸の此方にあるもの――〝幸せな江戸像〟と文化ナショナリズムをめぐって」『歴史学研究』九六六、二〇一八年）。

（79）以下、特記しない限り共同研究の経緯については塚本学「共同研究と本報告書」（『国立歴史民俗博物館研究報告』一三、一九八九年。以下「『歴博研報』［a］」と略称）および、湯浅隆「共同研究『近世都市江戸町方の研究』の実施記録」（『国立歴史民俗博物館研究報告』一三、一九八九年。以下「『歴博研報』［b］」と略称）を参照。

（80）湯浅隆によれば、共同研究のテーマ設定以前から「常設展示のうち、都市は江戸と長崎をとりあげることが決まって」いたという（『歴博研報』［b］）。

（81）玉井哲雄「近世前期江戸町復原地図の作成過程およびその問題点」（前掲註（79）『国立歴史民俗博物館研究報告』）。

（82）陣内秀信『東京の空間人類学』（筑摩書房、一九八五年。のち『同』ちくま学芸文庫、一九九二年）、吉見俊哉『都市のドラマトゥルギー――東京・盛り場の社会史』（弘文堂、一九八七年。のち『同』河出文庫、二〇〇八年）など。

（83）この点に関しては小林信也による精緻な先行研究批判がある（小林「明治初年東京の床店・葭簀張規制」『東京大学日本史学研究室紀要』五、二〇〇一年）。

（84）加藤晋平・中川成夫「近世考古学の提唱」（『日本考古学協会第三五回総会大会研究発表要旨』一九七〇年。のち中川成夫『歴史考古学の方法と課題』雄山閣出版、一九八五年に所収）。

（85）『江戸――都立一橋高校地点発掘調査報告』（都立一橋高校遺跡調査団、一九八五年）、古泉弘『江戸を掘る』（柏書房、一九八三年）など。

（86）江戸の近世考古学の展開については、前掲註（4）、および岩淵令治「近世考古学の進展と近世史研究」（『歴史評論』五〇〇、一九九二年。のち増補して前掲註（5）岩淵『江戸武家地の研究』に所収）などを参照。

（87）『江戸復原図』（東京都教育委員会、一九八九年）、亀田駿一「江戸復元図作成の方法と課題」（『文化財の保護』二二、東京都教育委員会、一九九〇年）。

(88)　吉原健一郎ほか編『復元・江戸情報地図』(朝日新聞社、一九九四年)。
(89)　江戸町人研究会編『江戸町人の研究』一―五(吉川弘文館、一九七三―七八年)、『同』六(同、二〇〇六年)。
(90)　『江戸選書』一―一〇(吉川弘文館、一九八〇―八五年)。
(91)　西山松之助ほか編『江戸学事典』(弘文堂、一九八四年。のち縮刷版として『同』弘文堂、一九九四年)。
(92)　伊藤好一『江戸の町かど』(平凡社、一九八七年)。
(93)　前掲註(58)松本「幕末・維新期における都市と階級闘争」および同「幕末・維新期における都市の構造」。
(94)　八〇年代における歴史学分野における近世都市史研究の動向については、前掲註(1)を参照。
(95)　朝尾直弘「近世の身分制社会と賤民」(『部落問題研究』六八、一九八一年。のち『朝尾直弘著作集』七、岩波書店、二〇〇四年に所収)、同「日本近世都市の特質――一七世紀の町を中心に」(『町共同体と商人資本に関する総合的研究』昭和六〇年度科学研究費補助金(総合研究A)研究成果報告書、一九八六年)および同「惣村から町へ」(『日本の社会史六　社会的諸集団』岩波書店、一九八八年)。ともに『朝尾直弘著作集』六、岩波書店、二〇〇四年に所収。吉田伸之「公儀と町人身分」(『歴史学研究』別冊、一九八〇年)、同「町と町人」(『講座　日本歴史』五、東京大学出版会、一九八五年)。ともに前掲註(1)吉田『近世都市社会の身分構造』に所収。
(96)　西坂靖「大坂火消組合による通達と訴願運動」(『史学雑誌』九四―八、一九八五年)、塚本明「近世中期京都の都市構造の転換」(『史林』七〇―五、一九八五年)、同「近世都市構造の転換」(『岩波講座　日本通史』第一四巻、近世四、岩波書店、一九九五年)、今井修平「近世都市における株仲間と町共同体」(『歴史学研究』別冊、一九八六年)など。
(97)　吉田伸之「施行と其日稼の者」(百姓一揆研究会編『天保期の人民闘争と社会変革』上、校倉書房、一九八〇年)、同「日本近世都市下層社会の存立構造」(『歴史学研究』別冊、一九八四年)、同「日本近世都市下層社会の存立構造」(『歴史学研究』別冊、一九八四年)。以上すべて前掲註(1)吉田『近世都市社会の身分構造』に所収。
(98)　吉田伸之「近世における身分意識と職分観念」(『日本の社会史七　社会観と世界像』岩波書店、一九八七年。のち前掲註(1)吉田『近世都市社会の身分構造』に所収)。吉田に先行する江戸町における店人足と鳶人足に関する先駆的研究として鮎川克平「江戸町方火消人足の研究――店人足と鳶人足の実態」(『論集きんせい』三、一九七九年)がある。
(99)　吉田伸之『近世巨大都市の社会構造』「第一編　江戸町会所と都市社会」(東京大学出版会、一九九一年)。
(100)　塚田孝「社会集団をめぐって」(『歴史学研究』五四八、一九八五年。のち同『近世日本身分制の研究』兵庫部落問題研究所、一九八七年に所収）。

(101) 前掲註(100)塚田『近世日本身分制の研究』、同『身分制社会と市民社会——近世日本の社会と法』（柏書房、一九九二年）。

(102) 塚田孝「近世後期における江戸の非人と町方」（『部落問題研究』六五、一九八〇年）、同「三都の非人と非人集団」（『歴史学研究』五三四、一九八五年）。ともに前掲註(100)塚田『近世日本身分制の研究』に所収。同「異なる呼称——近世後期・江戸の非人についての一考察」（『人文研究』四一、大阪市立大学文学部、一九八九年。前掲註(101)塚田『身分制社会と市民社会』に所収）など。

(103) 鈴木理生『江戸と江戸城——家康入城まで』（新人物往来社、一九七五年）、『江戸と城下町——天正から明暦まで』（新人物往来社、一九七六年）、同『江戸の川・東京の川』（放送ライブラリー、日本放送出版協会、一九七八年。のちに『同』井上書院、一九八九年）、『江戸の都市計画』（三省堂、一九八八年）、同『幻の江戸百年』（筑摩書房、一九九一年。のち改題して『江戸はこうして造られた——幻の百年を復原する』ちくま学芸文庫、二〇〇〇年）、同編著『〈図説〉江戸・東京の川と水辺の事典』（柏書房、二〇〇三年）。

(104) 髙橋康夫・吉田伸之編著『日本都市史入門』全三巻（東京大学出版会、一九八九—九〇年）。

(105) 発足時の呼び掛け人は、伊藤毅・岩淵令治・小林信也・玉井哲雄・西坂靖・吉田伸之の六名（『ニューズレター都市史研究』一、都市史研究会、一九九〇年）。

(106) 都市史研究会編『年報都市史研究』1—22（山川出版社、一九九三—二〇一四年）。研究交流の成果として、吉田伸之・長島弘明・伊藤毅編『江戸の広場』（東京大学出版会、二〇〇五年）、伊藤毅・吉田伸之編『別冊都市史研究 水辺と都市』（山川出版社、二〇〇五年）、近藤和彦・伊藤毅編『別冊都市史研究 江戸とロンドン』（同、二〇〇七年）、高澤紀恵・アラン＝ティレ・吉田伸之編『別冊都市史研究 パリと江戸——伝統都市を比較する』（同、二〇〇九年）、高澤紀恵・吉田伸之・フランソワ＝ジョゼフ＝ルッジウ・ギョーム＝カレ編『別冊都市史研究 伝統都市を比較する——飯田とシャルルヴィル』（同、二〇一一年）があり、集大成として伊藤毅・吉田伸之編『伝統都市』全四巻（東京大学出版会、二〇〇九年）がある。

(107) 二〇一四年一一月から年一回の会誌『都市史研究』（山川出版社）が刊行されている。

(108) 伊藤毅・髙橋康夫・宮本雅明・吉田伸之編『図集 日本都市史』（東京大学出版会、一九九三年）。

(109) 松本裕「建築学会における都市史研究——一九九七—二〇〇四——学際的プラットフォームの創設とテーマの展開」（『建

築雑誌』一三〇─一六七一、二〇一五年)。

(110) 鈴木博之・石山修武・伊藤毅・山岸常人編『シリーズ都市・建築・歴史』全一〇巻(東京大学出版会、二〇〇五─〇六年)。

(111) 玉井哲雄「都市史における都市空間研究」(前掲註(104)『日本都市史入門Ⅰ　空間』)。

(112) 「社会＝空間」の初出は、前掲註(77)吉田「都市の近世」。

(113) 吉田伸之「都市社会＝空間構造の分節的把握」(前掲註(1)吉田『伝統都市・江戸』)。

(114) 玉井哲雄「都市の計画と建設」(『岩波講座　日本通史』第一一巻、近世一、岩波書店、一九九三年)、同「町割・屋敷割・町家──近世都市空間成立過程に関する一考察」(『年報都市史研究2　城下町の類型』山川出版社、一九九四年)など。近年の成果として国立歴史民俗博物館・玉井編『アジアからみる日本都市史』(山川出版社、二〇一三年)がある。

(115) 前掲註(1)吉田『伝統都市・江戸』。

(116) 前掲註(1)吉田『伝統都市・江戸』「第Ⅰ部　城下町論」など。

(117) 前掲註(5)岩淵『江戸武家地の研究』、藤川「近世の武家屋敷と都市史研究」、渡辺『近世武家地の住民と屋敷管理』。

(118) 前掲註(4)亀田「近世都市江戸の考古学」、谷川「考古学からみた近世都市江戸」、同「地方史研究の現状三八　東京都(下)」、江戸遺跡研究会編『図説　江戸考古学研究事典』など、および岩淵令治「近世考古学の進展と近世史研究」(『歴史評論』五〇〇、一九九二年。のち増補して前掲註(5)岩淵『江戸武家地の研究』に所収)。

(119) 作事記録研究会編『大名江戸屋敷の建設と近世社会』(中央公論美術出版、二〇一四年)。

(120) 作事記録研究会編『萩藩江戸屋敷作事記録』(中央公論美術出版、二〇一三年)。

(121) 岩本馨「水戸藩における定府進展に伴う城下町および江戸藩邸の変容」(『日本建築学会計画系論文集』五六〇、二〇〇二年)、同「紀州藩士の幕臣化に伴う江戸屋敷獲得動向」(『日本建築学会計画系論文集』五六一、二〇〇二年)、以上は前掲註(2)岩本『近世都市空間の関係構造』に所収。そのほか、同「武家地の空間とその流動性」(前掲註(106)『別冊都市史研究　江戸とロンドン』)、同『江戸の政権交代と武家屋敷』(吉川弘文館、二〇一二年)、同「徳川綱吉政権の武家地政策と幕臣編入家臣団の動向」(『日本建築学会計画系論文集』七一一、二〇一五年)など。

(122) 岩淵令治「泰平の世の「番」」(『別冊歴史読本　江戸の危機管理』新人物往来社、一九九七年)、前掲註(5)岩淵『江戸武家地の研究』「Ⅱ　都市居住者としての役」、岩淵「江戸城警衛と都市」(『日本史研究』五八三、二〇一一年)、同「境界としての江戸城大手三門――門番の職務と実態」(『東京大学史料編纂所研究紀要』二二、二〇一二年)、同「江戸城門番役の機能と情報管理」(『国立歴史民俗博物館研究報告』一八三、二〇一四年)など。

(123) 岩淵令治「江戸消防体制の構造」(『関東近世史研究』五八、二〇〇五年)、同「都市と地域社会――江戸の消防体制と火事場見廻り」(『近世社会史論叢――吉田伸之先生退職記念』東京大学大学院人文社会系研究科文学部日本史学研究室、二〇一三年)など。

(124) 岩淵令治「水戸藩小石川屋敷拝領前の拝領者と小石川村の開発」(『東京都文京区春日町(小石川後楽園)遺跡 第一〇地点』株式会社東京ドーム、二〇〇七年)、同「江戸武家地の土地造成――土木をめぐる社会史にむけて」(『江戸遺跡研究会第二二回大会報告集 江戸をつくった土木技術』江戸遺跡研究会、二〇〇九年)、同「一七世紀前半の低地開発と拝領者」(『文京区後楽二丁目南遺跡』東京都埋蔵文化財センター、二〇一〇年)、同「藩邸」(前掲註(106)『伝統都市3 インフラ』)。

(125) 岩淵令治「八戸藩江戸勤番武士の日常生活と行動」(『国立歴史民俗博物館研究報告』一三八、二〇〇七年)など。

(126) 岩淵令治編『史跡で読む日本の歴史9 江戸の都市と文化』(吉川弘文館、二〇一〇年)。

(127) 前掲註(4)『図説 江戸考古学研究事典』。

(128) 江戸遺跡研究会編『江戸の大名屋敷』(吉川弘文館、二〇一一年)。

(129) 鈴木昌雄「初期の江戸における町の変遷と寺院の移転」(『封建都市の諸問題』雄山閣、一九五九年)、小沢俊雄「江戸市街地の拡大と寺院について」(『地域研究』七、一九六六年)など。

(130) 伊藤毅「中世都市と寺院」(前掲註(104)『日本都市史入門Ⅰ 空間』)、同「近世都市と寺院」(前掲註(77)『日本の近世9 都市の時代』)、同「江戸寺院への視角――近世の巨大都市と寺院」(『年報都市史研究3 城下町の類型』山川出版社、一九九四年)。以上は、同『都市の空間史』(吉川弘文館、二〇〇三年)に所収。

(131) 日塔和彦「『御府内寺社備考』研究」一―二(『建築史の鉱脈』大河直躬先生退官記念論文集刊行会、一九九五年)、同「『御府内寺社備考』からみた江戸の寺院」(『年報都市史研究6 宗教と都市』山川出版社、一九九八年)。

(132) 光井渉「近世初頭における浅草寺境内の変容」(『建築史学』一九、一九九二年)、同「近世寺院境内における遊興の演出」(前掲註(131)『建築史の鉱脈』)、同「近世中期以降における都市内寺院境内の変容――江戸浅草寺子院境内の土地経営」(『年報都市史研究4 市と場』山川出版社、一九九六年)。いずれも同『近世社寺境内とその建築』(中央公論美術出版、二〇〇一年)に所収。

(133) 光井渉『都市と寺社境内――江戸の三大寺院を中心に』（日本の美術五二八、ぎょうせい、二〇一〇年）。

(134) 金行信輔「江戸の都市政策と建築に関する研究」（東京大学学位論文、一九九八年）、同「寺社建築に対する江戸幕府の規制法令について――〈寛文八年令〉の再検討」（『建築史学』三三、一九九九年）、「幕府寺社奉行所における建築認可システムの史料学的検討」（『日本近世史料学研究――史料空間論への旅立ち』北海道大学図書刊行会、二〇〇〇年）、同「江戸寺社地の空間と社会」（『年報都市史研究8　都市社会の分節構造』山川出版社、二〇〇〇年）、同「寺社の土地所有――江戸を事例に」（『新体系日本史三　土地所有史』山川出版社、二〇〇二年）、同「寺院境内――社会関係と空間の諸相」（前掲註(106)『江戸の広場』）など。

(135) 吉田伸之「都市民衆世界の歴史的位相――江戸・浅草寺地域を例として」（『歴史評論』五六三、一九九七年。のち同『巨大城下町江戸の分節構造』山川出版社、一九九九年に所収）、同「寺社をささえる人びと――浅草寺地域と寺中子院」（『身分的周縁と近世社会6　寺社をささえる人びと』吉川弘文館、二〇〇七年）、同「江戸・内・寺領構造」（前掲註(106)『伝統都市4　分節構造』）。

(136) 北原糸子「江戸・東京寺院小史」（『発昌寺跡』新宿区南元町遺跡調査会ほか、一九九一年）、西木浩一「都市江戸の特質」（『年報都市史研究6　宗教と都市』山川出版社、一九九八年）、同『都史紀要三七　江戸の葬送墓制』（東京都公文書館、一九九九年）など。

(137) 岩淵令治「江戸における中小寺院の地縁的結合について――江戸市谷南寺町組合を素材に」（『国立歴史民俗博物館研究報告』一〇八、二〇〇三年）、前掲註(5)岩淵『江戸武家地の研究』「Ⅳ　武家屋敷と寺社」、岩淵「塀の向こうの神仏――近世都市社会における武家屋敷」（『シリーズ都市・建築・歴史六　都市文化の成熟』東京大学出版会、二〇〇六年）。

(138) 竹ノ内雅人「近世後期佃島の社会と住吉神社」（『年報都市史研究14　都市の権力と社会＝空間』山川出版社、二〇〇六年）、同「神社と神職集団――江戸における神職の諸相」（前掲註(135)『身分的周縁と近世社会6　寺社をささえる人びと』）、同『江戸の神社と都市社会』（校倉書房、二〇一六年）。

(139) 自治体による調査成果としては『三田寺町の江戸建築――東京都心にいきづく江戸時代の町と建物』（港区教育委員会事務局図書・文化財課文化財係、二〇〇九年）などがある。

(140) 吉田伸之「巨大都市江戸の空間構成と社会構造」（前掲註(1)吉田『伝統都市・江戸』）。原論文は、Nobuyuki YOSHIDA. "The Spatial Configuration and Social Structure of the Great Pre-modern City of EDO", Urban in Islam, The Proceedings

of the International Conference on Urbanism in Islam (ICUIT), Vol. 2, Tokyo, Oct. 22–28, 1989)。

(141) 吉田伸之「巨大城下町—江戸」(『岩波講座 日本通史』第一五巻、近世五、岩波書店、一九九五年。のちに前掲註(135)吉田『巨大城下町江戸の分節構造』に所収)。

(142) 吉田伸之「振売」(前掲註(104)『日本都市史入門Ⅲ 人』。のち前掲註(135)吉田『巨大城下町江戸の分節構造』に所収)。

(143) 吉田伸之・浅野秀剛・伊藤毅・大久保純一・小林信也『大江戸日本橋絵巻——「熈代勝覧」の世界』(講談社、二〇〇三年)、および前掲註(1)吉田『伝統都市・江戸』。

(144) 吉田伸之「表店と裏店」(前掲註(77)『日本の近世9 都市の時代』。のち前掲註(135)吉田『巨大城下町江戸の分節構造』に所収)。

(145) 前掲註(135)吉田『巨大城下町江戸の分節構造』「第二編 市場社会」、吉田伸之「按針町と市場地主」(『水産の社会史』山川出版社、二〇〇二年)、同『成熟する江戸』「第四章 市場に集う人びと」講談社、二〇〇二年。のち『同』講談社学術文庫、二〇〇九年)など。

(146) 吉田伸之「肴納屋と板舟——日本橋魚市場の構造的特質」(『商人と流通』山川出版社、一九九二年。のち前掲註(135)吉田『巨大城下町江戸の分節構造』に所収)。

(147) 吉田伸之「江戸の積物問屋と艀下宿」(『国立歴史民俗博物館研究報告』一〇三、二〇〇三年)、同「流域都市・江戸」(前掲註(106)『別冊都市史研究 水辺と都市』)、同「佐倉炭荷主と江戸問屋」(前掲註(106)『別冊都市史研究 江戸とロンドン』)、同「「御堀端」と揚場」(前掲註(106)『別冊都市史研究 パリと江戸』)、同「「御城米」と江戸の湊」(『都市史研究』三、山川出版社、二〇一六年)など。

(148) 小林信也「近世江戸町方の河岸地について——新肴場河岸地を事例に」(『史学雑誌』一〇三—八、一九九四年。のち同『江戸の民衆世界と近代化』山川出版社、二〇〇二年に所収)。

(149) 吉田伸之『身分的周縁と社会＝文化構造』(部落問題研究所、二〇〇三年)、同「遊郭社会」(『身分的周縁と近世社会4 都市の周縁に生きる』吉川弘文館、二〇〇六年)、吉田伸之・佐賀朝編『遊郭社会 一 三都と地方都市』(吉川弘文館、二〇一三年)、同「遊郭社会論の射程」(『歴史学研究』九二六、二〇一四年)など。

(150) 小林信也「床店——近世都市民衆の社会＝空間」(『日本史研究』三九六、一九九五年)、同「江戸東京の床店と市場」(『年報都市史研究4 市と場』山川出版社、一九九六年)、同「江戸町方の広小路における店舗営業と助成地経営」(『史学雑誌』一〇六―六、一九九七年)、同「床店商人」(『近世の身分的周縁4　商いの場と社会』吉川弘文館、二〇〇〇年)。以上は前掲註(148)小林『江戸の民衆世界と近代化』に所収。同「江戸の民衆と床店葭簀張営業地」(前掲註(106)『江戸の広場』)、同『都史紀要四二　江戸の広小路――その利用と管理』(東京都公文書館、二〇一四年)など。

(151)　吉田伸之「両国橋と広小路」(前掲註(106)『江戸の広場』)、横山百合子「江戸町人地社会の構造と床商人地代上納運動――幕末維新期神田柳原土手通り床店地の事例から」(『年報都市史研究7　首都性』山川出版社、一九九九年。のち同『明治維新と近世身分制の解体』山川出版社、二〇〇五年に所収)、神田由築「歌舞伎の周縁――江戸采女ケ原と乞胸」(吉田伸之編『「髪結新三」の歴史世界』朝日新聞社、一九九四年)など。

(152)　前掲註(150)小林「床店」、同「近世江戸市中における道路・水路の管理――近代都市空間成立の前史として」(『道と川の近代』山川出版社、一九九六年)。ともに前掲註(148)小林『江戸の民衆世界と近代化』に所収。

(153)　岩淵令治「近世中・後期江戸の「家守の町中」の実像」(『都市と商人・芸能民』山川出版社、一九九三年)、同「江戸地主の家守支配の基調――地主の「家」と家守の家」(『関東近世史研究』三五、一九九三年)。

(154)　前掲註(5)岩淵『江戸武家地の研究』「I　江戸の拡大と武家地」。

(155)　岩淵令治「江戸住大商人の肖像――場末の仲買　高崎屋の成長」(『新しい近世史三　市場と民間社会』新人物往来社、一九九六年)。

(156)　岩淵令治「近世都市社会の展開」(『岩波講座　日本歴史』第一一巻、近世二、岩波書店、二〇一四年)。

(157)　『南伝馬町名主高野家　日記言上之控』(東京都公文書館、一九九四年)。

(158)　『重宝録』巻一―六(東京都公文書館、二〇〇一―〇六年)。『重宝録』については、小林信也「江戸の名主文書『重宝録』について」(『東京大学日本史学研究室紀要』六、二〇〇二年)および同「解題」(『重宝録』巻六)に詳しい。

(159)　『旧江戸朱引内図――復刻と解題』(東京都公文書館、二〇一五年)。

(160)　片倉比佐子『都史紀要三四　江戸住宅事情』(東京都公文書館、一九九〇年)。そのほか同『江戸の土地問題』(同成社、二〇〇四年)がある。

(161)　岩淵令治「江戸の沽券図について」(『国立歴史民俗博物館研究報告』二〇四、二〇一七年)。

(162)　『日本橋』(江戸東京博物館調査報告一六、二〇〇一年)、『両国地域の歴史と文化』(同二四、二〇一〇年)、『芝地域を考える――愛宕山・増上寺・芝神明』(同二七、二〇一二年)、『隅田川と本所・向島――開発と観光』(同二八、二〇一四年)、

『江戸の園芸文化』（同二九、二〇一五年）など。

(163)『四谷塩町一丁目史料』一—八（江戸東京博物館、一九九八—二〇〇五年）。

(164)『四谷一丁目遺跡』一—五（新宿区教育委員会ほか、一九九八—二〇一二年）など。

(165)『大伝馬町名主の馬込勘解由』（江戸東京博物館調査報告書二一、二〇〇九年）、『江戸の町名主』（同二五、二〇一二年）。このほか髙山には「江戸檜物町草分名主星野家文書について」（『江戸東京博物館研究報告』一三、二〇〇七年）、同「江戸町名主の社会的位置——大伝馬町名主馬込家を事例として」（『近世の地域と中間権力』山川出版社、二〇一一年）がある。

(166)幸田成友「江戸の名主について」（『史学』二—四、一九二三年）、吉原健一郎『江戸の町役人』（吉川弘文館、一九八〇年）、加藤貴「名主役料からみた江戸の地域構造」（『歴史地理学』一二五、一九八四年）、同「寛政改革と江戸名主」（『国立歴史民俗博物館研究報告』一四、一九八七年）、片倉比佐子『都史紀要二八 元禄の町』（東京都公文書館、一九八九年）、吉田伸之「名主」（前掲註(104)『日本都市史入門Ⅲ 人』）、同「おさめる——行政・自治」（『シリーズ都市のアナトミー一 都市のフィロソフィー』こうち書房、二〇〇四年。のち前掲註(1)吉田『伝統都市・江戸』に所収）、大野祥子「江戸における名主の性格とその意義」（『論集きんせい』一四、一九九二年）、小林信也「天保改革と江戸の名主」（藤田覚編『幕藩制改革の展開』山川出版社、二〇〇一年。のち前掲註(148)小林『江戸の民衆世界と近代化』に所収）、同「天保改革以後の江戸の都市行政——諸色掛名主の活動を中心に」（『関東近世史研究』五八、二〇〇五年）、同「近世末期における名主の都市官僚化」（前掲註(165)『江戸の町名主』）、同『江戸の都市プランナー』（柏書房、二〇一三年）など。

(167)近世史料研究会編『江戸町触集成』全二二巻（塙書房、一九九四—二〇一二年）。

(168)『藤岡屋日記』全一五巻（三一書房、一九八七—九五年）。

(169)『浅草寺日記』巻一—三七（吉川弘文館、一九七八—二〇一七年、刊行継続中）。

(170)阿部貴弘「江戸における城下町の都市設計——町割の規範と街道・水系の関係」（『土木史研究』一七、一九九七年）、同「江戸における城下町中心部の都市設計」（『土木学会論文集』六三二、一九九九年）、同「近世城下町大坂、江戸の町人地における城下町設計の論理」（東京大学学位論文、二〇〇五年）。

(171)前掲註(134)金行学位論文「第1章　初期江戸における大名家の屋敷地獲得活動」、同「寛文期江戸における大名下屋敷拝領過程」（『日本建築学会計画系論文集』五一六、一九九九年）。

(172)金行信輔「寛永江戸全図——臼杵市所蔵の新出江戸図について」（『建築史学』四六、二〇〇六年。のち補訂・改稿して同

「寛永江戸全図について」『寛永江戸全図』之潮、二〇〇七年）、同「最古の江戸全体図「寛永江戸全図」」（岩淵令治編『週刊新発見！日本の歴史 三〇』朝日新聞社、二〇一四年）。なお「寛永江戸全図」は之潮から高精細カラー印刷版として二〇〇七年に刊行されている。また金行は、明暦大火後の万治ころと推定される「寛永江戸全図」に類似した「江戸大絵図」（高松松平家歴史資料、香川県歴史博物館保管）の存在も紹介している。

(173) なお、「寛永江戸全図」を用いた研究として、地理学分野からの田中麻衣・古田悦造「明暦大火前後における江戸の土地利用変化」（『東京学芸大学紀要 人文社会科学系Ⅱ』六一、二〇一〇年）がある。

(174) 『明暦江戸大絵図（書籍版）』（之潮、二〇〇七年）、『同（枚葉版）』（同、二〇〇八年）。

(175) 黒田日出男「誰が、何時頃、江戸図屏風をつくったのか？」（『王の身体 王の肖像』平凡社、一九九三年。のち『同』ちくま学芸文庫、二〇〇九年）。

(176) 黒田日出男『江戸図屏風の謎を解く』（角川選書、二〇一〇年）、『江戸名所図屏風を読む』（同、二〇一四年）。

(177) 『近世江戸のはじまり』（江戸遺跡研究会大会報告集二一、二〇〇八年）、『江戸をつくった土木技術』（同二二、二〇〇九年）、江戸遺跡研究会編『江戸の開府と土木技術』（吉川弘文館、二〇一四年）。

(178) 『江戸の町人地 一』（江戸遺跡研究会大会報告集二八、二〇一五年）、『江戸の町人地 二』（同二九、二〇一六年）。

(179) 牧原成征「江戸城下における町人の編成と商人」、同「江戸大伝馬町太物店仲間と「問屋」」（ともに『近世の権力と商人』山川出版社、二〇一五年）。また、牧原には、江戸の足軽町の形成を論じた近年の論考もある（牧原「下級幕臣団の江戸城下集住」木村直樹・牧原編『十七世紀日本の秩序形成』吉川弘文館、二〇一八年）。

(180) 本材木町の展開に「職人町から商人町への転換」を見出した牧原に対しては、杉森玲子による批判的検討がある（杉森玲子「江戸の御仕置をめぐる役と町」『史学雑誌』一二六―一〇、二〇一七年）。杉森は本材木町が当初から「商人町」として成立していたことを指摘し、これまで注目されてこなかった江戸における「商人の同業者町」と初期的な役負担の関係、その史的展開を見通している。

(181) 伊藤毅「都市インフラと伝統都市」（前掲註(106)『伝統都市3 インフラ』）。

(182) 伊藤毅「インフラ都市・江戸」（前掲註(106)『別冊都市史研究 江戸とロンドン』）。

(183) 藤尾直史「巨大都市江戸の建設業者に関する基礎研究」一―二〇（『日本建築学会支部研究報告集』、『日本建築学会大会学術梗概集』ほか、二〇〇一―〇三年）など。

(184)　松村博『論考 江戸の橋——制度と技術の歴史的変遷』（鹿島出版会、二〇〇七年）。

(185)　李佶勲「近世江戸の代地に関する都市史的研究」（東京大学学位論文、二〇一〇年）、同「「町人諸願之部」からみる代地の町人の動向に関する研究」（『日本建築学会計画系論文集』六八六、二〇一三年）など。

(186)　藤村聡「近世後期における江戸武家屋敷の上水・橋々組合について」（『歴史学研究』六八二、一九九六年）、北原糸子「近世都市江戸の環境問題——溜池の開発と維持管理を中心に」（『環境と歴史』新世社、一九九九年）、同「近世の溜池明地の管理と保全」（『溜池遺跡——地下鉄七号線溜池・駒込間遺跡発掘調査報告書七—二』一九九七年）、松本剣志郎「江戸武家屋敷組合と都市公共機能」（『関東近世史研究』五七、二〇〇四年）、同「江戸外堀と赤坂溜池組合」（『白山史学』四八、二〇一二年）。

(187)　北原糸子『江戸城外堀物語』（ちくま新書、一九九九年。のち同『江戸の城づくり——都市インフラはこうして築かれた』ちくま学芸文庫、二〇一二年）。

(188)　松本剣志郎「江戸幕府道奉行の成立と職掌」（『地方史研究』三四九、二〇一一年）、同「江戸の公共空間と支配管轄」（『比較都市史研究』三四—二、二〇一五年）。

(189)　松本剣志郎「江戸における公儀地の論理」（『法政史学』八八、二〇一七年）、同「江戸の橋梁維持と武家屋敷組合」（『比較都市史研究』三八—一、二〇一七年）、同「江戸の公共負担組合と大名家」（『社会経済史学』八三—一、二〇一七年）。

(190)　坂詰智美『江戸城下町における「水」支配』（専修大学出版会、一九九九年）。

(191)　若山太良「江戸の橋とその費用負担——近世の都市行政における社会基盤整備のあり方」（『千葉史学』六〇、二〇一二年）。

(192)　藤田覚『天保の改革』（吉川弘文館、一九八九年）、同『遠山金四郎の時代』（校倉書房、一九九二年。のち講談社学術文庫、二〇一五年）など。

(193)　この点に関しては近年、日本近代都市史を対象とした松山恵による研究史整理がある（松山『江戸・東京の都市史——近代移行期の都市・建築・社会』東京大学出版会、二〇一四年、および前掲註(6)松山「日本近代都市史研究の歩み」）。

(194)　前掲註(151)横山『明治維新と近世身分制の解体』「第一部　幕末維新期の人別・戸籍政策の展開」「第二部　近世身分制の解体と武士社会」。

(195)　横山百合子「一九世紀江戸・東京の髪結と女髪結」（前掲註(106)『別冊都市史研究　パリと江戸』）、同「一九世紀都市社会における地域へゲモニーの再編――女髪結・遊女の生存と〈解放〉をめぐって」（『歴史学研究』八八五、二〇一一年）、同「遊女を買う――遊女屋・寺社名目金・豪農」（前掲註(149)『遊郭社会　一』）、同「芸娼妓解放令と遊女――新吉原「かしく一件」史料の紹介をかねて」（前掲註(123)『近世社会史論叢』）、同「新吉原における「遊郭社会」と遊女の歴史的性格――寺社名目金貸付と北信濃豪農の関わりに注目して」（『部落問題研究』二〇九、二〇一四年）、同「梅本記――嘉永二年新吉原梅本屋佐吉抱遊女付け火一件史料の紹介」（『国立歴史民俗博物館研究報告』二〇〇、二〇一六年）など。

(196)　ジョン・ポーター「明治初期東京における貧民の救済と統制」（『部落問題研究』二一一、二〇一五年）、同「東京の非人集団の解体過程と解体後における乞食統制」（『身分的周縁と部落問題の地域史的研究』部落問題研究所、二〇一六年）、同「「賤称廃止令」発布後における浅草新町の再編過程に関する一考察」（『部落問題研究』二一九、二〇一六年）、同「明治初期東京における町会所の解体と貧民救済＝統制」（『ヒストリア』二六五、二〇一七年）。

(197)　前掲註(166)小林「天保改革と江戸の名主――都市支配機構と天保改革」、同「天保改革以後の江戸の都市行政」、同「近世末期における名主の都市官僚化」。

(198)　小林信也「城下町の近代化」（『新体系日本史6　都市社会史』山川出版社、二〇〇一年）。

(199)　滝島功『都市と地租改正』（吉川弘文館、二〇〇三年）。

(200)　前掲註(193)松山『江戸・東京の都市史』。

(201)　岩本葉子「近代都市の町と土地所有に関する研究」（東京大学学位論文、二〇一四年）。

(202)　森田貴子『近代土地制度と不動産経営』（塙書房、二〇〇七年）。

(203)　前掲註(172)岩淵令治編『週刊新発見！　日本の歴史』三〇、国立歴史民俗博物館・岩淵編『「江戸」の発見と商品化――大正期における三越の流行創出と消費文化』（岩田書院、二〇一四年）など。

(204)　前掲註(78)岩淵「遙かなる江戸の此方にあるもの」。

(205)　渡辺浩一『まちの記憶――播州三木町の歴史叙述』（清文堂出版、二〇〇四年）、同『日本近世都市の文書と記憶』（勉誠出版、二〇一四年）。

(206)　渡辺浩一「災害対応と文書行政――江戸における二つの大水害から」（『歴史評論』七六〇、二〇一三年）、同「災害復興をめぐる近世都市政策と地域社会――寛政期における江戸深川洲崎の高潮被害」（『同』七九七、二〇一六年）、同「江戸水害と都市インフラ」（『日本歴史』八三〇、二〇一七年）。

(207) 伊藤裕久・吉田伸之「近世都市史をめぐって」(『建築雑誌』［特集／都市史］一一二―一四〇六、一九九七年)、小林信也「近世都市史研究の課題」(『年報都市史研究5 商人と町』山川出版社、一九九七年)など。
(208) 前掲註(181)伊藤「都市インフラと伝統都市」。
(209) 前掲註(5)藤川『近世武家集団と都市・建築』。
(210) 前掲註(2)岩本『近世都市空間の関係構造』。
(211) 拙稿「江戸町人地における道空間の支配と管理体制」(『日本建築学会計画系論文集』七二九、二〇一六年)、同「江戸市中における堀川の空間動態とその存続――「古町之川岸」の川浚を通して」(『都市史研究』四、二〇一七年)、同「江戸町方における庇地統制と土地境界をめぐる論理――町々取調一件を通して」(『建築史学』七〇、二〇一八年)、同「江戸町方の道空間の存続と「持場」――南伝馬町二丁目他三町を事例として」(『日本建築学会計画系論文集』七四六、二〇一八年)など。
(212) 前掲註(134)金行学位論文「序章」および金行「寺院における建築の存続について」(前掲註(106)『別冊都市史研究 江戸とロンドン』)。
(213) 前掲註(2)岩本「日本近世都市史」。
(214) 清水英範・布施孝志・中田真人「江戸の都市景観の再現に関する研究」(『土木学会論文集D』六四―三、二〇〇八年)、清水・布施編著『再現・江戸の景観――広重・北斎に描かれた江戸、描かれなかった江戸』(鹿島出版会、二〇〇九年)。
(215) 千葉正樹『江戸名所図会の世界――近世巨大都市の自画像』(吉川弘文館、二〇〇一年)、同「江戸絵図の論理――江戸大絵図小石川地域の分析から」(前掲註(106)『江戸の広場』)。
(216) 科学研究費補助金・基盤研究(B)「江戸武家地の空間変容に関する文理統合的研究」(研究代表者＝藤川昌樹)。
(217) 金行信輔『写真のなかの江戸――絵図と古地図で読み解く20の都市風景』(ユウブックス、二〇一八年)。
(218) 浅野秀剛・吉田伸之編『浮世絵を読む』一―六(朝日新聞社、一九九七―九八年)、前掲註(143)『大江戸日本橋絵巻』など。
(219) 久留島浩編『描かれた行列――武士・異国・祭礼』(東京大学出版会、二〇一四年)。
(220) 大久保純一「《名所江戸百景》考」(『国立歴史民俗博物館研究報告』一〇〇、二〇〇三年)、同「広重と江戸鳥瞰図」(『国立歴史民俗博物館研究報告』一〇九、二〇〇四年)など。
(221) 吉田伸之「幕末期、江戸の周縁と民衆世界」(『歴史評論』七五八、二〇一三年)、同「地域史の枠組みを再考する」(『第三回地域史惣寄合報告書・第五回地域学シンポジウム報告書 地域史の固有性と普遍性』佐賀大学地域学研究文化センター、二〇一三年。のち同『地域史の方法と実践』校倉書房、二〇一五年に所収)。

(222) 吉田伸之「「単位地域」について」(『飯田市歴史研究所年報』四、二〇〇六年。のち前掲註(221)吉田『地域史の方法と実践』に所収)。

(223) 前掲註(221)吉田「幕末期、江戸の周縁と民衆世界」のほか、品川を題材とした吉田の論考として、同「品川歩行新宿と食売旅籠屋」(前掲註(149)『遊郭社会 一』)、同「北品川と寺社門前」(『身分的周縁と地域社会』山川出版社、二〇一三年)、同『都市――江戸に生きる』(岩波書店、二〇一五年)などがある。

(224) 吉田伸之「歴史の舞台。そして原始から戦国時代へ」(池享・櫻井良樹・陣内秀信・西木浩一・吉田伸之編『みる よむ あるく 東京の歴史1』通史篇一、吉川弘文館、二〇一七年)。

(225) 伊藤毅編『フリースラント オランダ低地地方の建築・都市・領域』(中央公論美術出版、二〇一八年刊行予定)。

(226) 伊藤毅「近世都市の成立」(『岩波講座 日本歴史』第一〇巻、近世一、岩波書店、二〇一四年)。

(227) 伊藤毅「領域史への視点、領域史の方法」(前掲註(109)『建築雑誌』一三〇―一六七一)。

(228) 吉田伸之「都市と農村、社会と権力――前近代日本の都市性と城下町」(『アジアから考える 一 交錯するアジア』東京大学出版会、一九九三年。のち前掲註(135)吉田『巨大城下町江戸の分節構造』に所収)、同「社会的権力論ノート」(『近世の社会的権力――権威とヘゲモニー』山川出版社、一九九六年。のち前掲註(221)吉田『地域史の方法と実践』に所収)など。

(229) 吉田伸之「地域把握の方法」(『現代歴史学の成果と課題Ⅱ 国家像・社会像の変貌』青木書店、二〇〇三年。のち前掲註(221)吉田『地域史の方法と実践』に所収)、塚田孝「総合調査の意義――地域史への模索」(『和泉市史紀要』五、二〇〇〇年)などを参照。

(230) 飯田市歴史研究所編『飯田・上飯田の歴史』上・下(飯田市教育委員会、二〇一二―一三年)、『和泉市の歴史』一―四、六(和泉市史編さん委員会、二〇〇五―一五年)など。

(231) 髙橋康夫『海の「京都」――日本琉球都市史研究』(京都大学学術出版会、二〇一五年)。

(232)『東京郊外の地域学――日常的な風景から歴史を読む』(法政大学工学部建築学科陣内研究室・東京のまち研究会、一九九九年)、陣内秀信・高村雅彦編『水都学』Ⅰ―Ⅴ(法政大学出版局、二〇一三―二〇一六年)など。

(233)「〝町並み〟か〝景観〟か――町並み・集落・都市・景観保存の現在と建築史学」(『建築史学』六三、二〇一四年)。

（234）『四万十川流域　文化的景観研究』（奈良文化財研究所、二〇一一年）、『佐渡相川の鉱山都市景観』一―二（新潟県教育庁文化行政課世界遺産登録推進室、二〇一四年）、『葛飾・柴又地域文化的景観調査報告書』（柴又地域文化的景観調査委員会・葛飾区教育委員会、二〇一五年）など。

（235）「千年村プロジェクト」（URL: http://mille-vill.org/、閲覧日：二〇一八年三月一七日）。

（236）髙山慶子『江戸深川猟師町の成立と展開』（名著刊行会、二〇〇八年）など。

（237）豊田さおり「国立国会図書館の古典籍資料」（『第一四回日韓業務交流Ⅰ』国立国会図書館、二〇一一年。URL: http://www.ndl.go.jp/jp/international/pdf/toyoda_2011_theme2.pdf、閲覧日：二〇一八年三月一七日）、「電子図書館事業の沿革」（国立国会図書館ウェブサイト。URL: http://www.ndl.go.jp/jp/dlib/project/history.html、閲覧日：二〇一八年三月一七日）などを参照。

（238）「国立国会図書館デジタルコレクション（古典籍資料）」（URL: http://dl.ndl.go.jp/#classic、閲覧日：二〇一八年三月一七日）。

（239）南和男「旧幕府引継書目録」（前掲註（44）南『江戸の社会構造』）、『旧幕引継書目録』一―一五（国立国会図書館、一九五九―九三年）。

第II部　江戸町人地と道

第3章　道支配と管理体制
――町人地における歴史的展開

はじめに

江戸、ひいては日本の近世城下町の町人地における基礎的な単位は、通りを挟んで両側に町家・町屋敷がならぶ「町」であった。町の共同体としての社会的な関係性や空間的な一体性は、「道」を軸にとりむすばれていたといえる。また通りは、人びとや物資、情報が行き交い、商いが営まれる場でもあり、この意味で町は「道」を媒介として外部世界に接続していたとも捉えられよう。そして、こうした江戸における町人地内の道が、町に住む人びとによって維持管理が担われていたことは早くから指摘されてきた(1)。

ただし、道は「公儀」の地所、つまり本来的には幕府の土地であった。そのため、幕府は路上で展開される人びとの諸活動を取締り、道の物的環境をも管理する立場にあって、これを目的とした都市法令や建築規制などは近世を通して多数見出すことができる。

本章では、江戸町人地における道空間の維持管理について論ずるが、そこでは、道そのものにくわえ、路上に存在し展開される物的かつ人的な環境を包括的に捉えるため「道空間」という言葉を用いることとする。つまり、町人地における道空間とは、町内の通りをはじめ、河岸地や明地、広小路といった広義の道を意味し、いいかえれば、町屋敷＝沽券地以外の空間の総体をさす。

近年、日本近世史を中心に、城下町江戸における道をふくむ、インフラ・ストラクチャー——堀川・上下水・橋など——の治安維持や空間管理といった維持管理の実態が明らかにされつつあり、負担関係からみた町や武家、寺社の地縁的関係も検討されている。(2)

町人地を対象とする先駆的なものとしては、明地や河岸、木戸や番屋といった町の共同体施設に注目し、幕府法令を中心に基礎的な事実を発掘した伊藤好一のものがある。(3)こうした指摘をうけて、広小路や河岸地、町内の道を題材に、その空間的様相をはじめ、用益と管理をめぐる重層・複合的な権利関係の社会的実態を明らかにしたのが小林信也の諸研究であり、町方の道空間における維持管理に関するひとつの達成点といえる。(4)

筆者も、町内の通りや広小路、河岸地などにおける町住民による道空間の利用や運用の社会的・空間的実態を個別事例分析をもとにつぶさに追跡することは不可欠と考える。しかし、それらをいわば上から束ねる存在にあった幕府側の統制や管理といった動向もまた看過すべきではないだろう。

都市空間や建築にかかわる法制度についていえば、各種の建築制限や防火政策（火除明地・土手の設定、塗屋・土蔵造の奨励）などの存在が建築史分野でも早くから注目され、明暦大火後から享保期にかけて集中的に見出されることはよく知られている。(5)これらは、近世におけるひとつの規範とされたことは確実だが、その後の類似した規制や統制については、その存在が指摘されるにとどまっている。

また、幕政史上の画期とされる天保改革に関連・付随する都市政策にかかわっての研究蓄積もある。(6)しかし、当該期における具体的な統制内容については明らかにされているものの、従前の支配や管理体制との関連性はほとんど論じられていない。こうした規制や政策は、道空間という総合的な視角のもと、幕府による都市空間の支配や管理体制の形成と変容のなかで考究されるべきではないか。

そこで本章では、町人らの自主的な活動をなかば追認するような幕府の態度をもみとめたうえで、町触などの基礎史料を中心としながら、一七世紀半ばから一八世紀末にかけての町奉行による町人地内の道空間における支配と管理体制について通時的に明らかにすることを目的とする。こうした検討によって、個別地域における維持管理の実態や、散発的に幕府から出されたかにみえる法制度や都市政策などの歴史的位置づけを見直すための手がかりもえられると考える。

一　町人地における道空間の管理体制

町奉行と道奉行

町人地における道空間は、主に町奉行と道奉行によって管轄されていた。ここではまず、両者の基本的性格を概観しておきたい。

町奉行は、町ないし町屋敷を社会的、空間的な単位としながら、町人地におけるすべての行政・司法をつかさどる立場にあった。当然、町人地における道空間の統制と管理もその職務にふくまれていた。

道そのものの機能維持にあたる、路面の修繕や掃除（「道造」）、下水溝の浚渫や修復を町中へと命ずる町触は一七世紀半ばから見出せ、正保五（一六四八）年二月二一日のものが史料上の初出である[7]。これによれば、道は町内で高低差がなく（家前の下水溝に排水がなされるように）中央部分を高く築き立てること（「壱町之内高ひくなき様ニ中高ニ築可申事」）、下水を定期的に浚渫すること（「下水幷表之みぞ滞なき様ニ所々ニ而こみをさらへ上ヶ可申候」）とされている。この内容は近世をつうじての規範とされたと考えられ、各町の家主、月行事、名主らにその責が負わされた。

他方、いまひとつ重視されたのが治安の維持であった。この点についても同時期から町触が見出せ、町中に対し木戸や番屋といった共同施設の設置が命じられ、町人らには見廻りによる町内の警備、喧嘩口論や捨物などの異変処理、そして夜には町境に設けられた木戸門を閉じることが義務づけられている[8]。これにあわせて、路上に水を溜めた桶を設置させ、数町ごとに火の見櫓を建設させるなど、防火対策も命じられる場合も少なくなかった。

このほか町触には、店前や河岸地への材木・薪といった商品の高積みに対する禁令や、町家を路上にまで張り出させて建設することに対する規制なども存在し、これらも広義には道空間の統制にふくまれうる内容といえよう[9]。

こうした大きくは機能維持と治安維持の二つにかかわる町触は、継続的に多様なかたちで見出せるが、寛文期（一六六一―七三年）を境に、①「番」の徹底（自身番・中番・辻番）、②手桶・水溜桶・のぼり梯子の設置と修復、③道の修繕と掃除、材木類の高積や店前・軒先への積置の禁止の三ヶ条に整理されていったことが注目される[10]。これは明暦大火（一六五七年）以後の防火政策であった火除明地・火除土手の設置、道幅規定や庇地制限ともかかわって、道空間の管理が都市防災の基本として位置づけられるなかで、その内容が整えられていったものと考えられる。この三ヶ条は、延宝元（一六七三）年から正徳二（一七一二）年までの期間、毎年九月末に町中宛に出されており、ここからは道空間の管理に対する町奉行の基本姿勢が読み取れよう[11]。

他方、町奉行とならんで町人地における道空間の管理に携わったのが道奉行である[12]。幕府役人としては寛永五（一六二八）年に設置され、後述するように明和五（一七六八）年に役職取り放ちとなったが、その職務は、①道と下水の管理、②上水の管理、③江戸近郊屋敷地の管理の三つであった。このうち、②が元文四（一七三九）年に町奉行へ、③が正徳三（一七一三）年に新地奉行（屋敷改）へと管掌が移行されたことをふまえれば、もっとも基本となる職務は、①の道や下水の機能維持であったと考えてよいだろう。

道奉行衆による「町中道悪敷所」の取締りの実施を町中へと通達する触は、万治三（一六六〇）年九月のものが初出であるが[13]、統制内容については、享保五（一七二〇）年一一月に道奉行が町中に対し提出をもとめた請書雛形からうかがえる[14]。これは、町内の道が「不陸」とならぬよう「家之前心掛ヶ」修繕し、下水溝についても定期的に浚渫することを各町に誓約させたもので、先述した町奉行から出された道空間の機能維持にかかわる町触とほぼ同内容のものといえる。

とりわけ道奉行の性格を考えるうえで特筆される点は、城下町の構成原理である町人地・武家地・寺社地・百姓地といった身分別の居住領域とは無関係に職務が遂行できたことにある。すなわち、その対象は道や下水の機能に関する事項に限定されるものの、町人をはじめ、武家や寺社、百姓のいずれに対しても職権の行使が可能で、この意味で江戸市中全域の道空間を統制する地位にあったことになる。

このように町人地における道空間は、一義的には町奉行による管轄のもと統制されていたといえるが、機能維持に限っては、町奉行と道奉行とによる重層的な管理のもとにおかれていたといえる。つまり後にみるように、町人地内の道空間を構成する物的環境に関しては、町奉行・道奉行の権限が交錯する状況にあったのである。

維持管理体制としての町の「持場」

町人地内における道空間の維持管理、つまり機能維持や治安維持にかかわる実際の管理業務は、その実施から費用負担にいたるまでを町共同体ないし町人が担っていた[15]。

小林信也によれば、道には「持場」という空間的な負担区分が設定されており、「両側町」であれば道全体が当該町の持場、通りを挟んで武家屋敷・寺社と向かいあうような町（以下、「片側町」と呼ぶ）では道の中央を境界とする町屋敷地先部分の半分が町の持場とされ、反対側は武家や寺社の持場とされた。こうした「持場負担」の原則は、通り沿いの町をはじめ寺社、武家にも敷衍しうる江戸市中における普遍的な維持管理体制であったと考えられる[16]。

このように町人地における道空間は、町奉行と道奉行による統制のもと、「持場」という分節された空間領域ごと

表1　寛保元(1741)年前後の申請項目と出願先

申請項目	出願先	
	古来	近来
(a)道造之事	出願なし	町奉行＋道奉行
(b)町内番屋幷木戸新規願之事	町奉行	町奉行＋道奉行
(c)有来木戸番屋普請之事[1]	出願なし	町奉行 or 町奉行＋道奉行
(d)普請之内店前ニ土置場・板囲・出小屋之事	町年寄	町奉行 or 道奉行
(e)往還ニ有之下水落樋桝新規・修復等之事	出願なし	道奉行
(f)店前出小屋掛ヶ候事・店前ニ商売物，看板，柱建候事・諸商売人店前虫干之事・青物見世幷肴見世之類昼之内斗日除仕候事・紺屋張物仕候事・店前ニ薪幷古木類積出置候事	出願なし	道奉行[2]

註：『江戸町触集成』第5巻，6667号より作成．
凡例：1）　普請ののち町奉行による見分が実施される．
　　　2）　道奉行に出願しているものには，直に道奉行から申し付けられた場合と町人らが自発的に出願しているものとがある．

に各町の責任によって実際の管理が行われ、維持されていたのである。

「往還ニ相拘リ候儀」の出願と認可

以上を前提に、町奉行と道奉行による道空間の管理体制の具体相を検討してゆこう。

寛保元（一七四一）年七月、町年寄から年番名主らに対し、町人地の道空間にかかわること（「町々往還ニ相拘リ候儀」）で幕府の許可をえて実施しているものにはどのようなものがあるか、またその出願先はどこか、というお尋ねがなされた[17]。表1は名主からの返答をまとめたもので、ここには（a）道路工事、（b）木戸・番屋の新規建設、（c）既存の木戸・番屋の修復、（d）町家普請時の板囲や土置場、出小屋の路上への設置、（e）下水溝の新規敷設と修復、（f）路上への露店や作業場、店前への日覆の設置や商品積み置きなど、の六項目があげられている。

表1でまず特筆すべき点は、「古来」は（b）と（d）を除いて「何方江も不申上」にそれぞれの町が勝手に実施していたとしていることである。なお、（d）については町奉行ではなく町年寄の許可が必要とされていた。すなわち、寛保期にいたるまで、町や町人によって担われた道空間における管理業務をはじめとする路上でのさまざまな建

築行為を、幕府側はほとんど関知していなかったことになる。さらにここでは、木戸や番屋に関して「新規」と「有来」のものとが峻別され、後者に関しては幕府役所への出願が不要なものと町人らに認識されていたこと、いいかえれば、「有来」のものの普請が幕府の管理対象となっていなかった点は、町人地における道空間の維持管理の史的展開を考えるうえでも興味深い事実といえよう。

そして「近来」になってようやく、幕府に出願し許可をえるかたちとなったという。ただし、申請項目によって出願先はまちまちであり、町人地全体で出願方法が統一されていなかったことが明らかである。この点については、延享元(一七四四)年四月、さきと同内容のお尋ねが町奉行から町年寄を通じて年番名主らに対してなされており、この返答書からより詳しい実態がうかがえる(18)(表2)。

表2　延享元(1744)年における申請項目と出願先

申請項目		出願先
蔵願之事		町奉行
町橋之事	新規幷建直之儀	町奉行＋道奉行
	有来候を修復仕候儀	町奉行
番屋之事	新規幷建直之儀	町奉行＋道奉行
	有来候を修復仕候儀	町奉行
木戸・矢来之事	新規幷建直之儀	町奉行＋道奉行
	有来候を修復仕候儀	町奉行
井戸・上水之事		町年寄＋道奉行1)
下水之事	新規仕候儀	町奉行
	有来候を修復仕候儀	出願なし
	下水往還江相掛り候分	道奉行
道造・車留之事		町奉行＋道奉行
紺屋張物場建候事		出願なし
店前虫干之事		道奉行
時節商物出小屋之事		道奉行2)
土置場・板囲・普請中出小屋掛候事		道奉行
店前縁或ハ庇したみ等，往還江建出候場所又ハ戸袋之儀，看板柱等		町奉行 or 道奉行

註：『江戸町触集成』第5巻，6677号より作成．
凡例：1)　地面を掘り上げるため道奉行へも出願している．
　　　2)　稀に町奉行にも出願している．

表1・2から、「時節商物出小屋」、「店前虫干」、建物前面の造作や張り出し(「往還江建出候場所」)などは、道奉行だけに出願されていたことがわかる。道奉行の本来的な職務は道や下水の機能管理にあったが、これに付随して、往来に支障を来すような町人らのさまざまな建築行為についても徐々に管理対象に組み込まれていったと考えられる。そして、道奉行が見廻りをした際

に、町人らへと直に命じ、出願を義務づけていたものと推定される。

一方、町橋や番屋、木戸・矢来などの新築・再建（「新規幷建直」）については「両願」とされているが、「有来候」ものの修復については町奉行所のみに出願されていた点が注目される。すなわち、現状を補修するという狭義の意味での維持管理については、町奉行のみが把握することになっていたのである。

町内の通りでは、町家から庇が張り出し、営業時には店前に棚が出され、道具や品物なども路上に積み置かれていた。また、木戸や番屋、井戸といった常設の町の共同施設をはじめ、場所によっては髪結床や床店、葭簀張といった小商人らが営業する仮設的な施設もあった。これらが、「往還ニ相拘リ候儀」といういささか茫漠とした言葉で括られ、表1・2に具体的に見出せる道空間を構成するさまざまな物的要素である。町奉行は、一八世紀半ばころからこれらの建設や設置、修復にあたっては役所へ願い出ることを町人らに義務づけることで道空間の統制を図ろうとしたといえよう。

ただし、こうした認可のあり方は、あくまでも幕府役人らの見廻りによる指導や町による従来の維持管理実態を追認するものでしかなかったと考えられる。名主からの返答書にみられた「往還ニ相拘リ候諸願方」の複雑な様相は、このことを端的にしめしている。

小　括

右にみてきた道空間における不分明な管轄区分をめぐっては、実際の管理上、町奉行と道奉行との間で弊害も生じていたようである。さきにみた町中に対する一連のお尋ねは、この問題にかかわって町奉行が命じた実態調査であったと考えられ、延享元（一七四四）年四月の名主らからの返答ののち、「往還ニ相拘リ候儀」のすべてを町奉行所に出願すべきとの旨が、町奉行から町年寄を介して町中へと申し渡されている。

この背景として留意すべきは、一八世紀半ばまでに町奉行支配場＝江戸町人地の急激な拡大があったことであろう。すでに寛文二(一六六二)年一一月に上野・浅草・芝あたりの代官所支配域が町奉行支配に編入されていたが[19]、正徳三(一七一三)年五月「深川・本所・浅草・小石川・牛込・市谷・四谷・赤坂・麻布辺の御代官支配の内、町と名の付き候所」が支配に組み込まれた[20]。その後の延享二(一七四五)年一二月には「寺社方え付き候町家の分」(門前町家と境内町家)が新たに町奉行支配へと移管された[21]。こうした断続的な町方支配地の拡大が、町奉行と道奉行の管理が「入跨」る大きな原因になったと考えられる。つまり延享元年の「往還ニ相拘リ候諸願方」の調査は、道空間における入り組んだ管理のあり方の解消を町奉行が意図したものと理解されるだろう。

最終的に、町人地における道空間の管轄をめぐる問題は老中の裁許に委ねられることとなった。延享元年五月、老中は「道筋之儀ニ付、町奉行・道奉行取計之儀は、前々之通双方申談可被取計候」と命じており[22]、結果として町奉行の申渡は白紙とされた[23]。こうした道空間の管理体制にみられる矛盾は、次節でみる道奉行廃止にともなって、町人地そのものの支配という、より高次の問題へと帰着することになる。

二　道空間の支配をめぐって

明和五―八年、道支配ニ付一件

明和五(一七六八)年九月の道奉行罷免にともない、「道方之儀」(道と下水)は普請奉行が管轄すること、そして、これまで町奉行の管轄にあった「上水方之儀」も同じく普請奉行の所管に移ることが町中へと申し渡された[24]。そもそも普請奉行は、江戸城の石垣や堀の普請・修復、江戸市中における拝領屋敷の授受などの土木事業を管掌する幕府役人で、この移管は、江戸のインフラ・ストラクチャーの管理を一元化することが目指された都市政策であったと推定される。

ところが、その後の明和五年から八年（一七六八―七一）にかけて、町人地の「道方之儀」、つまり町方における道空間の管轄権をめぐって町奉行と普請奉行との間で意見対立が起きた（以下、「道支配ニ付一件」と呼ぶ）。道空間の管轄移管は、町人地における包括的な権限が大きく制約される由々しき事態として町奉行に受け止められたことは間違いない。また町人にとっても、管理上の理由から、町屋敷と道とがそれぞれ町奉行と普請奉行の管轄に空間的に分断されることが、手続きの煩雑化にくわえ、日々の生活のうえでも多大な弊害を来すものと考えられたことは容易に想像される。

結論をさきに述べれば、この一件は、町人地における道空間に関しては町奉行が管轄するというかたちで一応の決着がついたとみられる。逆にいえば、江戸の武家地・寺社地における道空間のみが普請奉行の管轄となったのである。それではまず、この一件の動向を概括しておこう。表3はこの間、町年寄を通じて町奉行から年番名主らになされたお尋ねや申渡を整理したものである。その内容は、①多岐にわたる「往還ニ相拘リ候諸願」が誰に対してなされてきたか、②町方支配の拡大にともなって町人地にふくまれることになった「町並地」の管轄について、の大きく二つである。後者は、年貢については代官所へ上納しているが、そのほか「一躰は町方御支配」であることが確認されている。他方前者については、おおむね出願先は町奉行所であったが、申請項目によっては道奉行のみ、あるいは町奉行・道奉行への「両願」がみとめられ、これらは各町によっても「不同」であった。これは前節でみたとおりである。

このなかで注目されるのは、明和六（一七六九）年七月に町年寄から年番名主らへなされた「五ヶ条御尋」[25]である。これは、「所々御堀端」（A）、「川筋之河岸」（B）、「柳原土手通」（C）、「道橋」（D）、「往来雨落外之分」（E）の五つが、以前から普請奉行（ないし道奉行）によって管理されているように見受けられるため、今後これらを普請奉行の管轄（「普請方持場」）としても支障がないかどうかを町人らに対し問いただすものであった。その後まもなく、名主

表3　道奉行廃止以後の動向

年	月	日	内容	形式	史料
明和5	09	05	道奉行御役御免の通達	町触	no. 8105
	09	16	「上水方之儀」および「道方之儀」が普請奉行の管轄となる旨の申渡	町触	no. 8108
	12	07	「町々番屋幷商番屋其外商床」の新規・建直しの際の出願先について	尋＋返	no. 8121
明和6	03	21	町方において道造を請け負う者がいる場合，普請の際にはどこに出願しているかについて	尋＋返	no. 8133
	06	—	**「所々御堀端・川筋之河岸・柳原土手通・道橋・往還雨落其外之分」（以下「五ヶ条御尋」と略す）が普請奉行の管轄となっても差し支えの有無について**	**尋**	★
	06	24	各町からなされる町奉行所以外の役所への届出および出願については，町奉行所へその旨の届出を行うべきとする旨の申渡	町触	no. 8147
	07	24	「浅草之末」および「本所深川」の支配向について	尋＋返	no. 8150
	07	24	浅草寺領の町々河岸地の支配向について	尋＋返	no. 8151
	07	—	**名主から町年寄への「五ヶ条御尋」に対する返答**	**返**	**no. 8152**
	09	11	〔no.8147〕の再通達	町触	no. 8166
明和7	01	17	延享4年の「明地・床店・其外見世物売囲居等取払」以後，幕府に助成をもとめ床店設置を許可されている場所があるかどうかについて	尋＋返	no. 8173
	01	18	町方において「御入用」あるいは「請負人」・「武家方町方組合」によって道造を行っている場所があるか	尋＋返	no. 8174
	01	25	神田鍋町六兵衛が「普請ニ付板囲」を町奉行ではなく，普請奉行へと出願した件についてのお咎め	町触	no. 8175
	02	—	町方での道造は，以前より道奉行から直に命じられていたか，また道奉行に出願していたかについて	尋＋返	no. 8176
	03	—	**町奉行から老中への「五ヶ条御尋」に対する返答**	**返**	★
	04	09	町方にある高札は，どの役所に出願し建てたものか，また建て替えの際にはどこに出願しているか	尋＋返	no. 8191
	04	11	町々にて「商売物・日覆」などを設置する際の出願先について	尋＋返	no. 8192

註：「尋」＝諮問，「返」＝返答，★＝『明和撰要集』7上，「道敷下水之部」第2件（旧幕），ゴチック＝「五ヶ条御尋」，史料番号はすべて『江戸町触集成』（塙書房）による．

らから町年寄へと返答書（以下、「返答書α」と呼ぶ）が提出されている。

ところで、これに先立つ同年六月、右と同内容の問合せが、老中から町奉行に対してなされている。さきの町年寄から年番名主への尋問は、老中からの問合せに対して町奉行が町年寄へと調査を命じたものであったと理解されよう。また、この「五ヶ条」が幕府によって定義されたものであったことにも留意しておきたい。

翌年三月、町奉行から老中宛に「五ヶ条御尋」に対する返答として上申書が提出されている。ここには町年寄によってとりまとめられた返答書（以下、「返答書β」と呼ぶ）が添えられており[26]、これは返答書αを加筆・修正したものとなっている。

二つの返答書には、町人地全域におよぶ道空間の管理状況が詳述され、表3にみられた雑多なお尋ねに対する返答内容もふくまれていることから、道支配ニ付一件における町方（町奉行・町年寄・町名主）の見解を総括するものと考えてよいだろう。

さて、町奉行からの上申ののち、老中の裁決がわかる史料は見出せていないが、明和八（一七七一）年五月、町年寄から道空間の管轄に関して諮問をうけた年番名主らの返答から、この一件の顚末をうかがうことができる[27]。返答書には「（この一件――引用者註）已来、町方持場之分は往来・道内共々諸事町奉行掛」、すなわち、町奉行支配地内では、人びとの往来や道空間におけるさまざまな事柄は町奉行が管理するものである、との認識が述べられている。また、「町御奉行様御支配御屋敷附往還ニ而、町人共持場之儀」とあり、やや解釈が難しいが、町人地内の道空間とは、町奉行が支配する町屋敷に付随するもので、町人が維持管理すべきとしている。ここから、この一件以降、少なくとも名主らは、町人地の道空間が町奉行によって管轄（「支配」）されるものと理解していたと考えてよいだろう。

ただし、後に指摘するように、町人地の道空間における町奉行の「支配」が確立されて以後も、その内実、つまり「往還ニ相拘リ候儀」の管理体制が十分に整備されたわけではなかった。

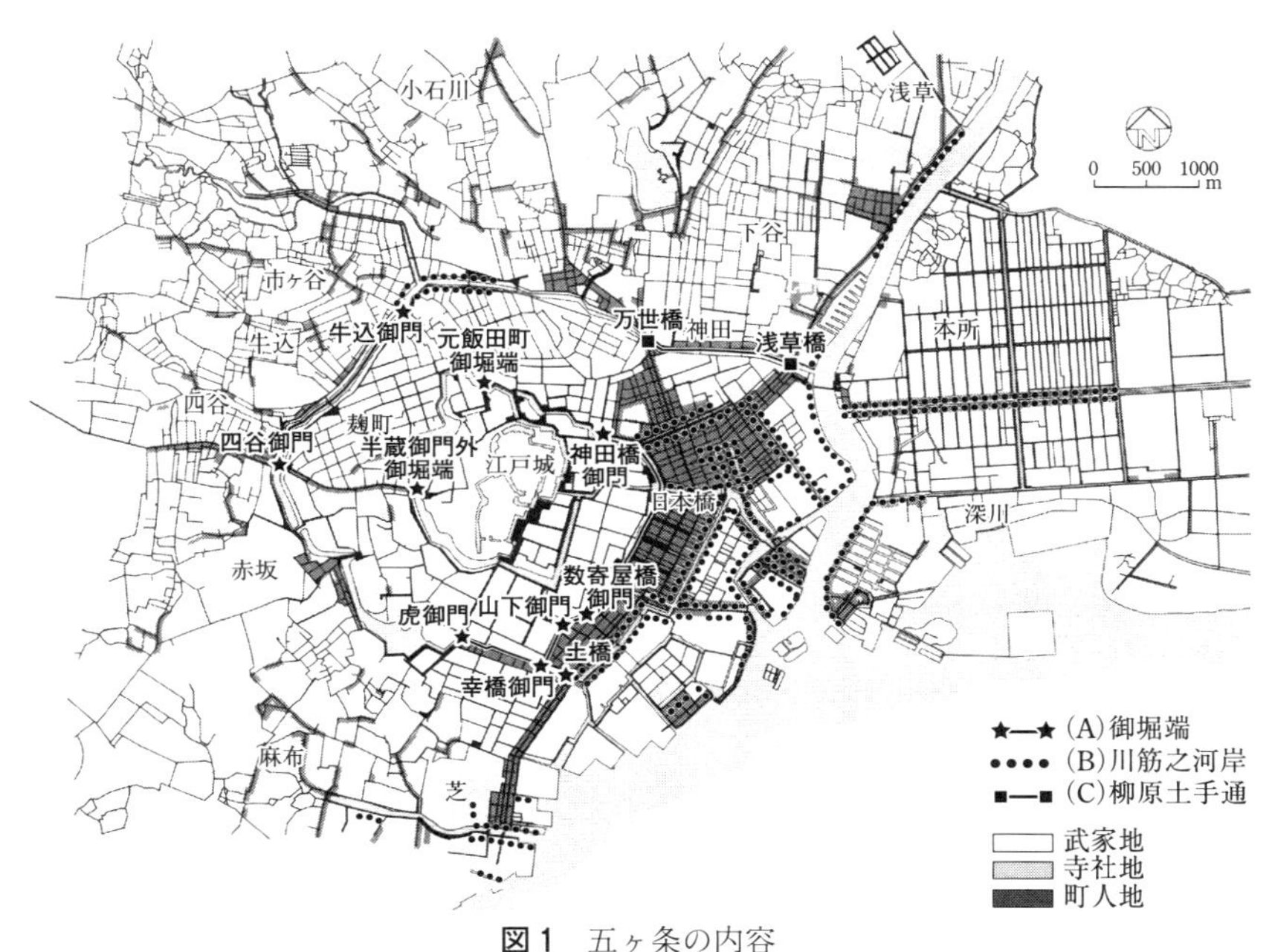

図1　五ヶ条の内容

註:『図集 日本都市史』(東京大学出版会, 1993年) より作成.

道の空間類型

以下「五ヶ条御尋」とその返答書を中心に考察をすすめる。まず「五ヶ条」の内容を確認しておきたい(図1)。

(A) 所々御堀端

「神田橋御門外ゟ数寄屋橋御門外迠」「元飯田町御堀端」「数寄屋橋御門外ゟ山下御門、夫ゟ土橋迠」「幸橋御門外ゟ虎御門外迠」「半蔵御門外御堀端」「四谷御門外ゟ牛込御門外迠」の六つで、江戸城の外堀沿いの道のうち、町方が接する部分である。この通りは、そのほかの堀川沿いの道(B)とは区別され「御堀端」と呼ばれた。

(B) 川筋之河岸

つぎの(B)は、町人地内を流れる堀川沿いの道と河岸地である。江戸中心部の町々(「江戸古町」)のうち、堀川沿いの町々は、古来より町屋敷の地先にある河岸地を荷揚場やストックヤードとして利用していた。これらは「古町之川岸」と総称されたようで、「日本橋川通、小舟町伊勢町通、小網町通り、新材木町堀江町入川通、北新堀町霊岸島八丁堀、鉄砲州築地、本材木町通り、中橋通、京橋通り、木挽町三十間堀通、土橋通り、龍閑橋入川通り、神田川通り、米沢町辺浜町辺入川通り」にあたる。またここには、一七世紀後半から一八世紀にかけて町並地として町奉行支配下に組み入れられた浅草や芝など場末地域内を流れる堀川沿いの道と河岸地もふくまれている。

（C）柳原土手通

（C）の柳原土手とは、万世橋から浅草橋にいたる神田川南岸の通りである。柳原土手沿いには多くの武家屋敷が面していたが、床店や葭簀張といった小商人による古着屋が三〇〇軒ほども建ちならぶ、江戸の古着市場の一大センターであった。

（D）道橋

（D）は、江戸市中に点在するいわゆる「橋」をさす。

（E）往来雨落外之分

最後の（E）は、字義通りには「町家前の下水より外側部分の人びとが往来する場所」を意味し、これは町内の通り一般を意味している。さらにここには、火除地として設定された幅広の道である火除明地や広小路もふくまれている。

以上に簡単にみてきたように、これらはおおむね町人地にふくまれうるすべての道空間といってよいだろう。つまり「五ヶ条」（（A）―（E））とは、幕府側が町人地に包摂される町屋敷以外の土地＝道を把握するために措定した空間類型とみなすことができよう。

町奉行の支配と町による維持管理の関係性

つづいて返答書の内容を検討していこう。返答書には二種類が存在したが（返答書αとβ）、両者ともに道空間の管轄権が町奉行にあることが一貫して主張されており、論旨に大きな相違はない。両者の差異については後述することとし、ここでは類型ごとに返答書の内容を摘記してみよう。

（A）所々御堀端

名主らの「詳伝」によれば、御堀端の石垣・小土手際から三尺の場所までは古来より普請奉行の管轄とされ、それより町屋敷側にある場所（「往還之儀」）はすべて町奉行が管轄することとなっています。具体的には、御堀端にある高札・火之見櫓・木戸・番屋などの普請・修復、路上での捨物・倒者・喧嘩口論などの異変処理、御堀の中央より町家側に漂着した（「堀内中程ゟ町屋ニ附候」）浮物の処理などは、御堀端沿いの町が取り扱い、すべて町奉行所に出願・訴願を行ってきました。

（B）川筋之河岸

「古町」における河岸地は、堀川沿いの町屋敷の地先にある土地で、古来より町屋敷に付随するものとされてきました（「河岸附町屋敷」）。これらは、町奉行所の管理のもと、町人によって商売、営業のために利用され、彼らの間では「株」のように取り扱われてもいます。もし「河岸」（堀川沿いの道と河岸地）を普請奉行が管理することになれば、諸手続きが煩雑化し、商品の値段も狂い、「惣町中」にとって甚だ不利益なことと存じます。

そのほか浅草や芝地域などの河岸地については、当該の町人らが、それぞれ町奉行や普請奉行などに出願し、「古町」同様の利用が許可されたものですが、その後、町奉行以外の幕府役人が関与した記録はいっさいありません。

（C）柳原土手通

柳原土手通りや神田川に架けられた橋の橋台には多くの床番屋や床店、髪結床があります。これらは柳原土手通り沿いの町や周辺町々の町人が、それぞれ町奉行や普請奉行に出願し、設置が許可されたもので、その営業の「御忠節」として、柳原土手通りの矢来の設置や「道造」、路上での捨物・倒者の世話、柳の植替などを彼らが負担しています。

「初発」には町奉行以外の幕府役人の関与も認められ、柳原土手通り沿いには武家屋敷が面する場所もありますが、この場所の維持管理はすべて、町人身分のものが行っております。それゆえ、以後の出願や訴願はすべて町奉行所に対し行っており、「外御役所」が取り扱った記録はありません。

（D）道橋

町人地における橋は「御入用橋」（幕府によって計画・出資、架橋された橋）と「町人持橋」（町人らによって計画・出資、架橋された橋）とがありますが、どちらもかねてから町奉行が管理しています。

なお後者について、新規架け直しや修復の際には、町人らが町奉行所に出願し、入札によって普請を実施しています。

（E）往来雨落外之分

町内の道における捨物・倒者・喧嘩口論などは、古来より当該の町が処理し、そのつど町奉行所へ訴え出ています。他方、町の共同施設の新規普請や修復をはじめ、「道造」、これにともなう「車留」の実施に関しては、道奉行にも訴え出ておりました。しかしこれは、町奉行所に出願したうえでのことであって、あくまでも町奉行に命じられて行っていたものです。

そのほか、市中にはいくつかの火除明地や広小路が存在し、そこでは請負人の差配のもと葭簀張や床店、水茶屋などの仮設店舗が設けられ、路上では振売商人らが営業を行っています。火除明地や広小路の管理業務を委託される町人や請負人をはじめ、そこで営業を行う小商人はみな町人身分のもので、町奉行所以外の役所が関与した記録はありません。

このように返答書では（A）―（E）における町人による維持管理のありようが確認され、路上に展開される諸施設設置の由緒なども仔細に記したうえで、これら道空間の管轄権が町奉行にあることが説かれている。

冒頭で触れたように、二つの返答書には、叙述の仕方やふくまれる事例内容に差異が認められる。ひとつは、ごくわずかではあるが、普請奉行や道奉行といった「外御役所」のみが関与した事柄についての記述が削除されている点である。いまひとつは、事情や経緯の複雑な場所については、その内容が単純化されている点である。このように返答書βでは、返答書αで雑然と綴られていた事実内容に添削がほどこされ、論点が整理されていることは留意すべきであろう。

たとえば、御堀端（A）や柳原土手通（C）、広小路（E）に存在した番屋や商床、葭簀張の店は、町奉行以外の幕府役人から許可をえて営業が行われている場合も少なくなかった。しかしこうした「外御役所」の関与は「初発之儀」に限定され、道空間の維持管理の局面においては、町奉行に統括されている点が強調されるものとなっている。

他方、前節でもみたように、「往還ニ相拘リ候儀」が、町奉行とならんで、道奉行によっても管理されていたことは紛れもない事実であった。しかしこうした事実については、町ないし町屋敷に対する町奉行の権限は道空間にもおよぶもので（「町御奉行所御支配場ハ往還ニ而茂町御奉行御持」）、そもそもその維持管理を担う人びとが、町奉行に管掌される「町人身分」であることが強調され、道奉行の職権はあくまでも「支配」とは異なると主張されるのである。

小　括

以上から抽出される町奉行による町人地内の道空間支配を根拠づける町方（町奉行・町年寄・名主）の論理は、つぎの二点にまとめられるだろう。

（i）空間の論理

町人地内の道空間の総体は、五つの空間類型によって区分しうる。これらは、本源的には町屋敷とセットで捉えられるべきもので（「町屋敷付往還」「沽券地附往還」）、河岸通り、商番屋や床店などが建ちならぶ土手通りや広小路、橋なども、あくまでも町人地に包摂されるものである（「河岸附町屋敷」「町方ニ付候場所」）。

こうした見解は、多様な形態で存在した町人地内における広義の道を、あくまでも町人が居住する町屋敷＝沽券地に付随する場所と位置づける空間的な論理といえよう。

（ii）身分の論理

道空間における実際の維持管理を担ったのは町人身分の人びとであった。そして、彼らの負担は、さまざまな利用や営業上の許認可に対する町奉行への助成（「忠節」）であるとする。このように町人地の道空間は、身分制社会における支配―被支配関係にもとづいて統括され、管理されるべきものと考えられたのである。

ところで、江戸の道空間のすべてが普請奉行の管轄になることは、町奉行が管掌する空間的範囲が、沽券地＝町屋敷のみに限定されることを意味する。つまりこの一件は、近世城下町の根幹にすえられた身分制ゾーニングという都市空間支配のあり方を大きく動揺させる契機を孕んでいたといえるだろう。しかし、結果的には、江戸周縁部にまで分散、散在していた町人地という空間領域が、道空間をめぐる町奉行の支配と町による維持管理という関係性にもとづいてあらためて定義されることによって、身分制の論理が貫徹されたのである。

むすびにかえて

町人地における道空間の管轄権が、町奉行にあることが確認されて以後も、町奉行による一元的な道空間の管理体制が確立されたとはいえなかった。つまり、それぞれの町によって町奉行に申請したり、従前には道奉行に申請していたものを普請奉行に申請したりする場合が多々みられたのである。これはひとえに、明和期の一件が、身分制社会の統治にかかわる空間支配のあり方にこそ争点があって、町人地内の「往還ニ相拘リ候儀」の実質的な管理体制の構築が企図されたものではなかったからにほかならない。

最後に一八世紀末に整備されることとなった町人地における道空間の管理体制について考察し、むすびにかえたい。

表4（左段）は、寛政二（一七九〇）年二月に、「往還ニ相拘リ候儀」の申請方法について名主らが町奉行所に報告した内容をまとめたものである[28]。この出願と認可のあり方がいつごろまでにかたちづくられたのかは未詳であるが、遅くとも一八世紀末ころまでに、町方の「往還ニ相拘リ候儀」については、まず町奉行所に出願し許可をえたうえで、普請奉行にも同様の出願を行うという「両願」が一般的であったことがわかる。さらに注目すべきは、このうち「道造」や「板囲」「看板柱」などが普請奉行にのみ出願されていたことである。これらは、かつて道奉行に申請していた項目とよく符合する（表1・2）。つまり、出願と認可のあり方をみる限り、道奉行の職務は実質的には普請奉行へと引き継がれており、管理体制そのものは第一節でみた一八世紀半ばとほとんど変わっていなかったのではないだろうか。

翌年四月、名主からの報告をうけて、「往還ニ相拘リ候諸願方」に関する取り決めが、町年寄を通して町奉行から町中へと申し渡された[29]（表4右段）。ここでは「道造」や「車留」「武家町組合持橋」、上水にかかわること、道を跨い

表4　寛政2(1790)年と同3年の申請項目と出願先

<table>
<tr><th colspan="2">寛政2(1790)年</th><th colspan="2">寛政3(1791)年</th></tr>
<tr><th>申請項目</th><th>出願先</th><th>申請項目</th><th>出願先</th></tr>
<tr><td>自身番屋</td><td>町奉行→普請奉行</td><td rowspan="3">木戸・番屋幷駒寄纏建など之儀</td><td rowspan="3">町奉行</td></tr>
<tr><td>木戸</td><td>町奉行→普請奉行</td></tr>
<tr><td>番屋</td><td>町奉行→普請奉行</td></tr>
<tr><td>商床・商番屋</td><td>町奉行→普請奉行 or 町奉行</td><td rowspan="2">（木戸・番屋幷駒寄纏建など之儀）</td><td rowspan="2">（町奉行）</td></tr>
<tr><td>髪結床・髪結番屋</td><td>町奉行→普請奉行 or 町奉行</td></tr>
<tr><td>道造</td><td>普請奉行</td><td>道造</td><td>普請奉行</td></tr>
<tr><td>（家前下水）</td><td>？</td><td>町方家前下水，右新規修復共</td><td>町奉行</td></tr>
<tr><td>往還跨下水</td><td>町奉行→普請奉行 or 町奉行</td><td>町方往還横切下水，右新規修復共</td><td>普請奉行</td></tr>
<tr><td>町方橋</td><td>町奉行→普請奉行［届］</td><td>町方持橋願</td><td>町奉行</td></tr>
<tr><td>—</td><td>—</td><td>武家町組合橋願</td><td>普請奉行</td></tr>
<tr><td>車留</td><td>町奉行→普請奉行</td><td>車留願</td><td>普請奉行</td></tr>
<tr><td>火之見立梯子</td><td>町奉行→普請奉行</td><td rowspan="2">火之見建梯子幷火之見櫓建候願</td><td rowspan="2">町奉行</td></tr>
<tr><td>火之見櫓</td><td>町奉行→普請奉行</td></tr>
<tr><td>壁土置場</td><td>普請奉行</td><td rowspan="2">家前板囲・土置場願</td><td rowspan="2">町奉行</td></tr>
<tr><td>板囲</td><td>普請奉行</td></tr>
<tr><td>看板柱</td><td>普請奉行</td><td>看板柱建候願</td><td>町奉行</td></tr>
<tr><td>紺屋干物場</td><td>普請奉行</td><td>紺屋共家前江物干柱建候願</td><td>町奉行</td></tr>
<tr><td>虫干</td><td>普請奉行 or 町奉行</td><td>質屋共御用中家前江虫干致候願</td><td>町奉行</td></tr>
<tr><td rowspan="4">家前幷河岸地商物積出之儀</td><td rowspan="4">普請奉行</td><td>商ひもの家前江積置幷日覆願</td><td>町奉行</td></tr>
<tr><td>下水外流し仕付幷駒寄矢来建候願</td><td>町奉行</td></tr>
<tr><td>店前輪木建候願</td><td>町奉行</td></tr>
<tr><td>町方河岸付石垣幷川内江も懸り相当願</td><td>町奉行</td></tr>
<tr><td>—</td><td>—</td><td>雛甲人形商ひ候内往還江小屋掛ヶ願</td><td>町奉行</td></tr>
<tr><td>—</td><td>—</td><td>神事ニ付幟桃灯建候願</td><td>町奉行</td></tr>
<tr><td>—</td><td>—</td><td>掘井戸之儀ニ付願</td><td>町奉行</td></tr>
<tr><td>—</td><td>—</td><td>上水井戸普請など都而上水ニ付候願幷届訴</td><td>普請奉行</td></tr>
</table>

註：『類集撰要』3，第32・35・36件（旧幕）をもとに作成．

凡例：「町奉行→普請奉行」は町奉行に申請し許可をえたうえで，普請奉行へも再度申請していることをしめす．
　　［届］は申請ではなく届出だけを提出していることをさす．

で流れる下水についてのみを普請奉行へと出願することとし、そのほかはすべて町奉行に出願すべきとされている。ここにようやく、申請項目に応じて、その出願先が町奉行と普請奉行とに振り分けられ、町人地における道空間の管理体制＝「往還ニ相拘リ候儀」の認可システムがかたちづくられることになったのである。

ところで、この調査と取り決めに相前後して、老中松平定信によって寛政改革がすすめられ、その一環として町中に「町法改正」が触れられたことはよく知られている(30)。さきの申渡は、一見するとインフラ管理の合理化にもみえるが、幕府財政の安定化を目指した幕政改革との関係性のなかで捉える必要がある。つまり右にみた道空間の管理体制の形成は、二重化していた「往還ニ相拘リ候儀」の諸手続きを簡略化し、幕政ならびに町政双方にかかる経費の軽減をねらったものとして理解すべきであろう。「往還ニ相拘リ候儀」の認可システムは、道空間の積極的な管理政策とはいえず、あくまでも経済政策の副産物でしかなかったのである。

このことは、表４（右段）にみられるような道のもつ限定的な機能の管理のみを普請奉行が担い、それ以外を町奉行が管掌するといった不自然な分割によくあらわれている。そもそも市中を縦横にはしる道を、身分制にもとづく空間的枠組みのもとで管轄・管理する体制そのものに、根本的な矛盾が内包されていたといえよう。それゆえ以降も、次章でみるように町屋敷と武家屋敷、寺社境内が通りを隔てて隣接する場合、それぞれの持場負担をめぐる混乱が生じたことは容易に想像される。その分担のあり方は、幕府役人間での懸合をとおして即地的に判断され、個別に決定されることとなった。江戸町人地の道空間は、本章でみた重層的な管轄系統のもと、社会的にも空間的にも複雑な実態をともないながら維持されていたのである。

註

（1）　後藤新平『江戸の自治制』（二松堂書店、一九二二年）、幸田成友『江戸と大阪』（冨山房、一九三四年）など。

（2）とくに武家地研究において研究進展がみられ、岩淵令治『江戸武家地の研究』（塙書房、二〇〇四年）、藤村聡「近世後期における江戸武家屋敷の上水・橋々組合について」（『歴史学研究』六八二、一九九六年）、松本剣志郎「江戸武家屋敷組合と都市公共機能」（『関東近世史研究』五七、二〇〇四年）などがある。

（3）伊藤好一『江戸の町かど』（平凡社、一九八七年）。

（4）小林信也『江戸の民衆世界と近代化』（山川出版社、二〇〇二年）。

（5）大熊喜邦「江戸時代住宅に関する法令と其影響」（『建築雑誌』三五―四二〇、一九二一年）、内藤昌『江戸と江戸城』（鹿島出版会、一九六〇年）、水野耕嗣「近世都市・建築法制史の研究」（『日本建築学会学術講演梗概集』ほか、一九七五―二〇〇七年）、玉井哲雄『江戸――失われた都市空間を読む』（平凡社、一九八六年）など。

（6）前掲註（3）伊藤『江戸の町かど』、前掲註（4）小林『江戸の民衆世界と近代化』、藤田覚『遠山金四郎の時代』（校倉書房、一九九二年）など。

（7）『江戸町触集成』第一巻（塙書房）、二号。

（8）同右、第一巻、一〇・二〇号など。

（9）同右、第一巻、七・四四号など。

（10）同右、第一巻、三七七・四六五・六三七・六八七・七九七号など。定式化された町触の初出は、延宝元年九月二八日付（『同』第一巻、一一四六号）。

（11）管見の限り正徳三（一七一三）年以降は同内容の町触が見出せていない。これは後述する町奉行支配地の拡大と関連すると考えられる。こうした一八世紀における江戸町方の拡大が、道空間における町奉行と道奉行との入り組んだ管理体制と管轄権問題の大きな要因となっていたと推定される。

（12）道奉行については、松本剣志郎「江戸幕府道奉行の成立と職掌」（『地方史研究』三四九、二〇一一年）を参照。

（13）『江戸町触集成』第一巻、三〇一号。

（14）同右、第四巻、五六八五号。

（15）前掲註（1）幸田『江戸と大阪』、前掲註（3）伊藤『江戸の町かど』など。

（16）前掲註（4）小林『江戸の民衆世界と近代化』。小林の江戸市中における道空間の維持管理体制＝「持場負担」論については筆者も異論はないが、それぞれの「持場」が市中全域を覆うように、あらかじめ幕府によって設定されたわけではなかったことには留意すべきだろう。筆者は「持場」という空間領域が本源的にはそれぞれの土地の地先の権利と表裏の関係として自律的にかたちをなしたもので、個別の物的環境と維持管理実態とにもとづいて帰納的に分節され、空間的に可変性を備えるものであったと考える。こうした持場の形成過程や空間類型については、本書第4章で検討する。

(17) 『江戸町触集成』第五巻、六六六七号。
(18) 同右、第五巻、六六七七号。
(19) 同右、第一巻、三六九号。
(20) 同右、第三巻、四七二一号。
(21) 同右、第五巻、六七五六号。
(22) 『享保撰要類集』六、蔵地商床道舗下水之部高積之事、第七十二件（旧幕府引継書、国立国会図書館所蔵、以下「旧幕」と略す）。
(23) 延享元年五月二八日、町年寄樽屋から年番名主らに対し「往還江相拘り候諸願之儀」はこれまでと同様とし「先達而御内寄合ニ而年番江被仰渡候右之儀（町奉行所のみへの出願を命じた――引用者註）御書付ハ、御用無之候」と申し渡されている（前掲註(18)史料）。
(24) 『江戸町触集成』第七巻、八一〇五・八一〇八号。
(25) 同右、第七巻、八一五二号。
(26) 『明和撰要集』七上、道敷下水之部、第二件（旧幕）。
(27) 『江戸町触集成』第七巻、八二五五号。
(28) 『類集撰要』三、家作 往還 河岸地 物置 高積 十六ヶ条願、第三十三件（旧幕）。
(29) 同右、三、第三十五・三十六件（旧幕）。
(30) 同右、九・十、町法改正一件（旧幕）、『江戸町触集成』第九巻、九七九五・九八二二・九八二六・九八三二・九八五八号ほか。幕政改革については、藤田覚『松平定信』（中公新書、一九九三年）、竹内誠『寛政改革の研究』（吉川弘文館、二〇〇九年）などを参照。

第4章　道と「持場」
——維持管理の空間構造

はじめに

本章の課題は、維持管理の実態を通じて江戸市中における道の存立構造を空間史的に考察することである[1]。都市の基盤となるインフラ・ストラクチャーの多くが、武家や寺社、町人らの維持管理とその負担とによってささえられていたことはすでに戦前期に注目され、後藤新平や幸田成友らによって、管理主体としての町共同体や武家方組合の存在が指摘されていた[2]。しかし、その実態については長らく不問に付され、一九九〇年代以降、日本近世史分野を中心とする都市社会史研究のなかで多くの成果がだされてきた。まずこうした先行研究を整理しながら、問題の所在を述べておきたい。

町人地に関しては、町共同体による維持管理の多様な側面に光をあてた伊藤好一の先駆的研究[3]があげられるが、注目すべきは小林信也の所論[4]である。小林は個別町や広小路の事例分析をもとに「江戸市中の道路には持場という区分が設定され」、「道路区分に面して敷地を持つ町や寺社、武家屋敷」が空間管理を負担していたとする「持場負担」論を提起し（図1）、その負担の主たる内容が治安維持（「異変処理」）と機能維持（「道造」）に大別できるとした。これについては、後述する研究者も一様に首肯するが、持場がどのような構成原理をもち、いつごろから形成されたものな

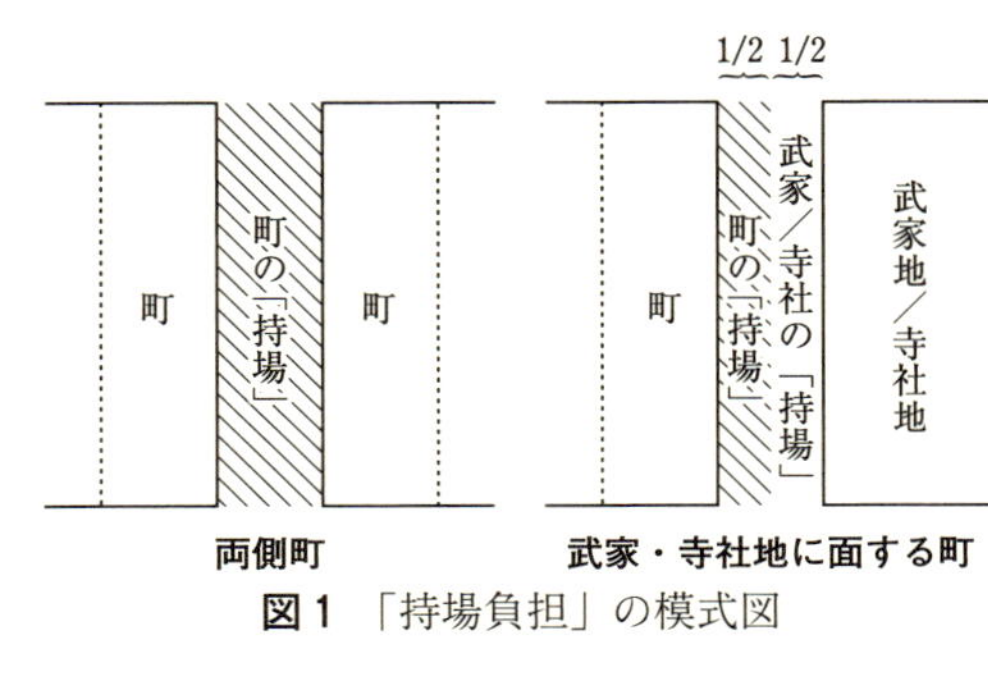

図1　「持場負担」の模式図

のか、また幕府の管理体制のなかでどのような位置を占めていたのか、についてはほとんど論じられていない。また、小林の立論は、維持管理が個別町に対応する空間的な分業体制（「持場」）に基礎づけられていたことをしめしたものの、町共同体によって負担されていたという理解にとどまっており、個別具体的な検討による空間的特質は十分に明らかにされていない。さらに、武家や寺社への敷衍可能性についても検討の余地が残されていよう。

武家による道空間の維持管理については、八〇年代後半からの武家地に関する都市史研究の進展ともあいまって、岩淵令治、藤村聡、北原糸子、松本剣志郎などによる多くの研究がある。

このうち岩淵は、武家方辻番による屋敷外の治安維持が、都市居住＝武家の屋敷所持（拝領）に対する「役」負担であったと位置づけ、辻番の制度的再検討とその運営実態を明らかにしている[5]。さらに岩淵は江戸城門番の職務と実態分析も行い、

こうした「番」による治安維持体制を、幕府役人による市中見廻り（「巡邏システム」）と併存する「番システム」とみている[6]。ただし、岩淵も指摘するように江戸城門番は「軍役」であって、その空間的範囲も城内・内曲輪内といった市中とは異質な地域におけるものであった点には注意が必要であろう。

こうした武家による辻番・門番を、町の木戸番や自身番・辻番、寺社の門番と比較した場合、道空間の治安秩序の維持＝「番」という機能において類似した性格の役負担であったと捉えることができるだろう。また治安維持と機能維持との差異を考えるうえで、岩淵が、小林の持場負担論に異論はないとしつつも「「番」という機能にこだわりたい」[7]と強調している点にも注目しておきたい。

対して、藤村、北原、松本は、岩淵の提示した役負担の議論をふまえ、道や上下水、橋などの機能維持とその管理を負担した武家方組合に着目し、組合の構成や負担関係などから維持管理の運営実態や武家らがとりむすんだ地縁的関係性などを明らかにしている[(8)]。ここでは、近世城下町における「都市機能の維持システム」の普遍性と固有性を考えるうえで、大名屋敷の存在と維持管理組合の卓越的な展開が江戸固有の特質とする藤村の指摘[(9)]は重要である。また、松本によって明らかにされた道奉行の職掌などの幕府側の管理体制やその制度的検討[(10)]も、江戸市中全域での道空間管理を理解するうえで基礎的な成果といえる。

右のように武家による道空間の維持管理については、多様な実態が明らかにされつつあるが、相互に研究を参照しつつも、治安維持と機能維持に関する研究がそれぞれ独立したかたちですすめられてきた傾向にある。これは本章でも指摘するように、武家による治安維持と機能維持の負担が、それぞれ別々の幕府役人によって統括されていたことに起因している。それゆえ、小林の提起した持場負担論への批判的検討をふくむ、市中の維持管理体制の総合的な見解はみられないのである。

最後に寺社地に関するものとしては、小林による若干の検討[(11)]と岩淵による市谷南寺町の中小寺院による地縁的な組合負担の実態分析[(12)]があげられるのみである。寺社による維持管理負担については今後も事例分析の蓄積が必須の課題といえよう。

以上をふまえ本章では、町による維持管理の実態を個別町分析から再検討し（第一節）、ついで武家地・寺社地・町人地の入り組む地域における持場の空間的な様相を読み解くことで（第二節）、「持場」を空間概念としてあらためて捉え直し、江戸市中における道の維持管理構造の総合的把握を試みてみたい。

一　町の「持場」

幕府の管理体制──認可システムと持場

「持場負担」の原則は、幕府（町奉行）による道空間の管理体制のなかでどのような位置を占めていたのであろうか。ここでは個別町による維持管理の実態分析の前提として、第3章の議論を確認したうえで少しく考えてみたい。

町内の道における治安維持と機能維持を町中に命ずる触は、一七世紀半ばから見出すことができる。これらは、明暦大火（明暦三［一六五七］年）後の市中の防火政策とあいまって、寛文年間（一六六一―七三年）に、①「番」の徹底（木戸番・自身番・中番など）、②手桶・水溜桶・のぼり梯子の設置と修復、③道造と材木類の高積や店前・軒先への積置の禁止の三ヶ条として定式化されるにいたる。[13]

伊藤毅が指摘するように[14]、町内の共同施設の自主的な維持管理は、共同体の紐帯を保持してゆくための不可欠な要素たりえたと考えるが、その逆に、幕府が都市空間統制の末端として町を位置づけ、あくまでも公儀地であった道の維持管理を、役負担として町に強制していたという事実もまた重要であろう。ただし、これら町触では、維持管理を「町中申合」って行うべきとされるのみで、各町が負担すべき空間的範囲がいまだ明示的ではなかったことに留意しておきたい。

右の触を基本に、幕府（町奉行・道奉行・普請奉行）によって一八世紀中ころから整えられてゆく管理体制が、前章（第3章）で明らかにした「往還ニ相拘リ候儀」の認可システムである。[15] これは寛保―延享期（一七四一―四八年）に初期的な動向を見出せ、明和五（一七六八）年の道奉行廃止にともなう町方における町奉行の道空間支配の確立を経て、寛政三（一七九一）年の町法改正のときに一応の完成をみた。その達成点は、従前統一的ではなかった町人地＝町奉行文配地内の道空間における「往還ニ相拘リ候儀」の出願と許可のあり方を、町奉行と普請奉行とに明確に分離したことにある。

かくして一八世紀末、町人地の町奉行支配という身分制原理にもとづく道空間の管理体制が構築されたのであるが、これは町奉行による完全な一元的管理を意味したわけではなく、その一部は普請奉行によっても管理されていた（表1）。すなわち、町方における道空間においては、近世を通じて①町奉行—町、②普請奉行（道奉行）—町という二つの所轄系統が併存する状況にあったのである。

それでは町人地内の道を、町を単位として空間的に分割し、これを「持場」として当該の町に負担させるという管理体制は、いつごろから成立したのであろうか。この点については実証が難しいが、筆者はつぎのような仮説を考えている。

「持場」は、それぞれの屋敷に附随する地先権がおよぶ範囲に相当し、「町」の共同性と自律性（排他性）にその深淵をもつもので、幕府によって初発に上から設定された原理ではないように思われる。一七世紀半ば以降に見出せる町内の道の維持管理にかかわる町触は、中世由来の町共同体が有した自治的な維持管理のあり方を、都市空間管理の末端として編成してゆく起点と考えられ、「持場」という考え方もまた

表1　町方における「往還ニ相拘リ候儀」の申請項目と出願先（寛政3年以降）

申請項目	出願先
木戸・番屋幷駒寄纏建など之儀	町奉行
町方家前下水，右新規修復共	町奉行
町方持橋願	町奉行
火之見建梯子幷火之見櫓建候願	町奉行
家前板囲・土置場願	町奉行
看板柱建候願	町奉行
紺屋共家前江物干柱建候願	町奉行
質屋共御用中家前江虫干致候願	町奉行
商ひもの家前江積置幷日覆願	町奉行
下水外流し仕付幷駒寄矢来建候願	町奉行
店前輪木建候願	町奉行
町方河岸付石垣幷川内江も懸り相当願	町奉行
雛甲人形商ひ候内往還江小屋掛ヶ願	町奉行
神事ニ付幟桃灯建候願	町奉行
掘井戸之儀ニ付願	町奉行
道造	普請奉行
車留願	普請奉行
町方往還横切下水，右新規修復共	普請奉行
武家町組合橋願	普請奉行
上水井戸普請など都而上水ニ付候願幷届訴	普請奉行

註：『類集撰要』3，35・36件（旧幕）より作成．

幕府によって事後的に把握され、統制原理のひとつとして認識されたとみるべきだろう。

以下、限られた史料からではあるが、持場負担と前章（第3章）で明らかにした認可システムの形式との関係について少しく考えてみたい。

［史料1］[16]

覚

一、町々往還道悪敷場所間々相見候間、御成道は勿論、其外共不打捨置、相応ニ取繕、人馬車通行差支無之様可致候、猥ニ致置候ハヽ、可為越度候

但、片側町方持場ニ候ハヽ、向側道造無之候共、道悪敷場所は町方持場之分斗道造可致候

右之通、従町奉行所被仰渡候間、町中不残入念可被相触候、以上

（宝暦八年）七月廿八日

右は宝暦八（一七五八）年七月二八日、町年寄を通じて町中に下達された町触で、町人地内に「往還道悪敷場所」が散見されることを理由に、将軍の「御成道」はもちろん、その他の道についても適切に修繕し、交通に支障がでないようにと指示している。注目すべきは傍線部の但書である。ここでは道の「片側」が「町方持場」のとき、「向側」（寺社・武家）による道の修繕が行われていなくとも、「町方持場之分」のみは町が普請を行うように、とされている。

ここから町が維持管理すべき空間的範囲、すなわち町の「持場」を前提として触が出されていることは明らかだろう。また、通りを挟んで武家屋敷や寺社と面するような町の場合、道の中央を境に半分のみを町が負担すべきと考えられていたこともわかる。こうした町の持場の領域にまで言及した道造令は、史料1が『江戸町触集成』のなかでは初出である。

つぎに掲げる史料は、天明五（一七八五）年五月二四日に庇地の規制令とあわせて達せられた道造に関する申渡の一

節である。[17]近年、町人らが「銘々勝手」に道の修繕を行っているため、町内の道にくぼみが多く「夜中往来之差障ニ相成、其上雨天之節は地窪之所江水落込」み、また「泥芥等下水江押流」れることで下水も埋まってしまっている状況に対し警告をうながしたうえで、左のように述べている。

［史料２］

一、道造之儀も近比は銘々勝手ニ道造致候故高下有之、其上両側町屋之分は相互ニ障候故、高下相応ニも造候得共、御堀端又は向側武士屋鋪之場所は、町屋之方下水江庇を出し、向側江水落候様道造いたし候場所有之、不届之至ニ候、已来往来道造之儀も、右之心得を以不埒之儀無之様普請可致候、尤廻り之者差出、不相守者於有之は、吟味之上急度可申付候事

両側町の場合は双方に支障が出るため路面の「高下」なしに修繕が行われているようだが、「御堀端又は向側武士屋鋪」である町では、店前の下水（の外側ヵ）にまで庇を張り出し、「向側」に排水されるように道造をしている場所もある、とされている。ここでもやはり町奉行が「両側町」か否かという支配にもとづく町の空間形態に準ずる「持場」の存在を認識していたこと、そして町人地における道路の質的状態についても関知していたことがわかる。また、通りの片側のみに展開する町の人びとが、字義通り道半分のみを負担すればよいことを逆手にとって道の整形を行っていたこと、つまり、物理的にも実際に片側半分のみを町が修繕していた事実がうかがえ興味深い。

町が負担すべき空間的範囲にまで踏み込んだ内容をもつ町触は、右以外は管見の限り見出せていないが、少なくとも「持場」という空間的な負担のあり方が一八世紀後半に町奉行に強く意識されていたことはうかがえるだろう。また、次節で具体的にみてゆく維持管理の負担をめぐる争論をふまえれば、「持場負担」という考え方を念頭に江戸市中における道の管理体制が編成されていたことは間違いない。以後も持場負担は明確には法制度化されなかったが、一八世紀中期以降の「往還ニ相拘リ候儀」の認可システムの構築と右にみた「持場」の空間的範囲を明示した町触と

はパラレルな関係にあったと推定される。幕府（町奉行）はそれぞれの町に「持場」を割り当て、負担関係を整序することで町方の道空間の統制を図っていたと考えてよいのではないだろうか。

個別町の持場負担の実態——南伝馬町・南鞘町・南塗師町・松川町

それでは、町の負担すべき持場の具体像を、町人地の中枢を占めた日本橋南地域の名主・高野新右衛門家が支配する町々（南伝馬町二丁目・通町三丁目代地・松川町・南鞘町・南塗師町、以下「南伝馬町二丁目他三町」と呼ぶ）を事例にみてみたい。(18)

国役や公役などの役負担をふくむ、町の自治的な運営費（「町入用」）は、狭義の町人、つまり町屋敷所持者＝地主が、彼らの所持する町屋敷の間口に応じて負担した。南伝馬町二丁目他三町については、寛政三（一七九一）年六月に町年寄役所に提出された「町入用掛り高書付」(19)（以下、「町入用書付」と呼ぶ）が残されている（表2）。町入用には当然、町内の道空間の維持にかかる支出もふくまれており、同史料についてはすでに伊藤好一がその内容を紹介、考察し(20)、これをうけて道空間の維持管理に関して町の持場負担との対応が見出せることを小林信也が指摘している。(21)

町はそれぞれ独自の町制機構を有していたが、道を挟んで、あるいは背中合わせに他の町と隣接、連接しており、道空間は多様な要素——道路、下水、上水、木戸、番屋、井戸など——によって構成されていた。こうした他町との隣接関係や道空間の構成要素といった物的な環境条件は、それぞれの町の維持管理の負担関係を規定したと考えられ、町入用にあらわれるような共同体的な負担のあり方のみでは、町の持場の実態把握としては不十分と考える。

そこで、町による道空間の維持管理のなかでもっとも基本とされた木戸・自身番（治安維持）と道や下水の修復（機能維持）を例に、町の持場の実態について検討してみたい。図2は、宝永七（一七一〇）年の沽券絵図(22)から、一八世紀における南伝馬町二丁目他三町の町空間を木戸や下水の情報もふくめて復元したものである。以下これをもとに考

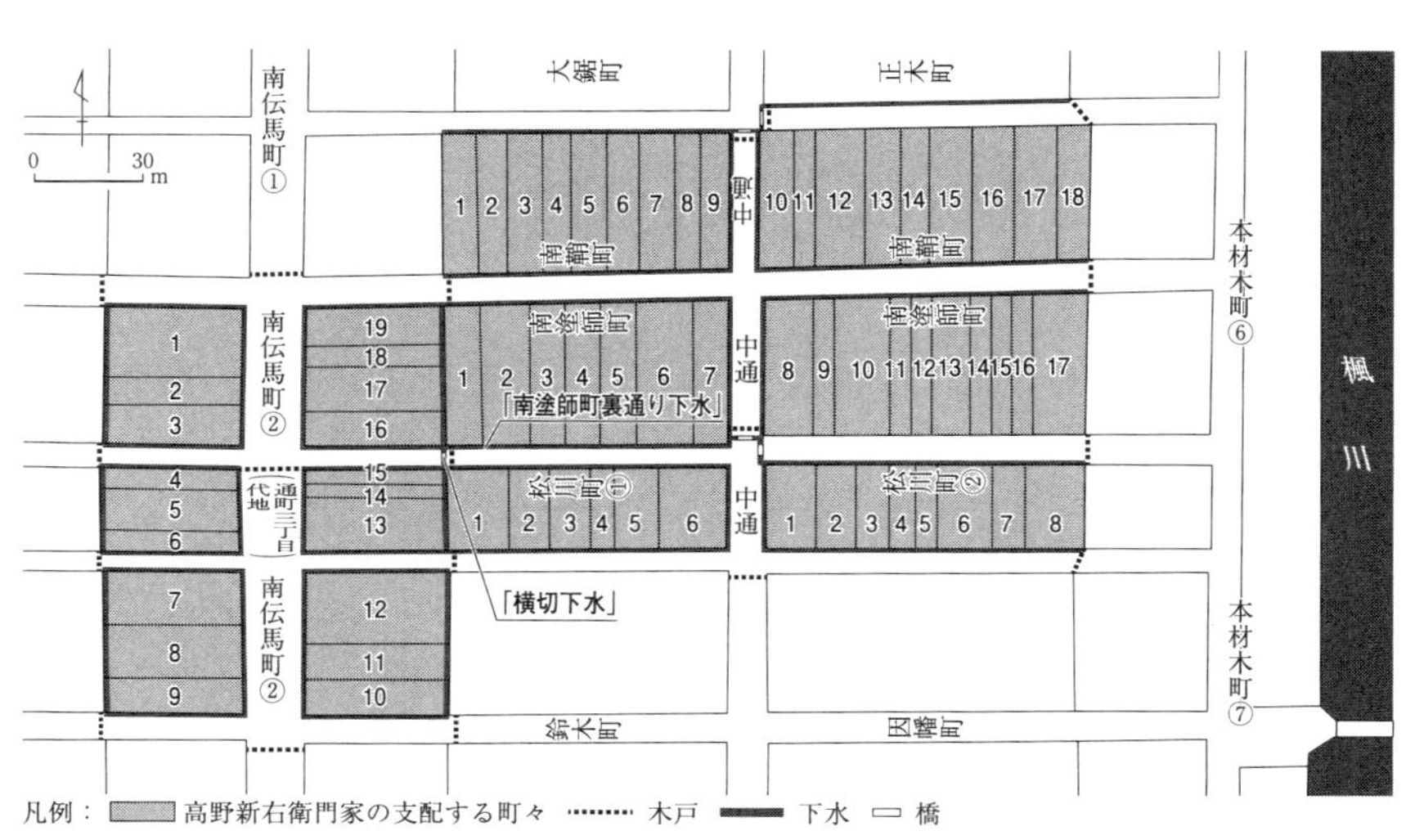

図2　高野新右衛門家支配下の町々（18世紀）

註：「五千分之一東京実測全図」（『五千分の一江戸東京市街地図集成』柏書房，1992年）をもとに「沽券御改御与力衆江指上候絵図控」（『中央区沿革図集 京橋編』東京都中央区立京橋図書館，1993年）より作成．

察をすすめる。

（i）木戸・自身番

町には木戸門が設けられ、町内での喧嘩口論や倒者などの異変処理は、町の家主や町に抱えられた番人によって担われた。その拠点は、木戸際に設けられた木戸番屋や路上に立てられた自身番屋であった――なかには町屋敷地の一部を借家＝自身番屋として利用する町もあった。

表2には、「自身番屋入用」（南伝馬町二丁目・南鞘町・南塗師町・松川町）、「自身番店賃」（南鞘町・南塗師町）、「木戸番給」・「右（木戸）番人法被代」（南鞘町・南塗師町）、「自身番壱ヶ所木戸番屋弐ヶ所普請修復畳替幷諸雇人足賃」（南伝馬町二丁目・南鞘町・南塗師町・松川町）などが見出せる。これらが町内の番にかかわる町中の負担（業務費用や番人に対する給与、木戸・番屋の物品費や修繕費など）である。こうした道空間の治安維持にかかわる費用は、基本的に町屋敷所持者である狭義の町人＝地主が間口割りで負担していた。

支出項目から、一八世紀末の南伝馬町二丁目他三町には、それぞれ自身番屋が一ヶ所、木戸に付随する木戸番屋が二ヶ所あったことがわかる――ただし、南鞘町・南塗師町については両町で自身番屋一ヶ所、木戸番屋二ヶ所であったと推定される。木戸、番屋の数やその位置には変化もみられたが、町の持場とは、図2にしめされるようにおおむね木戸によって仕切られる領域に相当すると解してよいだろう。他方で、南鞘町・南塗師町のようにそれぞれの町どうしが向かい合う場合は、両町が費用を拠出することで両側町と類似した持場が構成されたと考えられる。

ところで、南鞘町と南塗師町では、「中通」の端に設けられた木戸の普請入用について、通常の間口割りの負担に

南塗師町	
定式入用	公役金 （＊） 神社初穂 纏当番入用 **自身番店賃** 書役火事羽織股引等 町内定抱鳶給 鳶人足弐人捨銭股引代共 **櫓番給** **木戸番給壱人分** **右番人法被代** 鳶人足三人分木綿法被もも引革頭巾 **自身番屋入用** 芥取捨銭 **組合持下水修復幷浚入用**
臨時入用	天王祭礼入用 纏龍吐水火之見櫓其外火消道具修復幷出火之節組合抱鳶賃銭 **自身番屋幷木戸番屋弐ヶ所畳替同木戸番屋修復共** **捨子入用** **道繕入用** **町内持上水桶枡普請入用** 出火之節人足賃銭弁当入用共
松川町	
定式入用	御公役銀 （＊） 大纏当番入用 町内書役給金筆墨代共 書役火事羽織幷股引代共 町内定抱鳶給分 鳶人足捨銭 **組合櫓番給分** 鳶人足弐人木綿法被革頭巾等 所々初穂料 町内定遣人足賃銭幷小遣人足賃銭共 **町内水溜桶之入用** **町内下水浚之入用** **自身番屋入用**
臨時入用	山王祭礼入用 纏龍吐水火之見櫓其外火消道具修復幷出火之節組合抱鳶賃銭共 **自身番壱ヶ所木戸番屋弐ヶ所新規普請修復幷畳替等之入用** **捨子捨物倒者幷囚人御預之節入用往来口論等入用** **道繕入用橋普請入用割合等** **町内持上水桶枡普請修復入用** **隣町持合渡り下水桶枡普請修復入用** 出火之節人足賃銭幷弁当代共

註：『東京市史稿』市街篇 31，pp.18-47 より作成．ゴチックは，町内の道空間の維持管理にかかる費用をしめす．
（＊）は，南伝馬町２丁目の「御仏初穂」以下の７項目をしめす．

表2　南伝馬町2丁目他3町の「町入用掛り高書付」(寛政3年)

南伝馬町2丁目		
定式入用	御国役 御朱印御証文人馬幷賃伝馬其外諸入用	
	御国役 山王明神両御祭礼入用	
	御仏初穂	
	御年頭銀	
	町年寄晦日銭	
	名主役料	
	鐘役銭	（＊）
	白堀浚賃	
	御組合上水普請割御普請方御役所江相納候分	
	上水町方組合普請入用割合	
	纏当番入用	
	町内書役給金	
	書役火事羽織股引等ふんこみ	
	町内定抱鳶給分	
	櫓番給分	
	鳶人足木綿法被股引革頭巾共	
	自身番屋入用	
	芥取捨銭	
臨時入用	山王明神両御祭礼御神輿御小休御供物其外諸入用	
	天王祭礼幷神箸社蔵修復入用共	
	鎮守稲荷社蔵幷神箸入用共	
	纏龍吐水火之見櫓其外火消道具修復共	
	自身番壱ヶ所木戸番屋弐ヶ所普請修復畳替幷諸雇人足賃	
	捨子乳代其外入用共	
	行倒物入用	
	道造入用	
	町内持上水桶枡普請入用	
	下水浚入用	
	出火之節弁当入用共	
	水溜桶入用	
南鞘町		
定式入用	国役金	
	（＊）	
	神社初穂	
	纏当番入用	
	自身番店賃	
	町内書役	
	書役火事羽織もも引等	
	町内定抱鳶給	
	鳶人足弐人捨銭股引代共	
	櫓番給	
	木戸番給壱人分	
	右番人法被代	
	鳶人足三人分木綿法被股引革頭巾	
	自身番屋入用	
	芥取捨銭	
	組合持大下水修復幷浚入用	
臨時入用	天王祭礼入用	
	纏龍吐水火之見櫓其外火消道具修復幷出火之節組合抱鳶賃銭	
	自身番屋幷木戸番屋弐ヶ所畳替同木戸番屋修復共	
	捨子入用	
	道繕入用	
	町内持上水桶枡普請入用	
	出火之節人足賃銭弁当入用共	

くわえ「中通」に面する角屋敷の町人＝地主らが「角役銭」（費用の一〇分の一）を追加で支出していたとされる。[23] また両町には、自身番屋の普請や番人給与についても「辻番銭」や「中番銭」が設けられていた。[24] 角屋敷は町内の有力な町人が所持する場合も少なく（名主であった高野新右衛門は南伝馬町二丁目［図2の屋敷1］の家持であった）、また沽券高も中屋敷にくらべ高かった。こうした町屋敷の格に応じた負担の重み付けも行われていたのである。

ここで空間的な観点から留意しておきたいのは木戸の位置についてである。というのも、木戸が町の持場のおおよその境界を明示することから、木戸そのものの維持をめぐっては隣接町との関係が必然的に生じたと想定されるからである。

松川町とその南側にある鈴木町（一八世紀中の支配名主は源七）の町境には、番屋の付随する木戸が松川町側にあったが、寛延二（一七四九）年の木戸番屋の破損をきっかけに、修復とあわせてその位置が鈴木町側へと「引直」された[25]。この「場所替」に関しては、松川町・鈴木町の月行事が連署して町奉行所に出願していることから、両町での何らかの合議があったことは間違いない。普請入用の負担割合については未詳だが、町の境界装置となる木戸については、設置場所に関する隣接町相互の「申合」をはじめ、費用の分担なども行われていたと推定される。そして、こうした木戸の位置は、それぞれの町が担当する番の空間的範囲（持場）にも多少なりとも影響をあたえたと考えられる。

以上から、道空間の治安維持にかかわる諸経費は、大局的には町屋敷を所持する町人＝地主によって一律に賄われたといえる。しかし、角屋敷所持者に追加で賦課される「角役銭」のような特別な賦課規則も存在した。とくに町の境界装置となる木戸は、持場の空間的範囲を物理的に明示するものであって、その普請や修復については、必ずしも各町の持場では完結せず、隣り合う町との合議や取り決めが必要となる場合も少なくなかったと考えられる。

(ii) 道

道路の修繕、補修を意味する「道造」や「道繕」（以下、「道造」と統一して表記する）といった支出項目も町入用のなかに見出せる（表2）。いずれも「臨時入用」にふくまれることから、南伝馬町二丁目他三町における道造は不定期に実施されていたようである。

道造を負担すべき場所、つまり機能維持にかかわる持場もまた、おおむね（i）と同様の範囲であったと考えられる。向かい合う南鞘町と南塗師町は、それぞれの町屋敷の地先部分にあたる道半分ずつを分担していたことになろう。

享保一三（一七二八）年五月、町年寄から町中に対し、「町内横町道造」の費用支出についてのお尋ねがなされた[26]。町内横町の道とは、それぞれの町の表通りに直交する横道（「中通」）のことである（図2）。

南伝馬町二丁目他三町の月行事からの返答によれば、いずれの町においても「町内横町道造」の費用は「町内」ではなく、横町の通りに面する町屋敷（「両角屋敷」）を所持する町人＝地主によって独自に負担されていたという[27]。すなわち、町入用書付にあらわれる「道造入用」とは表通りのみの維持管理費であったことになろう。

これは費用負担の点からみれば（i）でみた「角役銭」と同様の賦課形式といえる。しかし、「町内」としての負担は表通りに限られており、物理的には町空間に包摂されるはずの「中通」に限って「角屋敷」の町人＝地主のみに機能維持の責任の一切が委ねられていたという負担のあり方は特筆に値しよう。

（iii）下　水

江戸の町屋敷の前面には「家前雨落下水」が設けられていることが一般的で、屋敷境界や町の背割りとなる地尻にも下水が設置される場合もあった。こうした町における下水網の空間的実態は十分には明らかにされていないが、沽券絵図の記載にしたがえば、南伝馬町二丁目他三町では街区の四辺を二―三尺ほどの下水が囲繞していたことがわかる（図2）。いくつかの下水は町内の道を跨いで連結されており、東側に流れる楓川（本材木町側）へと注いでいたものと思われる。ただし町方におけるすべての下水が、最終的な排水先をもつようなネットワークとして構築されていたとは考えにくいだろう。

町入用書付をみると、南伝馬町二丁目と松川町には「（町内）下水浚入用」なる項目を見出せ、道造と同じように各町が持場内の下水維持を担っていたことがわかる。他方、南鞘町・南塗師町については「組合持大下水修復并浚入用」が計上され、下水管理にかかわる「組合」なるものの存在がうかがえる。この「組合」ならびに「大下水」については未詳だが、向かい合う町どうしであった両町が、それぞれ同等の費用を拠出していたものと推定される。

ここで具体的にとりあげてみたいのは、南塗師町南側の町屋敷裏を流れる下水（「南塗師町裏通り下水」）と、南塗師町と松川町との間の道を跨いで流れる下水（「横切下水」）についてである（図2）。これらの維持費負担をめぐって、延享三（一七四六）年五月から一二月にかけて、南塗師町と南伝馬町二丁目、旧通三丁目代地の町人との間で争論がおきており、その発端と経緯はつぎのようであった[28]。

・南塗師町裏通り下水の浚費用は、その四割を南塗師町西側の地主（図2の屋敷1―7、以後すべて同図中）が、残る六割を、通りを挟んで南側に位置する松川町一・二丁目が負担することになっていた。

・旧通三丁目代地東側の町屋敷（屋敷13―15）の地尻から南塗師町裏通り下水へとのびる「横切下水」は、当地に代地をあたえられた元禄四（一六九一）年に通三・四丁目の支配名主から南塗師町への申入れによって新たに敷設されたものであった。

・その際、南塗師町裏通り下水へと「水落」することから、南塗師町西側（屋敷1―7）の地主から「浚入用」出銭が要求され、以後「通三丁目代地十二間」（屋敷13―15）の地主が下水浚費用の一部を負担することとなった。

・その後の寛保元（一七四一）年、南塗師町裏通り下水の浚土の「船積」費用の一部負担を、南塗師町西側の地主らが旧通三丁目代地東側の地主らへ懸け合ったが、これを拒否された。

・他方、南伝馬町二丁目北の東側町屋敷裏（屋敷16―19）を流れる大下水も、南塗師町裏通り下水を「落口」としていたが、当該の地主は「下水浚費用」を「古来」より負担していなかった。

・こうした不均等な負担の改善をもとめて、延享三年五月、「南塗師町四拾間之町人」（南塗師町西側の地主七名）が、「南伝馬町二丁目十二間之町人」（旧通三丁目代地東側の地主二名）と「同町弐拾間之町人」（南伝馬町二丁目北の東側地主四名）を相手取り、町奉行所に出訴におよんだ。

右から指摘できるのは、つぎの四点である。

第一に、そもそも南塗師町裏通り下水の維持管理が町中全体ではなく、南塗師町西側の「四拾間之町人」（屋敷1—7）によってのみ負担されていたことである。これは同町東側にある町屋敷（間口四六間半、屋敷8—17）の地尻には下水が存在しなかったことによるものと考えられる。

第二に、南塗師町裏通り下水が、南塗師町西側の地主だけではなく、道を挟んで南に位置する松川町と共同で維持管理されていたことである。そもそも松川町は、日本橋南地域に位置する川瀬石町と南油町の代地の一部として元禄四年に当地で成立した町である。この点を勘案すれば、南塗師町裏通り下水の負担関係が、代地町の設立にともなって南塗師町西側の地主と松川町との間で取り決められたものと推定することができよう。また出資割合が折半ではない（南塗師町西側＝四割、松川町＝六割）ことから、松川町では一丁目、二丁目（惣間口八六間半）の地主がともに負担したものと思われる。

第三に、南塗師町裏通り下水をめぐる旧通三丁目代地と南伝馬町二丁目の費用分担についてである。

通三丁目代地は、元禄三（一六九〇）年まで当地に存在した長崎広小路が再開発されたもので、明暦の大火後の火除明地設置のために町屋敷を上地された通三丁目にあたえられた替地であった。この代地町は、南伝馬町二丁目のなかほどに位置し、町屋敷はわずか六軒に過ぎなかったが、南伝馬町とは別の自立したひとつの「町」であった。しかし享保六（一七二一）年までに、この六名の「家持」（居付地主）は南伝馬町二丁目町中にくわわり、南伝馬町と同等の町役と御伝馬役を勤めることとなり、通三丁目代地は南伝馬町二丁目の一部となった[29]。

この旧通三丁目代地のうち東側の地主は、「横切下水」設置の対価として南塗師町裏通り下水の浚費用の一部を負担することとなっていた。他方、南伝馬町二丁目東側の町屋敷裏の下水にも南塗師町裏通り下水への「落口」が設けられており、排水構造としては旧通三丁目代地東側の「横切下水」と同様であったが、南伝馬町二丁目東側の地主は南塗師町裏通り下水の浚費用を負担していなかったのである。

第四に、この争論をめぐる当事者（「訴訟人」および「相手」）についてである。南塗師町裏通り下水は、南塗師町では西側の地主によってのみ負担されていた。ゆえに、この争論の訴訟人は「南塗師町四拾間之町人」（屋敷1―7）なのである。対して訴訟の「相手」もやはり、町中ではなく南塗師町裏通り下水に直接の排水路をもっていた町屋敷の所持者である南伝馬町二丁目と通三丁目代地の一部の地主であった。

この争論の顛末を述べておくと、①南塗師町裏通り下水の浚入用は、その九割を南塗師町西側の地主が、残る一割を南伝馬町二丁目北の東側と通三丁目代地東側の地主が負担すること、②南塗師町の「中通」にある「往来下水四間」の浚入用および「石垣板・堰板」の普請入用については、南塗師町西側の四〇間、南伝馬町二丁目北の東側二〇間、通三丁目代地東側の一二間の「惣小間七拾二間ニ割」ってそれぞれの地主が負担すること、とされた――なお詳しくは不明だが、これらは南塗師町裏通り下水の浚入用総計の四割にあたり、残る六割は松川町一・二丁目が負担したと思われる。

このように町屋敷に沿って流れる下水は、町内に一様には敷設されていなかったこともあってか、個別の町中による負担を基本としながらも、負担関係は必ずしも「持場」という閉じた領域に収まるものではなかった。そのため、町の成立や下水の敷設経緯、下水の排水方向に依拠した個別の地主による負担関係が、町の持場を越えて独自に形成されていたのである。

以上、個別町を素材とした維持管理の具体相から、町の持場の特質はつぎのようにまとめられるだろう。

①町方における道の維持管理は、町共同体（「町中」）、すなわち狭義の町人＝地主によって負担され、その対象となる「持場」とは、各町屋敷の地先部分の加算的集合であって、おおむね町境を枠とする領域を意味した。

②幕府（町奉行）は、各持場における負担をそれぞれの町に課し、役所への認可と届出を行わせ、かつ、相互の負担関係を調停することで町人地における道の維持管理体制を構築した。

③各持場では、当該町の主たる構成員である町人（地主）による均等な負担関係（間口割りなど）が基本とされたが、特定の町人らに対する追加賦課も併存していた。また負担関係は、町内＝持場内で完結せず、隣接する町や町人との間で、各持場を横断するような地縁的な関係も形成されていた。

④こうした持場を逸脱する維持管理関係は木戸や番屋、道路や下水といった多様なインフラの機能維持の局面に特徴的に見出せる。すなわち、持場内の負担実態は、道空間を構成する物理的諸条件に強く規定されるものであった。

町の持場の二形態――治安維持と機能維持

本節の最後に町の持場が新たに設定（拡張）される局面に着目し、町人地における持場が治安維持と機能維持という二つの位相に分化しえたことを指摘して、次節の考察への布石としたい。

明暦の大火以後、江戸城周辺や町方中心部では、「御用地」として町地が召し上げられ、延焼防止帯として火除明地・広小路が多数設けられた[30]。しかし、実際にはこうした明地が、江戸橋広小路や両国広小路、神田川沿いの柳原土手通などのように、床店や葭簀張の店舗、芝居小屋、水茶屋などが建ちならぶ江戸の盛り場となったことはよく知られている。そして、こうした広小路における社会＝空間の実態は、小林信也や吉田伸之、横山百合子などによって詳細に明らかにされており、そのなかで維持管理のあり方も検討されてきた[31]。

こうしたなか筆者は、火除明地や広小路が、幕府の管理上はあくまでも町内の道（通り）と同質のものとして扱われていたことに注目したい[32]。町方に設定された広義の道空間＝明地は、助成地として請負町人によって独自に管理・

運営される場合もあったが、明地沿いの町々に「預ヶ置」かれることも少なくなかった。つまり幕府は、明地固有の管理体制を設けることはせず、基本的に既存の町の持場に寄生するかたちで道空間の管理を編成していたと考えられる。

ここでは日本橋北と内神田とを隔てる神田堀北岸一帯に存在した火除明地を例にとりあげよう。この火除明地は、町々の類焼を契機として享保四（一七一九）年から七（一七二二）年にかけて設置され、隣接する町々（神田鍛冶町・神田佐柄木町・元乗物町・神田紺屋町など）に明地が「預ヶ置」かれた[33]。このとき明地を「預ヶ置」かれた町々は、「捨物倒者見守」、つまり明地内の治安秩序の維持を行う助成として床番・商番屋の設置を町奉行所に出願し許可されていた。その後の享保一五（一七三〇）年八月、「明地前往還之道」が「殊之外悪敷人馬通路」が困難で「道造可仕者」がいないため、明地を預かる町々で以後の道造（「永々道造」）を負担する見返りに、六ヶ所の商番屋設置をあらためて町奉行所に願い出た。

ここで注目されるのは、明地を「預ヶ置」かれた町々が、当初は明地内の道造をも担うべきと認識していなかった点である。つまり、明地内は当該の町々にとっては治安維持を負担すべき持場でしかなかったのである。そもそも町奉行が命じた「預ヶ置」が意味するところは曖昧だが、享保一五年の出願が認可されていることから、当該の火除明地に関していえば、異変処理（治安維持）と道造（機能維持）とがそれぞれ別々の負担＝持場として設定されたことが明らかであろう。

右の事実は、一体的にみえる町の持場（治安維持と機能維持）が、維持管理すべき内容ごとに負担者（町や町人、請負人）を独立して設定しうるもので、町人地においても同一の道空間に重層的な「持場」が展開する可能性を示唆している。

二　江戸市中における「持場」の諸相

本節では、町人地、武家地、寺社地が互いに接しあう場所の維持管理負担をめぐる二つの争論を通して、江戸市中における「持場」の空間的様相を具体的に検討してみたい。その前提として、既往研究をもとに武家地・寺社地における幕府による道空間の支配と管理について概括しておこう。

武家地・寺社地における道空間の支配と管理

（ｉ）武家地[34]

武家地における道空間の治安維持を担ったのが武家方辻番（以下、辻番と呼ぶ）で、周辺の屋敷地の拝領主である武家が負担した。武家屋敷の「屋敷外」、つまり武家地における道空間は、万石以上・以下ともに若年寄―目付支配であったため、辻番（組合）もまた、その負担者が大名か旗本かを問わず、目付―辻番改（徒目付・小人目付）の支配下におかれた。

ただし、こうした目付による「屋敷外」支配は、あくまでも道空間の治安維持＝辻番にかかわるものに限られていた。つまり、道造や上水・下水、橋の普請・修復などの道空間の機能維持に関する事柄は道奉行と普請奉行によって管理・統括されていたのである。この点は屋敷拝領にともなう土地の受け渡しなどが普請奉行によって担われていたことに起因すると考えられる。

（ⅱ）寺社地[35]

寺社地については二、三の個別事例がみとめられるだけで、その実態把握はいまだ十分とはいえない。小林と岩淵が分析した事例によれば、寺社門前における異変処理については寺社奉行が取り扱っていたことがうかがえる。寺社境内の入口付近には門番所が設置されていることが一般的で、ここに詰める門番人が境内や門前における治安維持業務を担っていたと考えられる。

他方、門前や境内外の道空間の機能維持については、岩淵の分析した市谷南寺町組の事例分析によれば、道奉行による関与が認められる。ここでは浅草寺を素材として、寺社地における幕府による道空間の管理、とりわけ機能維持の問題に限定して少しみてみたい。

［史料3］(36)

口上之覚

一今度浅草寺境内誓願寺門前下水浚仕候処、御届不申上候ニ付御尋ニ御座候、此段浅草寺領内往還之道橋幷下水浚仕候場所所々御座候得共、先規より御届不申上候、其外之儀者寺社御奉行町奉行幷御鳥見方抔江も不依何事御届等仕候義無御座候、尤道橋等修復御差図御座候節、随分相守申付候義ニ御座候得共、取掛之儀古来より御届申上不来候間、此度之儀も是迄之通御聞添被下、此已後尚又入念候様ニ被仰渡奉承知候、併雷神門通之儀者格別之御上り場茂御座候間、板囲道造下水浚等廉立候義者無急度以来道奉行御家来中迄、私共ゟ以手紙為御知可申置旨奉承知候、其外之儀者只今迄之通可相心得旨奉承知候、尤先達而寺社御奉行所土井大炊頭殿江も御尋ニ付、前々御届不申上候趣右同様ニ書面御届申上候、以上

右は明和五(一七六八)年七月二八日、浅草寺代官菊池小左衛門・本間庄太夫が道奉行宛に差し出した書付である。これは「浅草寺境内」に位置する誓願寺門前の下水浚に際して、道奉行への「届」がなされなかったことに関しての問い合わせに対する返答であった。

ところで、吉田伸之によれば、浅草寺地域は浅草寺を中核とした院内・境内・領内の三つの同心円状の領域からな

るとされる[37]。このうち「浅草寺境内」は、「堂番」という浅草寺役人によって支配され、おおむね本堂・諸堂・末社が展開する仁王門内側の区域と浅草寺の寺中三四院の境内域にあたる地域であった。これに対し「浅草寺領内」とは、朱印地五〇〇石を構成する浅草寺領の千束村をはじめ、浅草寺境内を取り巻くように分布する約二〇の町々をふくむエリアをさし、後者の町々は浅草寺代官と町奉行との両支配にあった。

右の史料から「浅草寺領内往還之道橋幷下水浚」の実施に関して、かねてから道奉行には届出を行っておらず、また寺社奉行や町奉行、「御鳥目方」に対しても同様であったことがわかる。これにつづけて「道橋等修復御差図御座候節」とも述べられていることから、幕府がまったくの管理外に置いていたわけではないようだが、町奉行支配下の町々をふくむ浅草寺領内での道空間の機能維持の動向に関して、そのほとんどを幕府側が関知していなかったということになる。

そして以後、「雷神門通」における「板囲道造下水浚等廉立候義」については道奉行への届出を行うとされているが、「其外之儀者只今迄之通」、すなわち、いずれの幕府役所にも届出は行わないとしている。

この約二ヶ月後の同年九月、道奉行は廃止となり、その職務は普請奉行へと引き継がれた[38]。おそらく右にみた尋問の背景には、道奉行廃止にかかわって浅草寺地域における道空間管理の実態把握が意図されていたと思われる。

中世以来の巨大寺院＝浅草寺の一例に過ぎず、江戸の寺社地全体への敷衍化は難しいようにも思われるが、ひとまず、寺社地内の道空間における機能維持は、町人地・武家地と同じように原則として道奉行・普請奉行が所管していたと考えておきたい。ただし、浅草寺のように寺領内ないし境内の境界に門前町を付随させる寺社地における維持管理行為の実施については、それぞれの寺社の裁量に委ねられていた側面も強かったのではないだろうか。

以上を前提に、以下では、町人地・武家地・寺社地が混在する場末地域における二つの争論を通して、小地域における「持場」の具体的様相をみてゆきたい。

麻布永松町・龍源寺持場ニ付争論一件

ひとつめの一件は、天保五(一八三四)年三月から一一月にかけて麻布永松町(以下、永松町と略す)と龍源寺との間にあった路上での異変処理をめぐって起きた争論である。

同年三月二八日、永松町の月行事藤次郎はつぎの願書を町奉行所宛に提出した。

[史料4](39)

乍恐以書付奉願上候

一麻布永松町月行事藤次郎奉申上候、当月廿二日私共町内続龍源寺脇武家方御組合持往還石橋横切下水落口ニ、年頃五拾歳位ニ相見候足軽躰之男相果罷在候間、同寺江相届候処、古来ゟ差構不申旨申之候付、組合御年番土岐山城守様御家来三橋代之進殿江相届候得者、取調挨拶可致旨被申聞、一昨廿三日違変之義者此方共方ニ而取計可申場所ニ無之旨被申聞候間、天明五巳年九月廿二日、右石橋上ニ行倒もの有之御検使相願候例書相添差掛候儀ニ付私共ゟ御訴申上候得者、御検使被下置、昨廿四日御白州ニおいて死骸晒被仰付候、然ル処天明度も行倒もの有之右場所持場之儀相分り兼差掛候儀ニ付町内より御検使奉願上、同年十月廿六日　曲淵甲斐守様御番所江持場伺之御訴訟申上候ハ者、追而御沙汰可有之旨被仰渡候処、其後私共町内ニ而も等閑ニいたし置御伺不申上、然ル処此度右横切下水落口ニ足軽躰之も相果罷在候ニ付龍源寺ならひニ御年番土岐山城守様御家来三橋代之進殿江相届候処、前書之通挨拶有之、左候上者以来持場之儀聢与相分り兼迷惑仕候ニ付何卒以　御慈悲右持場之義御糺被成下置候様別紙絵図面相添此段奉願上候以上

天保五年午年(ママ)

麻布永松町
月行事

三月廿五日

訴人　藤次郎印
五人組
名主
名前略

御番所様

天保五年三月二二日、永松町に隣接する龍源寺境内の脇を流れる下水の落口に、五〇歳くらいの足軽らしき男の死体が（永松町の住民ないし番人によって）発見された（図3）。そこでまず、永松町の月行事らは龍源寺に対し異変処理をもとめたが、かねてより対処したことがないと申し聞かされた。

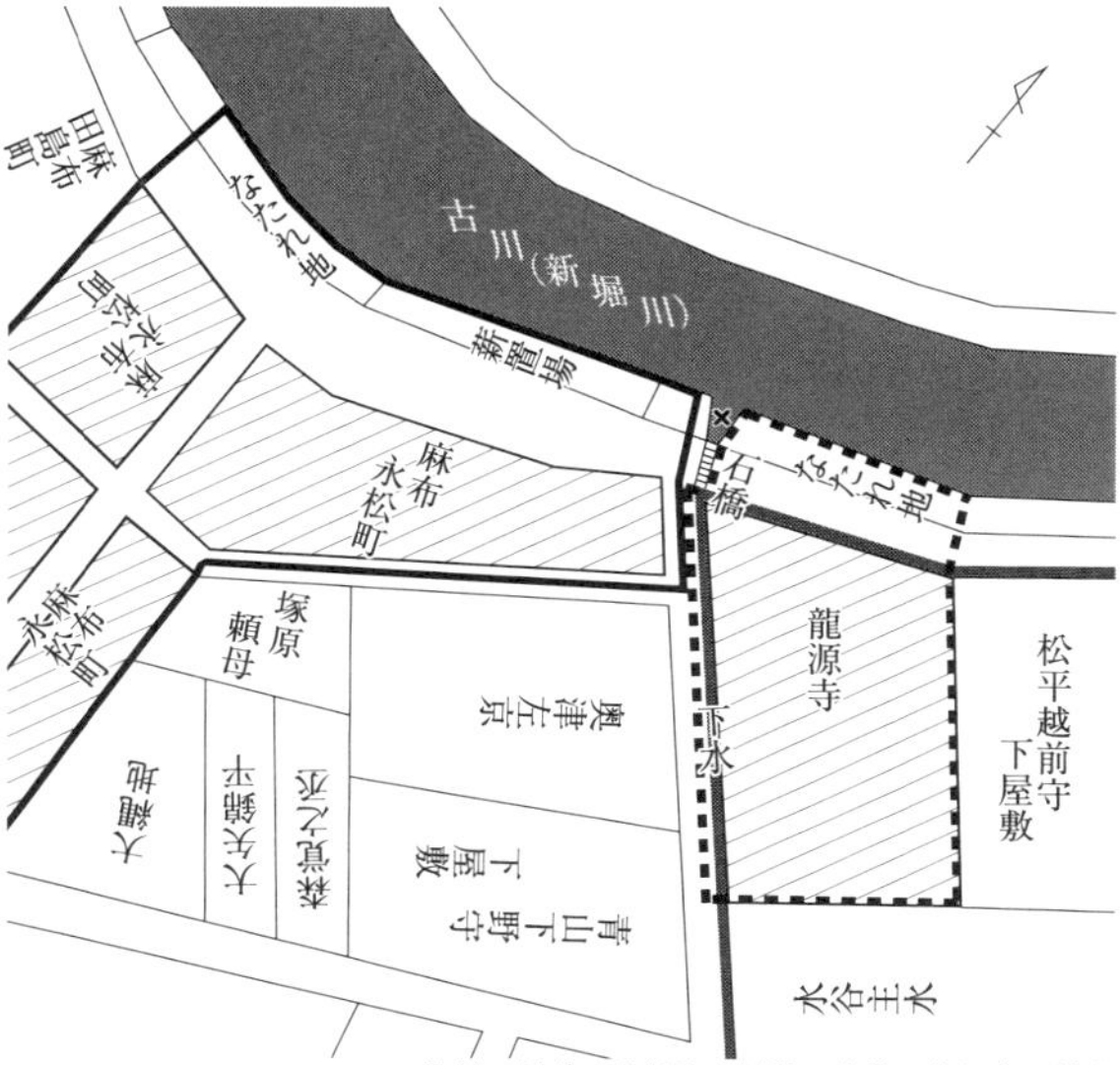

古川へと流れ込む右の下水と、河岸通りの下水上に架けられた石橋とは「武家方御組合」（「石橋下水普請組合」）によって管理されるものであった。そのため、龍源寺に処理を断られた永松町の月行事は、つぎに武家方組合の「御年番」であった土岐山城守の家来三橋代之進宛に問い合わせたところ、取り調べたうえで追って知らせるとされ、翌日、「違変之義」については当組合がとりはからうべき場所ではないとの返事があった。なおここで注意が必要なの

図3　永松町と龍源寺の持場（18世紀後半―天保5年）
註：『天保撰要類集』56下，明地道式之部1，『御府内場末往還其外沿革図書』16下より作成（ともに国立国会図書館所蔵）.

表3　「天保五午年麻布永松町続龍源寺地先横切下水内異変有之節持場取極置度儀ニ付掛合一件」史料

#	年	月-日	やり取り	備　考
(1)	天保5年	03-25	永松町月行事(藤次郎)・五人組・名主→町奉行	乍恐書付奉願上候([史料3]・町方持場絵図)
(2)	天明5年	10-26	永松町月行事(市兵衛)・五人組→町奉行	乍恐書付奉願上候(石橋上行倒れ者一件に付)
(3)	寛政11年	11-26	永松町名主(次郎左衛門)→町奉行	乍恐書付奉願上候(石橋上行倒れ者一件に付)
(4)	天保5年	03-04	町奉行(南・筒井伊賀守)⇆普請奉行	懸合(龍源寺持場絵図)
(5)	〃	04-10	町奉行(南・筒井伊賀守)⇆寺社奉行(間部下総守)	懸合
(6)	〃	10-10	龍源寺(妙道)・触頭東禅寺→寺社奉行	差上申一札之事
(7)	〃	10-11	町奉行(南・筒井伊賀守)⇆寺社奉行(間部下総守)	再懸合
(8)	〃	10	町年寄(樽藤左衛門)→町奉行	麻布永松町地先持場申渡之義奉伺候書付
(9)	〃	11-27	麻布永松町月行事・五人組・名主→町年寄	麻布永松町地先持場申渡請証文

註:『天保撰要類集』56下，明地道式之部1，第6件(旧幕)より作成．

は――史料3からは読み取れないが――、永松町の月行事が問い合わせを行った土岐山城守は、龍源寺脇の下水と河岸通りに設置された石橋を管理する武家方組合(「石橋下水普請組合」)とは別の組合＝辻番組合の「御年番」であったことである(後述)。

結果として今回の事件については、永松町から町奉行所に検使をお願いし、異変処理を行うことになったのだが、右の場所が誰の「持場」かわかり兼ねては今後とも町中の迷惑であるとして(「持場之儀聢与相分り兼迷惑仕候」)、町奉行所に訴え出たのである。

類似した問題は以前から生じていたようである。表3はこの一件に関する史料をまとめたものである。ここには、右の下水に架けられていた石橋上での異変処理をめぐって、天明五(一七八五)年と寛政一一(一七九九)年に同じく永松町の月行事から町奉行所宛に出願された願書がふくまれている(表3の史料(2)・(3)、以下同表)。永松町は数回にわたって町奉行所に対し、当該の場所の「持場」の割り当てを訴え出ていたものの、裁決は保留のままとされていたのである。

冒頭にみた出願ののち、町奉行から普請奉行への懸合／

普請奉行から龍源寺への尋問➡町奉行から寺社奉行への懸合を経て、最終的には下水落口をふくむ「往還横切下水」および石橋が「龍源寺地先」にあたることを理由に、当該場所での異変処理は龍源寺が負担すること、つまり同寺の「持場」とされた。

図３には、永松町と龍源寺からそれぞれ町奉行、普請奉行に宛てて提出された二つの絵図から、一件以前の両者の「持場」をしめしてある（史料⑴・⑷）。この一件から判明する永松町・龍源寺周辺に存在した持場を摘記すれば以下のように整理できる。

（ⅰ）永松町の持場

永松町の当地での成立は、元禄一二（一六九九）年に三田聖坂町にあった百姓屋が御用地として召し上げられ、その代地として移転してきたのを端緒とし、宝永六（一七〇九）年一二月、屋敷改に町家家作を免ぜられた[40]。当町はそもそも代官の支配する麻布領に属したが、正徳三（一七一三）年五月、町方支配に編入され「町並地」となった。以後、基本的には町奉行の支配下にあったが、年貢については代官へと納めており、町奉行と代官による両支配の地域であった。

図３をもとに永松町の空間構成をみると、南北の通りを挟んで町屋敷がならび、その一部は東側へと延び、町内にはちょうど十字形の道が通っている[41]。また北側は古川に面しており、河岸沿いには同町で用益されていたと思われる「薪置場」がみられる。

永松町の月行事が作成した絵図は、同町の南半分の持場に関する情報を欠いているが、前節での議論をふまえれば、図３の黒線のように町屋敷の地先部分を持場としていたと考えられる。ここでは、古川沿いについては「なたれ地」部分を、龍源寺との境界にあたる道については町屋側の半分（古川端までをふくむ）を永松町の持場とし、下水落口や石橋は同町の持場外とされていることが確認できる。

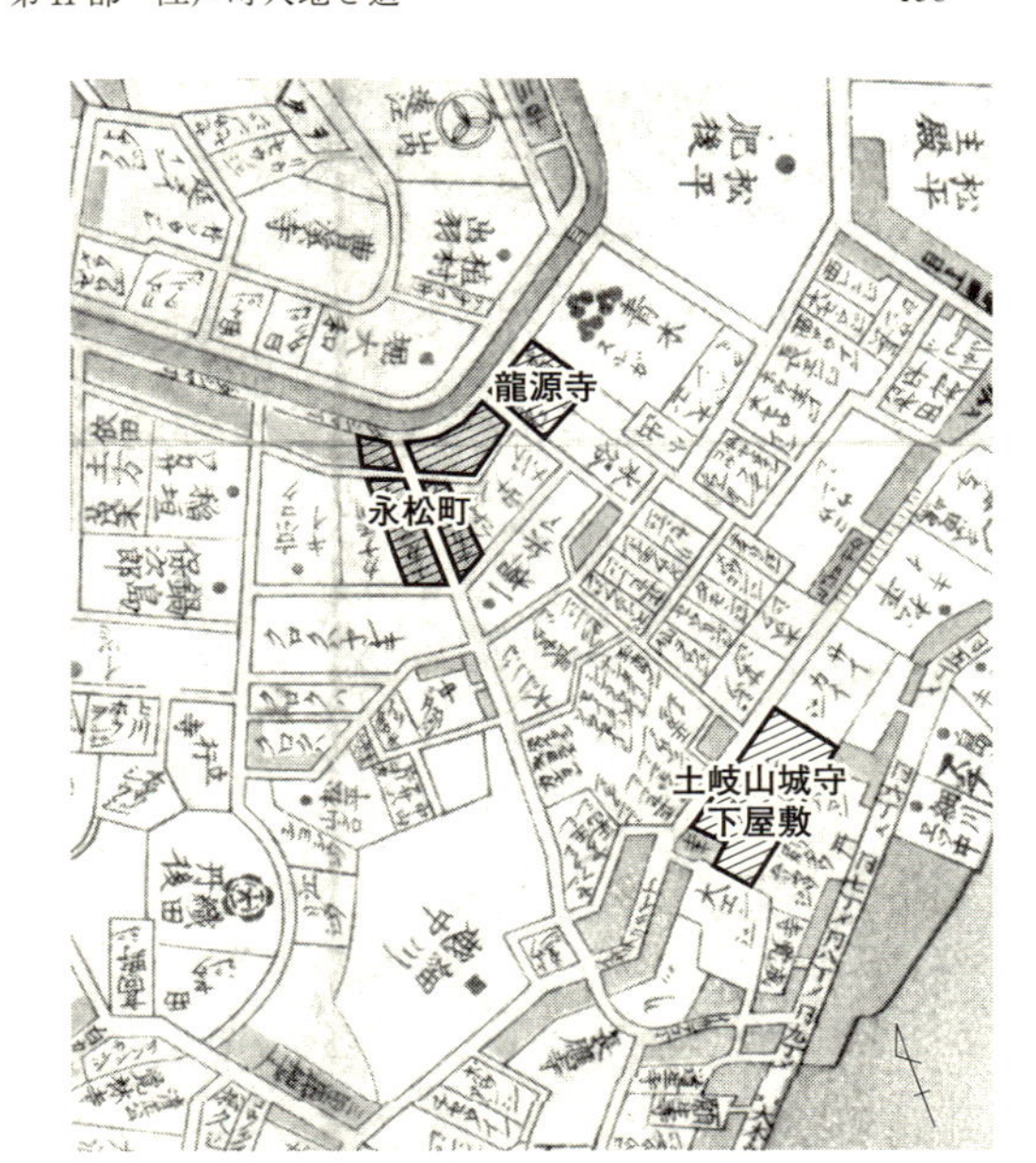

図4　永松町・龍源寺周辺（1846年）

註：「天保改正御江戸大絵図」（国立国会図書館所蔵）より作成.

ところで、史料中には記されていないが、この範囲は治安維持にかかわる持場のみを図示したものと考えられる。同町の機能維持にかかわる持場は未詳だが、おおよそ同様の範囲における道造や下水浚なども永松町（の地主）が負担していたものと思われる。

（ii）龍源寺の持場

龍源寺（もとの寺名は瑞雲山龍翔院）は臨済宗の寺院で、寛文元（一六六一）年には麻布本村の地に存在していた。元禄一〇（一六九七）年に御用地として境内地を召し上げられ、翌年一一月に代地として三田古川沿いの当地に「寺地拝領」した[42]。なお、龍源寺と改称したのは元文四（一七三九）年八月のことである[43]。

図3の点線からわかるように、龍源寺もまた、古川河岸通り、西に隣接する永松町および武家屋敷（奥津左京・青山下野守）との間の通り半分を持場としており、これは境内地の地先部分の土地に相当する。ただし、河岸通りについては石橋＝下水より西側がふくまれていない。一八世紀以来の争論は、この町と寺社の持場のはざまでの異変処理の負担をめぐるものであったといえる。

龍源寺によれば、この範囲（図3の点線）は「異変持場」とされ、同範囲内において同寺が道造や下水修復などの機能維持をも負担していたかは定かではない。ただし「龍源寺境内南之方外下水」は、（iii）でみる「下水石橋普請組合」によって維持管理されており、かつ龍源寺はこの組合には属していなかった。すなわち、少なくとも龍源寺境

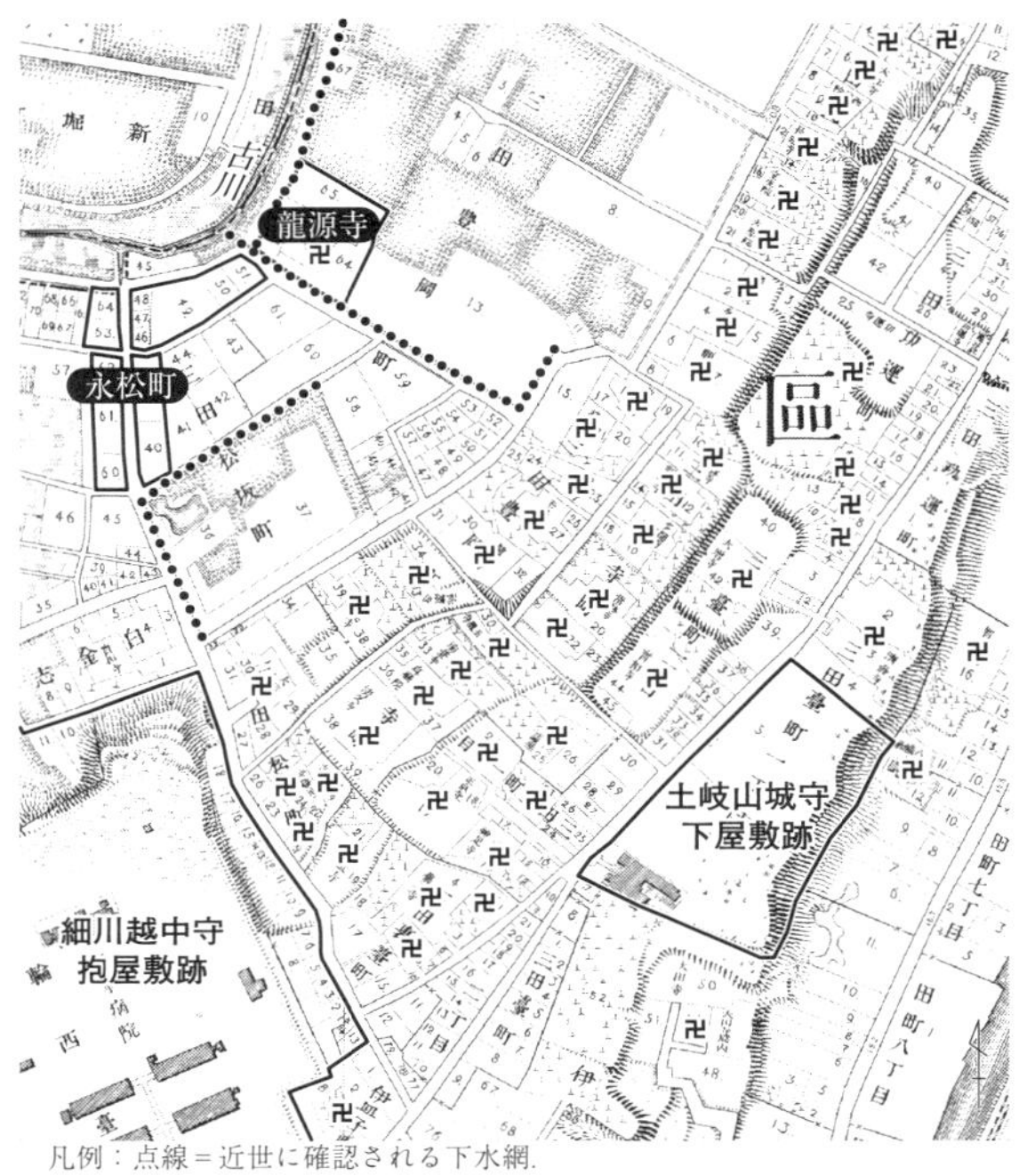

凡例：点線＝近世に確認される下水網.

図6　永松町・龍源寺周辺（明治19-21年）

註：「五千分之一東京実測全図」（『五千分の一江戸東京市街地図集成』柏書房，1992年），『御府内場末往還其外沿革図書』16上（国立国会図書館所蔵）より作成.

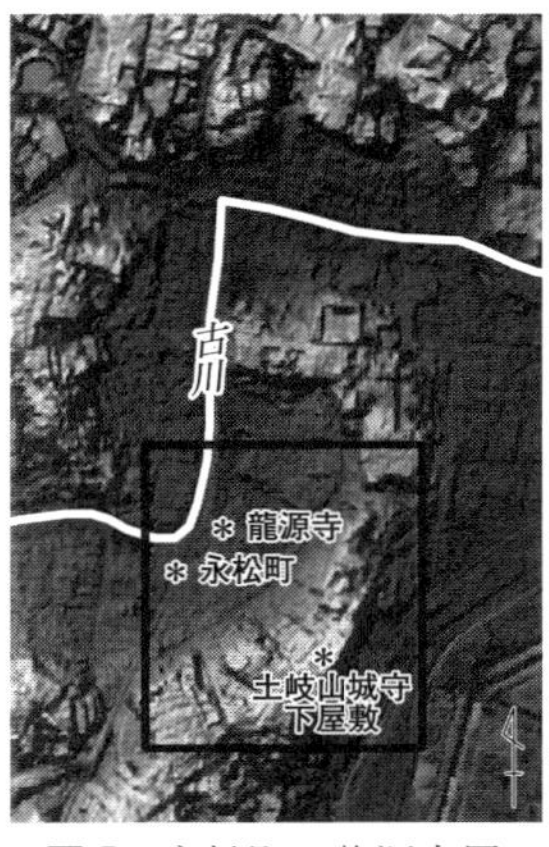

図5　永松町・龍源寺周辺の地形

註：国土地理院提供の5ｍメッシュ標高データをもとにArcGISにて作成.

内の南西を流れる下水および河岸通りにあった石橋の機能維持については、同寺が負担していなかったことがわかる。このことを根拠に、龍源寺は古川へと延びる下水部分や石橋上が自分たちの「異変持場」ではないと主張したのであろう。

（iii）武家の持場

永松町と龍源寺周辺には、多数の大名屋敷（松平越前守下屋敷・青山下野守下屋敷など）や旗本屋敷、大縄拝領地が存在した。武家屋敷周辺の道空間における維持管理の実態は、この一件からは十分には明らかにしえないが、つぎの二点が指摘できる。

第一に、永松町月行事らが異変処理を掛け合った「組合」（史料(1)）とは、このあたりを廻り場としていた「辻番組合」であったことである（史料(4)）。永松町からの願書に登場する「組合御年番」の「土岐美濃守」（天明五年一〇月［史料(2)］・寛政一二年一一月〔史料(3)〕あるいは「土岐山城守」（天保五年三月〔史料(1)〕）は、右の辻番組合の一員で、永松町・龍源寺の南東、三田台地のうえに下屋敷を構えていた（図4）。ここから、土岐山城守の下屋敷近傍から三田台町および永松町・龍源寺付近にかけての治安維持が、この武家方辻番によって担われ、彼らの廻り場＝武家方組合の持場であったことがわかる。ただし、石橋上や下水落口付近は、同組合の持場ではなかった。

第二に、右の辻番組合とは別の武家方組合として「下水石橋普請組合」が存在したことである。龍源寺脇を流れる下水や石橋は、この組合によって維持管理され、普請奉行所が諸手続きを統括していたと考えられる。ただし下水石橋普請組合は、その名のとおり、下水と石橋の機能維持を負担するのみで、普請奉行によれば「組合場内」（組合の持場内）、つまり、下水ならびに石橋上で起こった異変については、これまで同組合の負担で処理したことはないとされている（史料(4)）。なお、同組合による機能維持の対象が、龍源寺脇の下水と河岸通り沿いの石橋に限られていたかは未詳である。

また、この下水石橋普請組合は「最寄武家屋敷」を中心として「其外寺院町方等」も加入する維持管理組合であった（史料(4)）。図5・6からわかるように三田台地上には中小規模の寺院群が集中する寺町が展開しており、これに対し、永松町・龍源寺周辺は古川がつくりだした低地帯にあたる。図6には、『御府内場末往還其外沿革図書』から知られる周辺の大下水をしめしたが[44]、龍源寺脇を流れ古川へと流れ込む下水は、地形的にみれば台地から低地へと流れる排水ネットワークとして重要な役割を担っていたのではないだろうか。それゆえに下水石橋普請組合には、三田台地に立地する寺院群の多くが加入していたと考えられるのである。

赤羽橋広小路持場取決一件

つぎに、赤羽橋広小路とその周辺の持場の取り決めをめぐる一件[45]をみてみたい。これは安政三（一八五六）年二月、

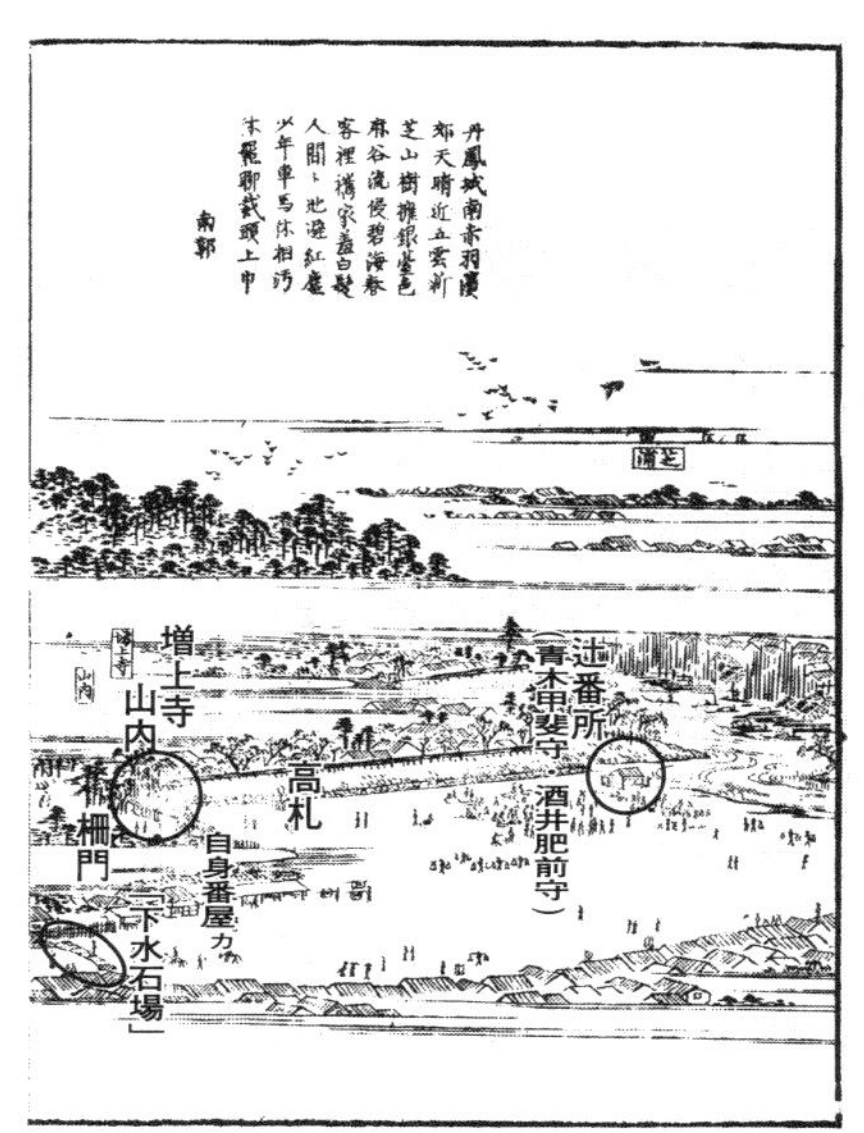

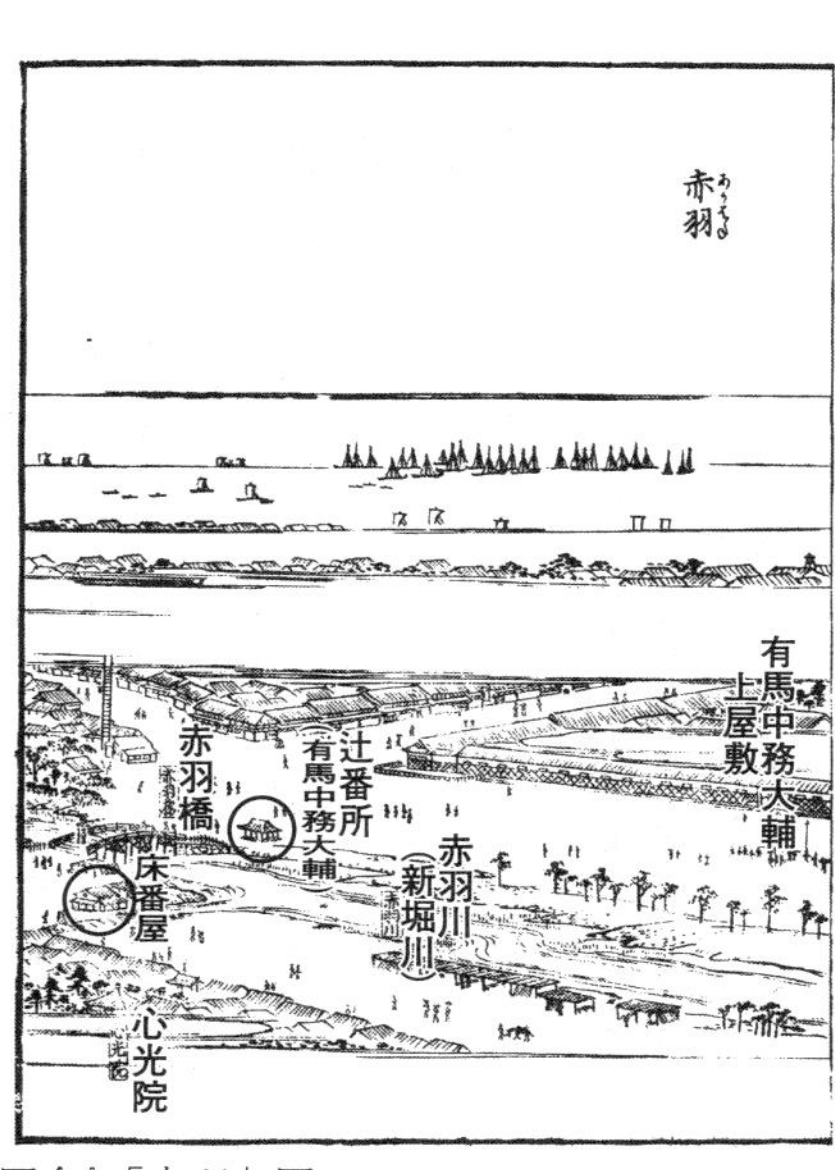

図7　『江戸名所図会』「赤羽」図

註：『新訂 江戸名所図会1』（ちくま学芸文庫版，1996年所収）より作成．

赤羽橋広小路近くにあった青木甲斐守の下屋敷と酒井肥前守の中屋敷を「上地」し、「下曽根金三郎御預リ調練場」とするにあたって、青木甲斐守と酒井肥前守が「組合」って運営していた赤羽橋北詰の辻番所（「青木甲斐守・酒井肥前守組合辻番所」）の取り払いが発端となったものである。この辻番所の撤去により、同組合の辻番の「廻り場」＝持場における維持管理負担者の再設定が必要となったのである。

赤羽橋広小路は新堀川（古川）に架けられた赤羽橋の北詰めに位置し、そのすがたは『江戸名所図会』にも題材として描かれ、ここにはこのとき取り払われた辻番所も確認できる（図7）。まず、図8をもとに一九世紀半ばころの赤羽橋広小路周辺の空間構成について概観しておこう(46)。

広小路北西側には、大名、旗本屋敷をはじめ、「御賄方組屋敷」「御被官組屋敷」といった大縄地が多く存在した。また森元町は、元禄一一（一六九八）年に旗本・御家人らに拝領された町屋敷（拝領町屋敷）であった。

他方、広小路北東側には増上寺境内（「増上寺山内」）

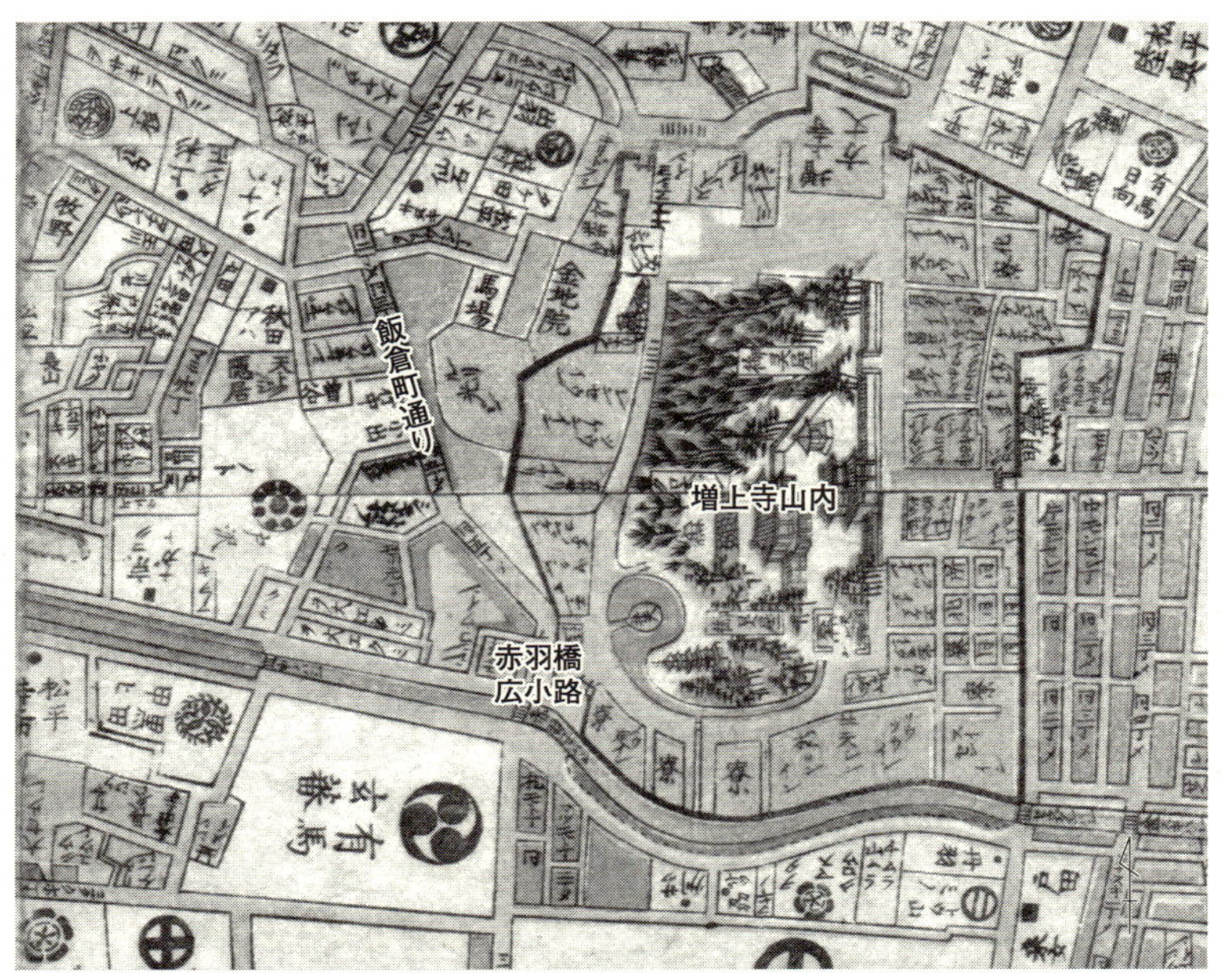

図 8　赤羽橋広小路周辺（1858 年）

註：「安政改正御江戸大絵図」（国立国会図書館所蔵）より作成.

が広大にひろがっていた。さらに、新堀川沿いの心光院をはじめ、飯倉町通り沿いの浄瑠璃寺、金地院、順了寺、善長寺など、増上寺寺中の寺院群も数多く見出せ、これらは門前町屋（延享二〔一七四五〕年から町奉行支配）を有するものも少なくなかった。なお、増上寺領としての性格は未検討である。

町人地は、こうした武家地・寺社地のはざまを縫うようにして展開していた。赤羽橋（広小路）から西久保へといたる通り（飯倉町通り）沿いには、飯倉町（一―六丁目）が両側町として展開し、広小路西辺には、天明七（一七八七）年に設定された代地町（飯倉町五丁目・飯倉的場屋敷・芝永井町代地）が街区をなしている。これら町地は、もとは飯倉村と呼ばれる代官支配地で、寛文二（一六六二）年に町奉行支配下に編入されたが、先述した麻布永松町と同じく、以降も年貢は代官所へと納める両支配の町並地であった。

赤羽橋広小路周辺は武家地、寺社地、町人地が

表4　赤羽橋広小路持場取決一件の動向

#	月	差出→宛所	内　容
(1)	02	目付→町奉行	「青木甲斐守・酒井肥前守組合辻番所」の撤去の通達.「辻番所廻り場」と「青木甲斐守・酒井肥前守屋敷前通り」が「町方見張場所」にあるため，以後「町方持場」として欲しい旨の通達.
(2)	03	町奉行→町年寄	目付からの通達の是非の取調べを命ず.
(3)	03	町年寄→町奉行	飯倉町4・5丁目＋芝永井町代地町の町役人らへの尋問のうえ，以下の条件のもとであれば，「町方持ニ被仰付候而も差支無之」との返答. **【条件①】「赤羽橋修復」および「赤羽橋上異変等」の世話については従前の通り「最寄武家方持」とすること.** **【条件②】異変処理については「町方持」とするが，辻番廻り場内の「道造幷大下水石橋修復」については「武家方持」とすること.**
(4)	04	町奉行→目付	町役人らの希望する【条件①・②】に沿うかたちであれば，異変処理については以後「町方持」として構わない旨の返答.
(5)	04	目付→町奉行	提示された【条件①・②】にかかわる**「道造其外之儀者各様（普請奉行）江可及御掛合旨」**の再返答.
(6)	05	目付→若年寄	**「青木甲斐守・酒井肥前守組合辻番所廻り場」と「青木甲斐守・酒井肥前守屋敷前通り」**については**「町方持」**とすること，なお**「青木甲斐守・酒井肥前守屋敷後之方」は「素より最寄戸沢上総介頭取辻番所持場」であるため，持場などの変更はない**との旨の上申.
(7)	06	町奉行→普請奉行	【条件①・②】の是非に関する掛け合い.
(8)	06	普請奉行→町奉行	町奉行からの掛け合い（条件）について，以下の三点をもって承諾. **[A].赤羽橋は橋の掛替・修復および橋上での異変処理も従来通り「最寄武家方持」とすること.** **[B].「青木甲斐守・酒井肥前守組合辻番所」附近の道と「調練場（旧青木甲斐守下屋敷）角」にある「下水石場」は，従来通り「赤羽河岸通道造幷下水組合」が維持管理すること.** **[C].「調練場（旧青木甲斐守下屋敷）附片側道造・下水修復」については「調練場御預り」の金三郎に維持管理させること.**

註：『市中取締書留』安政10ノ130，分3冊ノ3，第3件，および『市中取締続類集』地所之部,5ノ1，第3件（ともに旧幕）より作成.

入り組む場所で、こうした地域の実態を捉えるためには、基礎的な社会＝空間を構成する諸要素をひとつずつ丁寧に読み解いていくことが不可欠であるが、本章では冒頭の一件をめぐる持場の問題に限って考察をすすめていきたい。

安政三年二月から六月にかけて、辻番所の取り払いをきっかけに奉行間でなされた懸け合いの動向とその内容を整理したものが表4である。ここからまず指摘できるのは、武家屋敷周辺における道空間の管理系統についてである。

先述したように武家による辻番所および辻番組合は、若年寄配下の目付が管理していた。この点は、目付が町奉行に対し、青木甲斐守・酒井肥前守組合の辻番の廻り場を、「町方見張場」

にあたることを理由に、今後は「町方持場」（飯倉町四・五丁目および芝永井町代地の持場、以下「飯倉町四丁目他二町」の持場と呼ぶ）とするよう懸け合っていること（表4の(1)、以下同表）、この懸合の結果（目付の要求の通り以後は町方持場とされたこと）が、目付から若年寄宛に上申されていることからも明らかである(6)。ただし、目付が統括したのは、辻番＝武家屋敷周辺における道空間の治安維持に限られていた。そのため、町奉行が提示した「町方持場」とするうえで町役人らが要求した二つの条件――「赤羽橋修復」「赤羽橋上異変等」（条件①）、および「辻番所廻り場」であった場所の「道造其外之儀」（条件②）の維持管理については町方が負担しないこと――について若年寄配下の目付は一切関与せず、老中配下に属す普請奉行へと判断が仰がれたのである(5)。

つぎに特筆されるのは、赤羽橋広小路周辺における道が、飯倉町四丁目他二町や武家方組合（「青木甲斐守・酒井肥前守組合辻番所」「戸沢上総介頭取辻番所」「赤羽河岸通道造幷下水組合」など）の多様な持場が共在するかたちで維持管理されていたことである。

図9は、飯倉町四丁目他二町の月行事が作成し、町年寄宛に提出した絵図である[47]。まずこの図にもとづいて、一件の前提となる飯倉町四丁目他二町と青木甲斐守・酒井肥前守の持場を中心にみてゆこう。

(i) 飯倉町四丁目他二町と青木甲斐守・酒井肥前守辻番組合

図9の灰太線で囲まれる部分（「黄引」）が飯倉町四丁目他二町の持場にあたる。ただしこの「黄引」は、右の町々が異変処理を負担すべき場所、つまり治安維持の持場となる。その範囲は、飯倉町通りを軸に、赤羽橋広小路西側、新堀川沿いの「ナタレ」地、飯倉町通りから西に入る横町沿いの道、増上寺山内との境界にあたる飯倉町四・五丁目裏地（崖地ヵ）にまでおよんでいる。ただし、各町ごとの費用負担関係については未詳である。

他方、飯倉町四丁目他二町が負担した機能維持の持場については不明な点が多い。(iii) でみるように、赤羽橋広小路の道造は近辺の武家による組合（「赤羽河岸通道造幷下水組合」）によって負担されていた。そのため、おおよそ広

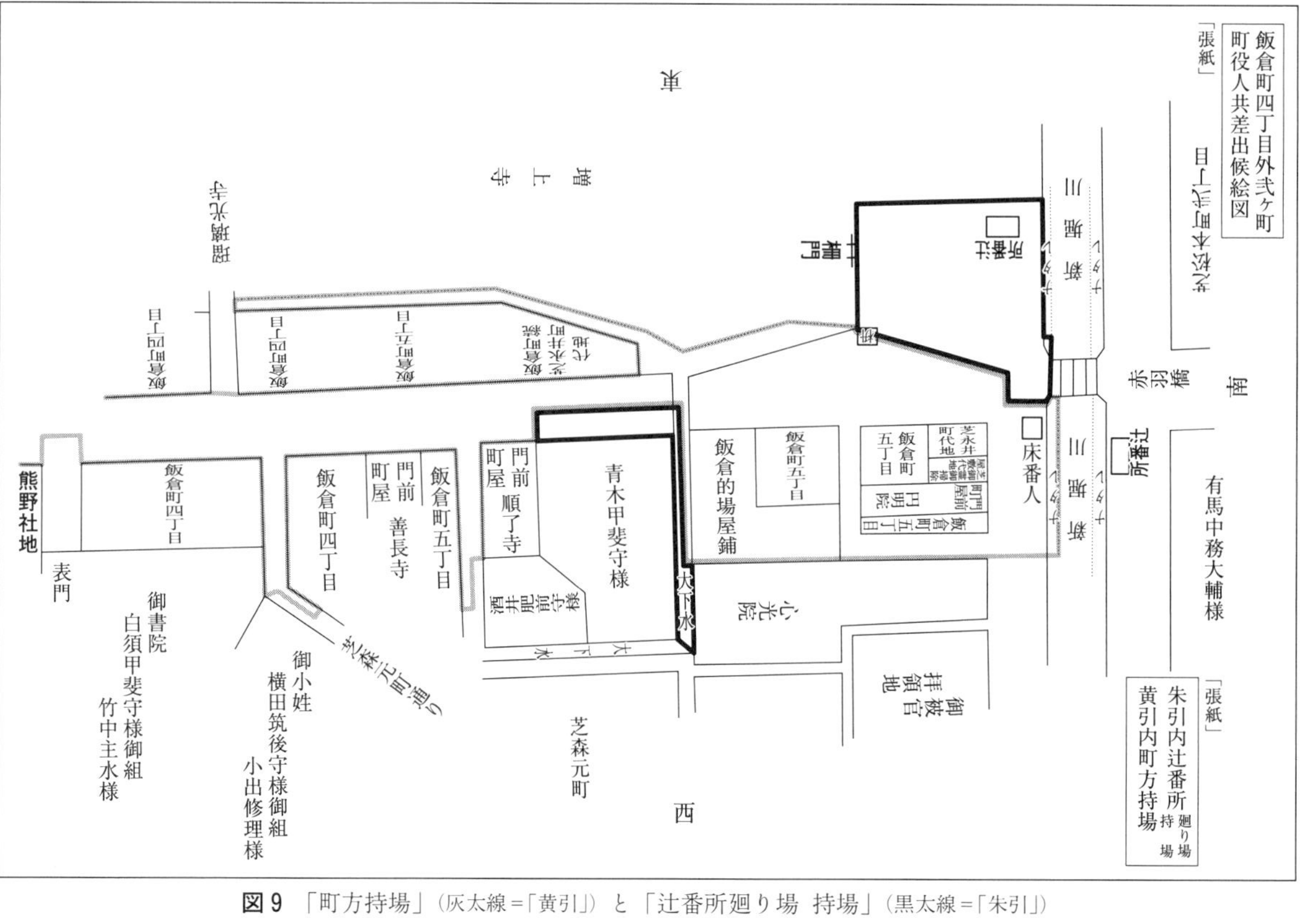

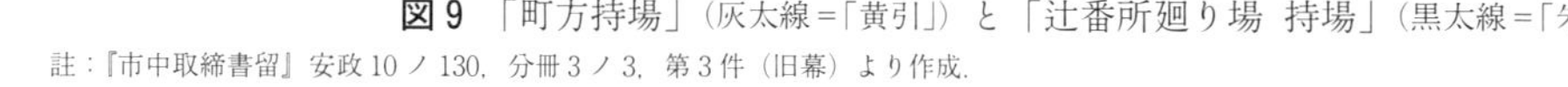
図9　「町方持場」（灰太線＝「黄引」）と「辻番所廻り場 持場」（黒太線＝「朱引」）

註：『市中取締書留』安政10ノ130，分冊3ノ3，第3件（旧幕）より作成．

小路部分を除く範囲が、飯倉町四丁目他二町が道造などを負担する機能維持の持場であったと推定される（後掲図10参照）。

ここで注目されるのは、青木甲斐守下屋敷前の通りと屋敷南脇の下水半分（黒太線）、飯倉町四丁目西側にある武家屋敷（小姓組・書院番）前の通り半分が、飯倉町四丁目他二町の持場から明確に除外されていることである。つまりここから、町屋敷や寺社境内と同じように、武家屋敷の地先部分が、当該の武家が維持管理すべき持場とされていたことが読み取れる。

これとは対蹠的に、飯倉町通り沿いの飯倉熊野権現宮（「熊野社地」）、善長寺、順了寺、赤羽橋広小路西側の円明院の境内近傍の道は飯倉町四丁目他二町の持場にふくまれている。このことは門前町屋の存在と深くかかわっているだろう。善長寺、順了寺、円明院は、町奉行支配（延享二［一七四五］年以降）であった門前町屋を周囲にめぐらせ、これらは飯倉町と一体となった町並みを形成していた。『御府内備考』によれば、いずれの門前町にも自身番屋は存在せず、「飯倉町五丁目」へ「組合町用相勤」めるとされており、門前町屋の家主（ないし地守）は、治安維持にかかわって飯倉町四丁目他二町の町入用の一部を負担していたと考えられる[48]。それゆえに右の寺社の地先部分は、飯倉町四丁目他二町の持場に組み込まれていたのであろう。またここでは、道造などの機能維持の負担についても同様であったと考えておきたい[49]。

他方、図9の黒太線で囲まれる範囲（「朱引内」）が、青木甲斐守・酒井肥前守組合による「辻番所廻り場 持場」、つまり同組の辻番によって異変処理が行われていた場所である。その範囲は、赤羽橋広小路東側部分と青木甲斐守屋敷前の片側通りおよび屋敷南脇の大下水部分の二つに分かれて存在している。後者は、青木甲斐守の下屋敷拝領に対し課された屋敷地の地先部分の負担に相当すると考えられる。他方で、前者の赤羽橋広小路東側部分については、増上寺「柵門」前であるにもかかわらず、同寺が維持管理を負担した形跡はみられない。

青木甲斐守・酒井肥前守組合の辻番所取り払いにあたって、目付は、右にみた「朱引内」を「町方持場」とすること、つまり飯倉町四丁目他二町の持場として異変処理を行ってほしいと、町奉行に懸け合ったのである。

(ii) 赤羽橋広小路周辺の治安維持と機能維持の持場

この一件以後、(i) でみた青木甲斐守・酒井肥前守組合の「辻番所廻り場 持場」は、飯倉町四丁目他二町が提示した条件が全面的に採用されるかたちで同町々の持場となった。すなわち、以降の同場所における治安維持は、飯倉町四丁目他二町が負担したのである。それでは、同じ場所の機能維持については誰が担ったのであろうか。

前掲表４にまとめた奉行らの懸合書からは、赤羽橋広小路周辺における道の治安維持や機能維持を担ったいくつかの武家方持場の存在を知ることができる。これら赤羽橋広小路周辺のそれぞれの持場を復元し、図示したものが図10である。以下同図をもとに、それぞれの武家方持場の特徴を整理すればつぎのようになる。

〔武家方辻番組合〕　この一件で取り払われることになった青木甲斐守・酒井肥前守組合辻番所以外に、赤羽橋広小路周辺には二つの辻番所があったことがわかる。ひとつは、『江戸名所図会』(前掲図７) や図９にも描かれる赤羽橋南詰にあった有馬中務大輔 (筑後国久留米藩) の辻番所である。この辻番所は、赤羽橋南の新堀川沿いに存在した上屋敷周辺を廻り場としていたと考えられる。

いまひとつは、目付から若年寄宛の上申書にみられる「戸沢上総介頭取辻番所」(6) で、新堀川北岸沿いの大縄拝領地角に建っていた。戸沢上総守は森元町西側に上屋敷を拝領している。戸沢上総守は自身の名を冠した組合の「頭取」とされることから、周辺の武家らとの「組合辻番」であったと考えられ、懸合書中にふくまれる絵図から、上屋敷周辺を核としながら、東端は「青木甲斐守・酒井肥前守屋敷後之方」、南端は新堀川通り沿いまでを廻り場＝持場としていたことがわかる (北と西の境界は不明)。

〔調練場御預リ下曽根金三郎持場〕　青木甲斐守・酒井肥前守の屋敷跡は、下曽根金三郎が預かる「調練場」となっ

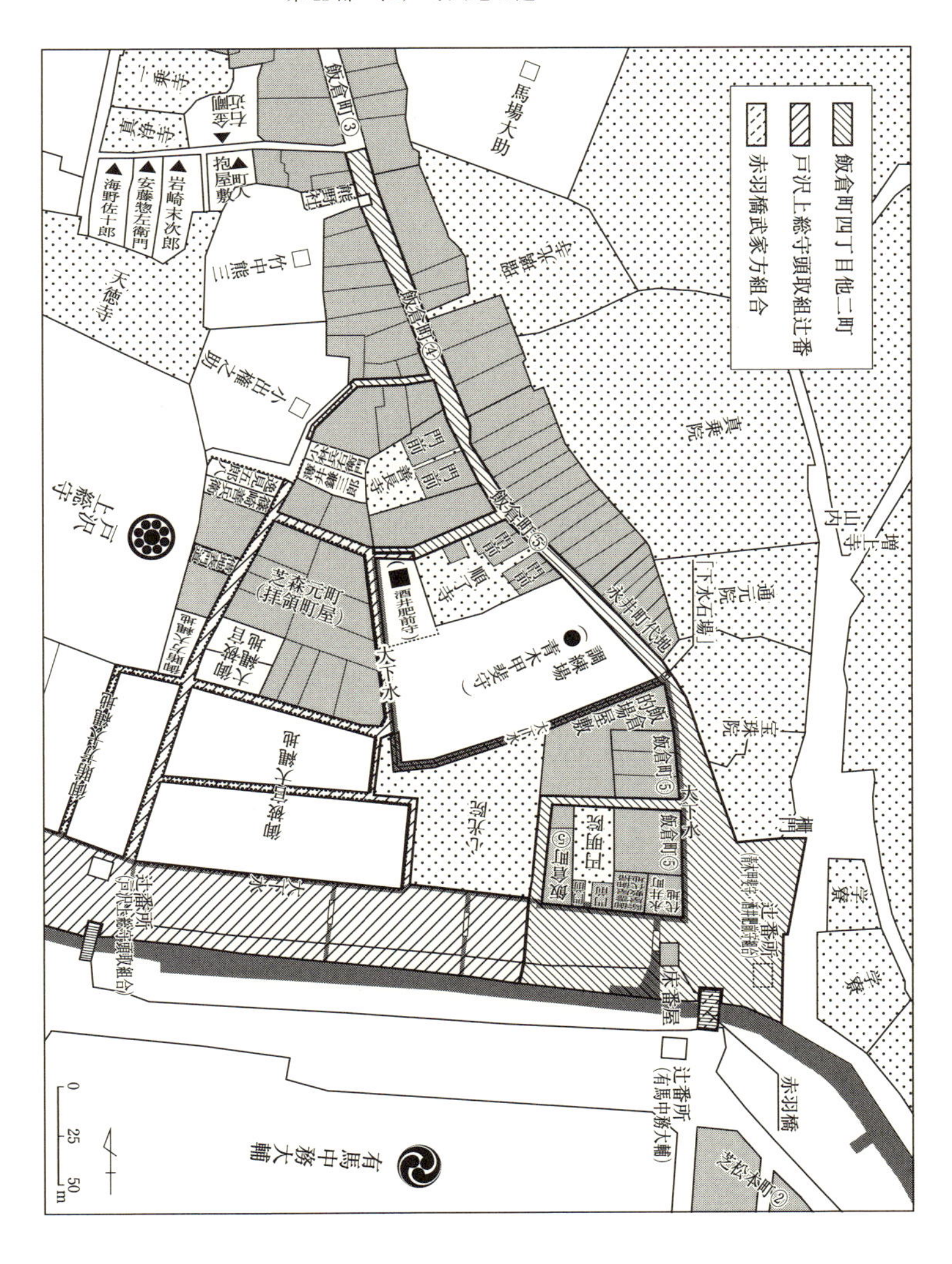
飯倉町四丁目他二町
戸沢上総守頭取組辻番
赤羽橋武家方組合
馬場大助
天徳寺
竹中熊三
小出権之助
戸沢上総守
真乗院
通元院
宝珠院
増上寺
山内
辻番所
赤羽橋
有馬中務大輔
0 25 50 m

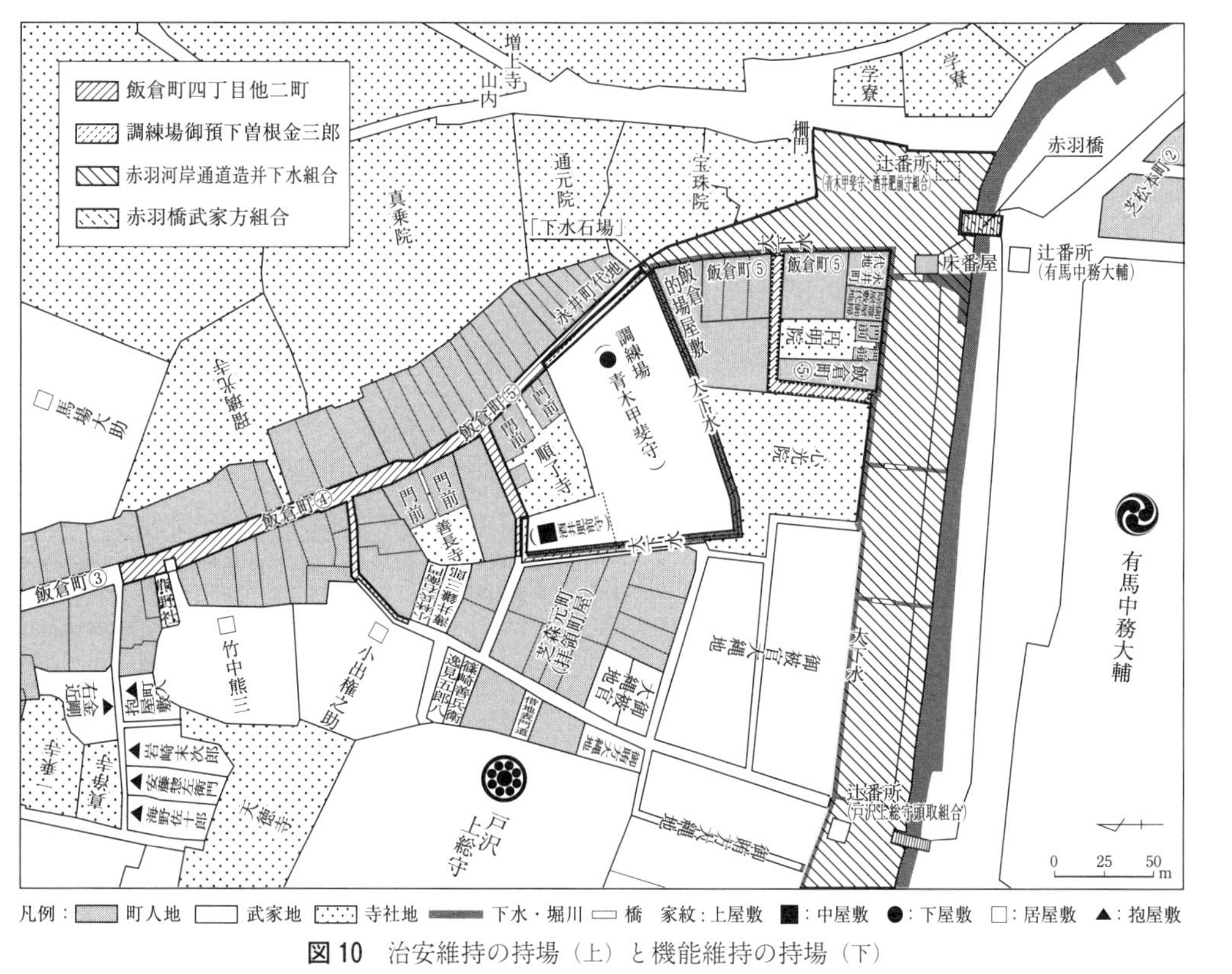

図10 治安維持の持場（上）と機能維持の持場（下）

註：「五千分之一東京実測全図」（『五千分の一江戸東京市街地図集成』柏書房，1992年）をもとに地割を復元し，『御府内往還其外沿革図書』8・『御府内場末其外往還沿革図書』17下・『市中取締続類集』地所之部，5ノ1，第3件・『市中取締書留』安政10ノ130，分3冊ノ3，第3件（すべて旧幕）の情報をもとに作成．なお，点線部分は推定

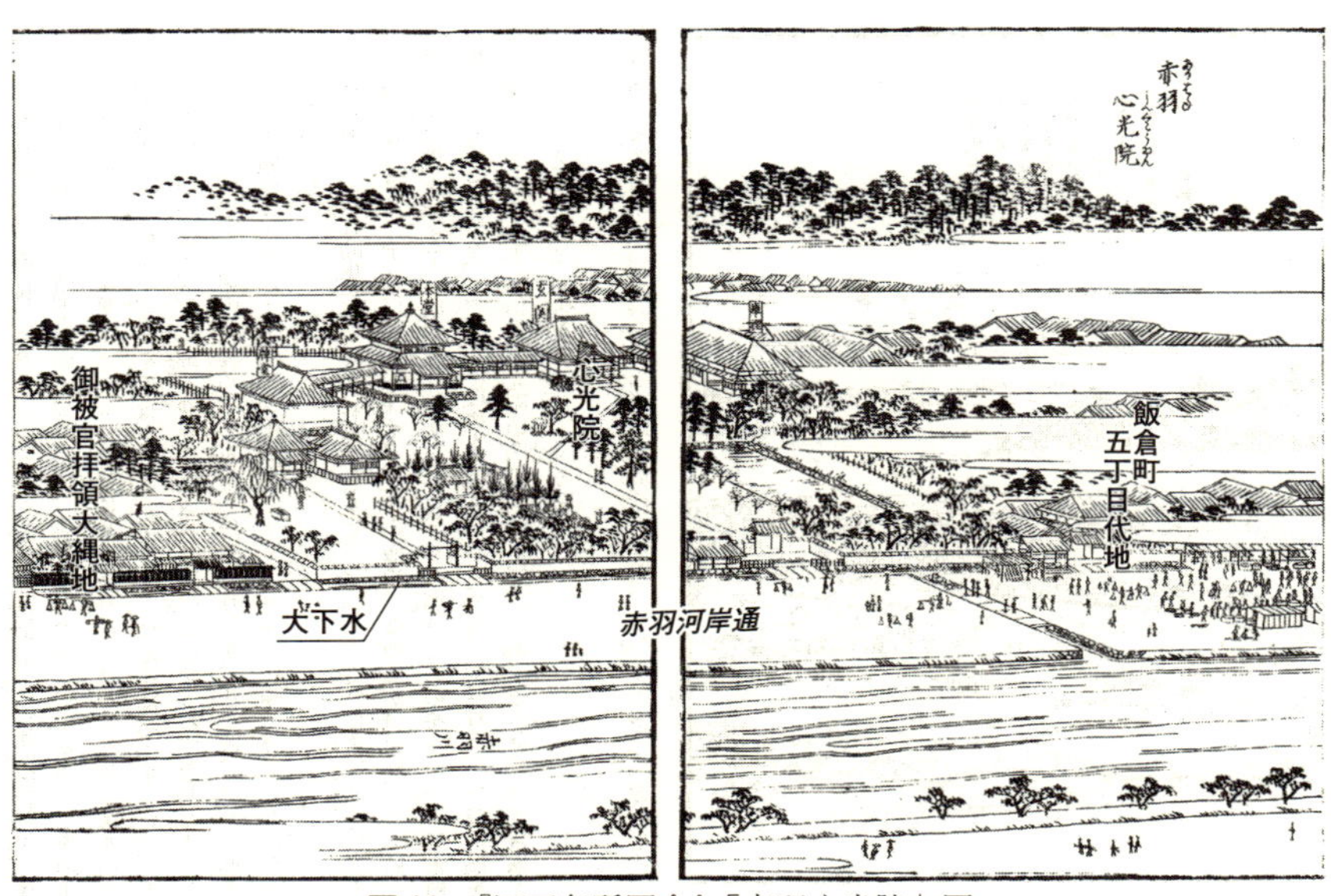

図 11　『江戸名所図会』「赤羽心光院」図

註：『新訂 江戸名所図会 1』（ちくま学芸文庫版，1996 年所収）より作成.

た。そのため、「調練場（旧青木甲斐守屋敷）角片側道造・下水修復」は、下曽根金三郎が「一手」に引き受けることとされた（図10）。このことから、青木甲斐守と酒井肥前守が、屋敷地の地先にあたる道半分や屋敷地沿いを流れる下水の機能維持を、辻番組合とは別に負担していたことは明らかである。さらにこの範囲と、かつての青木甲斐守下屋敷近傍に存在した青木甲斐守・酒井肥前守辻番組合の持場の範囲（図9）とは類似するものの、下曽根金三郎の方が持場が若干広くなっていることにも留意しておきたい。

〔赤羽河岸通道造幷下水組合〕　この組合は、普請奉行から町奉行への返答書から判明するものである(8)。屋敷地の上地以前には青木甲斐守も加入していた。同組合は、新堀川沿いの河岸通りと赤羽橋広小路の道造、芝永井町南端から飯倉町通りを跨ぎ飯倉町五丁目代地沿いを流れ新堀川へと注ぐ下水や、新堀川沿いの心光院や大縄拝領地の屋敷地前を東西に流れ、所々で新堀川へと排水される下水、その上に架けられた「石場」の維持管理を負担していた（図10および図11）。組合構成については不明だが、飯倉町四丁目他二町が同組合に加入していなかったことは同町々が負担を拒んだことから明らかで、赤羽橋広小路周辺の武家が中心となって組織される維持管理組合であったと推定される。すなわち、赤羽橋広小路に存在した青木甲斐守・酒井肥前守辻番組合の持場に相当する場所の機能維持は、そもそも別の武家方組合によって担われていたのである。

〔赤羽橋組合〕　右にみてきた組合とは少し異質なものが赤羽橋組合である。赤羽橋の掛替・修復および橋上の異変処理は「最寄武家方持」であり、文政一一(一八二八)年の「飯倉町　町方書上」によれば、この武家方組合は、有馬玄蕃頭・松平甲斐守・松平隠岐守・松平主殿頭・秋田山城守・稲葉辰次郎・毛利讃岐守・松平土佐守・松平大和守・戸沢大和守・水野越前守・京極長門守・嶋津筑後守・織田杢之助の一四名で構成される(50)。彼らの多くは赤羽橋南側周辺に屋敷を構える大名であり、橋の両側で負担関係に偏向がみられることは興味深い事実といえよう。

以上にみてきたように、治安維持と機能維持とは、それぞれ別の編成原理をもっていたことは明らかであろう。とりわけ、機能維持に関していえば、その対象ごとに固有の論理で持場がかたちづくられていたといえる。

むすびにかえて

以上、個別町の持場の実態と武家地・寺社地・町人地が入り交じる領域に展開される持場のありようを一、二の具体的な事例から検討してきた。まだその空間的様相の一端をしめしたに過ぎないが、最後に江戸市中における道空間の維持管理構造の全体像をスケッチすることで、本章のしめくくりとしたい。

管理系統の重層性

城下町江戸の都市空間は、武家地・寺社地・町人地といった身分的な分節構造を基礎に幕府によって把握された。武家屋敷・町屋敷・寺社境内とあわせて、その周囲に付随する道空間の管理も、右の身分制支配に準ずるものであって、武家地は目付、寺社地は寺社奉行、町人地は町奉行が一義的な支配を担った。

他方、江戸幕府には作事・普請・小普請のいわゆる下三奉行が土木・建築関係をつかさどる職掌として存在した。このうち普請奉行は、江戸城の石垣や堀の普請・修復、神田・玉川上水、江戸中の屋敷割や屋敷請渡などを管掌する地位にあった。また、これとは別に、道空間の管理に直接かかわる幕府役人として、市中全域の道と下水の機能管理を中心的な職務とした道奉行もおかれたが、明和五（一七六八）年に廃止され、その職掌（「道方之儀」）は普請奉行へと移管されることとなった。つまり道空間の基盤となる道路や上水、下水の普請・修復については普請奉行の権限が、さきの身分的な社会＝空間支配と併存していたのである。

本書第3章で明らかにした町人地内の「往還ニ相拘リ候儀」の申請と認可の錯綜したありようは、こうした二重化する道空間の管轄権のあらわれにほかならない。なお、寺社地における道空間管理については、個別事例の蓄積が少なく評価が難しいが、町人地と類似した傾向にあったと考えておきたい。

一方、武家地に関していえば、治安維持にかかわる武家方辻番（組合）は目付、機能維持にかかわる道造や下水普請などは普請奉行というように、支配系統に即応する管理体制が、町人地や寺社地とは対蹠的に、近世を通して明確な区分をもって存在していたとみることができるだろう。

持場の空間類型と諸形態

市中の道は幕府の土地＝公儀地であったが、その維持管理は都市住民である武家・寺社・町人らに委ねられていた。

これは屋敷地の拝領者ないし所持者に課された一種の役負担と考えられ、各屋敷の地先部分にあたる場所が、それぞれが負担すべきもっとも基本的な持場の空間単位となった（地先型持場）。この地先型持場は、町人地において特徴的に抽出でき、町空間に包摂される範囲に相当し、道を挟んで武家屋敷、寺社境内と向かい合って片側に展開する町は、文字通り道の半分を持場としていた。

本章の分析から武家屋敷と寺社についても町と同様の原則をもっていたことがあらためて確認されたが、武家地内では、辻番組合や道造・下水組合といった複数の武家が共同する地縁的な維持管理組合が多数存在していた。こうした武家方組合は、幕府によって上から設定されたものも多く、とりわけ維持管理すべき対象（辻番・道造・下水・橋など）ごとに組織されていたことに特徴が見出せる。

このうち辻番組合の持場（廻り場）は、武家の地先型持場の加算的集合と捉えられる。その一方、道路や下水の機能維持にかかわる組合の持場は、インフラ・ストラクチャーそのものの実質的な形態――道のネットワークや排水システムなど――に依拠する地先型とは異なる空間類型として把握すべきであろう（これを「局所型持場」と呼んでおきたい）。町方の広小路などにみられる請負町人による維持管理のあり方などもこの類型にあてはまると考えられ、赤羽橋広小路における飯倉町四丁目他二町の治安維持の持場もまた同様である。また、地先型持場が卓越する町人地内においても、町の持場を分割することで特定の町人＝地主のみが維持管理を担う場合や、個々の町人らや他町との関係性のなかで独自につくられる地縁的な持場も局所型の派生形態として考えることができるだろう。

いまひとつ指摘しておきたいのは、市中における道空間の維持管理を、治安維持と機能維持との二つの局面から把握する必要性である。この点は、武家地における目付と普請奉行との管理分担に明確にあらわれている。町人地においても一八世紀末に確立された町奉行と普請奉行とによる認可項目の分担は、こうした幕府の二重化した管理系統に起因するものと思われる。両者を弁別することは、持場の形成や構成原理を考えるうえで重要な視点と考える。

ただし実態としては、両者が明確に分離しうるものではなかったこともまた事実であろう。幕府は、既存の持場のありようを梃子に、それぞれの負担関係をなかば場当たり的に調停、編成していたに過ぎなかった。そのため、市中の道の維持管理の実態は、治安維持と機能維持の持場が重層し、空間的には地先型と局所型が複合する複雑な様相を呈したのである。

註

（1）本章では、道路そのものにくわえ、路上に存在し展開される物的かつ人的な環境を包括的に捉えるため「道空間」という言葉を用いる。ここでの道空間とは、遍在する通りをはじめ、その一部である下水や上水、路上に立てられた番屋、広義の道である河岸地や明地、広小路といったものをふくむ。

（2）後藤新平『江戸の自治制』（二松堂書店、一九二二年）、幸田成友『江戸と大阪』（冨山房、一九三四年）。

（3）伊藤好一『江戸の町かど』（平凡社、一九八七年）。

（4）小林信也「近世江戸市中における道路・水路の管理」（高村直助編『道と川の近代』山川出版社、一九九六年、同『江戸の民衆世界と近代化』山川出版社、二〇〇二年所収）、同『都史紀要四二　江戸の広小路――その利用と管理』（東京都公文書館、二〇一四年）。

（5）岩淵令治「江戸武家方辻番の制度的検討」（『史学雑誌』一〇二―三、一九九三年）、同「武家方辻番政策の再検討――役と「請負」」（『学習院史学』三一、一九九三年。ともに同『江戸武家地の研究』（塙書房、二〇〇四年）に所収。

（6）岩淵令治「泰平の世の「番」」（『江戸の危機管理』新人物往来社、一九九七年）、同「江戸城警衛と都市」（『日本史研究』五八三、二〇一一年）、同「境界としての江戸城大手三門――門番の職務と実態」（『東京大学史料編纂所研究紀要』二一、二〇一一年）。

（7）前掲註（5）岩淵『江戸武家地の研究』二三二―二三四頁。

（8）藤村聡「近世後期における江戸武家屋敷の上水・橋々組合について」（『歴史学研究』六八二、一九九六年）、北原糸子「近世都市江戸の環境問題――溜池の開発と維持管理を中心に」（『環境と歴史』新世社、一九九九年）、同「近世の溜池明地

の管理と保全」（『溜池遺跡――地下鉄七号線溜池・駒込間遺跡発掘調査報告書七―二』一九九七年）、松本剣志郎「江戸武家屋敷組合と都市公共機能」（『関東近世史研究』五七、二〇〇四年）、同「江戸外堀と赤坂溜池組合」（『白山史学』四八、二〇一二年）。

（9）藤村聡「［コメント］松本批判」（『関東近世史研究』五七、二〇〇四年）。

（10）松本剣志郎「江戸幕府道奉行の成立と職掌」（『地方史研究』三四九、二〇一一年）、同「江戸の公共空間と支配管轄」（『比較都市史研究』三四―二、二〇一五年）。

（11）小林信也「床店――近世都市民衆の社会＝空間」（『日本史研究』三九六、一九九五年。前掲註（4）小林『江戸の民衆世界と近代化』に所収）。

（12）岩淵令治「江戸における中小寺院の地縁的結合について――江戸市谷南寺町組合を素材に」（『国立歴史民俗博物館研究報告』一〇八、二〇〇三年）。

（13）『江戸町触集成』第一巻、三七七・四六五・六三七・六八七・七九七号（塙書房）など。定式化された町触の初出は、延宝元年九月二九日（『同』第一巻、一一四七号）。

（14）伊藤毅「町共同体施設」（『日本都市史入門Ⅰ　空間』東京大学出版会、一九八九年）。

（15）本書第３章を参照。

（16）『江戸町触集成』第六巻、七二八二号。

（17）同右、第八巻、九〇六九号。

（18）高野家支配下の町々の社会＝空間について、包括的かつ多角的に論じたものとして、吉田伸之による以下の論考があり、本章でも参照した。吉田「江戸南伝馬町二丁目他三町の町制機構と住民」（『論集　きんせい』二、一九七九年）および同「役と町」（『歴史学研究』四七一、一九七九年）。ともに同『近世巨大都市の社会構造』（東京大学出版会、一九九九年）に所収。同『都市――江戸に生きる』「第二章　南伝馬町」（岩波新書、二〇一五年）。なお「南伝馬町二丁目他三町」という呼称は、前掲吉田「江戸南伝馬町二丁目他三町の町制機構と住民」にならうものである。

（19）『東京市史稿』市街篇、第三十一巻、一八―四七頁。

（20）伊藤好一「江戸町入用の構成」（西山松之助先生古稀記念会編『江戸の民衆と社会』吉川弘文館、一九八五年、三五―六九頁）。

(21) 前掲註(4)小林「近世江戸市中における道路・水路の管理」。
(22) 宝永七年「沽券御改御与力衆江指上候絵図控」(『中央区沿革図集 京橋編』東京都中央区立京橋図書館、一九九三年)。
(23)「角屋鋪前道造幷出銭之義尋」『撰要永久録』公用留、巻之四、第六七件(東京都公文書館所蔵)。
(24) 同右。
(25)「松川町木戸番屋場所替」『撰要永久録』公用留、巻之五、第九四件(東京都公文書館所蔵)。
(26) 前掲註(23)「角屋鋪前道造幷出銭之義尋」。
(27) 角屋敷は、町屋敷の二辺が通りに面するもので、沽券高も中屋敷にくらべ高く、江戸古町では町名主などの有力町人が所持する特権的な町屋敷であった(玉井哲雄『江戸町人地に関する研究』近世風俗研究会、一九七七年など)。そのため、表口の間口割りによる町入用とは別に「角役銭」を賦課する町も存在し、こうした町の横町道造入用が、町入用にも計上されている場合もあったと考えられる。前掲註(23)史料によれば、南伝馬町、松川町では角役銭は設けられておらず、角役銭(「辻番銭」「中番銭」)の存在した南鞘町と南塗師町でも「横町道造」に限っては、角屋敷の所持者によって負担されていた。
(28) 以下、「南塗師町下水浚入用割　附り済口證文為取替證文」『撰要永久録』公用留、巻之五、第九十三件(東京都公文書館所蔵)による。
(29) 前掲註(18)吉田「江戸南伝馬町二丁目他三町の町制機構と住民」によれば、当初は南伝馬町二丁目が勤める御伝馬役も負担せず、元地である通三丁目を通じて町役(公役金)のみを勤めていたが、宝永七(一七一〇)年の南伝馬町二丁目町中による町奉行所への出訴の結果、正徳二(一七一二)年には通三丁目代地の家持六名も御伝馬役の一部を負担することとなり、南伝馬町二丁目に組み入れられた。その後、享保六(一七二一)年一二月にいたり、御伝馬役も南伝馬町二丁目と同等に勤めることとなり、内実ともに通三丁目代地は南伝馬町二丁目と「同質化」した。
(30) 千葉正樹「御府内沿革図書に見る江戸火除地の空間動態」(『東北大学国際文化研究科論集』九、二〇〇一年)など。
(31) 前掲註(4)小林『江戸の民衆世界と近代化』および同『江戸の広小路』、吉田伸之『21世紀の「江戸」』(山川出版社、二〇〇一年)、同「両国橋と広小路」(吉田・伊藤毅・長島弘明編『江戸の広場』東京大学出版会、二〇〇五年)、横山百合子「江戸町人地社会の構造と床商人地代上納運動――幕末維新期神田柳原土手通り床店地の事例から」(『年報都市史研究7 首都性』山川出版社、一九九九年、のち同『明治維新と近世身分制の解体』山川出版社、二〇〇五年に所収)など。
(32)『明和撰要集』七上、「道敷下水之部」、第二件(旧幕府引継書、国立国会図書館所蔵、以下「旧幕」と略す)および『江戸町触集成』第七巻、八一五二号。同史料において、町人地内の広小路は「往来雨落其外之分」（町家前の下水より外側部分の人びとが往来する場所）、つまり町内の通り一般と同等のものとして分類されている。同史料については本書第3章を参照。

(33)『享保撰要類集』七下ノ上、「明地之部」、第五十件（旧幕）。

(34) 前掲註(5)岩淵「江戸武家方辻番の制度的検討」、同「武家方辻番政策の再検討」および前掲註(8)藤村「近世後期における江戸武家屋敷の上水・橋々組合について」、北原「近世都市江戸の環境問題」、松本「江戸武家屋敷組合と都市公共機能」・同「江戸外堀と赤坂溜池組合」参照。

(35) 前掲註(11)小林「床店」および前掲註(12)岩淵「江戸における中小寺院の地縁的結合について」参照。

(36)『浅草寺日記』第三巻（吉川弘文館、一九七九年）、三二九―三三〇頁。

(37) 吉田伸之「巨大城下町――江戸」（『岩波講座 日本通史』第一五巻、近世五、岩波書店、一九九五年）、同「都市民衆世界の歴史的位相――江戸・浅草寺地域を例として」（『歴史評論』五六三、一九九七年）。ともに同『巨大城下町江戸の分節構造』（山川出版社、二〇〇〇年）に所収。同「江戸・内・寺領構造」（『伝統都市4 分節構造』東京大学出版会、二〇一〇年）などを参照。

(38)『江戸町触集成』第七巻、八一〇五・八一〇八号。道奉行廃止については、本書第3章を参照。

(39)『天保撰要類集』五十六下、「明地道式之部」、第六件（旧幕）。

(40)『御府内備考』第四巻（雄山閣、二〇〇〇年）、九七―九八頁。

(41) 麻布永松町の近世から維新期にかけての土地利用状況について、「寛政元年 地代店賃町入用書上控」（『町入用書上』〔旧幕〕）と「麻布永松町絵図」（明治初年ヵ〔旧幕〕）を用いての片倉比佐子による考察がある（同『都史紀要三四 江戸住宅事情』東京都公文書館、一九九〇年）。

(42)『御府内寺社備考』第三冊（名著出版、一九八六年）、二七四―二七六頁。なお龍源寺発行の『龍源寺報』によれば、創立は永禄七（一五六四）年に遡るという（松原泰道「龍源寺の歴史について（一）」『龍源寺報』二〇七、二〇一五年）。

(43) 同右、第三冊、二七四―二七六頁。

(44)『御府内場末往還其外沿革図書』十六上（旧幕）。絵図上にすべての下水が描かれているわけではなく、図6にしめしたものは大名屋敷（下屋敷）の縁に敷設されたものと考えられる。

(45)『市中取締続類集』地所之部、五ノ一、第三件（旧幕）および『市中取締書留』安政十ノ百三十、分三冊ノ三、第三件（旧幕）。

(46) 以下、特記しない限り『御府内備考』および『御府内寺社備考』による。

(47)『市中取締書留』安政十ノ百三十、分三冊ノ三、第三件（旧幕）。

(48)『御府内備考』第四巻、一三一―一三四頁。

(49) これら門前町屋は町方支配とされて以後も「公役銀・御年貢」ともに納めておらず、「地頭」への「役銀」を勤めていた（『安永三年小間附　北方南方町鑑』東京都公文書館、一九九〇年）。具体的には明らかではないが、当該寺院ないし増上寺に対し何らかの役を勤仕していたものと推定される。

(50)「地誌御調書上帳　飯倉町五丁目」『町方書上　飯倉町方書上　全』（旧幕）。

第III部　江戸町人地と堀川

第5章　堀川の空間動態と存続
――「古町之川岸」の実像

はじめに

城下町江戸は大川（隅田川）の河口部に位置し、大規模な埋立と造成によって土地が築かれ、その内部に多くの堀川を抱え込むかたちで一七世紀に成立した。その後、明暦の大火（一六五七年）をひとつの転機として、周辺部の町場化、本所・深川の開発、海岸線付近の断続的な造成などによって、一八世紀初頭までに「大江戸」と呼ばれる巨大都市へと変貌をとげた。そして以後、町方中心部の一部を除けば、当初あった堀川のほとんどが埋め立てられることなく近代東京へと引き継がれる。これが、江戸・東京を「水の都」と称するゆえんである(1)。

江戸の堀川については、城下町形成や市街地開発とかかわって、建築史や都市計画史、土木史など、さまざまな分野で論じられてきた(2)。また、市中に張り巡らされた堀川のもつ水運機能、荷揚げと貯蔵を担う堀川沿いの河岸地、これを拠点に展開される市場や社会集団など、都市史研究においても格好の素材とされてきた(3)。

江戸を描いた地図や絵図は、水上を無数の小船が行き交い、日常的に河岸で物資の荷揚げが行われていたすがたを想起させる。しかし、わたしたちは、堀川が形成されて以後、これらが恒久的に存在したことを自明のものとしてみてはいないだろうか。

というのも、堀川の通船機能の維持には人為的な管理が不可欠であったことはよく知られている。そして江戸の堀川の多くは、その地勢ゆえに潮の満ち引きの影響をうけ、川床や河口部への土砂堆積は不可避であった。このような堀川のもつ動態的・流動的な性質を視野にいれたとき、従来の議論では、堀川そのものの空間的な実態や時間的変容といった問題群がほとんど捨象されてきたことに気づく。

江戸図を時代順に眺めてみれば、市中のほとんどの堀川が近世から近代にいたるまで存在し続けたことは明らかである。では、これはいかにして可能であったのか。いいかえれば、堀川はどの程度の維持管理が施され――あるいは放置されてきたのか。そして、実態として堀川内はどのような質的状態にあったのか。この素朴な問いに答えることが本章の課題である。

本章にかかわる先行研究として、都市をささえる物的な基盤施設、いわゆるインフラ・ストラクチャー（以下、インフラと略記）の維持管理に関するものがある。江戸市中の道や橋、堀川や上下水道などのインフラの多くは、幕府の統制・管轄下におかれたものの、実際の維持――管理業務から費用負担にいたるまで――は都市住民であった町人や武士、寺社によって担われていたことがはやくから指摘され、この制度的検討も一定の蓄積をもつ(4)。

こうしたなか、近年日本史学を中心に都市の空間管理や治安維持、それらの負担関係などの実態が多角的に明らかにされつつある(5)。江戸町方の堀川に限れば、小林信也によって川浚に関する基礎的な事実が実態分析をもとに整理されており(6)、筆者もこの成果に負うところが多い。しかしこれらは総じて、維持管理をめぐる町や武家、寺社の地縁的関係や社会集団の内部構造の解明に力点がおかれているため、インフラの空間的実態については多分に類型的・静態的な把握にとどまっているように思われる。すなわち、インフラの質的な状態や長期的な空間変容に関しては、ほとんど不問に付されてきたのである。

以上の問題意識をふまえ、本章では江戸の都市域拡大が収束しはじめる一八世紀前半から一九世紀中期までの江戸町方中心部の堀川を対象に分析を行う。はじめに、堀川の水系構造と類型について整理する（第一節）。つぎに江戸の堀川における公儀浚と自分浚という維持管理のあり方を概観したうえで、享保期（一七一六―三六年）を境に、堀川の類型に対応した維持管理体制が定式化されていったことを指摘する（第二節）。そして、個別の堀川で計画・実施された浚渫事業（「川浚」）の記録をもとに、享保期から天保期（一八三〇―四四年）にかけての堀川の質的な状態と空間変容を長期的に復元・考察し（第三節）、最後に江戸市中における堀川の存続のありようと、河岸（堀川と河岸地）のもつ空間特性について考えたい。

一　江戸町方の堀川の水系構造

「古町之川岸」

江戸には大小さまざまな堀川が存在したが、本章では江戸成立以来の町々である大川西側の「古町」周辺に範囲を限定する。古町とは日本橋を起点に南北にひろがる約三〇〇の町々で、寛永期（一六二四―四四年）の江戸のすがたをしめす「武州豊島郡江戸庄図」に描かれる町域におおよそ相当し、近世を通して江戸町方の中枢としての位置を占めた[7]。はじめに古町周辺の堀川について概観してゆこう（図1）。

明和六（一七六九）年七月、町人地における道の支配に関する町奉行所の調査にかかわって、町方全域における「川筋之河岸」の現況が名主らから町奉行所に対して報告された[8]。表1は、このうち「古町之川岸」と称された場所（「川通」）である。名主らによれば、これら堀川沿いの町屋敷は、古来より屋敷間口に応じた地先の土地（「河岸地面」）が付随する「河岸付町屋敷」として他の地域とは区別されて扱われ、河岸地には土蔵や納屋が建ちならび、河岸は船着場または諸荷物の揚場として「町人共持前」に用益されてきたという。

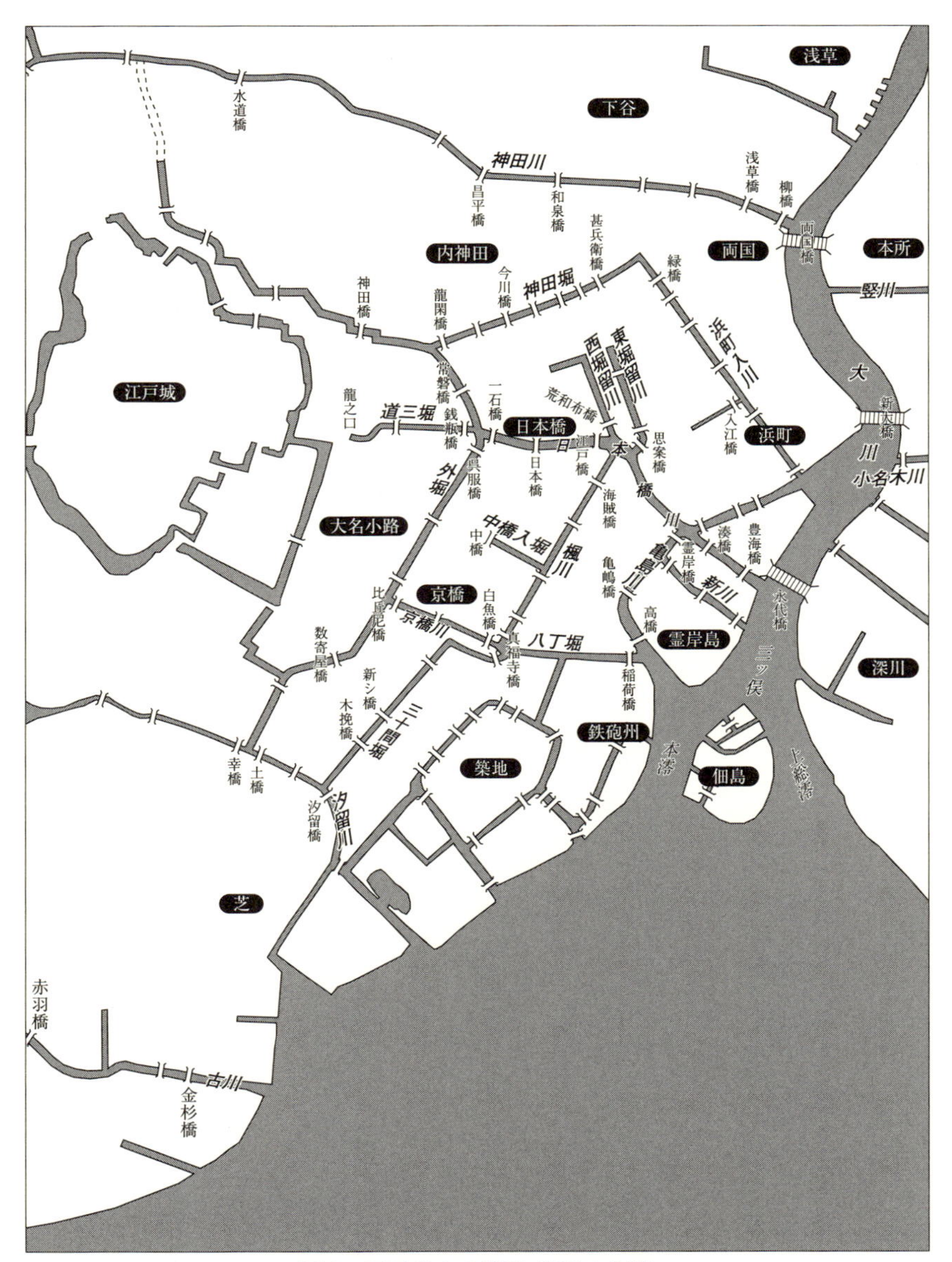

図 1　江戸市中の堀川（近世中後期）

註：『図集 日本都市史』（東京大学出版会，1993 年），『図説 江戸・東京の川と水辺の事典』（柏書房，2003 年）より作成．

「古町之川岸」には、江戸成立期以来の主要な堀川にくわえ、明暦大火後に整備・造成がすすめられた霊岸島・鉄砲洲・築地の堀川や一七世紀後半に開鑿された神田堀もふくまれている。これら堀川が、一八世紀以降の古町周辺の水上交通網の骨格をかたちづくっていたと考えてよいだろう。

表1　古町之川岸

川通	該当する堀川
日本橋川通	日本橋川（一石橋—江戸橋）
小船町・伊勢町通	西堀留川
小網町通り	日本橋川（江戸橋—湊橋）
新材木町・堀江町入川通	東堀留川
北新堀町・霊岸島・八町堀	日本橋川（湊橋—豊海橋）・新川・亀島川など
鉄砲州・築地	築地川など
本材木町通	楓川
中橋通	中橋入堀
京橋通	京橋川＝八丁堀
木挽町・三十間堀通	三十間堀
土橋通	汐留川（土橋堀留—汐留橋）
龍閑橋入川通	神田堀
神田川通	神田川
米沢町辺浜町辺入川通	浜町入川

註：『江戸町触集成』第7巻，8152号より作成．

規模にみる堀川の階層性

つぎに、堀川の規模についてみていきたい。時代は下るが、天保一四（一八四三）年から嘉永三（一八五〇）年にかけて、町奉行所の指揮のもと「市中川々浚」と呼ばれる川浚が行われた[9]。これは物価抑制を主たる課題とした天保改革の都市政策にかかわって幕府によって計画・実施されたもので、このような大規模な川浚は前例がなく、江戸町方中心部における堀川の通船機能の回復がめざされた[10]。その対象は、本所・深川と「大川三俣中州切通」（箱崎橋から田安殿屋敷前まで）を除くと、「日本橋川筋」、「京橋川筋」（京橋川＝八丁堀）、「本材木町川筋」（楓川）、「霊岸橋川筋」（亀島川）、「土橋堀留ゟ三十間堀川筋」（三十間堀と汐留川の一部＝土橋堀留—汐留橋の区間）、「荒和布橋川筋」（西堀留川）、「思案橋川筋」（東堀留川）であり、さきにみた「古町之川岸」とよく照応する。

時期によって多少のばらつきもあると考えられるが、市中川々浚の「仕様帳」「出来形帳」をもとに、一部を補足して堀川の規模を

表2　古町における堀川の規模（天保期）

堀川	区間	長さ	幅	澪幅	水深[1]
日本橋川	一石橋―日本橋	158間4尺	25～32間	15間	3尺5寸
	日本橋―江戸橋	168間	33～38間	15間	3尺5寸
	江戸橋―鎧之渡	176間	38～43間	15間	3尺5寸
	鎧之渡―霊岸橋川口	186間	33～43間3尺	15間	3尺5寸
	霊岸橋川口―湊橋	89間	21～33間	15間	3尺5寸
	湊橋―豊海橋	151間	19～23間	15間	3尺5寸
	豊海橋―北新堀大川端町南角	41間	23間	15間	3尺5寸
		(計969間4尺)			
神田川	牛込御門―水道橋	600間	20～25間	?	3～4尺
	水道橋―昌平橋	580間	15間	?	3～4尺
	昌平橋―柳橋下大川口	850間	17～18間	?	3～4尺
		(計2030間)			
京橋川＝八丁堀	比丘尼橋―本材木町八丁目	329間4尺	11間	5間	3尺
	本材木町八丁目―稲荷橋	404間5尺5寸	22間1尺5寸	10間	3尺
		(計734間3尺5寸)			
楓川	本材木町一―八丁目沿い	592間3尺	14～16間	10間	3尺
中橋入堀	大鋸町・下槙町沿い	111間	13間	?	?
三十間堀	三十間堀町・木挽町沿い	699間	18間[2]	10間	3尺
汐留川	土橋堀留―汐留橋	190間	11間	5間	?
亀島川	霊岸橋―亀嶋橋	265間	14間3尺	10間	3尺
	亀嶋橋―高橋	200間	19～24間4尺	10間	3尺
	高橋外川口	20間	15間	?	3尺
		(計485間)			
西堀留川	荒和布橋―中之橋	130間	22間	6間	2.5尺
	中之橋―堀留（道浄橋）	65間	18間4尺	6間	2.5尺
		(計195間)	—	—	—
東堀留川	思案橋―小網町折曲角	30間	15間	3間	2.5尺
	小網町―堀留	270間	15間	5間	2.5尺
		(計300間)			
神田堀＝浜町入川	龍閑橋―甚兵衛橋	?	8間	5間ヵ	2尺ヵ
	甚兵衛橋―緑橋	?	2間	?	?
	緑橋―入江橋際	?	8間	5間ヵ	2尺ヵ

註：『川浚書留』（旧幕）より作成．なお，神田川（寛延―天明期）については『享保撰要類集』（19下，第16件）および『神田川通絵図』（旧幕），神田堀＝浜町入川については『龍閑橋川入堀浚一件』（文化期）および『市中取締続類集』（地所之部，第7ノ1，第1件，安政期）から補足した．

1）「水深」とは，潮汐差がもっとも大きくなる新月や満月の前後数日間（「大汐」）における水位がもっとも低いとき（「底入」）の寸法のことをさす．

2）三十間堀は文政11年に両岸が埋め立てられたため，それ以前の川幅は20-21間である．

整理したものが表2である。ここでまず目をひくのは、旧平川の流れに相当し、一石橋から日本橋、江戸橋、湊橋、豊海橋をへて大川へと流れる日本橋川である。他にくらべ突出した川幅・澪幅をもつことが明らかで、規模の面からも、江戸市中における舟運システムの大動脈とされたことが読み取れる。

これに準ずる規模をもつのが、平川の付け替えと駿河台の掘削によってつくられた神田川である。神田川は市中川々浚の対象とはされなかったが、「惣構」の北の境界＝外堀であるとともに、下谷・外神田・小石川・小日向・市ヶ谷・牛込などに物資を輸送する、日本橋川とならぶ江戸市中の中心的な舟運路とされた[11]。

そのほか、川幅は区々だが、澪幅と水深を指標にみていくと、つぎの二つに分類できる。ひとつは澪幅一〇間、水深三尺をもつ日本橋川支流にあたる楓川（本材木町川通）や、楓川から東へ屈曲し南へと流れる三十間堀、八丁堀と霊岸島を隔てる亀島川、京橋川筋にあたる八丁堀で、いまひとつは、澪幅五―六間、水深二尺五寸をもつ旧石神井川の河口部を埋め残した東・西堀留川、日本橋南地区に慶長期（一五九六―一六一五年）に掘削された舟入である中橋入堀、京橋川（比丘尼橋―白魚橋）などである。規模からみれば古町周辺の堀川は、右にみてきた三つの階層から構成されていたと考えられよう。

古町周辺の堀川の構造

古町の堀川は掘削ないし海の埋め残しによってできた人工河川であった。とりわけ、神田川以外は水源からの水の供給量はわずかであって、海からの水によって水量を保ち、潮の満ち引きの強い影響下にある「汐入之川筋」であったことは、堀川の重要な特徴といえる[12]。つまり、科学的な検証は難しいが、大川ないし江戸内海との連接関係や流路の方向性が、堀川内の水環境に大きく作用したものと推定される。

また舟運システムの面からみても、大川や江戸内海へ直接の出入口をもつ堀川（神田川・日本橋川・八丁堀など）が交通網の主軸になったと考えられる。このことは、市中深奥部への物資輸送を担う艀下宿や瀬取宿が、日本橋川下流域の小網町や北新堀町、京橋川＝八丁堀の河口部に位置する霊岸島や鉄砲州に集中したこと、神田川下流部両岸における船宿の分布やターミナル機能を備えた両国橋西広小路の存在などの点からも理解されよう[13]。

以上をふまえ、前述した規模とあわせて総合的に整理すると、一八世紀から一九世紀にかけての江戸古町周辺の水系構造は、つぎの四つの類型から把握できると考える。

α. 江戸内海やこれに合流する自然河川で、五大力船、高瀬船や廻船などの大・中型の船が通行・停泊できるもの――大川、大川河口部から品川沖（本澪）など。

β. 自然河川の流れに位置づき、大川や江戸内海へと流れ込む舟運システムの主動線。また、江戸市中の境界としても機能し、艀下船・瀬取船といった小型の船や筏が通行できる堀川（通船可能な船の種別は、以下同じ）――江戸城外堀、日本橋川、神田川など。

γ. 江戸内海や大川に対して平行に流れ、βから分岐あるいはβに合流する水運網のバイパス的機能をもつ堀川――楓川、三十間堀、京橋川＝八丁堀、亀島川など。

δ. βやγから副次的に分岐するもので、入堀のかたちをとるなど、比較的規模の小さな堀川――東・西堀留川、中橋入堀、神田堀（龍橋川）、浜町入川など。

以下、この水系構造と類型を念頭において考察をすすめたい。

二　堀川の維持管理体制

維持管理の基本――公儀浚と自分浚

江戸では堀川の通船機能の維持、すなわち川床の深さや川幅を保つための浚渫作業（「川浚」や「澪浚」）が不可欠であった。その方法は、鋤簾鍬と呼ばれる道具で船上から川床の土や泥を浚い揚げるもの（「上浚」「鋤簾浚」など）と、堀川の端部を閉じ、または柵などで部分的に囲い込み、（江戸では潮汐作用によって）内部の水を抜いて川床を整形するもの（「〆切浚」「輪〆浚」など）とがあった。また川浚には、不定期に実施される場合（「臨時浚」）と定期的に土砂を浚い揚げる場合（「常（定）浚」）とがみられたが、古町の堀川では臨時浚が一般的で、浚渫方法は堀川の状態をみてその都度決定されたと考えられる。

こうした川浚は、その計画・実施主体からみると「公儀浚」と「自分浚」とに分けて考えることができる。小林信也による整理から両者の概要を摘記すればつぎのようになる。(14)

公儀浚とは幕府が計画するもので、その負担方法は幕府が出金する場合、御手伝普請として大名が負担する場合、請負町人に助成地をあたえその地代から費用を賄わせる場合、問屋などの仲間に対して営業上の特権付与を名目に川浚を請け負わせる場合などがある。

他方、自分浚とは、堀川沿いの町や武家、寺社などが計画・実施する川浚のことで、堀川沿いの屋敷地所持者＝地主（または拝領主）が負担するのが一般的であった。むろん、自分浚に際しては幕府への出願と認可が必要とされたが、川浚実施の判断やその是非については堀川沿いの町や武家、寺社の裁量に委ねられていたと考えられ、逆に江戸市中の堀川を一元的に管理運営する支配機構は存在しなかった。

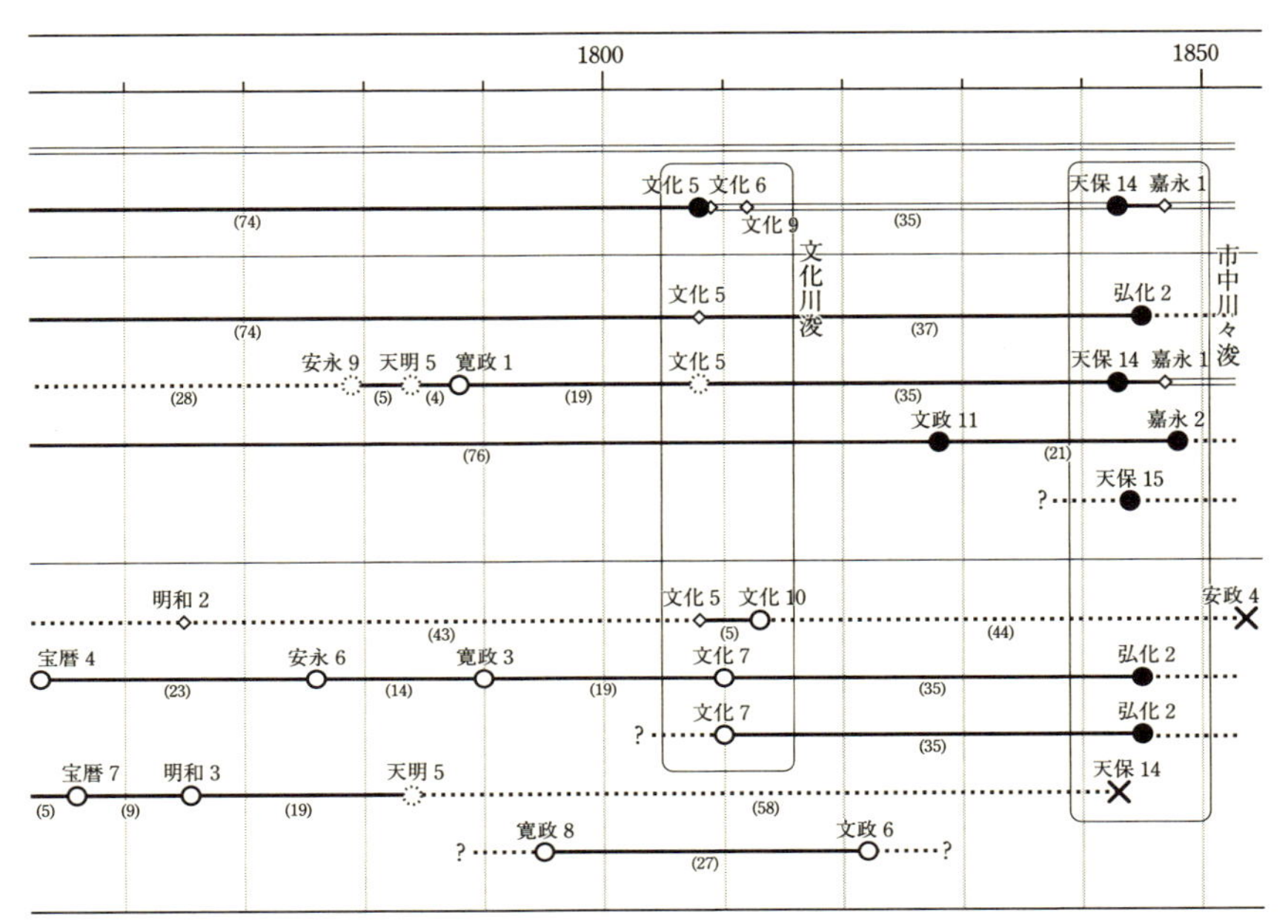

✕ 堀川の埋立　══ 常(定)浚の実施期間　◇ 堀川の様子がわかる史料

…… 川浚が実施されていないと推定される期間　(xx)「xx 年間」をしめす

ける川浚の実施動向

など／[日本橋川]『日本橋川筋竪川小名木川浚一件書留』1-5「日本橋之部」(旧幕),『川筋浚書留』8-11「日本橋名木川浚一件書留』1-5「日本橋之部」(旧幕),『川筋浚書留』14「京橋川筋浚之部」(旧幕) など／[楓川]『享保撰浚書留』4-7「本材木町川筋浚之部」(旧幕) など／[三十間堀]『江戸町触集成』第5巻, 5695号 (塙書房),『三十書留』12-13「霊岸橋川筋浚之部」(旧幕) など／[神田堀＝浜町入川]『重宝録』4, p. 59 (東京都公文書館),『江戸18, pp. 677-685,『同』同36, pp. 609-611 (東京都公文書館),『日本橋川筋竪川小名木川浚一件書留』1-5「日本橋件』(旧幕),『川筋浚書留』15「荒和布橋思案橋川筋浚之部」(旧幕) ／[中橋入堀]『江戸町触集成』第7巻, 7974文書館) など／[新川]『東京市史稿』産業篇50, pp .586-591 (東京都公文書館) などをもとに作成.

右にみた公儀浚と自分浚とは、幕府によってあらかじめ設定されたものではなく、また近世をつうじて明確に定められたものでもなかったことは看過すべきではないだろう。というのも、管見の限り公儀浚あるいは自分浚の場所を規定するような法令は見出すことはできず、また単に公儀浚の対象ではないことが、その堀川が自分浚の場所にあたることを意味したに過ぎなかった。(15)

図2は、『江戸町触集成』や「旧幕府引継書」中にふくまれる史料をもとに、一七世紀後半から一九世紀中期までの古町の堀川における川浚の

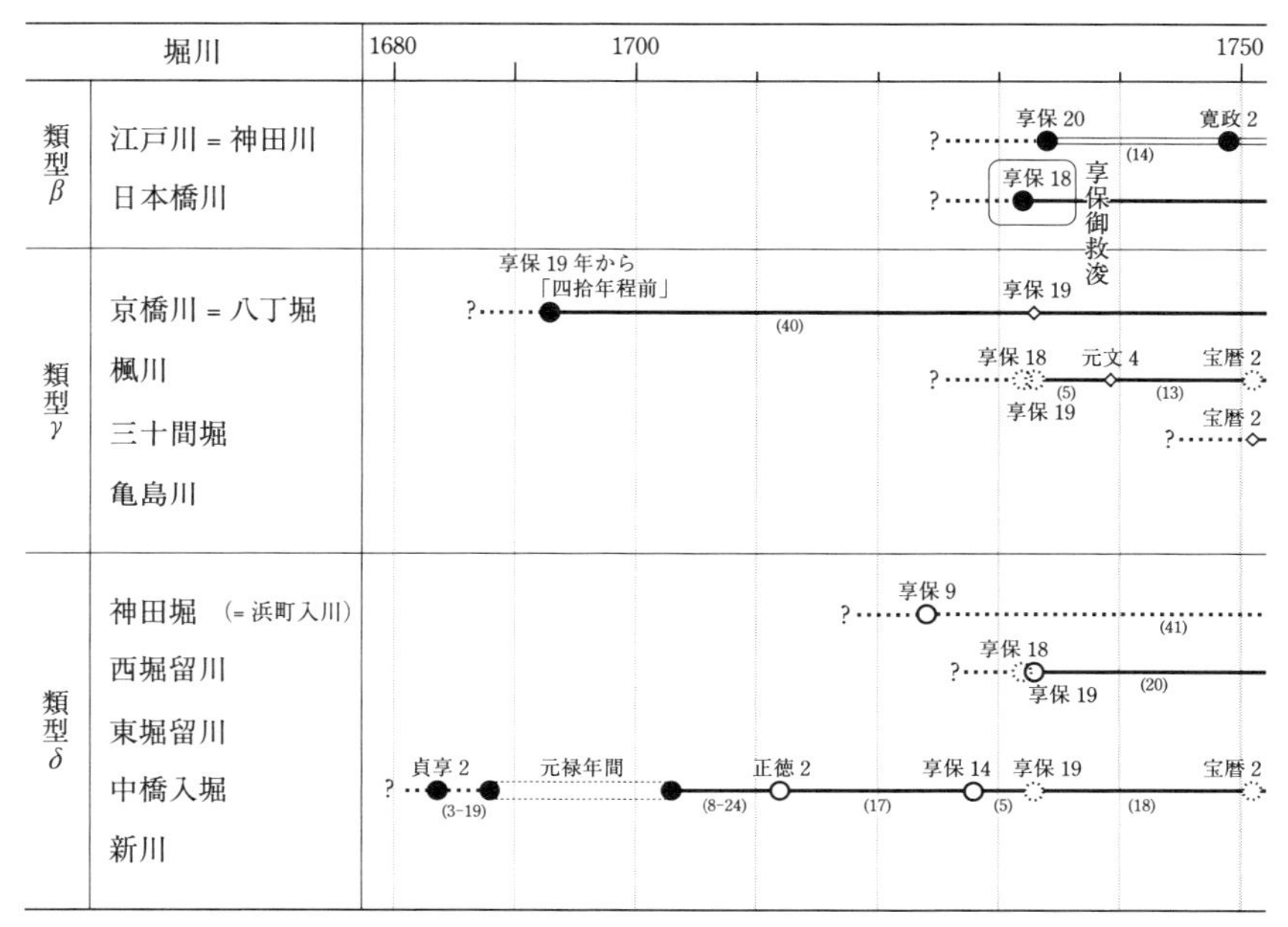

図２　古町の堀川にお

註：[江戸川＝神田川]『享保撰要類集』6上・下「堀川浚之部」(旧幕)，『明和撰要集』22上「堀川浚之部」(旧幕)
川筋浚之部」(旧幕) など／[京橋＝八丁堀]『江戸町触集成』第5巻，5695号 (塙書房)，『日本橋川筋竪川小
要類集』6上「堀川浚之部」(旧幕)，『日本橋川筋竪川小名木川浚一件書留』1-5「日本橋之部」(旧幕)，『川筋
間堀川浚』(旧幕)，『川筋浚書留』20-21「土橋堀留ゟ三拾間堀川筋浚之部」(旧幕) など／[亀島川]『川筋浚
町触集成』第6巻，7822号 (塙書房)，『龍間橋川筋浚一件』(旧幕) など／[西堀留川]『東京市史稿』産業篇
之部」(旧幕)，『川筋浚書留』15「荒和布橋思案橋川筋浚之部」(旧幕) など／[東堀留川]『新材木町入堀浚一
号 (塙書房)，『享保撰要類集』6上「堀川浚之部」(旧幕)，『東京市史稿』産業篇29，pp. 876-869 (東京都公

計画・実施動向を可能な限り復元、整理したものである。それぞれの詳細は次節で検討するが、一見して、享保末年以降（市中川々浚まで）、例外[16]を除けば、神田川（江戸川の一部をふくむ）と日本橋川のみで公儀浚が実施されていたことがわかる。なおこのほか、大川（類型α）や江戸城の内・外堀（類型β）、本所・深川では小名木川、竪川などが公儀浚の対象とされた[17]。一方、そのほかの堀川はすべて自分浚とされる。一八世紀後半から一九世紀にかけての古町周辺の堀川については、類型α・βが公儀浚、類型γ・δが自分浚の場所という対応関

係を見てとることができる。

対して、享保末年以前をみてみると、事例は少ないが京橋川（類型γ）や中橋入堀（類型δ）で元禄期（一六八八―一七〇四）に公儀浚が実施されていたことが注目される。また第三節で後述するように楓川（類型γ）でも享保一七年段階で公儀浚の実施が予定されていた[18]。

ここから、古町周辺の堀川の維持管理体制を考えるうえで、享保期をひとつのメルクマールとして想定できる。以下この点について検討してゆくが、その前に一七世紀後半における江戸市中の川浚についてみておきたい。

一七世紀後半、江戸市中における川浚

江戸城の内・外堀での川浚についての記録は一七世紀初頭から見出せ、幕府または大名（御手伝普請）によって執り行われていた[19]。しかし、そのほか市中の堀川に関しては不明な点が多い。そこでまず、つぎの史料から一七世紀後半の江戸市中の川浚について考えてみたい。

［史料1］[20]

町中御堀幷方々入堀さらへ申儀、今度被仰付候間、御堀入堀さらへ出来申候以後、河岸関板成共、又ハしからみか石垣ニ成共、其町々勝手次第河岸通並能可仕候、勿論河岸江少も築出し申間敷候（後略）

［史料2］[21]

最前も如申触候、今度江戸町中御堀さらへ被成候ニ付、海道悪敷町々ハ、前広ゟこみとり之小屋本両替町河岸に有之候間、彼小屋江参置可申候、左候ハヽ、突抜江如何程も土上ヶさせ可申候、但銘々屋敷ノ地形土ニハ為致不申候間、左様ニ相心得可申候、只今日本橋ゟ北ノ方さらへ申候間、日本橋ゟ北ノ方町々之分は早々相断可申候、日本橋ゟ南ノ方さらへ申時分は、北ノ方ゟ断申間敷候、少もとりあけ不可有之候間、右之段町中念ヲ入相触可申候、

以上

史料1は寛文二（一六六二）年六月二七日の町触請状の一条目、史料2は同年七月一九日の町触で、『江戸町触集成』にみられる江戸市中における堀川の川浚に関する初出の史料群である。両者で言及される川浚（「町中御堀幷方々入堀さらへ」および「江戸町中御堀さらへ」）は同一のものと考えられる。

史料1は、江戸市中の「御堀」やあちこちの「入堀」における川浚の実施ののち、町中へ護岸整備を指示するもので、あわせて堀川への「築出し」が禁じられている。つづく史料2の前半部では、川浚実施にともなって生じる浚土を、本両替町河岸地に以前からある「こみとりの小屋」に置いておくので、「道悪敷」場所のある町々は、「小屋」から土を受け取り、町の「突抜」＝道の修繕にいくらでも使用してよいと触れられている。ただし町屋敷内の「地形土」とすることは禁止とされる。

ここで注目したいのは史料2の後半部である。ここから、当時「日本橋ゟ北ノ方」での川浚のさなかにあったことがわかる。そして「北ノ方」の町々で浚土が必要な分は、早々に（町奉行所へ）届け出て許可を得ることとされ、「日本橋ゟ南ノ方」での川浚を行う際の浚土については「北ノ方」の町々から受け取りの申出をしてはならず、またいっさい使用許可はあたえないとしている。この「北ノ方」「南ノ方」とは、古町をかたちづくる二つの地域（「惣町」）に相当すると考えてよいだろう[22]。

つぎに特筆すべきは、史料2に「江戸町中御堀さらへ被成候」（傍点引用者）とある点である。ここから寛文二年の川浚が、幕府が計画したものであったと解釈できる。その後「南ノ方」の堀川で川浚が行われたかどうかは未詳だが、少なくとも「北ノ方」の町々、すなわち日本橋川以北、神田川以南、外堀と大川とで東西を挟まれる地域内に存在する堀川で公儀浚が行われたことは確実であろう。

以降、古町周辺における川浚については不明な点が多いが、表3は、享保期初頭までの『江戸町触集成』中に見出

表 3　川浚に関する記事（寛文～享保期初頭）

	年	月日	内　容	分類	史料
1	天和 2 (1682)	3 月 4 日	［入札］**御堀浚**御普請ニ付日用人足	−	no. 1947
2	〃	3 月 14 日	［入札］札数不足ニ付再入札町触	−	no. 1950
3	貞享元(1684)	8 月 19 日	「**御堀浚**ニ付申渡御用有之」ため，町年寄奈良屋へ町名主（ヵ）の呼び出し	−	no. 2242
4	貞享 2 (1685)	4 月 4 日	［入札］**方々御堀浚**・石垣茅場江籌土手修復御普請	−	no. 2318
5	元禄 6 (1693)	2 月 22 日	［入札］**利根川埋之場浚**御普請	(a)	no. 2876
6	〃	7 月 16 日	［入札］**大手御畳蔵前**幷**代官町両所御堀浚**御普請	(b)	no. 2936
7	〃	8 月 8 日	［入札］**利根川埋之場浚**御普請	(a)	no. 2946
8	元禄 7 (1694)	5 月 4 日	［入札］**浅草御蔵入堀常浚**	(c)	no. 3095
9	元禄 9 (1696)	3 月	「**永代島上総澪通定浚**之儀，亀井町新五兵衛，小伝馬町甚兵衛，此両人請負申候」	(d)	no. 3229
10	宝永 2 (1705)	11 月 9 日	「**下総澪・川口澪両浚**御普請之浚船，頃日出兼，其上船賃高直之由，向井将監殿・逸見八左衛門殿ゟ御断有之」	(d)	no. 4079
11	宝永 4 (1707)	3 月 24 日	「**海手澪浚**被仰付候ニ付，入用諸廻船穀高を以割付，役銀廻船壱艘ゟ壱ヶ年一度宛可指出旨被仰付候」	(d)	no. 4131
12	〃	4 月 16 日	「**海手澪浚**入用之出銀」につき町触	(d)	no. 4134
13	宝永 6 (1709)	1 月 27 日	「**海手澪浚**御用ニ付，廻船・海舟・漁船，去年迄役銀差出シ候得共，当年ハ先被成御赦免候旨被申渡」	(d)	no. 4257
14	〃	2 月 26 日	［入札］**水谷町金六町新規堀貫之所埋地**および**本多隠岐守殿屋敷前川埋懸ヶ場所土掘上ヶ浚**・真福寺橋御修復・**霊岸島川埋懸場所堀上川浚**御普請入札	(e)	no. 4183 ·4210
15	正徳 5 (1715)	5 月 14 日	［入札］**御堀浚**	−	no. 5037
16	〃	5 月 25 日	［入札］**西丸幸御門御橋下・竹橋御門御橋下・清水御門升形脇・壱番町本多伊与守屋鋪前・同所谷間落口御堀浚**	(b)	no. 5045
17	正徳 6(1716)	3 月 29 日	［入札］**日比谷御門ゟ数寄屋橋御門迄・牛込御門ゟ筋違迄堀浚**	(b)	no. 5238
18	享保 2 (1717)	3 月 14 日	［入札］**堀をほり又候築立**申儀	−	no. 5343
19	〃	4 月 6 日	［入札］**龍之口ゟ銭亀橋迄・一石橋ゟ新堀口迄・龍之口ゟ新堀口迄川浚**	(b)·(e)	no. 5359
20	〃	6 月 22 日	［入札］**雉子橋ゟ神田橋迄御堀浚**	(b)	no. 5379
21	享保 3 (1718)	11 月 23 日	［入札］**赤坂市谷御堀浚**	(b)	no. 5548

註：『江戸町触集成』（塙書房）より作成（史料番号はすべて同書），ゴチックは川浚の対象とされた場所・区間をしめす．(a)—(e)については本文参照．

される川浚に関する記事を一覧にしたものである。その多くは川浚の工事請負をひろく町方から公募する「入札町触」であり、その実態は措くとしても、これらはみな幕府が計画する公儀浚である。

実施場所についてみていくと、「御堀」ないし「方々御堀」と場所が特定できないものもあるが、その大半は、利根川ⓐ、江戸城の内・外堀ⓑ、幕府施設付近の入堀ⓒ、大川口の澪筋ⓓである。ただし、表3には「水金町金六町新規掘貫之所埋地」（京橋川の一部）や霊岸島・築地内の堀川（表3―14）、日本橋川筋（表3―19）といった古町周辺の堀川ⓔと推定される事例もわずかながら見出すことができる[23]。

ここで注目したいのは、貞享二（一六八五）年に入札町触が出された「方々御堀浚」（表3―4）についてである。図2の中橋入堀の項にも記したが、明和四（一七六七）年三月の町年寄の問い合わせに対する中橋入堀沿いの町々の名主らの返答書から、貞享二年に同所で公儀浚が実施されていたことが判明する[24]。したがって、この「方々御堀」には「中橋入堀」がふくまれていたことになる。このことは、表3にみられた「御堀」ないし「方々御堀」に、享保期以降自分浚とされた古町周辺の堀川（類型γ・δ）もふくまれていた可能性を示唆している。

史料が乏しいことは否めないが、以上からつぎの点が指摘できると考える。一七世紀後半までは、請負工事のかたちで公儀浚が実施されていた。そして、早くとも一八世紀初頭までは、古町周辺の堀川において、そこが公儀浚の場所か自分浚の場所かの明確な区分は定まっていなかったのではないだろうか。

画期としての享保御救浚

筆者は、古町周辺の堀川における公儀浚と自分浚との別が、幕府によって認識ないし設定されるひとつの契機が、図2にもしめした享保一八（一七三三）年の川浚（以下、「享保御救浚」と呼ぶ）に見出せるのではないかと考える。

まず享保御救浚の概要を整理してゆこう。享保一七（一七三二）年、西日本各地は打ち続く悪天候によって大規模な飢饉にみまわれていた（享保の大飢饉）。その影響は江戸にもおよび、市中の米価高騰にともなって翌年一月には江戸ではじめての打ちこわしも発生した[25]。この窮民救済政策として幕府によって計画されたのが享保御救浚であった。

享保一八年二月から一一月にかけて、江戸城の内・外堀をはじめ、大川下流の「新大橋前三俣」「大川口ゟ湊橋迄」、そして日本橋川（「一石橋ゟ豊海橋迄」）では、大名の御手伝普請として大規模な公儀浚が実施された[26]。ここに老若男女をふくむ大量の下層民が雇用され、彼らには労働の対価として給金＝「御救」が施されたのである。

これに先立つ享保一七年一一月、中橋入堀沿いの大鋸町・下槇町の町人から町奉行所に対し、「本材木町通川筋浚被　仰付候」ことを理由に中橋入堀でも公儀浚実施をもとめる訴願が行われた[27]。このとき町奉行所からは、「来春」の「本材木町川通り御浚」を命ずるとき、再度申し出るよう町中へと指示が出されている。ここから、享保御救浚とは無関係に、享保一八年春に楓川での公儀浚が計画されており、この段階では中橋入堀でも公儀浚を行う予定であったことがわかる。

ところが、理由は不明だが、楓川と中橋入堀は享保御救浚（享保一八年）の対象とはされず、また右にみた公儀浚の計画そのものも中止とされた。これを発端として、享保一八年二月から翌年四月にかけて、かつて公儀浚が計画・実施されたことを引き合いに、楓川沿いの本材木町（一―八丁目）と中橋入堀沿いの町々（大鋸町・下槇町・南伝馬町一丁目）の町人から、公儀浚実施をもとめる訴願が町奉行所に対し度々なされることになる[28]。これらはことごとく却下されたのだが、つぎに掲げる享保一九年四月の出願に対する町奉行からの五月五日付の申渡には、以後の江戸市中における川浚についての幕府（町奉行）側の方針が記されている。

［史料3[29]］（（　）は引用者註、以下同様）

（楓川・中橋入堀は）元来　公儀ゟ浚可被　仰付場所ニ無之候、其上右之場ニかきらす京橋南紺屋町八丁堀川通り（京橋川＝八丁堀）、三十間堀木挽町川筋（三十間堀）、小網町・堀江町・伊勢町・堀留町入堀筋（東・西堀留川）ニ

罷在候材木屋・米屋共何連も船通用之所ニ候処、浚等被　仰付儀無之、是迄商売済来候、左候得者本材木町・中
橋入堀・南伝馬町（一丁目）も同様之儀（後略）

右では、楓川と中橋入堀はもともと公儀浚の場所ではないこと、そして楓川や中橋入堀に限らず、材木屋や米屋などが舟運に利用している京橋川＝八丁堀、三十間堀、東・西堀留川についても、従前に「公儀」から川浚を命じてはいないこと、すなわち、公儀浚を実施したことはないと申し渡されている。

享保一七年一一月には公儀浚が計画されており、かつ中橋入堀では過去に公儀浚が実施されていたこと、また前項で推定したように、これ以前には他の古町の堀川でも公儀浚が行われていた蓋然性が高いことをふまえると、遅くともこの時点で幕府（町奉行）側が公儀浚の対象を限定していたことがうかがえよう。

ただし、史料3は「惣町中」に対する規定・法令ではなく、あくまでも楓川および中橋入堀沿いの町中に対する申渡であって、ここには幕府（町奉行）側の見解の一端が見出せるに過ぎない。それでは、堀川の維持管理について町人らはどのように認識していたのであろうか。

享保五（一七二〇）年二月の町奉行の諮問に対する「河岸附町々」の名主らからの返答には、古町の堀川沿いをふくむ「江戸中惣船着之所」には「御公儀様浚又ハ自分浚之場所御座候」と述べられている[30]。堀川の具体的な場所は未詳だが、ここから江戸市中において公儀浚と自分浚の場所の区別が存在していたこと自体は、享保御救浚以前から河岸沿い町々の名主によって認識されていたことがわかる。

以上を、仮説を交え整合的に理解すれば、つぎのように考えられるのではないだろうか。享保期ころまで、ある堀川が公儀浚・自分浚のどちらに該当するかは一意には定まっておらず、むしろ幕府側が主体となって川浚＝公儀浚が計画・実施されたことを先例として、その堀川が「公儀浚之場所」であることを経験則的に町側が認識していたに過ぎなかったのではないか。江戸成立期以来の町＝「古町」の由緒とかつて公儀浚が計画・実施されたことを根拠に幾

度もの訴願を行った楓川や中橋入堀沿いの町人らと、これに対し事実関係を隠蔽し「元来　公儀ゟ浚可被　仰付場所」ではないとした町奉行との食い違いこそが、右の仮説を支持しているように思われる。

そして、本節冒頭でも指摘したように、事実として享保御救浚を境に公儀浚の場所が限定されるのである。すなわち、以降はさきの町奉行の中渡にみられた堀川は、すべて自分浚の場所とされ、類型α・βを公儀浚、類型γ・δを自分浚とする古町周辺の堀川の維持管理体制が定式化されることになるのである。

堀川の「押埋り」と江戸の巨大化

ここまで、江戸における堀川の維持管理体制を概観し、その転換点が、享保御救浚、あるいは享保期にあることをみてきた。最後に、一八世紀前半の古町周辺における堀川の様子を若干うかがい、これを江戸の都市構造との関係性から考えることで次節への足がかりとしたい。

享保期から宝暦期（一七五一―六四年）にかけて、江戸町人からの政策提案として多くの「新規願」がだされており、『正宝事録』「訴答之部」には、計八二件の「新規願」が見出せる。[31]出願の目的はさまざまだが、「公儀御為」ないし「御冥加」として市中堀川の川浚を実施あるいは請け負いたいと願い出ているケースが一〇件抽出できる。[32]これら訴状から、断片的ではあるがつぎのような一八世紀前期の状況を窺い知ることができる。

(a) 八丁堀にある「御組屋敷入堀」が、現在埋まっており、通船に不自由が生じているため、既存の入堀の幅と長さのとおり、私たちの「入用」で浚渫し、支障がないように仕上げること（享保五［一七二〇］年一二月）。[33]

(b) 町々の堀川（「町々ニ附有之川々」）では予想以上に浮芥がひどく、川床への落ち込みも早く、所々で水深の浅い場所が生じ、水量の多い大潮のときでも、喫水が浅い船（「少之足入船」）ですら通船が困難な場所があちこちに見受けられます（延享三［一七四六］年六月）[34]。

(a)の「御組屋敷入堀」は、八丁堀地区内にある町奉行所役人（与力・同心）の屋敷に面し、亀島川中央から西に入り込む入堀で、一九世紀の記録によれば、規模は堀幅三―五間、澪（「敷」）幅二間（ただし堀留付近では九尺）であった[35]。町方の堀川ではないが、類型δのなかでも規模の小さい堀川に相当し、一八世紀の初めには通船ができなくなるまでに入堀が埋まっていたことがわかる。

他方(b)については、堀川は特定されていないが、町方の堀川では土砂の堆積がすすみ、大潮のときでも通船が困難な場所があるとされる。またこれに続く部分では、江戸城の「御堀近所川々」、つまり古町中心部における堀川で見苦しいほどの浮芥がみられるとされている。さらに先述した享保一八―一九年の楓川・中橋入堀沿いの町人からの訴願文によれば、当時の楓川・中橋入堀は「船通行難成程埋」る状態にあったという[36]。

これらの表現には誇張があるだろうが、少なくとも一八世紀初頭から中ころにかけて、古町周辺における堀川の「埋り」が進行しつつあったことは間違いないだろう。なかでも類型γ・δの堀川の一部では、通船にも支障を来しはじめていたと推定される。

明暦大火後、江戸の都市空間構造は大きく変貌した。武家屋敷や寺社の郭外移転によって「山ノ手」地域の開発と町場化が促進されるとともに、「海手」では鉄砲州、築地、江戸南郊の海岸線付近の武家屋敷地の造成、大川東岸の本所・深川の本格的な開発がすすめられ、一八世紀初頭までに「大江戸」が形成された。これはいわば古町の内陸化、すなわち古町周辺の堀川が海から遠のくことを意味する。そして、都市域の急速な拡大が、潮の干満作用によって保たれてきた古町における堀川の水環境に多大な影響をおよぼすことにつながったであろうことは想像に難くない。

一方、この間の古町における水系構造の最大の変化といえば、日本橋川と京橋川との間に江戸成立当初からあった計九本の船入堀の大半が埋め立てられたことであろう。[37] この点について吉田伸之は、当該期までに日本橋南地区から霊岸島・築地、本所・深川地区へと物資の集散地が移転した結果、船入堀が「無用」になったとの仮説をしめしている。[38]

右のような都市機能の変容という側面からの理解は筆者も首肯するところだが、この背後には、江戸の肥大化＝水環境の変化にともなう船入堀の「押埋り」という内実が潜んでいたと考えてみたい。推測を試みれば、元禄期に実施された中橋入堀や京橋川＝八丁堀の公儀浚（図2）は、こうした「押埋り」への対処であって、船入堀の埋立もこれと表裏の動向として理解すべきではないだろうか。そして一八世紀にはいると、古町周辺の堀川（とりわけ類型γ・δ）では、川床への「押埋り」が、通船における障害というかたちで徐々に顕在化しはじめていたと考えられるのである。

三　一八世紀から一九世紀にかけての堀川の空間実態

本節では、前掲の図2を見取図として、享保期から天保期にかけての古町周辺の堀川の質的な状態とその空間的様相を長期的に復元し、類型（β〜δ）ごとの特質を抽出するとともに、それぞれの堀川が抱えていた固有の状況についても明らかにしたい。

堀川の長期持続性——日本橋川

類型βの事例として日本橋川をとりあげる。日本橋川では、一八世紀から一九世紀なかばまでに、享保一九（一七三四）年（享保御救浚）、文化五（一八〇八）年（文化川浚）、天保一四（一八四三）年（市中川々浚）の計三回の公儀浚が実施された（図２）。

まず享保御救浚から七三年が経過した、一九世紀初頭の日本橋川の状態をみてみよう。史料４は、文化四（一八〇七）年一〇月一二日、町奉行所の与力から町奉行および普請奉行にあてて提出された文化川浚の計画に関する申立書の一節である。

［史料４］[39]

右川筋（日本橋川）之儀者、数十年浚無之、両巾多別而埋り強く、岸之方江者船附兼候ニ付、巾多江桟橋等仕付置候而、夫〻船荷物揚方仕候ヶ所々有之候ニ付、自ら澪之方江船出張、此川筋通船多有之、澪巾狭く候而者甚差支混雑之様子ニ合見江申候

右から、享保御救浚以降、日本橋では川浚が実施されておらず[40]、両岸がとくに埋まり、「岸之方江者船附」が困難となっているため、「桟橋等」を突き出して「船荷物」を引き揚げている場所が散見されたことがわかる。そして「澪之方江船出張」らせて繋留しており、多くの船が往来するため、航路（「澪巾」）が狭まり、川内での混雑の原因になっているように見受けられるという。

ここで留意しておきたいのは、桟橋などを澪筋へと伸ばせば、船着きや荷揚げができたという事実である。つまり、享保期以降、川浚が行われていなかったにもかかわらず、川内での混雑を除けば、日常的な通船自体にはさほど支障がでていなかったものと考えられる。

他方、日本橋川での将軍御成の際には、たびたび弊害が生じていたようである[41]。将軍の「奥向」から「御船手組」への懸け合いによれば、「御供船」は「足入深キ」船ゆえ「汐合ニ寄」っては通船ができない状況にあった。とくに将軍の乗降場である「一石橋御上場」から日本橋までの区間の北岸の「埋り」がひどく「汐合ニ寄」っては船着きができず、代わりに両国橋際を「御召場」としたり、「鎧之渡場辺」で「御供方上陸仕繰越」て「一石橋御上場」に陸

路で向かうといったことが頻繁にあったとされる。

そもそも文化川浚は、こうした将軍御成における日本橋川での通船障害を問題視した御船手組から町奉行所への提言が発端であった。つまり、幕府側（将軍）が日本橋川を利用するうえでの支障が明らかとなってようやく公儀浚が着手されたのである。

そして、享保御救浚を普請奉行が指揮したという先例と、日本橋川筋沿いに多くの町奉行支配地（「町方持場」）があることから、文化川浚は「町方・御普請方持場共一手」に執り行われた。しかし当初、川浚を町奉行と普請奉行のどちらが主体となって計画・実施するかという管理責任をめぐって、両者の間で小競り合いが生じていた[42]。ここから、文化期においても江戸舟運の中軸を担うはずの日本橋川に対する管轄が明確に整えられていなかったことを指摘できよう。

文化川浚の後、文化六（一八〇九）年から石問屋仲間が一石橋から江戸橋までの区間について、文化九（一八一二）年から土問屋仲間が江戸橋から大川口までの区間について、それぞれ営業特権の保証に対する幕府への助成として定期的な川浚（「常浚」）を請け負うこととなった[43]。ここにようやく日本橋川を維持するためのシステムが確立されたのである。

ところが、天保一二（一八四一）年の株仲間解散令によって、これら問屋仲間による常浚請負も停止されることになった。こうした既存の維持管理体制が失われたこともひとつの要因となって実施されたのが、第一節で触れた天保末年からの市中川々浚であった。

市中川々浚のために実施された見分記録によると、天保一二年時点での日本橋川はつぎのような状態にあった[44]。川筋が「押埋」まり、「汐時」によっては将軍御成のときの「御通船」ができない状況にみまわれており、両岸には「大汐底入」のときに水面より上にあらわれる「附洲」が、幅三―一二間、高さ一尺五寸―三尺五寸ほど生じていた

（図3）。

ここから、この三五年間で、「汐時」によっては喫水の深い船での通行ができないほど川床への土砂の堆積がすすんでいたこと、その一方、両岸への「附州」は溜まっていたものの、澪筋（幅・水深）はある程度確保されていたことがわかる。

以上から指摘できる点は、日本橋川（類型β）がもっていた構造的な長期持続性、すなわち土砂堆積を長期にわたって包摂しうる堀川の耐久力であろう。享保御救浚の目的が窮民救済にあって堀川の機能不全が実質的な原因ではなかったことをふまえれば、一定の機能不全を抱えながらも、川浚なくしておおよそ一世紀にもわたって日本橋川は存続しえたのである。

他方、天保末年の日本橋川両岸への「附州」は著しいものであったが、通常の水上交通に支障を来すものではなかった。これは文化期から天保期にかけて常浚が行われていたことにもよるが、文化期にみられたような桟橋などを付き出して荷揚げを行うなどの河岸を利用する人びとの日常的なやりくりがあってこそ、長期にわたる堀川の持続が可能となったのであろう。

常態としての「川埋り」——楓川・三十間堀・京橋川＝八丁堀

つぎに類型γについて、楓川、三十間堀、京橋川＝八丁堀を事例に検討してゆく。図2からわかるように、川浚の頻度は類型βとほとんど変わらない。それでは、これら堀川も、日本橋川同様、川浚なくして通船機能を維持できたのであろうか。

（i）楓　川

楓川では一八世紀から数多くの川浚計画の存在が確認できる。これらの経緯については小林による論考[45]に詳しいが、

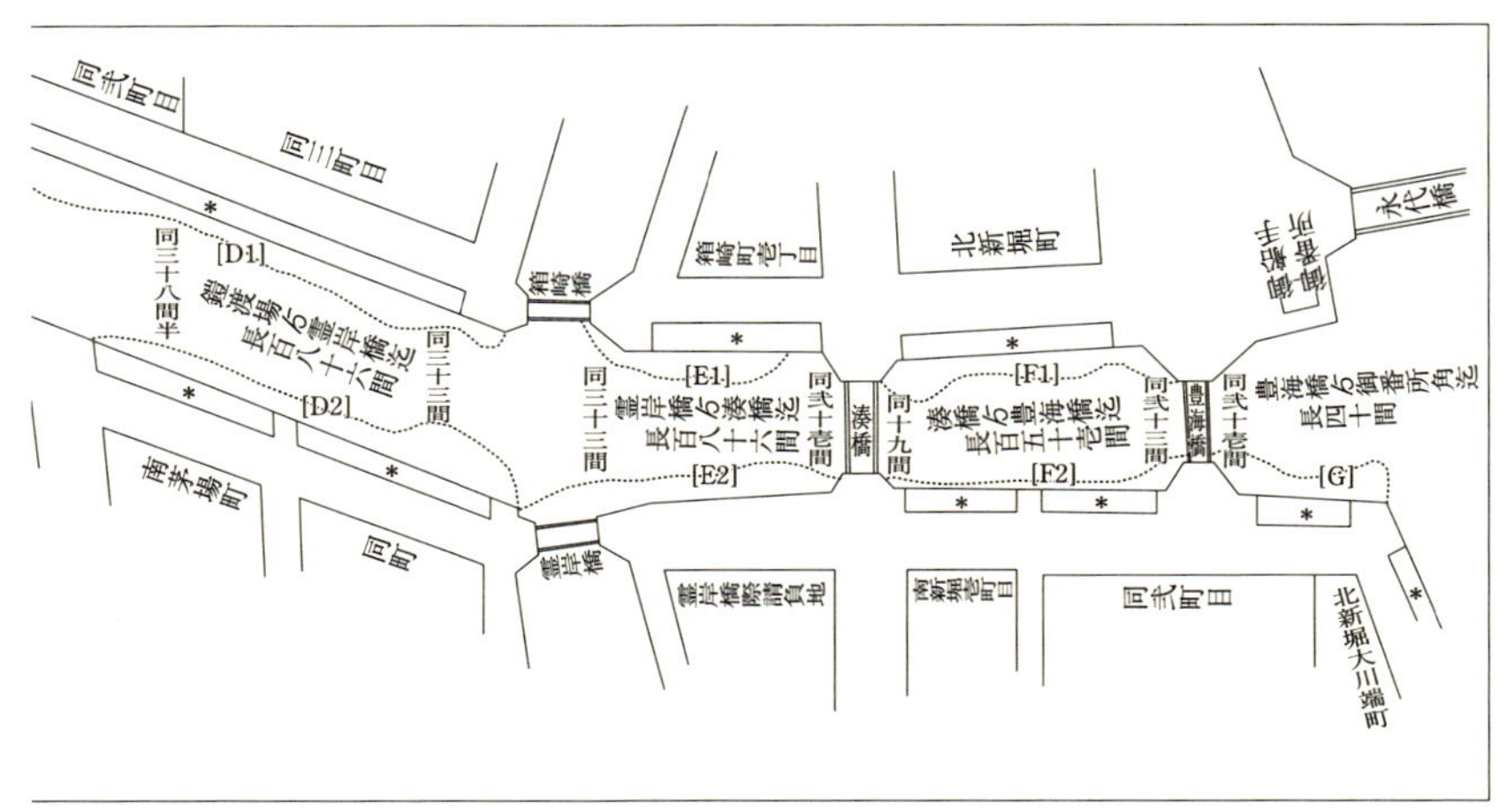

日本橋川の状態

入」）の水面（「水上端」）より上側にあらわれる「附州」の「長さ／幅／高さ」を一覧したものである．
168 間／8 間／3 尺，［C1］176 間／12 間／3 尺 5 寸，［C2］176 間／8 間／2 尺 5 寸，［D1］130 間／12 間／3 尺
／1 尺 5 寸，［F2］151 間／3 間／1 尺 5 寸，［G］41 間／5 間／1 尺 5 寸．

これに史料を補足しまとめると表4のようになる。簡潔に述べれば、幕府に対し楓川沿いの町中（本材木町一—八丁目など）や町内の商人仲間らによって川浚実施を求める訴願（①・⑥）が出され、また自分浚の計画（②—⑤）が立てられたが、天保一四年の市中川々浚（⑦）までそのほとんどが実現されなかった。

そこでまず、天保末年の川浚実施直前の楓川の実態をみておこう。

当時の楓川は「干潟同様」となっており、水量がもっとも増える「大汐」のときでさえ通船が難しく、町人らは「江戸橋蔵屋敷ゟ本材木町八丁目地先」での荷揚げができないため「他場所ニ而河岸揚」していた(46)。鈴木町肝煎名主の源七によれば、とくに本材木町三丁目から六丁目あたりでは「両側共川中澪迄も埋灌、一円ニ薄真菰其外千艸生茂」る状態であった(47)。当時、楓川東岸の坂本町に住んでいた平野弥十郎は「新場（新肴場）の川筋（楓川）は、一面にまこも生茂り埋り居、小舟壱艘通行する事ならさりし」と当時の様子を日記に綴っている(48)。

ここから、遅くとも天保一四年の段階で、楓川が本来の機

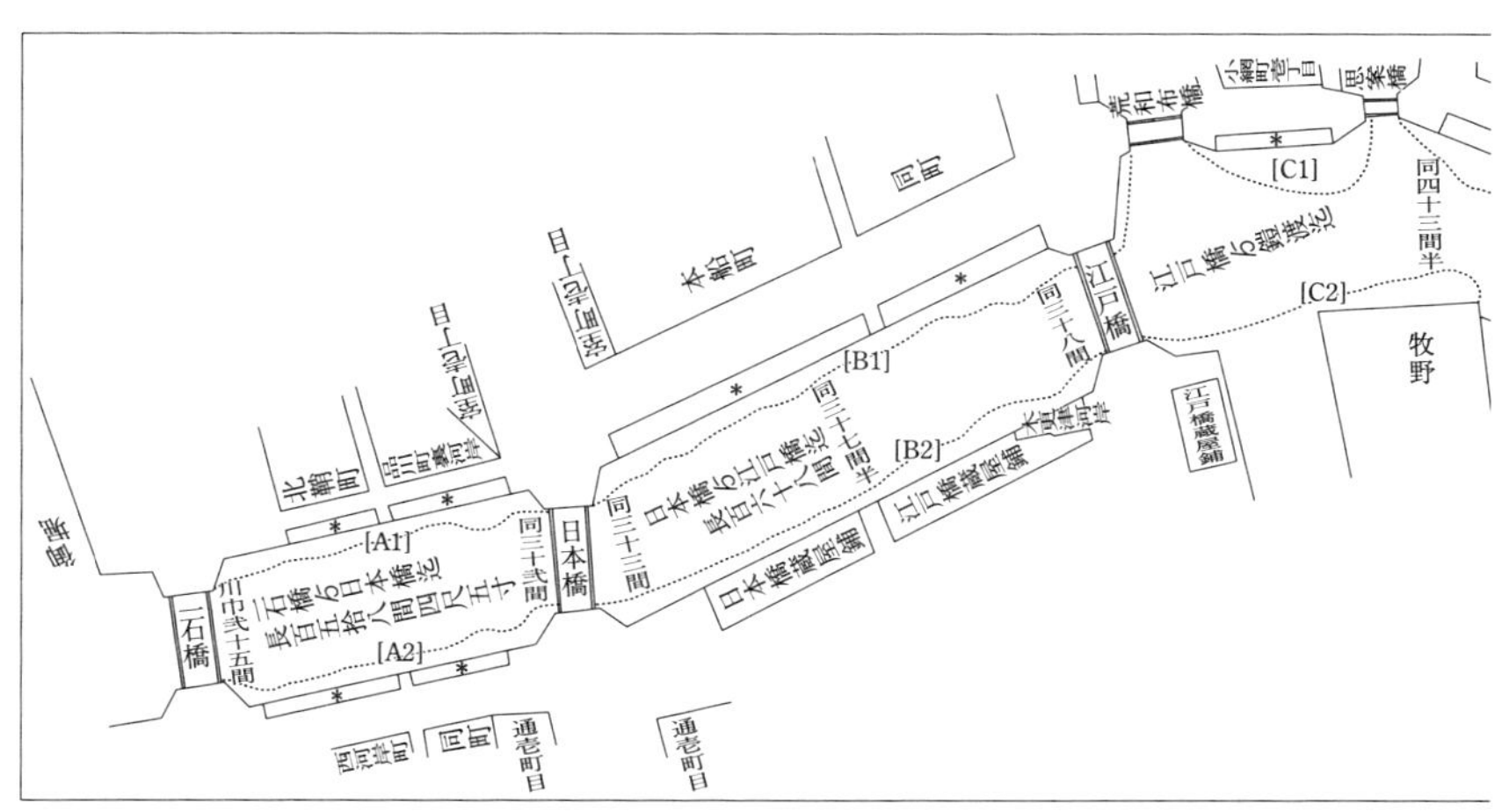

図３　天保 12 年の

凡例：点線は「附州」，＊は「河岸地」をしめす．右に掲げた寸法は，水位がもっとも低くなるとき（「大汐底
［A1］140 間／6.5 間／2 尺 5 寸，［A2］150 間／7 間／3 尺 5 寸，［B1］168 間／10.5 間／3 尺 5 寸，［B2］
5 寸，［D2］140 間／5 間／2 尺，［E1］30 間／5 間／2 尺，［E2］50 間／5 間／2 尺，［F1］151 間／3 間
註：『川筋浚書留』5，日本橋川筋浚之部（旧幕）に収録の図より作成．

能を完全に失っていたことが明らかであろう。以下、天保末年のすがたをひとつの帰結として、表4をもとに享保期以降の川浚の実施動向と楓川の質的状態をみてゆきたい。

［Ⅰ 享保〜元文期］

前節で述べたように享保一八—一九（一七三三—三四）年、楓川はすでに「小汐」のときは「船通行難成程埋」る状態となり、「筏之通行」ができなくなっていた（①）。また、このままにしては「堀筋（楓川）埋強陸同前」となってしまい、河岸が利用できず、町に住む「諸商売人」や「店借借家之者」が他の地域へ引っ越し、家主や地主の生活が立ちゆかなくなってしまうと訴えている。しかし、結果的に川浚にむけた訴願はすべて不採用とされた。

元文四（一七三九）年八月の町奉行から老中宛の上申書には、「（本材木町）川通、三十間堀之方迄段々埋り有之」とあって、享保末年ころから土砂の堆積がはじまっていたことが明らかで、この時点で「汐時」によっては通船が困難であったと推定される(49)。

表4　楓川における川浚の計画と実施動向

	年　月	内　容
①	享保18(1733)年2月—享保19年4月	本材木町および中橋入堀沿いの町の町人によって川浚実施のための出資金負担の請願や提案が町奉行所に対し計4回なされたが，すべて不許可とされた．
②	宝暦2(1752)年3月	本材木町・中橋入堀沿いの町の町人らによって町奉行所に対し，自分浚が出願される．ただし，実施されたかは不明．
③	安永9(1780)年	本材木町の町人から町奉行所を通じて「川向」の武家，町々に対し浚費用の一部負担が提案されたが（「武家方出銀幷下水落シ候町々出銀」），資金繰りがうまくいかず結果的に計画は延期となる．
④	天明5(1785)年2月	楓川東岸に屋敷を構える松平越中守から幕府に対し，屋鋪前の河岸地が手狭なため川内を幅5間ほど埋め立て「永御預り地」としたいとの申し入れがあった（以下「天明埋立一件」と呼ぶ）．これに対し川向いの本材木町四・五丁目の町人らは町年寄・町奉行所を通じて武家屋鋪地の地先部分にあたる「川幅半分」の川浚実施を越中守に要求し，これが認可され，川浚が実施された．
⑤	寛政元(1789)年	「本材木町八ヶ町」による自分浚が実施された．
⑥	文化5(1808)年5月	新肴場組肴問屋行事の本材木町三丁目家持五兵衛から町奉行に対し，日本橋川浚（「文化川浚」）にあわせて「魚船乗込候最寄」にあたる「本材木町通江入川口」付近の鋤簾浚を日本橋川浚の請負人に頼みたいとの出願がなされた．ただし，この川浚は実施されなかったと考えられる．
⑦	天保14(1843)年3-4月	本材木町三丁目新肴場組肴問屋の和泉屋三郎兵衛とそのほか2名から川浚計画が出願され，同年6月，市中川々浚の一環として公儀浚が実施された．なお，このとき「浚捨土」を利用して中橋入堀が埋め立てられることとなる．

註：①『享保撰要類集』19上，堀川浚之部，第1，3，5，9件（旧幕）／②『江戸町触集成』第5巻，6980号／③『安永撰要類集』17上，埋立地ノ部，第2件（旧幕）／④同上，『同』17中，埋立地ノ部，第17件（旧幕）／⑤『大日本近世史料　市中取締類集1』市中取締之部1，321頁／⑥『日本橋川筋竪川小名木川浚一件書留』3，日本橋之部三，第43件（旧幕）／⑦『天保撰要類集』82下，堀川浚之部，第4件，『川筋浚書留』3～4，本材木町川筋浚之部（旧幕）をもとに作成．

〔II　宝暦～天明期〕

宝暦二(一七五二)年の自分浚が実施されたかは未詳であるが(②)、天明五(一七八五)年二月、楓川を挟んで本材木町四・五丁目の対岸(「川向」)に上屋敷のあった松平越中守によって、屋敷地の地先部分にあたる楓川の「川幅半分」の川浚が実施された(④)。

これは、上屋敷前の「川内」を埋め立て「永御預り地」としたいとの松平越中守からの申し入れに対し、その見返りとして本材木町四・五丁目の町人らが川浚の実施を要求し、これが幕府に認可されたものであった。

この一件に関連して、本材木町四・五丁目月行事らへの諮問にもとづき、町年寄から町奉行所に提出された書付にはつぎのようにある。

［史料５］[50]

是迄年々（本材木町）川筋自分浚仕度、出銀割合之儀松平越中守殿其外之武家方江茂町人共兼而相願置候処、
相片付不申、自分浚延引仕罷在候

右から、この間、本材木町の町人らが楓川の自分浚実施のための出銀を、松平越中守をはじめとする対岸の武家方に対して懸け合っていたものの折り合いがつかず、川浚が延期となっていたことがわかる。また、同史料から安永五(一七七六)年の自分浚の計画も水泡に帰していたことも判明する（③）。

また、これ以前の明和八(一七七一)年三月、楓川の現状をふまえて川幅を狭め両岸を埋め立てたいとの願人が存在したことを考え合わせれば[51]、通船にどの程度の影響が生じていたかは定かではないが、少なくとも一八世紀後半から川内の「押埋り」がかなり進行していたことは間違いないように思われる。

［Ⅲ　寛政〜文化期］

本材木町二・三丁目には新肴場組の肴問屋やその仲間が店を構えており、彼らにとって河岸は船付・荷揚場であるとともに肴市場の空間でもあった。一八世紀以降、江戸には四つの肴市場があり、計九組の肴問屋仲間が存在した[52]。これに対し幕府は、寛政四(一七九二)年以降、「定揚場」以外の「他町ノ河岸」へ船を着け荷揚げすることを禁じていた[53]（以下「定揚場規定」と呼ぶ）。

定揚場規定をみると、もちろん新肴場組の定揚場は「本材木町河岸」とされるが、但書に「小汐之節ハ南茅場町河岸」とされている点が注目される。南茅場町とは、江戸橋から日本橋川を少し下った右岸にある町である。つまりこの規定から、寛政四年の時点で、「小汐」のときは楓川沿いの「宅前揚場」での荷揚げが不可能であっ

たことが明らかとなる。

定揚場規定が申し渡される三年前の寛政元(一七八九)年、楓川では自分浚が実施されていた(⑤)。かくして、この川浚が、楓川における通船機能の完全な改善を達成するものではなかったことは間違いないだろう。さらに「小汐」のときに限られるが「本材木町通江入川口」に位置する本材木町二、三丁目付近(新肴場)でさえ通船が困難であったならば、堀川全体でかなりの土砂堆積がすすんでいたことは想像に難くない。

その後、文化五年の日本橋川の川浚に際して、新肴場組肴問屋行事らが江戸橋下付近の楓川の澪筋部分(新肴場の揚場への通船路)の川浚を請負人らに要求しているが、これは一向に解消されない堀川の「川埋り」の実状を裏づけるものといえよう(⑥)。

以上から、冒頭でみた天保末年の状態は、一八世紀初頭から抜本的な川浚が実施されぬままであった楓川のすがたをしめしているのではないか。そして、遅くとも一八世紀後半から「川埋り」は常態化しており、通船機能の不全を長らく抱え込んだまま楓川が存続してきたことを物語っているだろう。

(ii)　三十間堀

つぎに三十間堀を事例に検討してみよう。三十間堀における川浚の記録が見出せるのは、管見の限り文政一一(一八二八)年と嘉永二(一八四九)年(市中川々浚)の二回のみである(図2)。

このうち文政一一年の川浚は、文政八(一八二五)年六月、芝田町五丁目次右衛門店源左衛門ほか二名が、三十間堀を自費で浚い、三十間堀町の対岸にある木挽町地先の河岸地を拝借したいと町奉行所へ願い出たことに端を発していた。(54) 源左衛門らによれば、当時「木挽町ゟ三拾間堀之間川筋埋り強く干汐之節ハ一向通船不相成」状態であったという。

これに対し、三十間堀沿いの町人（三十間堀一―八丁目の地主）からの反発は強く、彼らは「小汐之節ニ而も汐時見計平日共仮成ニ通船」ができる状態で、川浚実施が必要であれば「地主共自分浚相願浚立可申」と主張した。結果的には、従来までの地主らのもっていた河岸地の用益権を保護するかたちで源左衛門らの出願が破棄されるにいたったのだが、このとき幕府の指示によって川浚については実施されることになった。というのも、幕府側もまた、つぎのような実状をふまえ、早急な川浚の必要性を認識していたからにほかならない。

［史料６］[55]

川筋之儀埋強通船不自由之段者、先達而も申上候通相違無之、其上大汐之節ニ而も川幅一面ニハ汐満不申候故、両側岸通ハ草生ニ相成、埃芥等流寄河岸揚通船着等も悪敷候故益押埋芥溜同様見苦敷躰ニ相成居候場所も相見

（後略）

源左衛門らが申し立てたように、このときすでに通船が「不自由」になっており、「大汐」のときも「川幅一面」に水が十分には満たされないため両岸に草が生い茂るほどにまで三十間堀は「河岸揚」や通船、船着きが難しい状態に陥っていたのである。それでは、三十間堀も楓川と同様に、一八世紀後半から通船機能に支障が出るほどの「川埋り」が常態化していたのだろうか。

宝暦二（一七五二）年三月、本材木町一丁目から八丁目と中橋入堀沿いの町々（大鋸町・下槇町・南伝馬町三丁目の一部）が楓川の川浚について町奉行所へ出願したことにかかわって、町年寄から「八丁堀木挽町三十間堀炭町」（京橋炭町・京橋水谷町・南八丁堀・本八町堀町・三十間堀町・木挽町など）の月行事・名主に対し、「八町堀木挽町炭町通之川々」（三十間堀・京橋川＝八丁堀）でも川浚を行う必要があるか、との問い合わせがなされた[56]。これに対する返答書から、三十間堀や京橋川＝八丁堀でも川床への土砂堆積は起きていたものの、当時はまだ「澪通」の水深は深く、「小汐」のときでも「通船之障」にはなっていなかったことがわかる。

以降、三十間堀での川浚、ないしその状態をうかがえる史料は得られていないが、三十間堀は、その形態的特徴――澪筋の深さ――をひとつの要因として、川浚を施さなくとも一定の通船機能を長期的に（一九世紀前後まで）維持することができたのではないだろうか。文政期の争論において、地主らが河岸における内実を無視し「仮成ニ通船」ができると申し立ててまで川浚の実施を拒んだことは、三十間堀における川浚実施の先例が、文政期までまったくなかったことを示唆している。そして楓川とは対蹠的に、三十間堀をめぐる堀川沿いの町人らによる川浚の計画や、第三者による埋立出願などがまったく見出せないことをふまえると、川床への土砂堆積がすすみながらも、長期にわたって堀川の機能を維持できたと考えられるのである。逆にいえば、文政期の三十間堀の状態は、一世紀にもわたるいわば放置の結果とみることもできるだろう。

(iii) 京橋川＝八丁堀

それでは、京橋川＝八丁堀についてはどうであろうか。京橋川＝八丁堀では元禄期以降、弘化二（一八四五）年の市中川々浚まで川浚が実施されなかった[57]（図2）。先に触れたように「八丁堀木挽町三十間堀炭町」の月行事・名主らによれば、宝暦二（一七五二）年三月の時点では、京橋川＝八丁堀への土砂堆積はみられたものの通船機能には問題がなかった。

つぎの史料は、日本橋川での文化川浚実施が決定された後の文化五（一八〇八）年四月、町奉行にあてて提出された町奉行所与力らによる見分報告である。

［史料7[58]］

京橋川通見分仕候処、川内余程埋り相見候得共、大汐・中汐之節者荷積候茶船相通り、小汐ニ相成候得者小船等通船仕候、尤通船之橋間者、二間程も御座候間、見計候得者相応之筏者運送相成申候、則町役人江茂相尋候処、別紙之通書面差出申候間、奉入御覧候、以上

京橋川＝八丁堀も「川内余程埋」まってはいるものの、「大汐・中汐」のときは「荷積候茶船」の通船が可能であった。またこれに添えられた本八丁堀・北紺屋町の肝煎名主からの返答書（「別紙」）によれば、「小汐」にあっては「大茶船」や大型の筏は通ることができないが、「小船」や小型の筏であれば通行できたという。ここから京橋川＝八丁堀では、文化五年にいたってもなお通船機能に致命的な障害が生じていなかったことがわかる。

この三七年後の弘化二年、ようやく京橋川＝八丁堀での川浚が実施された。当時、外堀と接続する「丘尼橋外御掘岸」部分での土砂堆積がひどく、堀留部分には長さ平均四〇間・幅平均一八間の「寄州」ができていたという。残念ながら堀川全体の状況は見分記録からはわからないが、京橋川＝八丁堀が、日本橋川と同様、約一世紀にもわたって川浚を実施せずに通船機能を維持できたことは明らかだろう。

以上から、類型βと同様に、類型γの堀川も川床への土砂堆積にみまわれながらも、川浚なしで一定の機能維持を長期的に持続できたといえる。しかし、京橋川＝八丁堀を例外とすれば、楓川については一八世紀末ころから継続的な通船機能の不全にみまわれていたと考えられ、三十間堀については一九世紀初頭までに同様の状況にみまわれていたと推測される。つまり、規模ゆえにその存続を担保する長期持続性は類型βより弱く、川浚が実施されないままでは、一九世紀前後には「川埋り」の常態化が生じていたものと推定される。

他方、京橋川＝八丁堀は、じつに一五〇年余りものあいだ、川浚なしで通船機能を維持することができた。これは、楓川と三十間堀が「横川」であったこと、つまり、大川に直接の河口をもたなかったのに対し、同規模ながら京橋川＝八丁堀が大川に直に接する堀川であったこと、つまり、堀川内への「潮勢」を保てたという素朴ながら決定的な差が要因と考えられる。

入堀のライフサイクル――西堀留川・中橋入堀

図2からわかるように類型β・γにくらべ、類型δは明らかに川浚の頻度が高い。ここでは西堀留川と中橋入堀を事例に考えてみたい。

(i) 西堀留川

西堀留川は「米河岸」、「塩河岸」と呼ばれたように、入堀沿いの町々（伊勢町・小舟町・堀留町など）には米や塩を取り扱う問屋や仲買商人が集中しており、「穀物其外諸品荷揚等専ら弁利之川筋」であった[59]。西堀留川では、享保一九（一七三四）年から弘化二（一八四五）年までに計六回の川浚（自分浚5・公儀浚1）が確認できる（図2）。平均すれば約二〇年に一回となる。

基本的に川浚の負担者は、入堀に面した九ヶ町（伊勢町・本船町・小船町一―三丁目・堀留町一丁目・本町裏河岸・瀬戸物町・室町三丁目裏）の町人＝地主であった[60]。寛政元（一七八九）年の茶問屋（本町四丁目・大伝馬町一、二丁目・通旅籠町）の「臨時諸用帳」に残される享保期の川浚負担をめぐる争論から西堀留川の維持管理のあり方を簡単にみておこう[61]。

享保一九年六月、「組合之町々」（入堀沿いの九ヶ町）で申し合わせ、町奉行所へ出願のうえ、自分浚が実施された。その後、「荷物運送仕候者」が「芥船」へのゴミの積み移しを船上で行うことで入堀へゴミが落ち込み、また大雨のときには周辺の町々を流れる三つの「大下水」から「芥土砂等」が多く入堀へ流れ込んだ。これらが「入堀埋り」の原因になっているとして、支配名主をつうじて「組合之町々」から「商荷物着候町人・商人共」と「芥船着候町々」に対し費用の一部負担を要求する訴願がなされた。しかし、両者の折り合いがつかず、最終的に町奉行所に判断がゆだねられることになった。同年八月、先例はなかったものの「入堀より商荷物上ヶ幷芥船着候」ことを理由に、以後、西堀留川の川浚にあたっては入堀を利用する町々や商人ら（「商内荷物船着候者」および「芥船着候町々」）が「隔番」で「助金」を行うことが町奉行から申し渡されている[62]。

表5は、このとき取り決められた助金の対象者を一覧にしたものである。彼らが入堀で荷揚げを行い周辺に店を構えていた問屋、芥船業者と出入関係をもっていた周辺町々である。このように西堀留川では、入堀沿いの町人（「浚元之もの」）を基盤に、入堀の受益者である周辺町々や問屋商人らをふくむかたちで川浚を負担する仕組みが、一八世紀にかたちづくられていたのである。

表5　西堀留川の川浚費用を負担する問屋と周辺町々（享保19年）

問屋名（町名）	軒数
米問屋（本銀町4丁目，大伝馬町）	30
荒物問屋（室町3丁目）	3
紙問屋（大伝馬町1丁目，鉄砲町，本石町4丁目，本町4丁目）	32
綿問屋（大伝馬町1丁目）	6
酒問屋（瀬戸物町）	5
太物問屋（大伝馬町）	57
入堀を利用する芥船業者と契約する町々	
瀬戸物町，室町3丁目，本小田原町2丁目，本町3丁目，同4丁目，岩附町，本石町4丁目，鉄砲町，大伝馬町1丁目・2丁目	

註：『東京市史稿』産業篇，第18巻（677-685頁）より作成.

つぎに、西堀留川の空間的な様相についてもみてみたい。入堀内の様子がうかがえるのは、弘化二（一八四五）年の市中川々浚の実施直前である。この前に文化七（一八一〇）年の自分浚について触れておこう。

文化五（一八〇八）年に日本橋川で公儀浚が実施されたことは先に述べた（文化川浚）。この直後、西堀留川沿いの九ヶ町は、日本橋川内へ入堀内の「泥土」が「流出」していることを見咎められ、町奉行から川浚の実施を命ぜられた[63]。これをきっかけに行われたのが、文化七年の自分浚である。

この川浚から三三年後の天保一四（一八四三）年の見分記録には、西・東堀留川ともに土砂が埋まり「汐底入之節者干潟同様」となり通船が難しく「諸商人とも荷揚不弁利ニ而難儀」しているとあり、干潮になると「干潟」のような状態になっていたことがわかる[64]。また、河岸地に建て込んでいる土蔵下にある入堀の護岸部分の石垣では「雪崩」が起き、多くの箇所で破損がみられるという。

右の実態をふまえれば、西堀留川では、二、三〇年ほどで通船に支障を来すほどに入堀が埋まっていたことは明らかで、定期的な川浚の実施とそれをささえる仕組みがなければ、その存続は難しかったといえよう。

(ii) 中橋入堀

つぎにみる中橋入堀は、楓川中央（本材木町四・五丁目の間）から日本橋南地区へと入り込む入堀で、かつては外堀にまでつうじていた。第二節でみたように、一七世紀末までに船入堀の大半が埋め立てられたが中橋入堀は残された[65]。延宝期（一六七三―八一年）までに中橋以西が、安永三（一七七四）年には中橋以東の入堀西端の一部が埋め立てられたが、天保一四（一八四三）年の楓川の浚土によって埋立地＝請負地とされるまで存続した[66]。

中橋入堀も、西堀留川と同じく、入堀沿いの町々であった大鋸町・下槇町・南伝馬町一丁目の一部（享保期以降）の町人＝地主が川浚の負担者であったと考えられる[67]。また図2からは、一七世紀末から一八世紀半ばまでは定期的な川浚が実施されていたものと考えられる。以下二つの埋立願から、一八世紀中期以降の中橋入堀の実態をみてゆきたい。

明和二（一七六五）年二―一〇月、窮民救済政策として江戸城外堀の浚が計画・実施された[68]。実施に先立つ同年三月八日、堀浚に際して出る浚土の使途に関して、「地面不陸」な「明地」の修繕とともに、堀川の埋め立てに使用するのであれば自由に持ち運んでよい、後者については造成後に「上納地町屋」の建設を命ずる予定のため、その場所を町奉行所に申し出ること、と町奉行所から町中へと申し渡された[69]。

埋め立ての候補とされたのは、川内に州が生じており川床への土砂堆積がすすみ、ここ数年通船が行われておらず、「河岸」（河岸地と堀川内）には日常的に材木などが積み置かれ「陸地同様」に扱われているもので、「河岸付町々」の「助成」となっていない堀川であった。ここから、当時すでに不用とみなされる堀川が市中に存在したことが明らかで、亀島川北端の一部（霊岸橋際）と神田堀＝浜町入川中央部（「小伝馬町〳〵橋本町」）が埋め立てられ「上納地町家」となっている[70]。

このとき、中橋入堀を埋立地の候補とするふたりの願人がいた[71]。その経緯はつぎのようであった。

一人目の出願は入堀沿いの町々の反発によって不認可とされた（三月一九日）。二人目については町々も反対せず、町奉行や町年寄らによる数回の見分ののち、入堀を埋め立て上納町屋敷とすることが決定された（四―七月）。しかし、実施直前になって入堀沿いの町人から埋立事業を引き受けたいとの申し出がなされたことで計画が中断し、結果として計画そのものが廃案とされた（九月）。

こうして中橋入堀は埋め立てられないことになったのだが、当時、上納町家の造成地として妥当とみなされるほどの状況にあったことは間違いない。明和三（一七六六）年六月の自分浚は、この計画廃止がきっかけであったと考えられよう[72]（図2）。

天明五（一七八五）年一二月、中橋入堀を埋め立て「町並家作地」としたいと願い出る者がふたたびあらわれた[73]。願書には当時の中橋入堀が「年久敷塵芥ニて埋り、夏ニ成り候得は、まこも等生茂り、不用之堀ニ相成有之候」とある。明和三年の自分浚から約二〇年が経過し、またしても入堀が埋まり、「陸地」と化していたのである。計画は不採択とされたが、その後自分浚が実施されたかどうかは未詳である。

以後、中橋入堀に関する史料は、天保一四年に埋め立てられるまで見出せていない。この二年前、「臨時廻」から町奉行にあてて提出された上申書には、当時の中橋入堀が「平地同様」であって、数年来「不用之場所」と評されている[74]。中橋入堀は、明和、天明のときとまったく同じ状態となっていたのである。

以上から類型δの堀川では、二〇―三〇年足らずで通船に支障を来すような「押埋り」がすすんでいたとみてよいだろう。中橋入堀については川浚＝維持管理が行われず「不用」とみなされるまで放置されていたと考えられ、楓川に連接していたことに鑑みれば、一八世紀後半から一九世紀前半にかけて常態的な機能不全に陥り、その内実は長らく「陸地同様」の状態にあったのではないだろうか。他方、西堀留川の事例からみれば、類型δの堀川にとって、定期的な川浚の実施とこれをささえる堀川周辺の町や商人仲間などの共同による負担関係の構築が不可欠であったといえよう。

むすびにかえて

以上、江戸古町における堀川の類型と維持管理体制をふまえ、事例分析にもとづいて一八世紀から一九世紀中ころまでの堀川の存続のありようについて考察してきた。これらをもとに江戸の堀川が抱え込んでいた歴史的な性格を整理することでしめくくりにかえたい。

まず、古町周辺の堀川において「押埋り」は普遍的な現象であった。この要因としてはつぎの二つが考えられる。第一は人為的要因で、堀川内への「塵芥」投棄や、火事や地震によって生じる家屋廃材や焼土の堀川への「落込」である。とくに頻発する火災では大量の廃棄物が生じ、「押埋り」を格段に進行させることにつながったと考えられる。これと表裏の関係にあるのが、第二の自然的要因であろう。低地に築かれた城下町江戸の堀川は「汐入之川筋」であったため、潮汐による水の流れはあったものの、連接する堀川や下水からの浮芥の流れ込み、それにともなう州の発生や川床への土砂堆積も避けがたかった。

こうした堀川内の変化は、長期にわたる緩慢な空間変容の結果であって、変化そのものを人びとが日常的に認識することは難しいだろう。しかし、災害のように突発的かつ致命的な危機とはならないものの、堀川を確実に機能不全へといたらしめるのである。

前述したように、類型δの堀川では、二、三〇年ほどで通船に障害を来すほどの変容を強いられており、類型β・γでも土砂の堆積は同様にみられた。つまり、堀川の定期的な浚渫（「川浚」）は不可避の課題であって、その存続は、それぞれの堀川沿いの町々や、河岸を利用する商・職人らの地域的な共同関係に深く依存していたと考えられる。

他方、類型β・γの堀川でも「押埋り」が徐々にすすんではいたものの、かなりの長期間、場合によっては一〇〇年にもわたり川浚を施さなくとも機能を維持することができた。こうした長期にわたる堀川の存続は、堀川のもつ形態的・物質的特性にも起因するが、河岸に生きる人びとのやりくり――通船時間の調整や船着場・荷揚場の変更、桟橋の設置、陸送への転換など――を媒介としてはじめて可能となったであろう。

ただし、長期にわたって川浚が実施されず、一八世紀後半ころから通船が不能なまま存在し続けた堀川があったこともまた事実である。逆に、河岸の利用形態からみたとき、護岸や川際の「寄州」や「附州」は、どのような意味をもつだろうか。通船や荷揚機能がある程度確保できれば、こうした州の発生は、堀川への「築出」や「埋出」の足がかりとなり、材木や炭薪など嵩高な諸品を扱う商人にとって、物資の積置場、貯蔵場としての河岸地＝土地拡張の奇貨にもなりえたと考えることもできるだろう。そして、近世中後期にいたって江戸市中内の舟運機能は、類型αやβなどに代替・集約され、むしろ類型γやδの一部は、巨大都市の諸活動を担保する空地＝倉庫として機能したのではないだろうか。

江戸河岸における社会的・空間的な実態は、本章で明らかにした堀川の可変的な特性や質的状態をふまえたうえで把握されるべきであろう。

註

（１）長谷川堯『都市廻廊――あるいは建築の中世主義』（中央公論社、一九七五年）、陣内秀信『東京の空間人類学』（筑摩書房、一九八五年。のち『同』ちくま学芸文庫、一九九二年）など。

（２）鈴木理生編『図説 江戸・東京の水と川辺の辞典』（柏書房、二〇〇三年）、玉井哲雄『江戸――失われた都市空間を読む』（平凡社、一九八六年）、伊藤毅「インフラ都市・江戸」（『別冊都市史研究 江戸とロンドン』山川出版社、二〇〇七年）など。

（3）これらの諸研究の動向については割愛するが、なかでも吉田伸之の流域都市論は、江戸の舟運システムの構造的把握、河岸における社会＝空間の実態を把捉するうえでのひとつの到達点と考える（吉田「流域都市・江戸」『別冊都市史研究　水辺と都市』山川出版社、二〇〇五年など）。

（4）後藤新平『江戸の自治制』（二松堂書店、一九二三年）、幸田成友『江戸と大坂』（冨山房、一九三四年）、伊藤好一『江戸の町かど』（平凡社、一九八七年）など。

（5）岩淵令治『江戸武家地の研究』（塙書房、二〇〇四年）、藤村聡「近世後期における江戸武家屋敷の上水・橋々組合について」（『歴史学研究』六八二、一九九六年）、松本剣志郎「江戸武家屋敷組合と都市公共機能」（『関東近世史研究』五七、二〇〇四年）など。

（6）小林信也「近世江戸町方の河岸地について――新肴場河岸地を事例に」および同「近世江戸市中における道路・水路の管理」（『江戸の民衆世界と近代化』山川出版社、二〇〇二年、初出はそれぞれ一九九四、一九九六年）。また、堀川の支配管轄について制度的検討を行った坂詰智美『城下町江戸の「水支配」』（専修大学出版局、一九九九年）がある。

（7）吉田伸之「近世前期江戸の名主と「行政・自治」」（『伝統都市・江戸』東京大学出版会、二〇一二年、初出二〇〇四年）。

（8）『明和撰要集』七下、「道敷下水之部」第二件（国立国会図書館所蔵・旧幕府引継書、以下「旧幕」と略記）、『江戸町触集成』第七巻、八一五二号。

（9）『川筋浚書留』一―十九（旧幕）。

（10）小林は都市行政的観点から市中川々浚の意義を、株仲間の解散によって商人仲間に請け負わせていた江戸城の堀（塵芥請負人）や日本橋川（石問屋・土間屋）、竪川（材木問屋・炭薪問屋）の常浚が廃止となり、以後の堀川管理のあり方が模索されるなかで「御用達町人たちを頂点とする豪商たちを取り込み町奉行所が積極的に推進した新しい川浚」と位置づけている（前掲註(6)小林「近世江戸市中における道路・水路の管理」）。

（11）前掲註(3)吉田「流域都市・江戸」、同「「御堀端」と揚場」（『別冊都市研究　パリと江戸』山川出版社、二〇〇九年）など。

（12）『天保撰要類集』一一九下、「附録之部」第十一件（旧幕）。

（13）前掲註(3)吉田「流域都市・江戸」。

（14）前掲註(6)小林「近世江戸町方の河岸地について」、同「近世江戸市中における道路・水路の管理」。

(15) 町方の堀川に関する史料をみていくと、ゴミの投棄を禁ずるものや浮物処理を指示する町触は一七世紀半ばから多数みられるが、町中に対し堀川の浚渫を幕府が命ずるもの、つまり自分浚の実施を勧告するものはほとんど見出せない。
(16) 文政一一(一八二八)年に三十間堀では公儀浚が実施された。しかしこれは、幕府出金で川浚を行い、浚土を使って三十間堀沿いを埋め立て、その埋立地から得られる地代(「河岸地冥加金」)を幕府へ上納し返済するという、特例的な措置であり、内実としては自分浚であったと考えられる(『三十間堀横川共浚幷河岸築立日記摘書』一〔旧幕〕)。この川浚については前掲註(6)小林「近世江戸町方の河岸地について」に詳しい。
(17) 『東京市史稿』港湾篇(第一―三巻)には、これら堀川での川浚に関する史料が多数ふくまれており、公儀浚の場所とされていたことが確認できる。なお、堅川については別途検討し、部分的には自分浚も実施されていたことが分かっている(拙稿「江戸、本所・深川における堀川の空間動態――浚渫・堆積・浸水」人間文化研究機構広領域連携型基幹研究プロジェクト「地域文化の再構築」国文研ユニット「人命環境アーカイブスの過去・現在・未来に関する双方向的研究」主催国際シンポジウム「近世都市の常態と非常態――水路・川・洪水」報告原稿、二〇一八年)。
(18) 『享保撰要類集』十九上、「堀川浚之部」第一件〔旧幕〕
(19) 前掲註(6)坂詰『城下町江戸の「水支配」』。
(20) 『江戸町触集成』第一巻、三五〇号。
(21) 同右、三五五号。
(22) 前掲註(7)吉田「近世前期江戸の名主と「行政・自治」」。
(23) 表3―19は場所の比定が難しいが、ここでは、「新堀口」とは日本橋川下流にあたる湊橋―豊海橋間の名称である新堀(「武州豊嶋郡江戸庄図」)の河口部をさすものと解釈した。
(24) 『江戸町触集成』第七巻、七九七四号。
(25) 吉田伸之「近世都市と諸闘争」(『近世巨大都市の社会構造』東京大学出版会、一九九一年、初出一九八一年)、岩田浩太郎「打ちこわしと都市社会」(『岩波講座　日本歴史』第一四巻、近世四、岩波書店、一九九五年)。
(26) 『江戸町触集成』第四巻、六二七三・六二七四・六二八〇・六二八五―八九・六三〇三―〇五号、『東京市史稿』産業篇、第一三巻(八五一―八五六頁)など。
(27) 前掲註(18)史料。

(28)『享保撰要類集』十九上、「堀川浚之部」第三、五、九件（旧幕）。
(29) 同右、第九件（旧幕）。
(30)『江戸町触集成』第四巻、五六三七号。
(31) 同右、第三—五巻。「新規願」については、塚本明「都市構造の転換」（『岩波講座 日本通史』第一四巻、近世四、岩波書店、一九九五年）に詳しい。
(32)『江戸町触集成』第四巻、五六三七・五六九五・五七九五・六二六三・六四四四号、『同』第五巻、六五二〇・六七九一・六八六九・六九六五・七一三五号。
(33) 同右、第四巻、五六九五号。
(34) 同右、第五巻、六七九一号。
(35)『南撰要類集』一〇—四、「組屋敷之部」、第二十九件。なお同史料から「御組屋敷入堀」では、寛政一〇(一七九八)年、文化一〇(一八一三)年、文政一〇(一八二七)年に川浚が実施されたことがわかる。
(36) 前掲註(28)史料。
(37)『東京市史稿』港湾篇、第一巻、六一七—六一九頁。
(38) 吉田伸之『都市——江戸に生きる』（岩波新書、二〇一五年）六〇頁。
(39)『日本橋川筋竪川小名木川浚一件書留』一、「日本橋川筋浚之部 壱」第六件（旧幕）。
(40)「一石橋より大川口迄」の「両河岸付町々」の月行事・名主らから町年寄への上申書に、「七拾五年已然享保一八丑年六月中、一石橋より大川口迄川筋御入用ニて御浚御座候由承伝申候而已ニて、出州致出来候節町々より御願申上、州浚致儀及承不申候」とあり、町人らによる川浚も行われていなかったことがうかがえる（『江戸橋蔵屋敷其外最寄旧記』文化四年五月条〔旧幕〕）。
(41)『日本橋川筋竪川小名木川浚一件書留』一、「日本橋川筋浚之部 壱」第三件（旧幕）。
(42) 同右、第二・三件（旧幕）。
(43)『東京市史稿』産業篇、第四十七巻、五五五—五八五頁、『江戸橋ゟ大川出口迄 定浚一件書留』（旧幕）。
(44)『川筋浚書留』五、「日本橋川筋浚之部」（旧幕）。
(45) 前掲註(6)小林「近世江戸町方の河岸地について」。

(46)『川筋浚書留』三―一、「本材木町川筋浚之部」（旧幕）。
(47)『市中取締類集』一、市中取締之部一、三三二頁。
(48)桑原真人・田中彰編著『平野弥十郎幕末・維新日記』（北海道大学出版会、二〇〇〇年）一二二頁。
(49)『享保撰要類集』十九上、「堀川浚之部」第十四件（旧幕）。
(50)『安永撰要類集』十七上、「埋立地ノ部」第二件（旧幕）。
(51)『坂本町旧記』地（旧幕）、『日本橋区史』第二冊、七八頁。
(52)吉田伸之『成熟する江戸』「第四章 市場に集う人びと」（講談社、二〇〇二年）を参照。
(53)『日本橋魚市場沿革紀要』上、四五―四六丁。
(54)前掲註(6)小林「近世江戸町方の河岸地について」。
(55)『三十間堀横川共浚幷河岸築立日記摘書』一（旧幕）。
(56)『江戸町触集成』第五巻、六九八〇号。
(57)同右、第四巻、六三一五号。元禄期の川浚については、享保一九年三月の町年寄の尋問に対する京橋川＝八丁堀沿いの町名主らの答申からわかるもので、当時から「四拾年程前」に「常浚請負人ぢよれん浚」が行われたという。
(58)『日本橋川筋竪川小名木川浚一件書留』三、「日本橋川筋浚之部 三」第三十四件（旧幕）。
(59)『荒和布橋ゟ室町堀留迄 町々自分浚一件書留』（旧幕）。
(60)同右。
(61)『東京市史稿』産業篇、第十八巻、六七七―六八五頁。なお、元禄一四（一七〇一）年から享保一〇（一七二五）年までの伊勢町・町役人の記録である「伊勢町元享間記」（『鼠璞十種 第二』国書刊行会、一九一六年、四〇一―五〇六頁）には、西堀留川での川浚の記録は見出せない。
(62)史料中にみられる「隔番」の具体的内容については未検討である。
(63)『荒和布橋ゟ室町堀留迄 町々自分浚一件書留』（旧幕）。
(64)『川筋浚書留』十二、「荒和布橋思案橋川筋浚之部」（旧幕）。
(65)鈴木理生『幻の江戸百年』（筑摩書房、一九九一年。のち『江戸はこうして造られた』ちくま学芸文庫、二〇〇〇年）。
(66)『江戸城下変遷絵図集 御府内沿革図書』第七巻（原書房、一九八六年）。

(67) 前掲註(18)・(28)史料。
(68) 『江戸町触集成』第六巻、七八一三・七八一九―二一・七八二八・七八三三―三四・七八五六―五七・七八七〇号。
(69) 同右、七八一九号。
(70) 亀島川については『明和撰要集』二十二上、「埋立之部」第四件（旧幕）、神田堀＝浜町入川については『瀧閑橋川筋新材木町入堀川浚一件』（旧幕）を参照。なお霊岸橋際の埋立に関しては、片倉比佐子『江戸八百八町と名主』（吉川弘文館、二〇〇九年）に詳しい。
(71) 『江戸町触集成』第六巻、七八二一号。
(72) 同右、第七巻、七九七四号。
(73) 『東京市史稿』産業篇、第二十九巻、八六七―八六九頁。
(74) 『市中取締類集』一、市中取締之部一、二五頁。

第6章　江戸河岸の片影
——神田堀と材木仲買

はじめに

江戸町方を流れる堀川沿いには多数の河岸地が存在した。これら堀川沿いの土地は、近世をつうじて公儀の土地（「公儀地」）であり、原則として居住（「火焚」）は禁止され、幕府によるさまざまな規制策や諸制度もあったが、町人らによって船着場や荷揚場、荷置場、作業場として私的に利用されていたことはよく知られている(1)。

こうした河岸地の実態については、一九九〇年代以降の吉田伸之や小林信也らの研究によって具体的に明らかにされてきた(2)。これらによれば、江戸の河岸地には、町という社会＝空間を枠組みとしながら、その用益や管理をめぐって重層的・複合的な権利関係が存在し、特定品目を扱う問屋や仲買商人らの活動拠点となり、これに従属ないし吸着する多様な日用稼ぎ層（川並鳶・小揚人足・車力など）が分厚く展開する固有の社会＝空間が形成されていた。

また吉田には、右の議論に関連して江戸市中の交通・運輸機能の主役たる堀川のネットワークの実態を流通構造との関係から検討した一連の研究(3)もあり、都市内部の小規模な湊＝ターミナルとして機能した河岸の具体相をより立体的に描くことに成功している。本章もこうした諸研究のなかに位置づけられるものである。

しかし、右にみた一連の研究では〝河岸地〟の存立要件であるはずの〝堀川〟——そもそも堀川が存在しなければ河岸地とはいえない——が、長期的かつ持続的に機能（主に舟運機能）していたことが自明視されており、歴史的時間における堀川の質的な状態が見過ごされてきたと考える。そこで前章では、江戸町方での川浚の実施動向を手がかりに、市中堀川での「川埋り」が普遍的な現象であり、なかには長らく舟運機能に障害を抱えこんだまま存続していた堀川が存在していたことを明らかにした[4]。

こうした問題意識と指摘を前提に、本章では、日本橋北と内神田との境界部に東西に流れていた神田堀を事例としてとりあげてみたい[5]。結論をさきに述べれば、神田堀一帯には一八世紀末ころから一九世紀初頭までに材木仲買商が集中する江戸最大の材木屋街が形成され、河岸沿いは仲買らによる材木市場の様相を呈していた。しかし、こうした状況に反して、一八世紀後半から一九世紀初頭にかけて、神田堀は文字通り埋まっており、通船がまったくできない状態にあった。それでは、このような従来のイメージからは乖離した堀川の内実をふまえたとき、江戸の「河岸空間」[6]はどのように把握できるだろうか。

まず第一節では、神田堀沿いの空間形成を概観し、つづく第二節では、江戸の材木仲買の存在形態と仲間組合の展開を検討する。以上の考察を前提に、第三節では、材木仲買の店が神田堀沿いに集中的に立地していたこと、神田堀の長期的な質的状態を明らかにしたうえで、材木仲買商の櫛比する河岸空間の実相にせまりたい。

一　神田堀地帯の形成と空間構成

本節では、議論の前提となる神田堀の成立および周辺地域の形成と空間構成について述べることとしたい。

神田堀と本銀町土手

神田堀が明暦の大火以降に掘削されたことは確実だが、その正確な年代は判然としていない。そこで以下、地誌や絵図類を主な資料として神田堀の形成年代について推定する。まず、神田堀南岸にあった本銀町土手の成立からみてゆこう。

明暦三(一六五七)年一月の大火によって灰燼に帰した江戸は、復興にあたって都市域を大きく拡大させた。郭内にあった武家屋敷や寺社の多くが郭外へと移転され、市街地増設のため本所・深川の低湿地の開発もはじめられた。一方、市中内部には防火帯として広小路や火除明地、火除土手などが多数設置されたが、このとき造成された火除土手のひとつが本銀町土手である(7)。

本銀町土手は、万治二(一六五九)年の江戸川の川浚によって出た浚土によって造成されたという。「明暦江戸大絵図」(明暦四[一六五八]年ころ)と「新板江戸大絵図」(寛文一〇[一六七〇]年ころ)とを見くらべてみると、おもに本銀町通り北側の町地が召し上げられるかたちで、火除土手がつくられたことがわかる(図1)。また、寛文一〇年の段階では、神田堀が描かれていないことに注意しておきたい。

神田堀は、この本銀町土手北辺を沿うように流れる。外堀から枝分かれし、龍閑町と本銀町の間を東へと流れ、橋本町・馬喰町より南に折れて浜町入川に接続し大川口へと注ぐ。

一九世紀初頭から幕末にかけて「普請方」によって編纂された『御府内往還其外沿革図書』には、土手北側にあった龍閑町・新革屋町・元乗物町・佐柄木町・岩本町などの町屋敷地の一部が、天和年中(一六八一―八四年)に上地され、その位置に神田堀が「元禄四年未年堀出来橋々掛」けられたと記されている(8)。

他方、江戸の地誌類をみると、享保期に出版された『江戸砂子』(一七三二年)や『江戸名勝志』(一七三三年)には、「銀町封疆(土堤)」とともに「神田堀」が項としてあげられ「天和年中」に掘削されたとする(9)。ただし、貞享四(一六八七)年刊の『江戸鹿子』には「銀町土手」はとりあげられているものの、神田堀をはじめ、当堀川に架かる橋につ

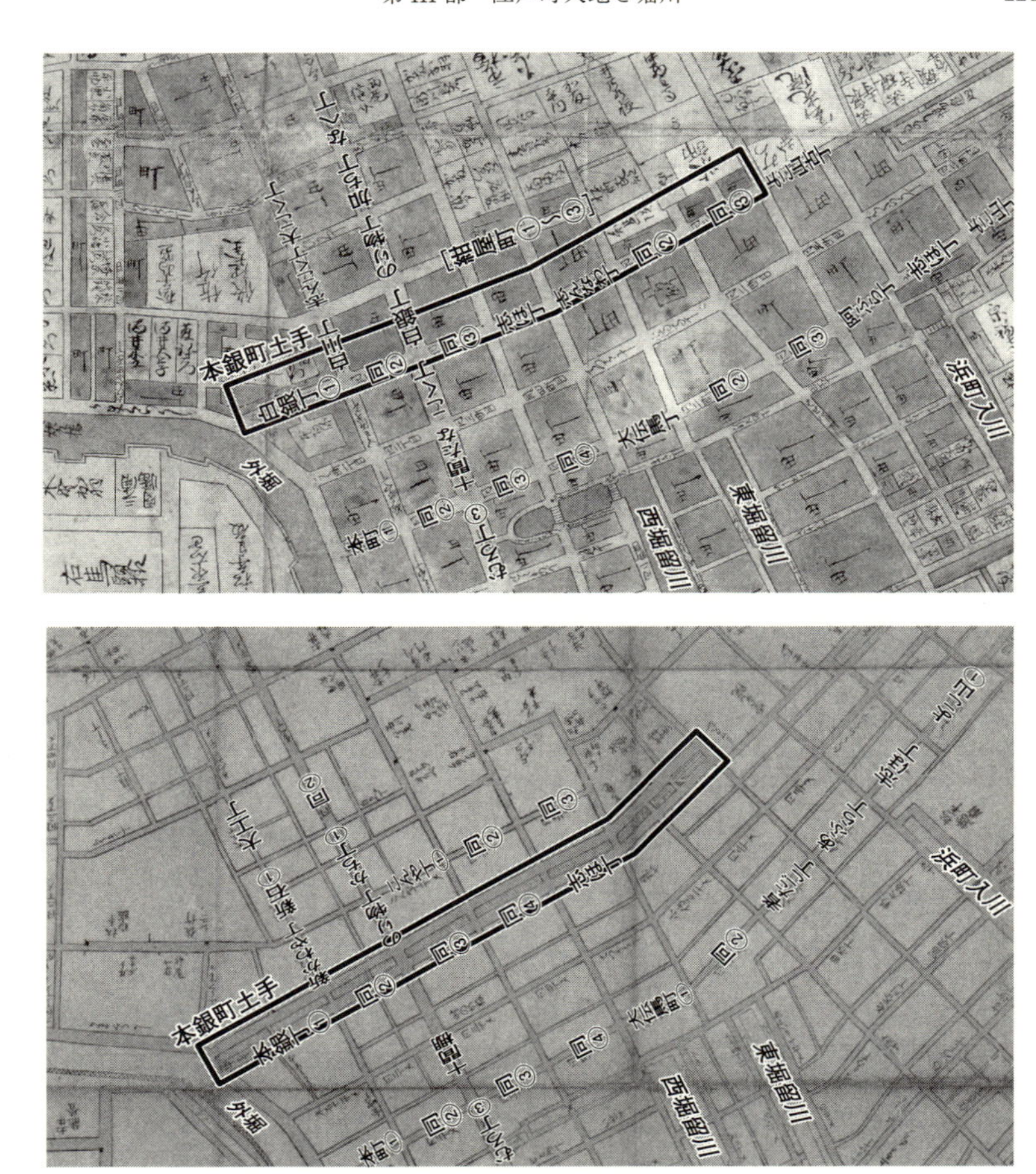

図1（上）「明暦江戸大絵図」（三井文庫所蔵［之潮，2008年］より作成）
（下）「新板江戸大絵図」（国立国会図書館所蔵より作成）

いての記述は確認できない[10]。

いずれも後年に編纂されたものではあるが、以上から、神田堀の成立は、天和元（一六八一）―元禄四（一六九一）年であったと考えてよいだろう。そして、堀川掘削にあたって、本銀町土手北側にあった町々（龍閑町―岩本町）は、おおよそ八間前後＝川幅分の土地が召し上げられることとなったのである。

本銀町土手蔵と火除明地

つづいて、一八世紀前半までの神田堀周辺の空間変容について、神田堀南岸と北岸とに分けてみていこう。

本銀町土手の築造後、これを「土手蔵」にしたいと町奉行所に願い出る町人が多くいたようで、正徳三(一七一三)年九月、西紺屋町権左衛門・松下町長十郎・上槙町善吉らがはじめて請負人に命ぜられた。しかし、彼らは「土手之土石等」を売り払い、一部の土手を取り崩し「平地」としただけで、土手蔵を建設しないままに病死してしまった。そのため、町奉行所から新たに請負人七人(「土手蔵主」)が仰せ付けられ、享保五(一七二〇)年一一月までに本銀町一丁目から小伝馬上町までの土手蔵を完成させた。

つづく享保一一(一七二六)年三月には、土手蔵主らの出願によって町奉行所から土手蔵を「瓦葺蔵」とすべき旨が申し付けられている[11]。出願時には「町屋ニ者不仕」とされ、蔵内での火焚は許可されていなかったようだが、一八世紀後半には「住居蔵地」となっていたようである[12]。

他方、神田堀北岸では、享保年間(一七一六―三六年)の度重なる火災にともなう周辺町々の類焼を直接の契機として、火除明地がつぎつぎと設定されていった[13]。

◇享保四(一七一九)年二月一四日

下谷より出火、日本橋北辺まで類焼[14]。元乗物町東側、兵庫屋鋪、本銀町会所屋敷、神田佐柄木町代地、紺屋町一―二丁目南側、紺屋町二町目横町が「火除御用地」として上地。この「立跡」のうち、神田堀沿いの北側「五間通」が「拝借蔵地」として右の「七ヶ所之者共」へ貸し渡され、残りは「明地」とされた。

◇享保五(一七二〇)年三月二七日

中橋より出火、日本橋、神田、下谷、上野、千住まで類焼[15]。小伝馬上町、紺屋町二丁目横町、同三丁目南側、神田九軒町、道有屋敷、岩本町、岩井町一―二丁目などが「火除御用地」として上地。ただし「九軒町、小伝馬

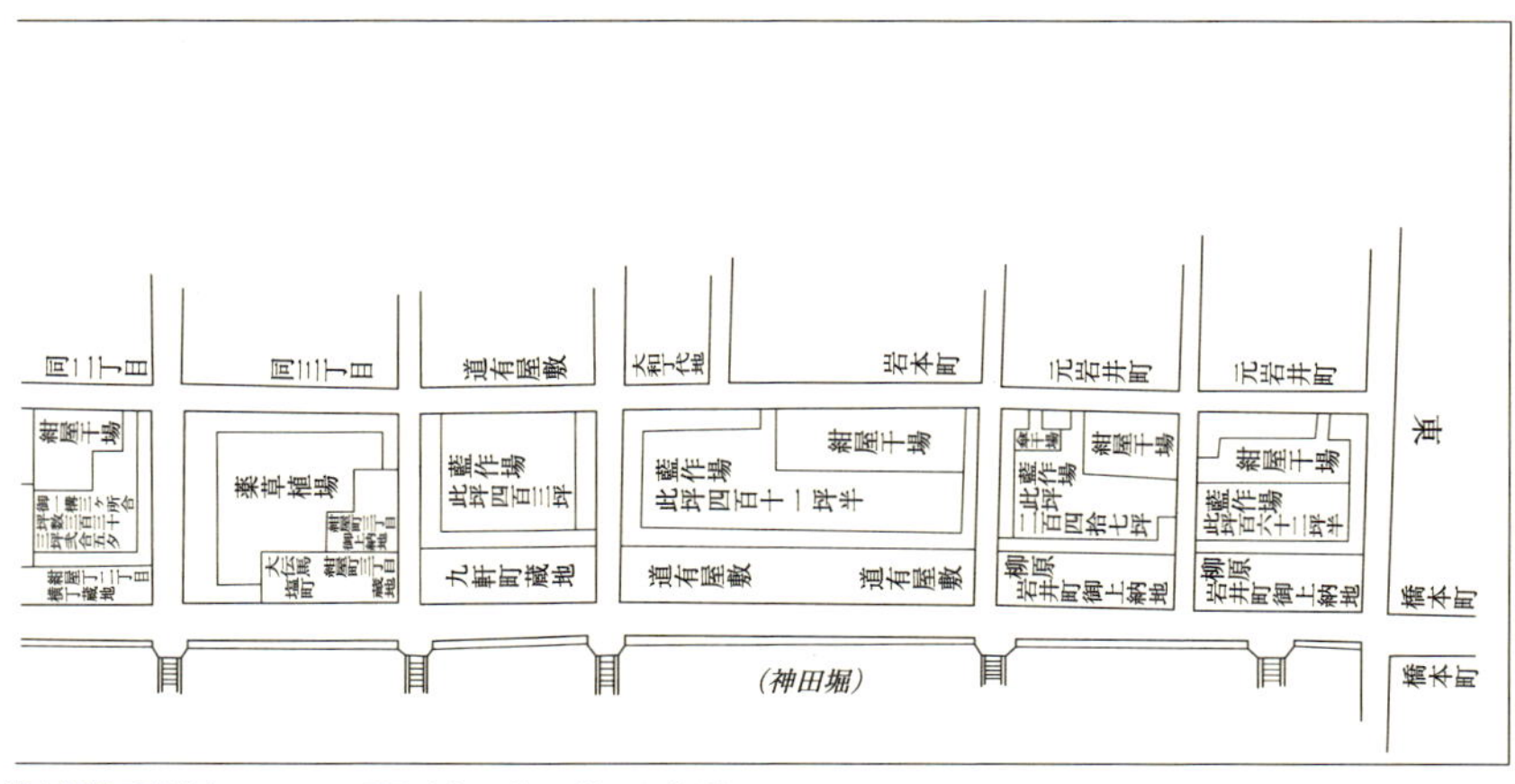

(『享保撰要類集』7下ノ7，明地之部，第73件より作成)

上町、道有屋敷之者共」には神田堀北岸の「八間通り」が「拝借蔵地」として渡された。そのほか「紺屋町立跡」の一部は安部友之進の「薬草植場」とされ、残る明地は「紺屋干場」「植溜」などの上納地として利用された。

◇享保七(一七二二)年一二月六日

神田新銀町より出火、神田周辺が類焼(16)。龍閑町、四軒屋敷、大和町、新革屋町、元乗物町西側などが「火除御用地」として上地。このうち元乗物町・四軒屋敷・龍閑町には神田堀沿いに「八間通」の「蔵地」が下し置かれた。そのほかは基本的に明地とされたが、「新革屋町・大和町立跡」は野嶋新左衛門の拝領屋敷とされ、「商番屋」「紺屋共干場」「植溜」など上納地としても利用された。

これら火除明地は明地沿いの町々に「預ヶ置」かれ、町屋敷を接収された町々には神田堀沿いの元地部分に「蔵地」が割り渡されたほか、内神田地域を中心に「代地」があたえられた(17)。なお、神田堀沿いに下し置かれた「蔵地」「拝借蔵地」は、すべて土蔵造が命じられた居住可能な蔵地であった(18)。

図2は、享保九(一七二四)年四月、江戸市中の「所々明地」の取り調べをもとに町奉行所が作成した絵図面である(19)。ここから、神田堀北岸に

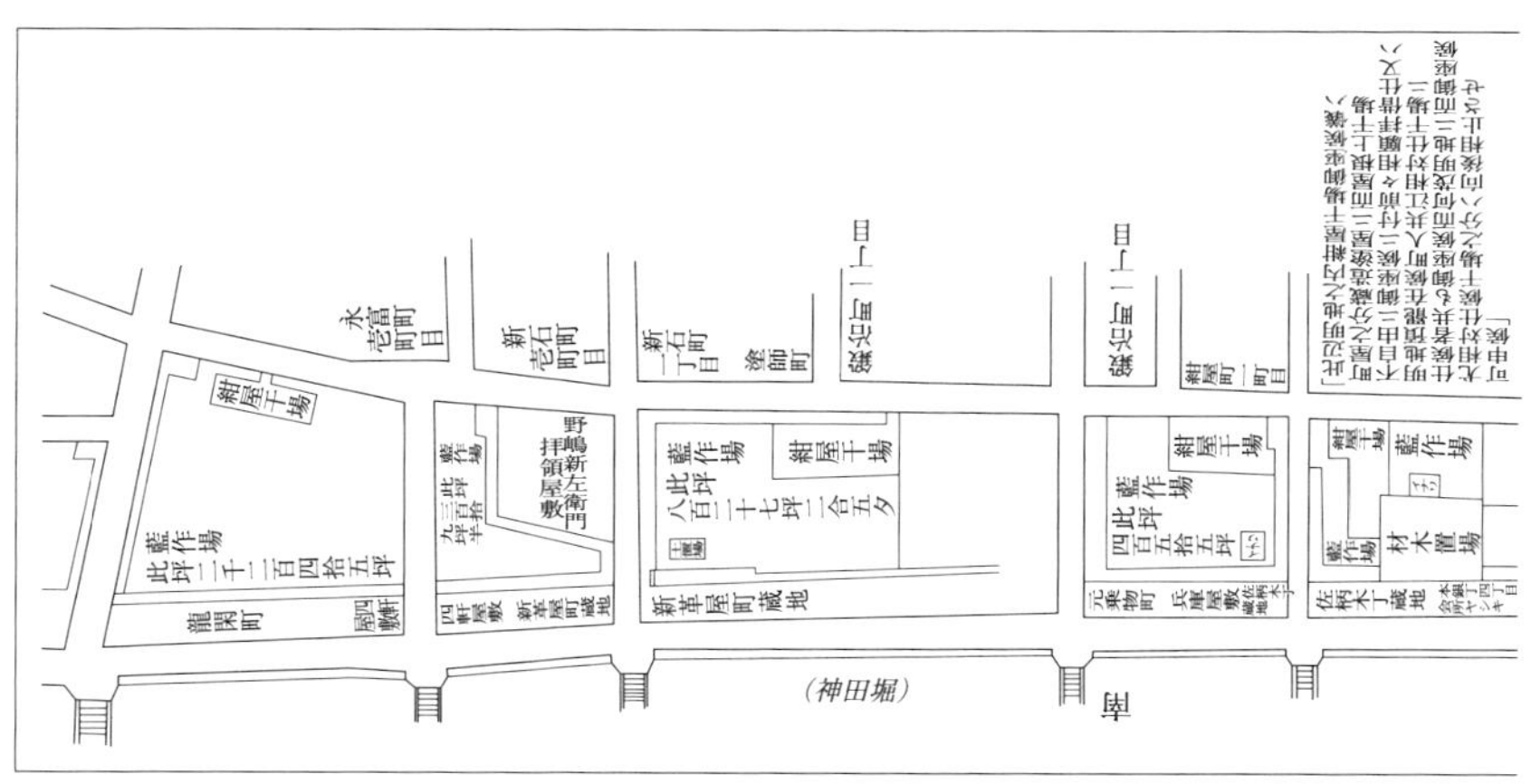

図2　享保9年，神田堀北岸の火除明地

道を挟んで五―八間幅の一皮分の町地＝元地が展開し、その背面に火除明地がひろがっていたことが読み取れ、そのほとんどは「紺屋干場」「藍作場」として用益されていたことがわかる。次節以降で検討する材木仲買との関連からいえば、「佐柄木丁蔵地・本銀丁四丁目会所ヤシキ・紺屋丁二丁目横丁蔵地」北側の明地中央に「材木置場」が存在する点が注目される。これら明地は、「預ヶ置」かれた町人＝家主らによって管理されていたことから、その助成として彼らの差配のもと商人らに貸し付けられ、非居住の仮設施設（干場・物置場・床見世など）として利用されていたと考えられる。

その後の明地の利用や管理については未検討だが、遅くとも一八世紀半ばには明地内に「御用張物場、材木置場、稲荷社、大下水土揚場、自身番屋、床番屋其外紺屋共物干場」が存在し[20]、一九世紀初頭には、その一部が「拝領地・拝借地」として利用されていた[21]。すなわち、火除明地とされながらも、実際には図2と類似した利用形態が一九世紀まで続いていたと考えてよいだろう。

神田堀地帯の空間構造

右にみてきたように、神田堀沿いの町々の空間的な骨格は一八世紀前半までにかたちづくられたと考えられる（以下、これを「神田堀地帯」と呼びたい)。つづく一八世紀後半から一九世紀にかけての大きな変化は次の三つである。

第一は、明和二(一七六五)年四月、神田堀と浜町入川との連接部にあたる柳原岩井町上納地・亀井町・橋本町一丁目・馬喰町一丁目・小伝馬町三丁目の地先の堀川が埋め立てられ、上納町屋敷地とされたことである。[22] 町屋敷の奥行は五間半—七間程度で、埋め残された堀川は約二間の大下水として活用された。この埋立によって神田堀と浜町入川相互の船による行き来はできなくなったと考えられる。

第二は、文政一二(一八二九)年一一月から一二月にかけて、神田堀北側の火除明地南端に、計一〇ヶ所の「火除土手」(幅一〇間)が新たに築き立てられたことである。[23] 火除明地の一部を拝領、拝借していた者(「拝領地・拝借地之向」)へは「残地」から代地が割り渡された。さらに残る明地は、土手沿いの町人らの管理下のもと「上納請負地」とされ、従来通り「蔵地・物置・物干場・床見世」として利用させ、その上り高を幕府へと上納することが取り決められた。

第三は、安政四(一八五七)年、神田堀が川幅二間を残すかたちで北岸——龍閑町から小伝馬上町代地までの地先——が埋め立てられ、講武所附今川橋埋立地＝町屋敷地とされたことである。[24] この埋立には、文政一二年に造成された火除土手の土が転用され、土手跡地は町会所附神田請負地＝町屋敷地となった。詳細は不明だが、安政二(一八五五)年の大地震からの復興にかかわる都市改造であったと思われる。こうして神田堀は、一九世紀半ばに、その大半が失われたのである。

図3は、神田堀地帯を構成する一九世紀前半(文化期[一八〇四—一八年])における町の空間を、明治期の地図をベースに復元したものである。[25] なお表1には、神田堀北岸の所有者や宅地規模(明治九[一八七六]年)を整理した。

図3をもとに、本節のまとめとして近世中後期における神田堀地帯の空間構造の展開と特徴を摘記すればつぎのようになる。

表1　神田堀地帯の町の構成と町屋敷所持者

#	所有者	坪	近世	明治9年
1	三谷三九郎	258.91	龍閑町	千代田町
2	会議所附	225.33	本銀町四軒屋敷	
3	西村小市	98.2		
**********************				
4	江沢松五郎	128.0	本銀町四軒屋敷	千代田町
5	外山弥助	164.67	新革屋町	
**********************				
6	鈴木平三郎	160.66	新革屋町	千代田町
7	山岡秀宣	117.16		
8	朝倉伊兵衛	128.2		
9	小高啓次郎	58.1		
10	［判読不能］	125.0		
11	岡田平右衛門	64.0		
12	同人	40.0		
13	青木禎吉	173.3	元乗物町	南乗物町
14	同人	108.3		
**********************				
15	森江徳右衛門	77.5	元乗物町 + 兵庫屋敷 + 佐柄木町蔵地	南乗物町
16	大水幸太郎	77.5		
17	黒崎与八	77.5		
18	鶫川幸吉	77.5		
19	森江徳左衛門	77.5		
20	小出三右衛門	77.5		
21	同人	77.5		
22	小野善次郎	77.5		
23	遠藤藤助	77.5		
24	荏戸竹次郎	130.0		美倉町
25	茂野岩兵衛	65.0		
26	佐伯準吉	58.5		
**********************				
27	小嶋長兵衛	120.25	佐柄木町蔵地 + 本銀町会所屋敷 + 紺屋町二丁目・横町蔵地	美倉町
28	同人			
29	柴田吉兵衛	65.0		
30	小津清左衛門	130.0		
31	馬場仁兵衛	65.0		
32	松本六右衛門	65.0		
33	久次米庄三郎	65.0		
34	小島勘兵衛	65.0		
35	荏戸竹次郎	65.0		
36	小島勘兵衛	65.0		
37	山田二兵衛	65.0		
38	室井喜代三郎	120.25		
39	同人			
**********************				
40	前野安次郎	130.0	幸伯屋敷	材木町
41	室井［判読不能］	111.76	大伝馬塩町 + 紺屋町三丁目上納地	
42	岡崎富蔵	97.16		
43	川喜田与右衛門	67.16		
44	石崎太助	205.48		
**********************				
45	野口善吉	130.0	神田九軒町	材木町
46	中島清助	130.0		
47	同人	155.86		
48	同人	97.42		
**********************				
49	藤田惣八	176.0	道有屋敷 + 小伝馬上町代地	材木町
50	遠藤孝右衛門	66.66		
51	中村庄次郎	104.83		
52	今井鉄之助	151.1		
53	同人			
54	橋本富八	156.25		
55	同人	62.5		
56	小谷徳次郎	［判読不能］		
57	同人			
58	同人	84.5		
59	同人	29.25		
60	同人	42.0		
61	同人	49.0		
**********************				
62	宮内忠兵衛	55.53	柳原岩井町上納地	材木町
63	三崎芳之助	111.06		
64	清水二三郎	46.97		
65	金沢五兵衛	55.53		
66	竹井弥七	55.53		
67	北川藤太郎	55.53		
68	尾崎安五郎	55.53		
69	浅山安兵衛	55.53		
70	田中弥兵衛	55.53		
71	吉川平三郎	55.53		
**********************				
72	安原和助	58.56	柳原岩井町上納地	材木町
73	松木キタ	117.12		
74	安原和助	58.56		
75	前福為三郎	117.12		
76	矢口平三郎	117.12		

註：明治9年「六大区沽券図」（東京都公文書館），明治9年「明治東京全図」・明治19-21年「五千分之一東京実測全図」（『五千分の一江戸東京市街地図集成』柏書房，1992年），『御府内往還其外沿革図書』（原書房）をもとに作成．

凡例：番号は図3に対応し，「＊＊＊」は道をあらわす．

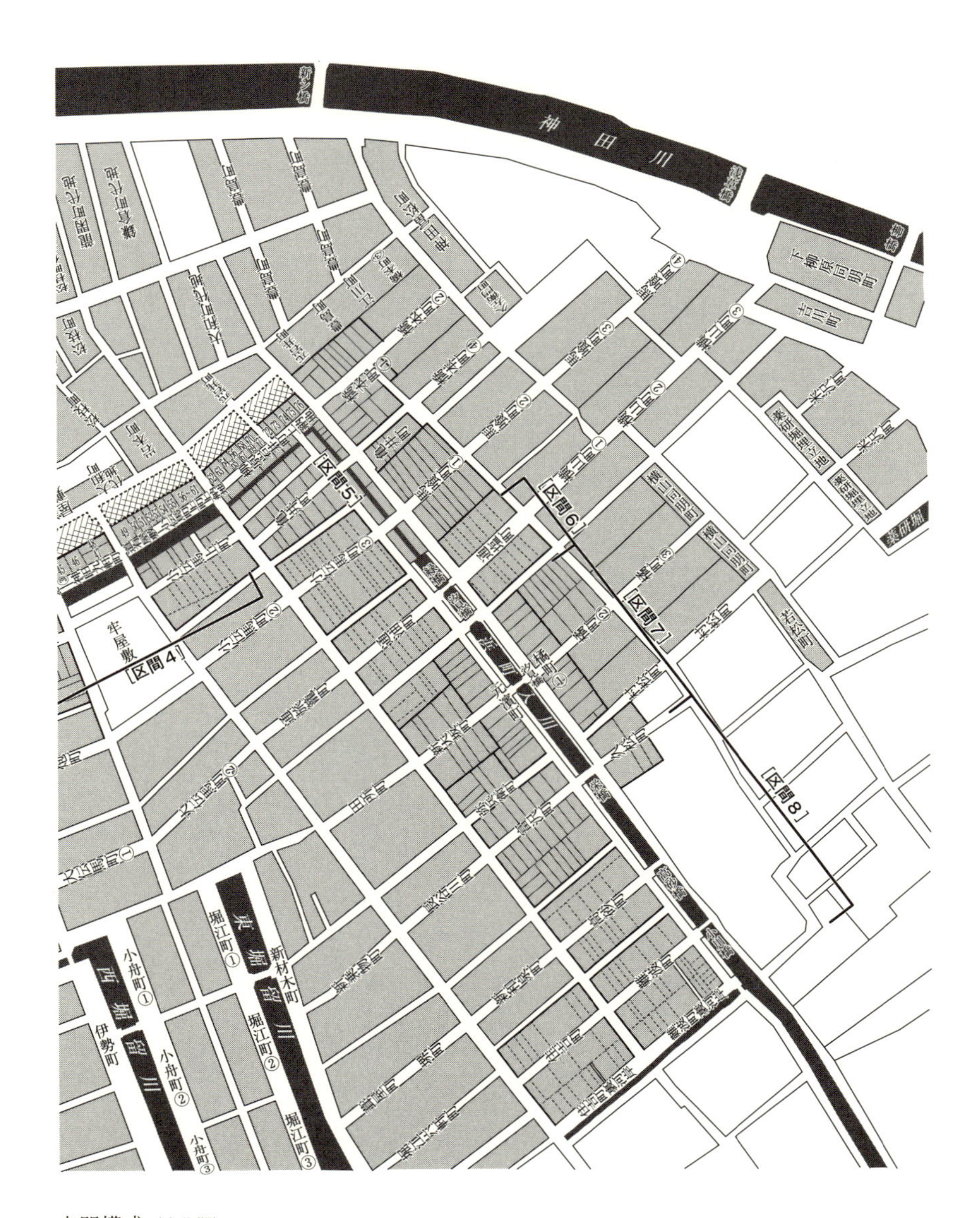

空間構成（文化期）

よび明治 19-21 年「五千分之一東京実測全図」（『五千分の一江戸東京市街地図集成』柏書房，1992 年），『御府内往還
などは記載を略した．
保期），「高砂町 難波町裏河岸 住吉町 住吉町裏河岸 元大坂町 新泉町南側」［年代未詳］，どちらも『新修 日本橋区
の坪数を参考に，「明治東京全図」（明治 9 年）および「五千分之一東京実測全図」（明治 19-21 年）より明治初頭の地

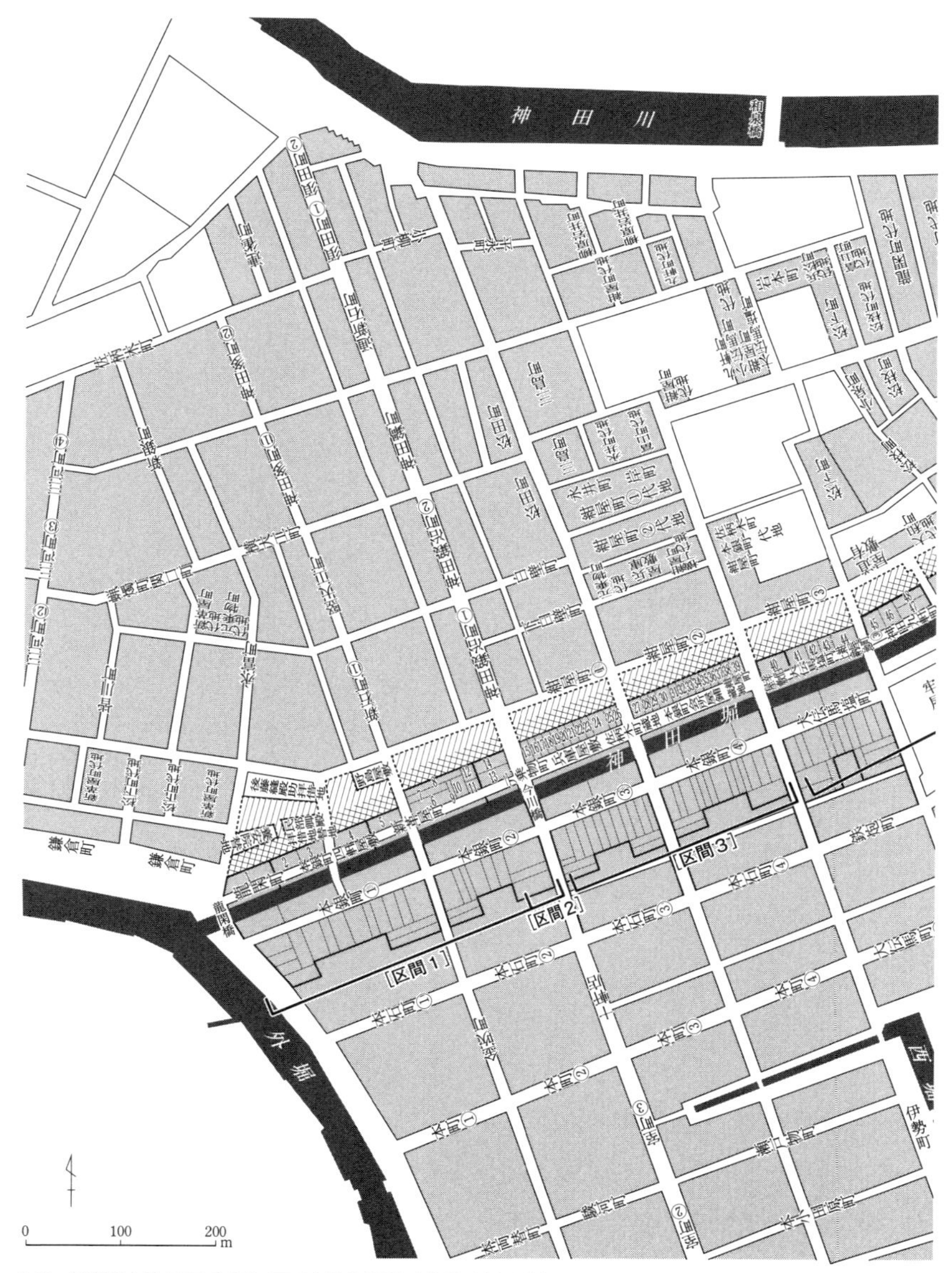

凡例: 町人地　武家地　寺社地　火除明地(文化期)　土手(文政期)　—— 町境

図3　神田堀地帯の

註1)　地図作成について：明治9年「六大区沽券図」(明治9年，東京都公文書館)，明治9年「明治東京全図」お
其外沿革図書』および『火除土手絵図』(ともに旧幕）の情報をもとに作成．なお，町内に存在する稲荷社

註2)　地割について：点線は，「沽券図」(「小伝馬町一丁目 同二丁目 同三丁目 小伝馬上町 通油町 通塩町」(寛
史 寛保沽券図解説』1937年に所収）をもとに近世期の地割を復元．実線は，「六大区沽券図」(明治9年)
割を復元した（土地番号は，表1を参照）．

この一帯は、日本橋北と内神田との境界領域であり、一七世紀後半に形成された本銀町土手（蔵）と神田堀を軸に成立した。神田堀南岸に接する本銀町土手は、町方中心部への延焼予防のための防火施設であったが、一八世紀初頭に貯蔵機能を備えた土手蔵に改変され、一八世紀末までに住居機能も備える住居蔵となった。復元図（図3）から、その奥行は一〇―一二間ほどであったと推定され、神田堀側を「裏」、本銀町通りを「表」とした両側町的な空間が展開したと思われる。

他方、本銀町土手北側の町々は、一七世紀後半の神田堀の掘削、一八世紀初頭の火除明地の設定によって町地の大部分が失われることになった。この広大な明地を背後に神田堀沿いの川通りには、「切地」となった町々（「元地」「蔵地」「代地」）が片側町として展開した。

これら町屋敷は、道を挟んだ地先部分に河岸地を付随させる「河岸附町屋敷」ではあったが、いずれも屋敷地の奥行は八―一〇間程度、河岸地のそれも二―三間と浅く、各町には数筆から一〇筆程度の土地しか存在しなかった。つまり、町としてはかなり小規模であり、神田堀に面して町家＝表店が建ち並ぶのみで、裏店などの町屋敷の高度利用はほとんどみられなかったと考えられる。

また町の北側には一八世紀以来火除地がひろがっていた。この明地は、周辺の町人らに管理が委ねられており、「蔵地・物置・物干場・床見世」として賃借、用益され、その一部の土地は武家や寺社の拝領地としても利用されており、こうした状況は一九世紀前半まで継続していた。

安政大地震の二年後、神田堀は二間幅の大下水を残すかたちで埋め立てられ、その埋立地と一八世紀以来神田堀北側に存在した火除明地はすべて町屋敷と化した。ここに堀川沿いに展開した神田堀地帯は、かつてのすがたを完全に失い、内陸に面的にひろがる市街地に呑み込まれたのである。

二　江戸の材木仲買

つぎに神田堀地帯における社会構造を捉えるために、江戸の材木仲買について考察してゆこう。

木材炭薪流通の担い手——問屋と仲買

江戸の材木商人の展開に関して、常に参照元とされてきた神田佐久間町一丁目の由緒によれば、延宝元（一六七三）年までは「問屋仲買之差別」がなかったが、以降、「山方を相働候もの共」、つまり産地の荷主から入荷・集荷を行う「問屋」と、「御府内」に店を構え武家屋敷の「出入」などを担う「仲買」とに明確に分離されたという[26]。

こうした木材や炭薪を取り扱う江戸の問屋・仲買の実態については、まだ部分的にしか明らかにされていないが、吉田伸之によって材木問屋（「川辺問屋」）を中心に、その大枠が提示されている[27]。また近年、牧原成征が、成立期の江戸城下における商人と町人の編成過程を再検討するなかで、近世初頭の材木町と材木商人の動向、つまり問屋と仲買の分離と同業者町の展開を整理している[28]。これらの成果に依拠しながら、まず江戸における材木と炭薪の流通を担った問屋・仲買について概観することからはじめたい。

材木・炭薪類を扱う問屋には、慶長期（一五九六—一六一五年）に起源をもち三河・駿河・大和などの御用材木の伐り出し運送を担った①板材木熊野問屋（板材木問屋と熊野問屋との連合で、寛政年間［一七八九—一八〇一年］に三八人）、同じく慶長年間由来の材木問屋のうち一七世紀末に深川木場に移住した問屋で、江戸に入津する材木の幕府への「御買上御用」を勤めた②深川木場問屋（元文年間［一七三六—四一年］に一二人）、これとは別に江戸近在から竹・木・炭・薪を集荷し、「鯨船御用」を勤める川辺壱番組古問屋を中核とした③川辺問屋（延享年間［一七四四—四八年］に五二四人、うち川辺壱番組古問屋は七七人）の三つのグループがあった[29]。彼らは文化年間（一八〇四―一八年）に「材木三問屋」という連合組織をつくっており、「山方」から荷請けを行い、積問屋・筏宿などを経由して、江戸に運ばれる木材・炭薪流通の根幹を掌握した。

嘉永二（一八四九）年の諸問屋再興時に作成された「諸問屋名前帳」から、当時の材木三問屋（①＝四一人、②＝九人、③＝四二一人、うち川辺壱番組古問屋は九二人）の地域分布をみると、その大半は本所・深川に集中し、大川以西では、大川沿いの浅草の町々（浅草今戸町・橋場町など）や神田川河口部にあたる「神田材木町」（神田佐久間町周辺）、「本澪」に隣接する霊岸島（東湊町など）・鉄砲州（本湊町・船松町など）・八丁堀（本八丁堀町）の町々に限られる[30]。これはあくまで問屋株の所持者のリストである点には留意すべきだが、材木三問屋の多くは、貯木場の点在する深川・本所を中心に、大川沿いや江戸内海沿岸部などに展開していたと考えてよいだろう。

他方、材木三問屋から材木や炭薪を買いつけ、江戸市中の「職人」や「素人」へと販売したのが仲買（材木仲買と炭薪仲買）である。問屋が荷主からの仕入・集荷を一手に担い、仲買以外の者への小売（「素人売」）を行わなかったのに対し、仲買は、諸国の荷主からの「直請」や「出売・出買」を行わないかわりに、問屋からの仕入れと市中への小売を独占した――ただし「皮付物・杉檜類・船板・屋根板」については問屋から職人への販売は許されていたとされる。こうした問屋と仲買の関係は、それぞれの仲間仕法によって相互に、排他的に規定しあうことで秩序化が図られた[31]。

このうち材木仲買とは、材木三問屋から板挽木類や角丸太類を仕入れる仲買で、一九世紀までに二三組――五ヶ所・七ヶ所・九ヶ所・弐ヶ所―の仲間組合が組織されており、嘉永二年には六〇〇人ほどであった。五ヶ所組は「慶長以来家業仕重立候者共」で、曲輪内を中心に本材木町組・新材木町組・南茅場町組・三十間堀組（三十間堀町）・神田材木町組（神田佐久間町周辺）の五つからなり、七ヶ所組は浅草・両国辺り、九ヶ所組は本郷・小石川・牛込・本所・深川辺り、弐ヶ所組は芝金杉・神田銀町辺りに分布した(32)。

　対する炭薪仲買は、川辺問屋から炭・薪を買い取り、割薪などを行って「素人」へ売り捌く商人で、安永二(一七七三)年には地域ごとに一五組に編成されていた(33)。その数は嘉永二年には一二〇〇人あまりにもおよんだ。仲買は、江戸市中内でまんべんなく組合が編成されている点からも明らかなように、問屋とは対蹠的に、江戸市中全域にわたって広汎に存在していたと考えられる。

　江戸の材木仲買については、本章でも使用する史料の翻刻と紹介をかねて著された野村兼太郎・助野健太郎による小論がある(34)。そして、この成果にも依拠しながら、江戸の仲買組合を祖型とする東京材木商組合が編纂した『東京材木仲買史(35)』が、近世における材木仲買の全体像を知るうえでの最良の到達点である。しかし、材木仲買の存在形態や仲間組合の構造、江戸市中における地域的特質など、まだ十分にその実態が論じられているとはいえない。

　以下、浅草材木町の材木仲買商であった勝田屋が残した「勝田家文書(36)」、九ヶ所組本所一ッ目組の材木仲買仲間らの記録である「材木問屋帳(マヽ)(37)」、川辺壱番組古問屋（以下「川辺古問屋」と呼ぶ）が残したとされる史料群(38)をもとに、江戸における材木仲買集団の一端を明らかにしたい。

「ヶ所組」の形成と地域編成

　江戸の材木仲買は、一九世紀までに、五ヶ所・七ヶ所・九ヶ所・弐ヶ所の大きくは四つの「ヶ所組」（以下、「大組」と呼ぶ）で構成され、各大組は町に基盤をおく複数の組（以下、「小組」と呼ぶ）に分かれていた。表2は、天保一二(一八四一)年の「材木仲買人別帳(39)」から、当時の材木仲買の分布をしめしたもので、総数は五五二人、このうち五ヶ所組は二二七人（四一・一%）、七ヶ所組は七六人（一三・八%）、九ヶ所組は一一八人（二一・四%）、弐ヶ所組は合わせて一三一人（二三・七%）である。

九ヶ所組(計118名)

組・町名	人数	堀川
(1) 本所一ッ目組		
本所相生町①	4	竪川
小計	4	
(2) 本所二ッ目組		
深川松井町②	1	竪川
本所相生町⑤	1	
本所緑町①	1	
本所緑町②	1	
本所四ッ橋際	1	
本所石原	1	
深川吉永町	1	大島川
深川平野町	1	
深川和倉	1	
東葛西領船堀村	1	
小計	10	
(3) 本所三ッ目組		
本所長崎町	2	竪川
本所緑町④	1	
本所緑町⑤	1	
本所柳原町⑤	1	
本所松倉町	1	
深川北松代町③	1	
深川北松代町④	1	
深川南松代町	2	
深川古元町	1	
本所新坂町	1	横川
本所中之郷竹町	1	大川
東葛西領小松川新町	2	
東葛西領奥戸村	1	
東葛西領船堀村	1	
東葛西領新川村	1	
小計	18	
(4) 米沢町組		
米沢町③	1	神田川
浅草平右衛門町	4	
小計	5	
(5) 元番所組		
深川森下町	1	六間堀
深川六間堀	4	
深川西町	1	横川
深川扇橋町	1	
深川猿江町	1	
大嶋町	1	小名木川
神田松下町	3	
小計	12	
(6) 深川元木場組		
深川黒江町	2	州崎川
深川北川町	1	
深川蛤町	1	
深川材木町	1	
深川永代寺門前町	1	深川木場
深川松代町代地	1	
深川入船町	3	
深川三十三間堂町	1	
深川嶋田町	1	
深川木場	6	
深川茂森町	1	
深川久永町	1	
深川山本町	1	
深川吉永町	4	仙台堀
深川平野町	3	
深川伊勢崎町	1	
本所扇橋町	1	横川
深川菊川町④	2	
深川宮(冨ヵ)川町	2	
本所石原代地亥之堀	1	
深川亥之堀	2	
小計	37	
(7) 聖堂下組		
湯島横町	2	神田川
本郷青木町①	1	
上野御家来屋敷	1	神田堀
本銀四軒屋敷	1	
小計	5	
(8) 本郷元町組		
本郷竹町	6	神田川
池之端七軒町	2	
小石川下富坂	1	小石川大下水
小石川戸崎町	2	
駒込竹町片町	1	
駒込片町	1	
駒込浅賀町	1	
谷中玉林寺門前	1	
小日向三軒町	1	
小計	16	
(9) 浅草新川組		
浅草新堀端	11	浅草新堀
小計	11	

弐ヶ所組之内四番組(計75名)

組・町名	人数	堀川
大伝馬塩町組		
本銀町四軒屋敷	1	神田堀
岩原幸伯屋敷	2	
大伝馬塩町	5	
神田紺屋町③上納地	2	
神田九軒町	11	
神田九軒町上納地	1	
道有屋敷	5	
小伝馬上町	8	
松下町②	4	鎌倉河岸
鎌倉横町	1	
永富町①	1	
本所柳原町⑤	1	
東葛西領船堀村	1	
小計	43	
本銀町組		
本銀町四軒屋敷	2	神田堀
新革屋町	5	
元乗物町	1	
神田佐柄木町蔵地	6	
本銀町会所屋敷	4	
神田紺屋町②蔵地	1	
紺屋町②	1	
永富町①	2	鎌倉河岸
後藤屋敷	2	
平永町	1	
鎌倉町	1	
鎌倉横町	1	
新革屋町代地	2	
元飯田町	1	御堀端
本所松井町①	1	竪川
本所松井町②	1	
小計	32	

弐ヶ所組之内拾弐番組(計56名)

組・町名	人数	堀川
芝金杉材木町組		
浜松町④	1	古川
中門前町③	1	
芝金杉同朋町	2	
芝金杉通③	2	
芝新門前①	3	
芝新網町	1	海岸
芝通新町	1	
芝車町	1	
麻布湖雲寺門前	1	
三田台町②	1	
桜田善右衛門町	1	
品川小路	1	海岸
大森	3	
羽田	1	
小計	20	
堀留材木町組		
麻布宮下町	2	古川
麻布十番馬場町	1	
麻布永坂町	1	
麻布桜田町	2	
麻布竜土坂口町	1	
芝松本町	2	古川
西久保広小路	1	
麻布市兵衛町	2	
小計	12	
芝材木町組		
芝弐本榎町	2	
麻布田嶋町	1	古川
白金台町⑦	1	
麻布今井寺町	2	
麻布永坂町	1	
麻布湖雲寺門前	1	
目黒町	1	
赤坂新(田ヵ)町③	1	溜池
青山窪片町	1	
青山御煙路(露地ヵ)町	1	
青山原宿町	1	
青山千駄ヶ谷町	1	
青山善光寺門前	2	
渋谷(麻布ヵ)広尾町	4	古川
中渋谷	1	
渋谷宮益町	1	渋谷川
渋谷(町名未詳)	2	
小計	24	

註：「材木仲買人別帳」(「勝田家文書(2)」149-169頁) より作成. 堀川名は『御府内往還其外沿革図書』・『御府内場末往還其外沿革図書』・『江戸切絵図』などから付記.

表2　江戸の材木仲買の地域分布（天保12年）

五ヶ所組（計227名）

組・町名	人数	河岸
(1) 本材木町組		
本材木町組		
本材木町③	2	楓川
本材木町④	4	楓川
本材木町⑤	5	楓川
本材木町⑥	6	楓川
本材木町⑦	2	楓川
小計	19	
麹町十一丁目組（本材木町続）		
麹町⑪	4	御堀端
麹町⑫	1	御堀端
麹町山王（元ヵ）町	7	
麹町平川町③	3	
牛込早稲田町	1	
元鮫ヶ橋表町	1	
四谷忍町	1	
市ヶ谷柳町	1	
赤坂表伝馬町①	1	御堀端
赤坂表伝馬町②	1	御堀端
元飯田町	1	御堀端
小石川白壁町	1	
西久保神谷町	1	
柏木成子町	1	
内藤新宿六軒町	1	
柏木淀橋町	2	
小計	28	
中橋組（本材木町組触下）		
大鋸町	4	中橋入堀・楓川
下槙町	1	中橋入堀・楓川
槙町川岸	1	中橋入堀・楓川
松川町	1	中橋入堀・楓川
日本橋通①	1	
西河岸町	1	御堀端
北槙町	1	御堀端
冨槙町	1	御堀端
南槙町	2	御堀端
桶町①	2	御堀端
京橋水谷町	2	京橋川
京橋炭町	1	京橋川
京橋白魚屋敷	1	京橋川
八丁堀松屋町	1	八丁堀
小計	20	
新革屋町組（本材木町触下）		
龍閑町元地	3	神田堀
新革屋町	7	神田堀
上白壁町	1	
元岩井町	1	
大和町立跡	1	
鎌倉町	2	鎌倉河岸
鎌倉横町	1	鎌倉河岸
松下町②	6	鎌倉河岸
松下町③	3	鎌倉河岸
永富町①	4	鎌倉河岸
後藤屋敷	2	鎌倉河岸
三河町①	3	鎌倉河岸
皆川町①	1	鎌倉河岸
小計	35	
本湊町組（本材木町組触下）		
八丁堀亀島町	6	亀島川
八丁堀永嶋町	6	亀島川
八丁堀日比谷町	2	亀島川
東湊町①	1	亀島川
東湊町（丁目未詳）	1	亀島川
八丁堀竹嶋町	1	亀島川
八丁堀与作屋敷立跡	3	亀島川
本湊町	2	亀島川
川口町	2	亀島川
小計	24	
八町堀組（本材木町組触下）		
本八丁堀③	2	八丁堀
本八丁堀④	1	八丁堀
本八丁堀⑤	1	八丁堀
本八丁堀（丁目未詳）	1	八丁堀
南八丁堀②	1	八丁堀
西紺屋町	1	京橋川
松村町	1	京橋川
鈴木町	1	京橋川
常磐町	1	京橋川
鞘町	1	京橋川
京橋水谷町	1	京橋川
京橋炭町	2	京橋川
小計	14	
品川元組（本材木町組触下）		
芝中門前③	1	京
品川新宿	1	海岸
小計	2	
築地・鉄砲州組（本材木町組触下）		
築地上柳原町	1	大川口
築地飯田町	1	大川口
小計	2	
組なし（本材木町組触下）		
深川三十三間堂町	1	
小計	1	
(2) 新材木町組		
新材木町組		
新材木町	7	東堀留川
元大坂町	2	東堀留川
小計	9	
組なし（新材木町触下）		
松嶋町	1	
小計	1	
(3) 南茅場町組		
南茅場町組		
南茅場町	4	日本橋川
小計	4	
組なし（南茅場町組触下）		
坂本町①	3	楓川
坂本町②	1	楓川
霊岸嶋町	1	新川
深川木場	4	深川木場
小計	9	
(4) 三十間堀組		
三十間堀組		
三十間堀町②	1	三十間堀
三十間堀③	4	三十間堀
三十間堀④	1	三十間堀
三十間堀⑤	2	三十間堀
三十間堀⑥	6	三十間堀
三十間堀⑦	5	三十間堀
三十間堀⑧	5	三十間堀
小計	24	
数寄屋町組（三十間堀組触下）		
元数寄屋町	5	御堀端
小計	5	
(5) 神田材木町組		
神田材木町組		
神田花房町	1	神田川
神田通船屋敷	1	神田川
神田佐久間町	6	神田川
小計	8	
本郷組（神田材木町組触下）		
本郷桜馬場	1	神田川
小石川伝通院前	1	
小石川金杉水道町	1	
巣鴨稲荷前	1	
音羽町②	1	
音羽町⑨	1	
高田四谷町	1	
小計	7	
牛込組（神田材木町組触下）		
牛込揚場町	1	神田川
牛込水道町	1	江戸川
牛込馬場下町	1	江戸川
牛込築土町	1	江戸川
牛込御納戸町	2	江戸川
牛込御箪笥町	1	江戸川
牛込若松町	1	江戸川
牛込赤城下西古川	2	江戸川
市ヶ谷田町③	1	御堀端
市ヶ谷田町（丁目未詳）	1	御堀端
四谷伝馬町	1	御堀端
四谷内藤仲町	1	
雑谷四谷下町	1	
大久保天神前町	1	
小計	15	

七ヶ所組（計76名）

組・町名	人数	河岸
(1) 神田佐久間町組		
神田佐久間町①	9	神田川
小計	9	
(2) 神田新町組		
牛込肴町代地	3	神田川
神田仲町①	1	神田川
神田花房町	2	神田川
神田通船屋敷	4	神田川
小計	10	
(3) 浅草材木町組		
浅草材木町	9	大川
浅草花川戸町	1	大川
浅草金竜山下瓦町	2	大川
浅草山門（川ヵ）町	1	大川
浅草三好町	2	大川
浅草鳥越町②	1	山谷堀
浅草鳥越町③	1	山谷堀
下谷車坂町	1	
千住小塚原町	5	
千住熊野前	2	
千住橋戸町	3	
小計	28	
(4) 浜町組		
浜町	4	浜町入川
橋本町①	1	浜町入川
小伝馬上町代地	2	神田堀
元乗物町	1	神田堀
神田佐柄木町蔵地	1	神田堀
小計	9	
(5) 新材木町組		
新材木町	3	東堀留川
小計	3	
(6) 芝口組		
南大坂町	2	汐留川
山王町	7	汐留川
芝口北紺屋町	2	汐留川
金杉同朋町	1	汐留川
八町堀竹嶋町	2	汐留川
古橋寄合町	3	汐留川
小計	17	

ここからまず指摘できるのは、材木仲買のほとんどが「河岸付町々」に存在していたことである。この分布形態についてはは後に検討することとし、天保期のすがたをひとつの到達点とみて、仲間組合の形成過程と編成内容についてみてみよう。

（i）五ヶ所組

大組のなかでもっとも古いと考えられるのが五ヶ所組（本材木町組・新材木町組・南茅場町組・三十間堀組・神田材木町組）で、問屋と仲買の区別が設けられた延宝元（一六七三）年前後に形成されたとみられる。[40]なかでも本材木町組は、江戸城造営のために御材木伐り出しを命じられた諸国の「材木商売之者」によって形成され、その拠点となった本材木町は一種の同業者町であった。

江戸城建設後は、町内に長木を建て置くことを安堵された冥加として、（町内の）材木屋共が幕府に対し「御仕置者御入用」の材木（磔柱・火罪柱・獄門台木など）の上納を行っていた。[41]「御仕置者御役材木」の上納は、享保八（一七二三）年以降、本材木町（「八ヶ町」）の役（町役の一種）とされたが、これは通常の公役金とは別個の役負担であった。このことは、本材木町が国役町（＝商人町）と類似した性格を本来的にもっていたことを示唆しており、[42]市中での材木商売においても何らかの特権的な地位を有していたものと推定される。

ただし、江戸古町には、本材木町周辺を中心としながら、新材木町、三十間堀町、神田佐久間町周辺など一七世紀初頭から材木商人らによる同業者的な町が併存する状況がみられたとされ、五ヶ所組とは、慶長期に由緒をもつ町方中心部で営業する材木仲買の連合組織であったと考えられる。[43]

五ヶ所組の特徴のひとつは、本材木町組・新材木町組・南茅場町組・三十間堀組・神田材木町組の五つの小組を「本組」として、多数の「触下」と呼ばれる小組が組織されている点にある（ただし、麴町組のみ「本材木町続」とされる）。これら触下＝小組の成立については定かではないが、本組がおかれる町の周辺に店を構えた仲買が、触下の名目で各本組の傘下に組み込まれていったものと推定される。史料上には、両者に営業上の主従関係などはとくに見出せていないが、一九世紀以降、材木仲買惣仲間の「大行事」が、五ヶ所組本組の仲買から任命されていたことからは、本組の特権的な地位もうかがえる。

また、本組には組名に掲げられた「町」の仲買しか存在しないのに対し、触下＝小組には、組名となる「町」周辺の仲買も所属している。他の大組（七ヶ所・九ヶ所・弐ヶ所）には、一九世紀には触下＝小組が存在していないことから、材木仲買にとって、五ヶ所組に帰属するか否かが、市中での商売や問屋との取引関係のうえで、重要な意味をもっていたのではないだろうか。

（ii）七ヶ所・九ヶ所組

つぎに、七ヶ所組・九ヶ所組についてみていこう。「川辺古問屋」が残した史料群にふくまれる、享保八（一七二三）年六月の「覚」には九ヶ所組の小組と思われる「壱ッ目組仲買衆組合」の名が見出せ[44]、享保二〇（一七三五）年二月、「神田浅草　小網町　霊岸島元組　本所両側　古問屋」が材木仲買仲間に通達した竹・木・挽木の「売懸金」に関する口上書には、「七ヶ所・九ヶ所」の二つの大組の存在が確認される[45]。ここから七ヶ所・九ヶ所組は一八世紀初頭までに成立していたことが明らかである。

表3は、一八世紀半ばから一九世紀にかけての七ヶ所・九ヶ所組の小組構成をまとめたものである[46]。両大組ともに、小組の名称変更やその統合、分離、消滅がみられるものの、これらが一八世紀以来のおおよその編成であったと考えてよいだろう。

さて、七ヶ所組は浅草と両国辺りを中心に分布しており、このなかで注目される人物は浅草材木町組に属した勝田屋茂左衛門である[47]。勝田屋は、当町の名主を長く勤め、「草分け」町人でもあった勝田権左衛門家を本家として、永禄年間（一五五八―七〇年）から浅草材木町（「千束村宮戸川前」）に居住し材木渡世をはじめたとされ、慶長期以来、浅草

表3　七ヶ所・九ヶ所組の構成

七ヶ所組の構成

延享4(1747)年		安永10(1781)年		天保12(1841)年		安政3(1856)年
神田佐久間町	→	神田佐久間町	→	(1) 神田佐久間町組	→	なし
神田新町	→(?)	本郷竹町	→(?)	(2) 神田新町組	→	(2) 神田新町組
浅草材木町	→	浅草材木町	→	(3) 浅草材木町組	→	(3) 浅草材木町組
浅草新川	→	浅草新堀町	→	なし	→	なし
浜町	→	浜町	→	(4) 浜町組	→	(4) 浜町組
材木町	→	新材木町	→	(5) 新材木町組	→	(5) 新材木町組
芝口	→	芝口町	→	(6) 芝口組	→	(6) 芝口組

九ヶ所組の構成

延享4(1747)年		安永10(1781)年		天保12(1841)年		天保3(1856)年
深川六間堀（「壱ッ目仲買衆組合」ヵ）	→(?)	本所一ッ目組	→	(1) 本所一ッ目組	→	(1) 本所一ッ目組
本所二ッ目	→	〃 二ッ目組	→	(2) 〃 二ッ目組	→	(2) 〃 二ッ目組
〃 三ッ目	→	〃 三ッ目組	→	(3) 〃 三ッ目組	→	(3) 〃 三ッ目組
薬研堀	→	薬研堀	→	(4) 米沢町組	→	(4) 米沢町組
元番所	→	深川元木場元番所	→	(5) 元番所組	→	(5) 元番所組
深川元木場			→	(6) 深川元木場組	→	(6) 深川元木場組
聖堂下	→	聖堂下	→	(7) 聖堂下組	→	(7) 聖堂下組
本郷元町	→	本郷元町	→	(8) 本郷元町組	→	(8) 本郷元町組
浅草新川	→	浅草新川	→	(9) 浅草新川組	→	(9) 浅草新川組
		浅草材木町	→	なし		

註：『江戸東京材木問屋組合正史』史料15および26，「材木仲買人別帳」（「勝田家文書(2)」157-164頁），『江戸町触集成』第17巻，15904号をもとに作成．

寺の「材木類御用」を勤め、寛永年間（一六二四―四四年）には「浅草寺出入町人被官」に任じられた材木商であった(48)。天保一二（一八四一）年の「材木仲買人別帳」にもその名が記されている。この勝田屋の存在は、江戸成立以前から、浅草材木町周辺に材木商人らが居住していたことを示唆している。くわえて七ヶ所組には、五ヶ所組と地域が重なる小組＝町もふくまれている点も留意しておきたい（神田佐久間町周辺や新材木町など）。

一方、九ヶ所組は本所・深川を中心に分布する。本所・深川の本格的な開発は明暦大火（一六五七年）以降であるが、寛永一八（一六四一）年の市中での大火ののち、神田佐久間町、同久右衛門町、日本橋周辺の本材木町、三十間堀、本八丁堀などの「河岸付」で「材木炭薪等商売」をしている三五町の町人らに対し、「深川木置場」に屋敷が下げ渡され、これが深川木場の原型となった(49)。この「木置場町屋敷」は、元禄一二(一六九九)年に御用地として再度召し上げられることになるが、その近辺に代地があたえられ開発されたのが深川材木町をはじめとする「弐拾壱ヶ町」、総称「元木場町」であり、九ヶ所組の中核をなす地域にあたる[50]。

右にみた七ヶ所組と九ヶ所組とでは、一八世紀以来、両組合同の「参会」が年に数回催され、「七ヶ所・九ヶ所一統相談之上」での「古来より之仕法」も存在していた[51]。また、大組間相互の仲間の組替についても比較的自由に行われたようである[52]。

以上をふまえ仮説的に述べれば、七ヶ所組は浅草周辺の中世以来の在地の材木商を、九ヶ所組は一七世紀中期以降に深川木場周辺に移入した材木商をそれぞれの母体として、新興の材木仲買らもふくみこむかたちで独自に組織されたと考えられる。両組の緊密な関係性をふまえれば、古参の五ヶ所組に対抗する仲間集団のありようがうかがえ、その成立は早ければ一七世紀後半ないし一八世紀初頭にまで遡りうるだろう。

(iii) 弐ヶ所組

最後に弐ヶ所組である。表2にも記載したように、弐ヶ所組内には番付があり、天保一二年時点では四番組と拾弐番組のみが存在し、そのほかは欠番となっている[53]。四番組は鎌倉河岸や神田堀沿いに集中する大伝馬塩町組・本銀町組の二つの小組、拾弐番組は芝・麻布周辺の芝金杉材木町組・堀留材木町組、目黒・白金・青山・渋谷周辺の芝材木町組の三つの小組によって構成される。

管見の限り、弐ヶ所組の存在を確認できる史料上の初出は、文政元(一八一八)年六月の材木仲買惣仲間の規定である[54](後述)。このなかの組合加入に際しての振舞金を定める条項に、五ヶ所・七ヶ所・九ヶ所組とともに、弐ヶ所組も併記されており(額は一律で金六〇〇疋)、遅くとも一九世紀初頭までに形成されていたことが判明する。

ところで、九ヶ所組の本所一ッ目組が残した「材木問屋帳(ママ)」には、断片的ではあるが安永五(一七七六)年から文政一〇（一八二七）年までの仲買組合への加入・組替・脱退に関する記録がふくまれている[55]（計一四九名、加入＝九三名、組替＝五名、脱退＝五一名）。詳細は不明だが、こうした組合員の動向は、「触流」によって大組内で情報が共有された。また一八世紀末ころまでには各大組の「年番行事」から、その他の大組に対しても「触流」が行われていたようである。表4はこれらを一覧にしたものである。ここから弐ヶ所組の成立にかかわるつぎの手がかりが得られる。

表4には寛政年間に加入先・脱退元として「五ヶ所本材木町組触下大伝馬塩町組（合）」の名が九件見出せる（88—90・110・111・116・117・122・123）。このうち、寛政六（一七九四）年二月に同組へ加入した「伊藤善次郎」（88）は、天保一二（一八四一）年の「材木仲買人別帳」にみられる「弐ヶ所（組）之内四番組大伝馬塩町組」の「伊東屋善次郎」と同一人物か、その先代と考えられる。ここからは「弐ヶ所（組）之内四番組大伝馬塩町組」の前身が、「五ヶ所組本材木町触下大伝馬塩町組」であったと想定しうる。

このほか、寛政八（一七九六）年一月に暇に出された「金や与之助手代」が所属した「五ヶ所組三十間堀触下金杉材木町組」（129）は、天保期には「弐ヶ所（組）拾弐番組」の小組のなかに「金杉材木町組」としてその名が確認でき、さきの「大伝馬塩町組」と同様に考えることができよう。

以上から、弐ヶ所組の成立をつぎのように推定しておきたい。

弐ヶ所組に属する材木仲買は、一八世紀末までは五ヶ所組の「触下」として編成されていたが、いくつかの触下＝小組の材木仲買が結集し、一九世紀初頭までに「弐ヶ所組」として五ヶ所組から分離、独立するにいたったのではないか。なお、欠番のある番付については未詳だが、かつての五ヶ所組下における編成の名残をしめすものと考えておきたい。

表4　材木仲買の組合加入・除名動向

	#	年	月	町	名前	手代名	動向	大組	小組
○	1	安永5	03	本所四ッ目	山形屋清右衛門		加入	九ヶ所	本所三ッ目組触下
	2	〃	〃	本所四ッ目	法□寺橋喜田屋清之助		加入	九ヶ所	本所三ッ目組触下
	3	〃	〃	浅草新川	伊勢屋甚之助		加入		「町内」=七ヶ所組浅草新堀組or九ヶ所組浅草新川組
	4	〃	〃	浅草芳町①	坂田屋治兵衛		加入	九ヶ所	「両国米沢町」=九ヶ所組米沢町組
	5	〃	〃	—	いつや惣七		除名	九ヶ所	本所一ッ目組
	6	〃	12	—	加才屋文治郎		加入		「組合」
	7	安永7	08	深川黒江町	伊豆屋伊兵衛		加入	九ヶ所	深川元木場組
○	8	〃	11	深川六間堀	神戸屋長八		加入	九ヶ所	元番所組
	9	〃	12	深川六間堀	三河屋兵助		加入	九ヶ所	元番所組
	10	安永8	03	神田花房町	鈴木□郎		加入	九ヶ所	聖堂下組
	11	〃	〃	本所松井町	福嶋屋平左兵衛		加入	九ヶ所	本所一ッ目組
	12	〃	08	浅草三嶋御前	遠州屋小兵衛		加入		「新堀組」=七ヶ所組浅草新堀組or九ヶ所組浅草新川組
	13	〃	〃	神田松田町	相模屋惣助		加入	九ヶ所	元番所組
	14	〃	〃	—	坂本儀兵衛		休み	九ヶ所	本所一ッ目組
	15	〃	〃	浜町	森川屋清助		加入		七ヶ所組浜町組or九ヶ所組米沢町組
	16	〃	〃	—	伊豆屋儀七手代	惣七	除名	九ヶ所	本所一ッ目組
	17	〃	〃	—	川嶋定七手代	和介	加入	九ヶ所	本所一ッ目組手代組
	18	天明2	04	—	筑嶋や作兵衛手代	伊兵衛	暇出し	九ヶ所	米沢町組
	19	〃	〃	—	星野屋弥兵衛		休み	九ヶ所	本所二ッ目組
	20	〃	〃	—	三河屋藤右衛門手代		除名	九ヶ所	本郷元町組
	21	〃	05	—	葭屋彦左衛門		休み	九ヶ所	本所一ッ目組
	22	〃	12	—	尾張屋勘兵衛		休み	九ヶ所	元番所組
	23	天明3	02	—	松田屋三次郎手代	平八	復帰	九ヶ所	本所三ッ目組
○	24	〃	03	本所松井町	山形屋次郎兵衛		加入	九ヶ所	本所二ッ目組
	25	〃	10	深川相生町②	ちふ屋亀之介		加入	九ヶ所	本所一ッ目組
	26	〃	〃	深川相生町②	武蔵屋金治郎		加入	九ヶ所	本所一ッ目組
	27	天明4	03	深川六間堀	大銀屋吉兵衛		加入	九ヶ所	元番所組
	28	〃	〃	—	築嶋屋定五郎手代	源八	休み	九ヶ所	米沢町組
	29	〃	〃	六間堀中ノ橋	伊豆屋儀七		加入	九ヶ所	「仲間触下」=本所一ッ目組触下
	30	天明5	06	—	木曽政五郎		加入	九ヶ所	本所二ッ目組
	31	〃	〃	—	常陸屋富治郎		加入	九ヶ所	本所二ッ目組
○	32	〃	〃	[深川和倉]	木屋政五郎		加入	九ヶ所	本所二ッ目組
	33	天明6	03	米沢町	小沢三右衛門		休み		米沢町組ヵ
	34	〃	04	深川平野町	上総や庄兵衛		加入	九ヶ所	「同所組合」=本所二ッ目組ヵ
	35	〃	〃	—	勝田屋茂左衛門手代	行八	暇出し	九ヶ所	本所二ッ目組
	36	〃	10	—	遠州や茂兵衛		組替		七ヶ所組神田三河下新組→九ヶ所組深川元番所組
	37	天明7	01?	小石川伝通院前	永田屋佐兵衛		加入	九ヶ所	聖堂下組
	38	〃	01?	本所徳□町	相模屋武兵衛		組替	九ヶ所	元番所組→本所三ヶ所組
	39	〃	08	—	いせや与次郎		休み	九ヶ所	本所二ッ目組
	40	〃	〃	—	駿河屋甚蔵		除名	九ヶ所	深川元木場組
	41	〃	〃	—	升屋吉次郎		除名	九ヶ所	深川元木場組

表 4 つづき 1

	#	年	月	町	名前	手代名	動向	大組	小組
	42	〃	〃	—	伊勢屋与左衛門		休み	九ヶ所	本所二ッ目組
	43	〃	〃	—	駿河屋甚蔵(40番と同一)		休み	九ヶ所	深川元木場組
	44	〃	〃	—	升屋吉五郎(41番と同一)		休み	九ヶ所	深川元木場組
	45	〃	09	元水川岸	和泉屋惣兵衛		加入	九ヶ所	聖堂下組触下
	46	〃	?	—	亀屋惣兵衛		加入	九ヶ所	本所一ッ目組
	47	〃	?	—	下野屋儀兵衛		加入	九ヶ所	本所二ッ目組
	48	天明8	01	深川扇橋町	大和屋亦三郎		加入	九ヶ所	(九ヶ所)深川元木場組
	49	〃	02	六間堀	万屋治介		加入	九ヶ所	本所三ッ目組
	50	〃	08	—	相模屋清左衛門		休み	九ヶ所	深川元番所組
	51	〃	〃	本所徳右衛門町①	葛西屋惣助		加入	九ヶ所	本所三ッ目組
	52	〃	〃	—	伊勢屋吉右衛門		休み		「浅草元鳥越組」
	53	〃	11	—	常陸屋富次郎		休み	九ヶ所	本所二ッ目組
	54	〃	〃	神田花房町	鈴木与七		除名	九ヶ所	聖堂下組
	55	寛政2	02	深川向入舟町木場	嶋屋彦兵衛		加入	九ヶ所	深川元木場組
	56	〃	〃	深川木場町	有田屋吉兵衛		加入	九ヶ所	深川元木場組
○ヵ	57	〃	〃	深川木場町	才賀屋善次郎		加入	九ヶ所	深川元木場組
	58	〃	03	両国木場町?	築嶋屋弥右衛門		休み		?
	59	〃	〃	浅草黒船町	大和屋長七		加入	九ヶ所	(九ヶ所)米沢町組
	60	〃	04	本所五ッ目小梅代地町	久保屋万次郎		加入	九ヶ所	本所三ッ目組
	61	〃	〃	本所四ッ目茅場町③	万屋巳之助		加入	九ヶ所	本所三ッ目組触下
	62	〃	08	南本所小梅代地町	大野屋庄助		加入	九ヶ所	本所三ッ目組触下
	63	〃	〃	本所柳原町①	伊勢屋助三郎		加入	九ヶ所	元番所組
	64	〃	〃	深川吉永町	雛屋久兵衛		加入	九ヶ所	深川元木場組
	65	〃	〃	浅草材木町	尾張屋六兵衛		加入		「浅草組合」=九ヶ所組浅草新堀組ヵ
	66	〃	〃	深川小松代町	大津屋武助		加入	九ヶ所	本所三ッ目組触下
	67	〃	〃	—	木原屋弥兵衛		加入	九ヶ所	本所一ッ目組
	68	寛政3	03	米沢町	村田屋権左衛門		復帰	九ヶ所	米沢町組ヵ
	69	〃	〃	—	吉能屋善右衛門		加入	九ヶ所	元番所組
	70	〃	〃	—	下総屋半兵衛		加入	九ヶ所	(七ヶ所)浜町組
	71	〃	04	—	遠州屋喜三郎		加入	九ヶ所	(七ヶ所)新材木町組
	72	〃	〃	本所林町③	古河屋善兵衛		加入	九ヶ所	本所三ッ目組触下
	73	〃	〃	本所長崎町	金屋半次郎		加入	九ヶ所	本所三ッ目組触下
	74	〃	07	本所五ッ目	久保屋万次郎		休み	九ヶ所	本所三ッ目組
	75	〃	〃	神田花房町	大野屋吉六		組替	九ヶ所	本所三ッ目組触下→米沢町組
	76	寛政3	10	深川高橋常磐町②	大坂屋友次郎		加入	九ヶ所	元番所組
○	77	〃	〃	[深川六間堀]	神戸屋佐七		加入	九ヶ所	元番所組
	78	寛政4	03	—	高橋長吉		休み	九ヶ所	聖堂下組
	79	〃	〃	本所四ッ目	万屋巳之介		休み	九ヶ所	本所三ッ目組触下
	80	〃	〃	—	伊勢嶋善次郎手代	清兵衛	除名	九ヶ所	本所三ッ目組
	81	寛政5	03	四谷伝馬町	近江屋善蔵		加入	五ヶ所	本材木町五六丁目付麴町組
	82	〃	〃	浅草御蔵前福井町	いせや定七		加入	七ヶ所	(七ヶ所)浅草材木町組
	83	〃	〃	神田佐久間町④	増田屋茂八		加入	九ヶ所	米沢町組
	84	〃	〃	本所緑町⑤	福嶋屋新助		加入	九ヶ所	本所三ッ目組
	85	〃	〃	深川三好町	万屋和助		加入	九ヶ所	深川元木場組
	86	〃	10	—	増田屋左助		組替	九ヶ所	三ッ目組→(同)弐ッ目組
	87	〃	〃	—	福□屋茂左衛門		休み	九ヶ所	二ッ目組合
○	88	寛政6	02	—	伊藤善次郎		加入	五ヶ所	「本材木町触下大伝馬塩町組合」

#	年	月	町	名前	手代名	動向	大組	小組
89	〃	〃	—	植田定八		加入	五ヶ所	「本材木町触下大伝馬塩町組合」
90	〃	〃	—	万屋初二郎		加入	五ヶ所	「本材木町触下大伝馬塩町組合」
91	〃	03	白銀町	三河屋権兵衛		加入		「七ヶ所組浜町」(組ヵ)
92	〃	〃	尾張町①	飯田屋喜兵次		加入	五ヶ所	三拾間堀組
93	〃	〃	大鋸町	小嶋屋喜八		加入	五ヶ所	本材木町三丁目触下中通組
94	〃	05	牛込御納戸町	山本屋新左衛門		加入	五ヶ所	「神田材木町触下」
95	〃	〃	浜町	伊勢屋次兵衛		休み		?
96	〃	〃	本材木町	泉屋伊八		加入	五ヶ所	「本材木町三丁目」(本材木町組)
97	〃	〃	大久保□町	吉田屋久兵衛		加入	五ヶ所	「糀町」(本材木町続麴町組)
98	〃	〃	大久保□町	□田屋久蔵		加入	五ヶ所	「糀町」(本材木町続麴町組)
99	〃	〃	—	万屋昭助		組替		「白銀町組」(五ヶ所組本材木町触下ヵ)→九ヶ所組本所三ッ目触下
100	〃	07	—	ちぶ屋亀之助		休み	九ヶ所	本所一ッ目組
101	〃	〃	—	美濃屋弥左衛門		休み	九ヶ所	本所一ッ目組
102	寛政7	07	本所相生町②	和泉屋藤七		加入	九ヶ所	本所一ッ目組
103	〃	08	—	□本屋長八		休み	五ヶ所	三拾間堀組
104	〃	〃	—	政野屋熊次郎		休み	五ヶ所	神田材木町組
105	〃	〃	—	河内屋仁兵衛		休み	五ヶ所	神田材木町組
106	〃	〃	牛込水道町	下野屋伝兵衛手代	儀兵衛	暇出し	五ヶ所	神田材木町触下
107	〃	〃	霊岸島南新川	三河屋善兵衛		加入	五ヶ所	南茅場町組
108	〃	〃	—	樫木屋伊兵衛手代	久蔵	加入	五ヶ所	南茅場町組手代組
○ヵ 109	〃	〃	中橋大鋸町	桐屋伝七		加入	五ヶ所	本材木町三四丁目触下中通組
110	〃	〃	大伝馬塩町	長村屋富七		加入	五ヶ所	本材木町触下大伝馬塩町組
111	〃	〃	神田松下町	三河屋藤七		加入	五ヶ所	本材木町触下大伝馬塩町組
112	〃	〃	—	菱木屋喜兵衛		休み	五ヶ所	「本材木町触下東湊町組」(本湊町組ヵ)
113	〃	〃	—	白子屋勘七		休み	五ヶ所	「本材木町触下東湊町組」(本湊町組ヵ)
114	〃	〃	—	山田屋左衛門		休み	五ヶ所	「本材木町触下東湊町組」(本湊町組ヵ)
115	〃	〃	—	桐屋長兵衛手代	金八	休み	五ヶ所	本材木町三四丁目触下中通組
116	〃	〃	—	播磨屋清治郎手代	喜三郎	休み	五ヶ所	本材木町触下大伝馬塩川(町ヵ)組
117	〃	〃	—	伊藤善治郎手代	忠助	加入	五ヶ所	「手代組」(本材木町触下大伝馬塩町組手代組ヵ)
118	〃	〃	—	和泉屋伊八手代	儀八	暇出し	五ヶ所	本材木町三四丁目組
119	寛政8	01	三十間堀⑥	近江屋与兵衛手代	治助	加入	五ヶ所	三十間堀組手代組
120	〃	〃	三十間堀⑦	尾張屋善兵衛手代	清助	加入	五ヶ所	三十間堀組手代組
121	〃	〃	三十間堀⑦	高沢屋富之助手代	喜八	暇出し	五ヶ所	三十間堀組手代組ヵ
122	〃	〃	—	宗□や喜之助手代	与助	暇出し	五ヶ所	本材木町触下大伝馬塩町組手代組ヵ
123	〃	〃	—	宗□や甚七手代	喜八	暇出し	五ヶ所	本材木町触下大伝馬塩町組手代組ヵ

表 4 つづき 2

	#	年	月	町	名前	手代名	動向	大組	小組
	124	〃	〃	—	近江や利之助手代	安五郎	加入		「其組之手代仲間」=本材木町触下大伝馬塩町組手代組ヵ
	125	〃	〃	—	紀竹や文五郎手代	小三郎	加入		「其組之手代仲間」=の小組の手代組ヵ
	126	〃	〃	深川入船町	増田や□次郎		加入		(九ヶ所)深川元木場組
	127	〃	〃	深川嶋崎町	雛や虎五郎手代	吉之助	加入	九ヶ所	「同所手代組」=深川元木場手代組ヵ
	128	〃	〃	三十間堀⑤	遠州や徳右衛門		除名	五ヶ所	三拾間堀組
	129	〃	〃	—	金や与之助手代	□次郎	暇出し	五ヶ所	三十間堀触下金杉材木町組
	130	〃	〃	本材木町⑤	和泉や栄次郎		加入	五ヶ所	本材木町五六丁目組
	131	〃	〃	本材木町⑤	近江や甲吉		加入	五ヶ所	本材木町五六丁目組
	132	〃	〃	—	桜井弥右衛門手代	宇兵衛	休み	五ヶ所	本材木町五六丁目手代組
	133	〃	〃	麹町⑩(⑪ヵ)	三河や源七手代	嘉助	加入	五ヶ所	本材木町組続麹町組
	134	〃	〃	麹町⑩(⑪ヵ)	三河や市次郎手代	吉助	加入	五ヶ所	本材木町組続麹町組
	135	〃	〃	麹町⑩(⑪ヵ)	永代や宇吉手代	庄兵衛	加入	五ヶ所	本材木町組続麹町組
	136	〃	〃	麹町⑩(⑪ヵ)	三河や仁兵衛手代	忠兵衛	加入	五ヶ所	本材木町組続麹町組
	137	〃	〃	麹町⑩(⑪ヵ)	永代や宇吉手代	小七	休み	五ヶ所	本材木町組続麹町組手代組
	138	〃	〃	麹町⑩(⑪ヵ)	吉田□兵衛手代	助七	暇出し	五ヶ所	本材木町組続麹町組手代組
	139	〃	〃	麹町⑩(⑪ヵ)	三田や市次郎手代	喜助	暇出し	五ヶ所	本材木町組続麹町組手代組
	140	〃	〃	麹町⑩(⑪ヵ)	三河や源七手代	吉蔵	暇出し	五ヶ所	本材木町組続麹町組手代組
	141	〃	〃	—	三河や平太郎		加入	五ヶ所	本材木町組続麹町組
	142	〃	〃	—	□や兵吉手代	源助	加入	五ヶ所	南茅場町組手代組
	143	〃	〃	—	江島や藤兵衛手代	惣兵衛	加入	五ヶ所	霊岸島町組手代組
	144	〃	〃	—	多賀井や弥□手代	長之助	加入	五ヶ所	三十間堀組手代組
	145	〃	〃	—	井沢や喜之助手代	清之助	暇出し	五ヶ所	本材木五六丁目組
	146	〃	〃	—	井沢や喜之助手代	藤蔵	暇出し	五ヶ所	本材木五六丁目組
○	147	〃	〃	三十間堀⑤	遠州や徳三郎		加入	五ヶ所	三十間堀組
	148	〃	〃	—	藤井太蔵手代	十之助	暇出し	五ヶ所	本材木町三四丁目組
	149	寛政12	04	本所相生町②	伊勢屋惣吉		加入	九ヶ所	本所一ッ目組
	150	文政9	08	〃	下総屋定吉		加入	九ヶ所	本所一ッ目組
	151	文政12	07	〃	近江屋孝左衛門		加入	九ヶ所	本所一ッ目組

註：「材木問屋帳」(74-140 頁) より作成.「○」は天保 12 年「材木仲買人別帳」(「勝田家文書(2)」149-169 頁) に確認できるもの.「□」は底本とした翻刻版で判読不能とされていたもの.

仲間仕法

つぎに、材木仲買の仲間仕法をもとに、彼らの存在形態について考えてみたい。

［史料１］[56]（丸番号は、引用者註記）

定

近来仲買不取締ニ有之候故、自問屋ニ而茂素人売専ニ被致候趣致見聞候、全仲買組合不取締故ニ候、右ニ付向後為取締相談及、左之通取極候事

①一、人別帳巨細ニ相改可申事

②一、店・輪木無之仁組合ニ有之候ハヽ、此度両様之内為相補理可申候、新規加入有之候節、店・輪木無之仁者為改加入間敷事

③一、向後新規加入有之節者、其町内ニ而身元篤与相糺、組合一同廻状を以触流、最寄違等者勿論、故障等無之候ハヽ、左之通振舞金請取、為致加入可申候

一、其町内江　金五両
一、五ヶ所江　酒壱樽　但、金五百疋
　　肴一折　同、金百疋
一、大行事江　右同断
一、本材木町組続麹町拾壱丁目組江　右同断
一、七ヶ所江　右同断
一、九ヶ所江　右同断

一、弐ヶ所江　　右同断
　〆金拾四両
子息方・手代衆店被差出候節者
一、其町内江　　蒸籠　三荷
一、惣組江　　同　　壱荷宛
一、大行事江　　同　　壱荷
　〆九荷
但、致養子候節、養子弘ゟ五ヶ年相立、店被出候仁有之候ハヽ、右同様弘ニ而為致加入可申事
④一、手代加入之節、其主人江五ヶ年相勤候後店被出候者、右同様之弘ニ而為致加入可申事
　前書加入有之節者、其組年行事ゟ大行事江可被申達事
⑤一、惣組合之内商売被相休、触流差出候後、又々商売相始候節者、新規加入同様之加入金差出可申事
⑥一、組合之内商売向勝手ニ付被致転宅候節、何れ之組江加入有之候共、子息方別家之通弘差出為致可申事
⑦一、問屋ニ而致素人売候仁、且、借名前ニ而被致商売候仁有之候節者、右之趣聢与見留候節、其趣大行事迄可被伝通候、前書問屋者自法之通絶交致取引間敷候、御見留被成被仰聞候御町内江御骨折為、御酒代与左之通惣組ゟ致挨拶可申事
一、酒壱駄　　但、金壱千疋
一、肴壱折　　但、金弐百疋
前書之通、一同承知之上致連印候、以上
　文政元寅年六月

これは文政元(一八一八)年六月に大組間で取り決められた江戸の材木仲買物仲間の規定、すなわち、物仲間仕法と呼びうるもので、概要はつぎの通りである。

①では人別帳を詳細に記録することが確認される。

②では組合加入のための条件が述べられ、つづく③・④では加入時の仲買仲間に対する振舞金が規定されている。

⑤では惣組合のうちで休業し、その旨を組合内へ「触流」した者が営業を再開する場合には、新規と同様の加入金を支払うこと、⑥では「転宅」の際には、いずれの組に加入しようとも「子息方別家」、つまり親族が出店する場合と同様の「弘」を行うこととされる。

詳細は割愛するが、以降天保期までに、右を基準とした新規の組合加入にあたっての「弘」の詳細(「転宅」「組合替」「名前屋号替」「株譲請加入」など)が追加事項として取り決められている[57]。

最後の⑦は「素人売」や「借名前」にて商売している問屋を「見留」たときに関する取り決めで、まず「大行事」(材木仲買総仲間の行事として五ヶ所組の本組から選出)に申し伝え、右の問屋とはいっさい取引を行わないとする。また通告を行った「町内」(後述)に対する「惣組」からの謝礼が定められている。

これらのなかで注目したいのは、②および③・④についてである。

②は、材木仲買の存在形態を考えるうえで重要な内容をもつ。ここでは、組合加入者のうちで「店」と「輪木」を所有していないものがいれば「両様」を設えさせること、新規に加入者があるときに「店」と「輪木」を所持していない場合には加入させないことが述べられている。「輪木」とは店前や河岸地などに木材を建て置くための保管場のことで、林場(りんば)をさすものと考えられる(図4・5)。

ここから材木仲買の職分を特質づける要件が、販売を行うための「店」と材木類を保管する場所(「輪木」)の二つの所有にあったことがわかる。さらに近世後期、ほとんどの材木仲買が「河岸付」の町に展開していたことに鑑みれ

図4　上総屋平蔵の材木店（神田美倉町［本銀町会所屋敷］・1923年以前）
註：店前の「輪木」（林場）に立て置かれた材木類.
出典：『東京材木仲買史』（1967年）.

図5　材木仲買の店（東京・昭和期）
註：店前に取り付けられた「輪木」（林場）.
出典：『東京材木仲買史』（1967年）.

ば、材木仲買とは基本的に通りに面して「店」をもつ表店商人であったと理解できるだろう。

③・④では、新規の仲間加入と、組合内商人の親族（「子息方」）や「手代衆」が新たに「店」を出すにあたっての振舞金が定められている。但書以降がやや難解だが、「養子」については、「養子弘」から五年、「手代衆」については「主人方」に五年勤めることが出店するための条件とされたと考えられる。

また、手代についても不明な点が多いが、「材木問屋帳」から若干の情報を得ることができる。材木仲買の手代（衆）は、それぞれの小組ごとに「手代組合」（「手代仲間」）が組織されていたようで、九ヶ所組では安永六（一七七七）年ころに「組合相談」のうえ組み立てが行われている[58]。前掲表4にも手代の「組入」「暇出」などが多数みられることから、他の大組でも同様の手代組が存在していたと推定される。手代とは基本的に「主人方」の経営に包摂され、丁稚が奉公年数や実績に応じて手代として昇格し手代組に編入され、なかには「別家」として店を出すものもいたと考えられる[59]。なお、触下の形成との関係性は未詳である。

③に戻ると、冒頭部には、新規加入者がいた場合の手続きが記される。まず、その身元を「其町内」で取り調べたうえで、各組合（大組）に「廻状」を「触流」し、加入先の間違い（「最寄違」）はもちろん、異議などがなければ、振舞金を請け取り、加入させるとする。

右で留意されるべきは、新規加入者の身元を取り調べ、大組（「ヶ所組」）とともに振舞金を請け取る「其町内」の意味するところである。なお、⑦で規定される問屋の「素人売」や「借名前」の通告に対する謝礼も同じく「御町内」に対してなされている。筆者は、この「町内」が、材木仲買が新規に出店する町の共同体をさすものと解してみたい。

ここでは、材木仲買という固有の職分にもとづく共同組織（「仲間」）と、当該の材木仲買が店を出す町の共同体＝町中との関係が問題となる(60)。先述したように、近世後期の大組内にみられる小組には、平均すればそれぞれの町に一―三軒程度の材木仲買商しか見出せず（表2）、小組名となる町ですら同業者町としての性格を有していたとは想定し難い。推測の域を出ないが、同職集住があまり進展せず地域的にも分散していた材木仲買仲間の存立にとって、それぞれの仲買らが居住・営業する町＝共同体の存在は不可欠な役割を担っていたのではないだろうか。仲間仕法にみられる、町共同体に期待される身元取調や、「素人売」を行う問屋、「仮名前」にて営業を行う材木仲買商の取締、これらに対する仲買仲間としての町中への振舞金の規定は、仲間としての結合が、町共同体によって補完されることで成立していたことをしめしているように思われるのである。

材木仲買の存在形態と仲間結合の論理

最後に小括として、江戸の材木仲買と仲間組合の展開とその特質について仮説的にスケッチしておこう。

江戸の材木仲買は市中に散在したが、基本的に堀川に面する町＝「河岸付町々」に存在していた。町方中心部では、城下町江戸の成立期からの材木商の同業者町としての性格を有した横川沿いの町（本材木町や新材木町、三十間堀町、八丁堀など）が、近世を通じた材木仲買の拠点となった。

他方、神田川北岸の神田佐久間町周辺や大川沿いの浅草など郭外ないし外堀周縁部の地域では、中世由来の在地の商人らもふくむかたちで一七世紀の早くから材木商が展開していたと考えられ、本所・深川でも初期的な開発によって一七世紀なかころには、その素地がかたちづくられていった。こうした一七世紀前半までの江戸市中における材木商の簇生は、城下町江戸の形成と連動するものであろう。

仲買仲間の展開の大きな画期は、一七世紀後半における問屋・仲買の分化、そして曲輪内の仲買を中心とする五ヶ所組の成立にあり、この動きに随伴するかたちで一八世紀初頭までに編成されたのが、郭外に分布する七ヶ所組、九ヶ所組であったと考えられる。他方、この間の本格的な本所・深川の市街地化と並行して、江戸町方中心部にいた材木問屋もその拠点を大きくシフトしていったと推定される。

材木仲買としての職分の固有性は以下の二点にまとめられる。

第一は「店」と「輪木」の所有である。材木仲買は基本的に表店商人であり、「輪木」の所有に特徴づけられるように、店前や河岸地における材木類の保管場の確保が彼らの重要な存立要件であった。第二は、共同組織（「ヶ所組」）による経営の集団的保証である。これは第一の点を規定するとともに、直請・出買を禁止することで市中における問屋との独占的な仕入関係を構築し、排他的な仲間集団をかたちづくった。ただし、同業者町的な同職集住をみせず、市中に分散的に展開していた材木仲買が仲間結合を成立させるには、職分とは別の位相、すなわち、それぞれの仲買が居住・営業する町の共同体＝町中による補完的な相互保証や規制の存在が必要不可欠であったと考える。

仲買らの経営構造については未検討であるが、各小組内で「手代組」が組織されていたことからは、多くの材木仲買商が奉公人（丁稚や手代）を多数抱えていたと考えられ、数代にわたって商売を営む大店も存在した。しかし、材木仲買の個別経営の盛衰はかなり激しかったものと思われる。この点は前掲表4中にみられる一八世紀中ころに加入したほとんどの材木仲買の名が天保一二（一八四一）年の「材木仲買人別帳」には確認できないこと、また天保改革を経て継続したものが三九%に過ぎなかったという指摘[61]からも明らかである。ただし、仲買の総数そのものは維持ないし幕末にかけて増加傾向にあった点は重要であろう。

嘉永元（一八四八）年の諸色調掛名主の上申書には、材木仲買として「普請方大丁場之請負致し候者」が三名報告されている[62]。このうち神田佐久間町家持の伏見屋五郎八（七ヶ所組神田佐久間町組）は「材木仲買人別帳」（天保一二年）に見出せるが、残る三十間堀三村清左衛門・芹川六兵衛は、株仲間解散後に台頭した新興の材木商＝大店と考えられる。

ここで注目したいのは、右とは別に「身軽之分」として「材木才取商内」にて「裏家住居之者」もいると上申されていることである。これは「店」と「輪木」を所有せず、市中での木材売買の仲介による口銭を収入源とする材木仲買の存在をしめすものと考えられる。近世後期には、本来の表店商人＝材木仲買以外にも、裏店商として営業を営む材木仲買もいたのである。

このような江戸における材木仲買の小経営の存立とその明滅は、巨大都市を維持するために不可欠であった厖大な木材の需要・供給の動向と軌を一にするものであろう。

三　神田堀沿いの河岸空間

以上の分析から明らかとなった神田堀地帯の空間構成と材木仲買の存在形態をふまえ、本節では神田堀沿いの河岸空間の実態について具体的に検討してゆきたい。

表5　材木仲買の河岸ごとの分布（天保12年）

江戸向		本所深川	
御堀端	24	深川木場	21
江戸川	7	竪川	22
神田川	43	横川	12
鎌倉河岸	35	小名木川	1
神田堀	70	州崎川	5
浜町入川	5	六間堀	5
東堀留川	12	仙台堀	8
日本橋川	4	大島川	1
楓川	23	**大川・海岸端**	
中橋入堀	7	大川西岸	20
亀島川	24	大川東岸	1
新川	1	海岸端	8
京橋川	12		
八丁堀	7		
三十間堀	24		
汐留川	17		
古川	21		

註：「材木仲買人別帳」（「勝田家文書(2)」149-168頁）より作成.

神田堀地帯における材木仲買の集中

表5は、天保一二（一八四一）年の材木仲買数を「河岸」ごとに整理したものである。ここから市中に散在するかにみえる材木仲買の分布形態についてつぎの二つの特徴的な傾向が見出せる。

第一は、江戸全体でみても、神田堀沿いに材木仲買が集中していることである（七〇軒）。大川以西では約二〇%、曲輪内ではじつに約三〇%を占める。さらに、神田堀西端に架かる龍閑橋以西の外堀北岸＝鎌倉河岸（四三軒）もふくめれば、江戸市中の材木仲買商の最大のセンターが、連続する二つの河岸沿い——鎌倉河岸と神田堀河岸——に展開していたことになる。

第二は、問屋と同様に仲買もまた本所・深川と大川沿いに展開する一方で、江戸町方中心部では、神田堀をはじめ、楓川（本材木町三―七丁目）や三十間堀（三十間堀二―八丁目）、亀島川（亀島町・永嶋町など）といった「横川」沿いに多く分布している点である。

ここでは第一の点のうち、神田堀沿いについて前掲表2をもとに詳しくみてゆきたい。神田堀沿いの材木仲買商の大半を占めるのは、弐ヶ所組の大伝馬塩町組（三五軒）と本銀町組（二〇軒）である。このほか五ヶ所組の新革屋町組一〇軒、九ヶ所組聖堂下組の一軒（本銀四軒屋敷）がみられる。

ところで、大伝馬塩町と小伝馬上町とは、神田堀南岸に位置する町だが、それぞれ北岸に「切地」として「大伝馬塩町蔵地」と「小伝馬上町代地」が存在する。ただし、この町名を名乗る材木仲買商は「材木仲買人別帳」には一軒も見出せない。後述する大店の所在や明治期の神田堀北岸の材木屋街の展開から推測すれば、両町——大伝馬塩町と小伝馬上町――の材木仲買らのほとんどは、神田堀北岸の大伝馬塩町蔵地と小伝馬上町代地に店を構えていたと考えてよいのではないか[63]。

とすれば、一九世紀なかころ、神田堀北岸の河岸通りに材木仲買が集中的に店を構えていたことになる。そして、この一帯では、新革屋町―神田佐柄木町蔵地周辺と大伝馬塩町蔵地―神田九軒町―小伝馬町上町代地周辺に二つの分布のピークが見出せ、これらがそれぞれ本銀町組（弐ヶ所組）と大伝馬塩町組（同）に対応する材木仲買の営業場であったと理解できる。

さて、両組には鎌倉河岸周辺の材木仲買商もふくまれている（本銀町組＝七軒、大伝馬塩町組＝六軒）。ここでふたたび表２をみると、鎌倉河岸周辺でもっとも多くの仲間をもつ組合は五ヶ所組新革屋町組である（二二軒）。組の名となる新革屋町もまた神田堀北岸に位置する町である。

以上から、鎌倉河岸＝神田堀一帯にみられる材木屋街は、神田堀北岸を基盤に、三つの小組――弐ヶ所組本銀町組・同大伝馬塩町組・五ヶ所組新革屋町組――の営業場が複合してできたものと捉えられよう。

それでは神田堀地帯への材木屋の集中はいつごろからみられたのであろうか。この点を考えるうえで、『東京材木仲買史』のなかでとりあげられる近世から近代にかけて数代にわたって家業を維持しえた二軒の大店の存在は示唆的である。

◇村井屋富八[64]

大伝馬上町代地に店をもつ村井屋は、安永年間（一七七二―八一年）の創業である。三代目富八は、弐ヶ所組大伝馬塩町組に所属し、天保一二年の「材木仲買人別帳」にもその名がみられる。また四代目富八（文政九［一八二六］―明治三三［一九〇〇］年）は、明治期に「神田丸太河岸ノ長者」と称されるほどの人物で、明治初年段階では当地の家持であった。

◇上総屋平蔵(65)

上総屋は、本銀町会所屋敷に店を構え、創業は一八世紀後半にまで遡るとされる。上総屋三代目の平蔵は弐ヶ所組本銀町組に属し、四代目平蔵も同地で明治期まで営業をつづけ、神田堀北岸の多くの河岸地を所有する地主であった。

また両人（四代目）とも、明治維新後、江戸材木仲買組合を継承した「材木渡世組合」（明治四［一八七一］年）、「東京材木仲買小売組合」（明治一九［一八八六］年）、そして「東京材木商組合」（明治三〇［一八九七］年）の頭取を勤めた人物であった(66)。

前節で指摘したように、弐ヶ所組の成立が一九世紀初頭と考えられること、同組四番組の二つの小組名がどちらも神田堀沿いの町名（大伝馬塩町・本銀町）を冠すること、そして、一八世紀後半に創業した二軒の材木仲買＝大店の存在から、神田堀北岸一帯における材木仲買商の集中は、遅くとも一八世紀後半にまで遡りうると推定できるだろう。

神田堀の実像――文化五・一〇年、龍閑橋川筋浚一件

一八世紀後半から一九世紀初頭にかけて神田堀北岸には江戸でも有数の仲買商による材木屋街が成立しはじめていた。これを念頭に、一九世紀初頭における神田堀の質的状態をみてみよう。

文化四（一八〇七）年から五（一八〇八）年にかけて、日本橋川、小名木川、竪川で幕府による公儀浚が計画、実施された。この背景には、つぎのような日本橋川の機能不全があった(67)。

当時、日本橋川では、両岸の埋まりがひどく、「岸之方江者船附」が難しく、川内へ桟橋などを突き出して「船荷

物」を引き揚げていた。そして、繫留される船が澪筋に出っ張ることで航路（「澪巾」）が狭まり、川内が混雑していたという。とりわけ、将軍御成（「御通船」）ができないことが頻繁に発生しており、この通船問題が川浚実施の直接の引き金となった。日本橋川での川浚はじつに約七五年ぶりのことであった。

この日本橋川の川浚に準じて、京橋川＝八丁堀（川浚実施はなし）、東・西堀留川（川浚実施は文化七―一一年）、神田堀とこれに接続する浜町入川（川浚実施は文化五―一〇年、以下、神田堀＝浜町入川と呼ぶ）では、幕府役人らによる見分が行われ、それぞれ川沿いの町人らに対し川浚の実施が命じられた。(68)

文化五年の見分によれば、神田堀＝浜町入川は、「町方ニ而自分ニ内々築出シ、物置候小屋等補理、有形之川幅を狭メ候場所」が散見されるという。(69) つぎに掲げる史料は、神田堀＝浜町入川沿いの調査にもとづいて町奉行から老中へと提出された上申書の一部である。神田堀の具体像のわかる貴重な史料なため、少々長くなるが引用する。

［史料２］(70)（［　］は引用者注、「　」は朱書、区間番号は図３を参照）

（前略）

［区間１］

龍閑町元地・本銀町四軒屋敷・新革屋町迄之地先川内者埋り候得共、大汐之節者船致通行候ニ付、此節川中出州等格別埋り候所計浚為致、是又当年より五ヶ年之内ニ、右川筋不残浚取候様為仕、河岸埋出し候所弐間余も御座候間、是又同様如元為致浚揚、川幅古来之通八間之積杭打置、以後狭メ不申候様為仕可申奉存候

［区間２］

一、元乗物町之内今川橋西之方川中埋り候間、先此節上浚致、可成ニ致通行候様為仕、河岸埋出し候所弐間余御座候間、前書同様当年ゟ五ヶ年之内ニ浚并埋出シ候場所元形之通前書同様可仕旨申渡候様可仕候

［区間3］
一、今川橋ゟ東、元乗物町・兵庫屋敷・佐柄木町蔵地・本銀町会所屋敷・神田紺屋町弐町目蔵地、右地先川中埋強船通行相成不申候得共、水吐差支無御座候間、川中出州又者河岸埋出之場所水吐之障ニ相成候所、此節上浚為致候、是又当年ゟ五ヶ年之内前書同様取計候様可仕候
［区間4］
一、大伝馬町・神田紺屋町弐町目蔵地・同町三町目上納地・神田九軒町・道有屋敷・小伝馬町上町代地地先川中者不残埋り陸同様ニ而、草生茂り、往来之者も猥ニ立入、不浄物等取捨候ニ付、此度草苅取、不浄物等取片付、且水吐不宜候間、右川中江幅壱間ニ深サ四尺之悪水吐を仕付、前書同様五ヶ年之内ニ古来之通川幅八間ニ為浚揚候様可仕候
［区間5］
「右場所続キ、柳原岩井町上納地ゟ馬喰町壱町目続之上納地、小伝馬町三町目上納地迄者、明和二酉年伺之上埋立上納地ニ相成候場所ニ御座候間、御書取之通当時之有形ニ居置、右町家裏大下水水吐不宜所者、是又見計浚候様可仕候」
［区間6］
一、通油町・通塩町地先川中之義も陸同様ニ相成候間、此節草苅取、不浄物取片付、水吐不宜候間、川中幅壱間・深サ四尺ニ為浚、悪水吐を仕付、前書同様五ヶ年之内ニ古来之通川幅八間ニ為浚揚候様可仕奉存候
［区間7］
一、元濱町・冨澤町・橘町壱町目・村松町・久松町・栄橋迄之地先川中埋り強船通行不自由ニ而、大汐之節ならてハ通行致し不申候間、此節芥出州等浚揚、可成ニ船通行相成候様為致、当年ゟ五ヶ年之内河岸埋り候場所壱間

余ゟ四間余迄、何レも為浚揚、古来之通川幅八間ニ為致候様可仕奉存候

［区間８］

一、栄橋東、冨澤町・久松町・高砂町・難波町地先川中之義者可成ニ船通行致し候間、五ヶ年之内埋り候壱間余ゟ五尺迄之場所為浚揚候様可仕奉存候

（後略）

［区間１］では「大汐」のときは通船が可能であったが、川床への土砂堆積がひどく、河岸の「埋出」が二間余もあった。また、［区間２］についても同規模の「埋出」がみられた。［区間２］については船の利用状況についての記載がないが、以下にみる東側の実態をふまえれば、大汐でさえ通船が困難であったと推測される。なお、河岸の「埋出」は、北岸からの築き出しである。

つづく神田堀＝浜町入川の中央部にあたる［区間３―６］の事態はより深刻で、つねに通船ができない状態にあった。なかでも［区間４］と［区間６］では川内が残らず埋まり「陸同様」の有様にあって、草が生い茂り、往来人も立ち入り、不浄物の捨場にもなっているという。

［区間７］は、［区間１］と同じく「大汐」でなければ船の通行は「不自由」で、「河岸埋り候場所」が一―四間あまりにもおよんでいた。

残る［区間８］のみが、舟運機能が維持されていた。

以上が一九世紀初頭における神田堀＝浜町入川の質的状態であった。こうした事態をうけて、神田堀と浜町入川に面する「二九ヶ町」（川浚の負担者）に対し、五年のうちに、川床の土砂を浚い揚げ、「河岸埋出」を取り払い、「古来之通川幅八間」に修復することが命じられたのである[71]。ここでは、この川浚を負担する町が、浜町入川沿いでは両岸の町々であったのに対し、神田堀沿いは北側の町々のみであったことを確認しておきたい（後述）。

表 6　文化 10 年 2 月の神田堀の質的状態

区間		川浚実施状況	河岸空間の状態
1+2	龍閑町橋際—今川橋	川中可成ニ上浚致候哉	差汐之節者小船通行相成候得共，未北側埋出之所者其儘ニ有之候
3+4a	今川橋—紺屋町三丁目蔵地	記載なし（未実施ヵ）	川中埋り強く，北之方河岸木挽小屋之方埋出余程有之候
4b	神田九軒町上納地—小伝馬上町代地	記載なし（未実施ヵ）	川中殊之外埋り強く，東之方河岸ゟ埋出し有之，西之方土手後ロ非人小屋多，右小屋張出シ有之候得共，埋出シ浚被仰付候ハヽ，建出し相止候様ニ茂相成可申哉
6+7a	通塩町—橘町一丁目	川中致浚	埋出シ等相見不申候
7b	橘町一丁目—久松町	川中上浚致シ候様子	差汐之節者通船相成申候得共，久松町河岸之方，材木川中江並置并埋出シ候場所相見申候
8a	久松町—難波町裏河岸際	上者浚致シ	出張等相見不申候
8b	住吉町—裏河岸の横堀	上浚候様子ニ相見候	埋出シ之場所，未取切不申候

註：『龍閑橋川筋浚一件』第 12 件（旧幕）より作成．

こうした状況にみまわれたひとつの要因として、文化三(一八〇六)年二月に起きた江戸大火による焼土瓦などの川内への落ち込みや人為的な投棄を想定することができる。[72] 確かに神田堀地帯も、この大火で類焼していた。しかし、二—四間にもおよぶ河岸地の埋出は、神田堀沿いの町人らによれば「当時之地主共之致成候義」ではないとされており、[73] ここ数年で行われたとは考えにくい。また次項でも述べるように、神田堀=浜町入川の中央部では、遅くとも一八世紀後半には川床への土砂堆積がすすみ、通船が行われていなかったと考えられ、この点も川内への河岸地の拡充が、長期間にわたって徐々に行われていったであろうことを示唆している。

表6は、川浚実施の勧告から五年後の文化一〇(一八一三)年二月、ふたたび町奉行所与力が堀川を見分し、町奉行所へと報告した「龍閑橋ゟ住吉町迄埋出見分書」の内容を整理したものである。[74] ここから、神田堀の東側(「区間1・2」)や浜町入川(「区間6—8」)では、「上浚」が実施されることで、通船機能の一定の回復もみられたが、いまだに河岸地の埋出は以前の状態のままであった。対して、神田堀なかほど(「区間3・4」)では、川浚実施の有無は未詳だが、見分記録からは五年前の状態のまま放置されていたと考えられる。

ここで注目されるのは、大伝馬塩町(蔵地)および神田紺屋町三丁目上納地蔵地の地先の川中に、幅四尺ほどの「畔同様之小〆切」をつくり、水を「堰入」れ、中央に取り付けた三尺程の「溝」に材木を「積置」いている場所が三ヶ所あったと報告されていることである[75]（［区間3＋4ａ］）。また久松町地先では、材木を「川中江並置」いていると述べられている（［区間7ｂ］）。どちらも材木仲買らによる河岸利用の実態として興味深く、堀川が通船のためだけではなく、小規模な貯木場（囲堀）として機能していたことがうかがえよう。

具体的な川浚実施に関する史料は見出せていないが、文化一〇年には、町奉行所役人による川浚の出来方見分がなされていることから、各町によって川浚と埋出の取り払いが実施されたものと考えられる。そして、同年七月、神田堀＝浜町入川沿いの二九ヶ町の支配名主から町奉行に対し、工事終了の旨と以後の維持管理を「定浚請負人」に命じ、名主・月行事らによる堀川沿いの「時々見廻り」を行うことで、川筋が「古格を不失様」にするとの上申書が提出されている[76]。

文化一〇年七月の段階で、神田堀＝浜町入川は川幅八間の堀川へと「元形」に復したわけであるが、ここで強調しておきたいのは、五年の間、今川橋以東の神田堀では川浚が実施されないままとなっていたことである。この要因のひとつには出費を拒んだ町人＝地主らの怠慢もあるだろうが、河岸利用という点において、舟運機能の回復は、町の住民、具体的には神田堀沿いの材木仲買らに期待されてはいなかったのではないか。いいかえれば、貯木場としての堀川、あるいは、拡張された河岸地、陸地と化した堀川といった明地にこそ河岸空間の価値を見出していたと考えられるのである。

文化五年に見咎められた川内への埋出が「当時之地主共之致成候義」ではなかったことを想起すれば、当時の堀川のすがたは、通船機能が失われて久しい神田堀の存続のありようと、その利用形態を端的に物語っているように思われる。そこで項を改め、神田堀の維持管理の負担関係と堀川の長期的な質的状態とを遡及的に考察し、材木仲買にとっての神田堀の利用形態とその意味について考えてみたい。

神田堀の存続とその利用形態

まず、つぎの史料から一八世紀初頭における神田堀の様子をうかがってみよう。

［史料3］[77]

一、本銀町川（神田堀）之儀者、享保六巳年今川橋本銀丁三丁目ゟ先ハ埋候様被仰付、然処川浚之義新規川向ゟ町年寄奈良屋市右衛門ゟ享保九辰年三月十八日相願被仰付、三分一之割壱丁目善兵衛・善九郎・四郎右衛門者川遣候ニ付割合出候、名主六右衛門支配之土手ニ而者割合難出之由申候得者承届候、其節川向ゟ残り之土手蔵主共江割合懸申度旨願候ニ付、土手蔵川（神田堀）之義者数年埋有之候ニ付、川遣申義無御座候、此上浚出来候而も川を遣申間鋪候、右浚入用難差出之由申上候得者、是非被仰付候筋ニ者無之由被仰渡候

右は江戸町方の名主が編纂した『重宝録』にふくまれる「本銀町土手普請之事」のなかの一部である。[78] ここからわかる経緯を摘記すればつぎの通りである。

① 享保六（一七二一）年、神田堀の本銀町三丁目より東側を埋め立てる計画があった。

② しかし、埋立は実施されなかったようで、享保九（一七二四）年三月一八日に、町年寄を通じて「川向」から（町奉行所に対し）川浚実施が出願され、これが認可された。

③ 「川向」から神田堀南岸にあった土手蔵の地主（「土手蔵主」）ら七名に対し、川浚費用の一部負担が請願され、本銀町一丁目地先の土手蔵主三名（松下町善兵衛・同町善九郎・牛込若松町四郎右衛門）は、神田堀を利用しているという理由から（「川遣候ニ付」）、もとめられた川浚費用の一部を負担した。

④　ところが、西紺屋町の名主六右衛門ほか三名の土手蔵主は、当時の神田堀は「数年埋有之」、利用していないこと（「川遣申義無御座候」）を理由に出資を拒んだ。そして、この主張が（町奉行所に）認められ、彼らによる費用負担はなされなかった。

⑤　川浚の実施内容については不明だが、残る土手蔵主三名が費用を負担していることから、川浚そのものは行われたものと考えられる。

ここでまず特筆される点は、当時すでに神田堀の一部が「埋まっていた」という事実である。その内実はわからないが、土手蔵主らのいう「川遣候」の意味を堀川の舟運利用と解すれば、享保九（一七二四）年時点ですでに、今川橋以東では通船が困難な状況にみまわれていたことをしめしている。また、享保六（一七二一）年の神田堀の埋立計画は、こうした堀川の質的状態と表裏の関係にあったと想定されよう。

つづいて、川浚費用の負担を拒んだ土手蔵主らが、川浚を実施しても「川を遣申間鋪候」としている点も注目に値する。神田堀南岸にある土手蔵を所持する蔵主らは、神田堀での通船や荷揚げといった河岸利用を想定していなかったのである。つまり、土手蔵の所持者ないし利用者にとっての神田堀とは、土手蔵背面に流れる単なる大下水としての意味合いしかもっていなかったのではないだろうか。

つぎに検討したいのは川浚を出願したとされる「川向」の解釈である。神田堀南岸にある土手蔵の前身は、万治二（一六五九）年に造成された本銀町土手であった。先述したように、この土手は紆余曲折をへて享保五（一七二〇）年に土手蔵として完成されるにいたった。「本銀町土手普請之事」には、本銀町土手にかかわる一八世紀初頭の記録がふくまれているのだが、このなかに神田堀と土手蔵の管理に関するつぎのような興味深い一節が見出せる。

［史料4］[79]

先年者土手半分ハ北之方町々之支配、土手半分ハ南方町々之支配ニ御座候処、正徳三巳年請負人共被仰付、南之方榜示杭ゟ北之方河岸石際迄土手蔵主之支配ニ被仰付、川巾幷橋等も北之方町々支配ニ罷成候

かつては、土手中央を南北の境として半分ずつを南北それぞれの町々（「北之方町々」「南方町々」）が管理（「支配」）していたが、土手蔵請負人の任命、つまり土手蔵の建設にあたってつぎのように変更されたという。土手蔵主らは、土手の南端に打たれていた「榜示杭」より北、神田堀の南端の石垣際までを管理し、[80]「川巾幷橋等」＝神田堀やそこに架橋された橋については北側の町々が管理することとなった。享保九年の川浚にあたって、土手蔵主らが負担を拒否できた最大の根拠は、神田堀の利用の局面ではなく、こうした維持管理の局面にこそあったのであろう。

ここから史料3の「川向」とは、神田堀以北の町々であったと理解できる。この点は、文化年間に神田堀＝浜町入川の川浚を命じられた「二九ヶ町」のうち、神田堀沿いは北岸に面する町々のみであったこととよく符合する。つまり、神田堀の維持管理の負担責任は、一八世紀以来、原則として北岸沿いの町人＝地主らにあったと考えてよいだろう。

その後、神田堀の実態や川浚実施に関する史料は見出せていないが、明和二（一七六五）年、神田堀＝浜町入川のうち［区間6］の部分が、中央に幅二間の下水を残して埋め立てられ上納町屋敷とされたことは第一節でふれた。この埋立は、同年に実施された江戸城外堀の「御堀浚」に際して出る「浚土」を利用し、江戸市中における不用となった堀川を埋め立て、上納町屋敷とすることを町奉行所が町方にひろく公募したことがきっかけであった。[81]神田堀＝浜町入川の［区間6］については、このとき町奉行所によって埋立の候補地として妥当と判断されたのである。すなわち、明和期（一七六四―七二年）のはじめ、神田堀東端付近での通船機能が失われていたことは間違いない。そして、神田堀＝浜町入川の連接部が幅二間の大下水となったことで、以後、堀川内の水の流れが以前にもまして著しく停滞した

ことは容易に想像されよう。

この埋立から約四〇年後のすがたが、先述した文化五年の神田堀の状態である。この間、川浚実施の記録が認められないことを勘案すれば、一八世紀後半以降、龍閑橋から今川橋付近を除けば神田堀での通船はほとんど行われていなかったと考えられるだろう。

文化一〇年の川浚によって、神田堀＝浜町入川は再生されたわけであるが、安政四（一八五七）年、神田堀は川幅二間を残すかたちで北岸——元龍閑町から小伝馬上町代地までの地先——が埋め立てられ、講武所附今川橋埋立地＝町屋敷地となった[82]。

以上、断片的ながら神田堀の存続のありようを通観してきた。まとめとして、神田堀と材木仲買との関係性、具体的には、材木仲買にとっての神田堀が存続することの意味とその利用形態を仮説的に提示してみたい。

天保期にみられた神田堀地帯における材木仲買商の集中は、文化年間の川浚実施による舟運機能の回復がその推進力になったと想定することもできる。しかしここでは、神田堀沿いの材木仲買の集中が一八世紀末から一九世紀初頭に端緒を見出せることを重視したい。すなわち、文化期初頭にみられた神田堀の質的状態をもってしても、材木仲買らは商売を維持できたと考えてみたいのである。店前での船による荷揚げ・集荷機能は、必ずしも神田堀沿いの材木仲買らの決定的な存立要件ではなかったのではないか。安政四年以降、神田堀は完全に通船機能を失ったが、神田堀地帯における材木仲買らの同業者町としての性格は明治初頭まで継承された。そして彼らこそが近代東京の材木仲買組合の大きな基盤をかたちづくったのであり、この点は筆者の仮説を支持するものといえよう。

また、文化年間に発覚した堀川の埋出や川内における小規模な貯木場の存在からうかがえるのは、材木類の保管場を確保することの重要性と市中堀川の貯蔵場としての機能である。とりわけ、奥行の浅い河岸地（幅二—三間）しか存在しなかった神田堀地帯では、堀川の「川埋り」や川岸への寄州の発生は、河岸地拡大の好機になったと考えられる。つまり、材木仲買にとっての河岸空間とは、第一に、材木類の〝置場〟としての河岸地であり、貯木のための〝水溜り〟としての堀川であったとみることができるのではないだろうか。そしてこのことは、材木仲買仲間の存立が、売買を行う「店」とともに、「輪木」の所有に基礎づけられていたことにも深くかかわっていよう。

むすびにかえて

本章では、神田堀を事例に、堀川の存続形態と材木仲買の存在形態とを関連づけて読み解いてゆくことで、江戸の河岸空間の実態の一端を明らかにしてきた。ここでは神田堀沿いに見出せた材木仲買による堀川の利用形態が、江戸市中全体にも敷衍できることを若干考察してむすびにかえたい。

『江戸名所図会』には、一九世紀前半の江戸の都市景観が詳細に描かれている。市中に張り巡らされた堀川も、その舞台背景として多数登場し、数多の小船が行き交うすがたが活写されている。本章で素材とした神田堀は「今川橋」を被写体として描写されるのみで、材木仲買の多くが店を構えた「横川」――楓川や三十間堀――沿いの町並みはまったくといっていいほど画題にとりあげられていないことに気づく。『江戸名所図会』にはこれら堀川のすがたは河口付近がわずかに描き込まれるだけで、当時の全体像を窺い知ることはできないのである（図6）。

前章で明らかにしたように、一九世紀初頭、楓川や三十間堀では「汐時」によっては通船が困難となるまでに「川（押）埋り」が進行しており、護岸際には相当な寄州が発生していた[83]。また、日本橋川など主要な堀川でも通船機能には一定の障害を抱えており、その川岸は類似した状態にあったと考えられる。こうした堀川の質的な状態は、『江戸名所図会』の挿画作成にあたって意図的に排除されたのではないか。とすれば、『江戸名所図会』の背後には、市中堀川の空間的な実態を隠蔽し、〝水の都〟としての城下町江戸を描こうとする「都市イデア」[84]が潜んでいたとも読

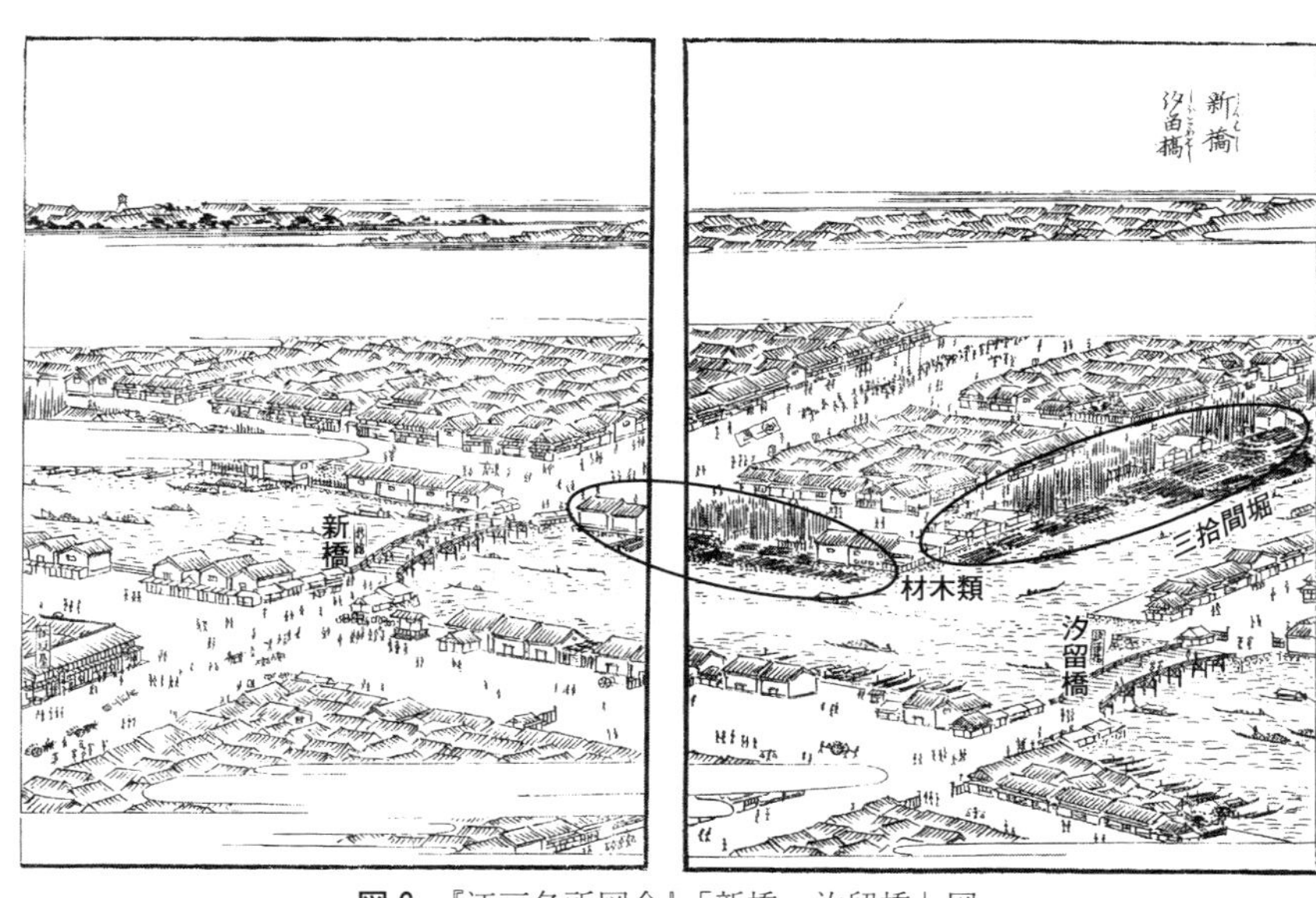

図６『江戸名所図会』「新橋・汐留橋」図

註：『新訂 江戸名所図会 1』（ちくま学芸文庫版，1996 年所収）より作成．

み取れ興味深い。

他方、材木仲買らの市中における分布、ないし彼らの河岸空間の利用形態に関していえば、その描写は信頼にたるものといえる。『江戸名所図会』には、材木納屋や木挽小屋をはじめ、水平に積み置かれた材木類や垂直にのびる「立木」が幾筋もの線で表現される様を、河岸地のそこかしこに見出すことができる。こうした描写がみられる場所は、天保一二年の「材木仲買人別帳」からわかる材木仲買組合の分布ともよく照応する。さらに、図６のように堀川を貯木場として使用する光景は、神田堀でみたのと類似したものと考えることができるだろう。つまり、こうした堀川の活用方法は、材木仲買にとって一般的なものであったと推測されるのである。

最後に、江戸の材木流通をめぐる二つの局面から今後の課題を述べておきたい。

第一は、問屋からの「仕入」の局面である。一九世紀、深川木場・本所竪川の問屋から仲買へと卸売される「板挽木類・角丸太類」の運送費が、材木の品種によって問屋―仲買間で取り決められていた。ただしこれは問屋の店から仲買の店までの距離に応じて定められていたもので、堀川の質的状態――通船ができるか否か――とは無関係であったと考えられる[85]。その費用は「船賃銭」と記されるため、主要な運送手段として艀下や筏が利用されたことは間違いないが、実態としては、材木仲買の店付近にある共同の揚場＝河岸などで陸揚げされ、それぞれの仲買商の店・材木置場には大八車や牛車などで陸送されていたのではないか。

第二は、仲買らによる「素人・職人」への小売の局面である。仲買らが取り扱う材木類は、江戸市中の多様な場所で、頻々に実施される厖大な数の建設工事に使用された。そして、これら大半の資材は陸路によって供給されたと考えられる。

堀川の利用形態と存続実態をふまえて、材木仲買を軸とした材木流通を考えてみたとき、仲買仲間の揚場の存在や江戸市中における陸運網の構造、そして、その実働を担ったであろう川並鳶や車力、日用層といった民衆世界の問題が江戸の河岸空間理解にとってのつぎなる課題として設定できるだろう。

註

(1) 伊藤好一『江戸の町かど』(平凡社、一九八七年)、鈴木理生『江戸の川・東京の川』(井上書院、一九八九年)など。
(2) 吉田伸之『巨大城下町江戸の分節構造』「第二編　市場社会」(山川出版社、一九九九年)、小林信也「近世江戸町方の河岸地について――新肴場河岸地を事例に」(『江戸の民衆世界と近代化』山川出版社、二〇〇二年、初出一九九四年)など。
(3) 吉田伸之「江戸の積物問屋と艀下宿」(『国立歴史民俗博物館研究報告』一〇三、二〇〇三年)、同「流域都市・江戸」(『別冊都市史研究　水辺と都市』山川出版社、二〇〇五年)、同「佐倉炭荷主と江戸問屋」(『別冊都市史研究　江戸とロンドン』山川出版社、二〇〇七年)、同「「御堀端」と揚場」(『別冊都市史研究　パリと江戸』山川出版社、二〇〇九年)など。
(4) 本書第5章を参照。
(5) 神田堀は、「(白)銀町堀」、「龍閑川」、「龍閑橋川」、「神田八町堀」などと呼ばれたが、本章では「神田堀」と統一して表記する。

(6) 堀川と河岸地とをセットで捉えるため、本章では「河岸空間」という言葉を用いる。

(7) 本銀町土手および土手蔵については、『重宝録』第四（東京都公文書館、五五―五九頁）を参照。これは本銀町土手蔵をめぐる由緒や記録であり、作成者や年代、その目的については不明だが、『御府内備考』にも類似した記事がみられる（『御府内備考』巻一、一〇四―一〇七頁）。以下、特記しないかぎり同史料にもとづく。

(8) 『江戸城下変遷絵図集』五（原書房、一九八五年）。

(9) 『江戸砂子』巻之一（早稲田大学図書館所蔵）、『江戸名勝志』天（国立国会図書館所蔵）。

(10) 「江戸惣鹿子名所大全」『江戸叢書』巻之三・四（江戸叢書刊行会、一九一六年）。

(11) 『重宝録』巻四、五九頁、『享保撰要類集』蔵地之部、第五・十四件（旧幕府引継書、国立国会図書館所蔵、以下「旧幕」と略す）。

(12) 安永三（一七七四）年の段階で、すべて「住居蔵地」となっていることが確認できる（『安永三年小間附　北方南方町鑑』東京都公文書館、一九九〇年）。

(13) 以下、神田堀北側の火除明地化については『享保撰要類集』七下ノ上、「明地之部」、第五十件（旧幕）を参照。

(14) 『東京市史稿』変災篇、第四巻、六八〇―六八五頁。

(15) 同右、六八五―六九七頁。

(16) 同右、七三三―七三四頁。

(17) 『享保撰要類集』六上、蔵地商床道鋪下水之部幷高積之事、第五件（旧幕）。

(18) 前掲註(12)『安永三年小間附　北方南方町鑑』。

(19) 『享保撰要類集』七下ノ下、明地之部、第七十三件（旧幕）。

(20) 『江戸町触集成』第六巻、七八二二号。

(21) 『市中取締類集』第十四巻、河岸地取調之部四、第九十八件（旧幕）。

(22) 『江戸町触集成』第六巻、七八二二号、『龍閑橋川筋浚一件』第四十一件（旧幕）。

(23) 前掲註(21)史料および『火除土手絵図面　神田龍閑町より岩井町迄』（旧幕）。

(24) 『東京市史稿』市街篇、第四十五巻、一―四頁および一二一―一二四頁。

(25) 明治九（一八七六）年「六大区沽券図」（東京都公文書館所蔵）、同年「東京全図」、明治一九（一八八六）年「東京五千分之壱実測図」（以上は、地図資料編纂会『江戸―東京市街地図集成〈第1期〉』柏書房、一九八八年）。
(26) 「神田佐久間町壱丁目」『町方書上　外神田町方書上　三』（旧幕）。
(27) 吉田伸之『歴史を読みなおす　一九　「髪結新三」の歴史世界』（朝日新聞社、一九九四年）八―一〇頁。
(28) 牧原成征「江戸城下における町人の編成と商人」（同編『近世の権力と商人』山川出版社、二〇一五年）三―三七頁。江戸の材木商に関する先駆的研究としては、西川善介「江戸材木商の起源」（『林業経済』一六九、一九六七年）がある。
(29) 人数はすべて『諸問屋再興調』巻十五、三七―三八頁を参照。
(30) 「諸問屋名前帳」（『旧幕府引継書目録』三・四（国立国会図書館、一九六一―六二年）。
(31) 問屋については『材木問屋組合正史』史料二十六、材木仲買（九ヶ所組）については「材木問屋帳」一一九頁を参照。
(32) 『諸問屋再興調』巻十五、三九―四〇頁。
(33) 『類集撰要』三十、炭薪仲買、安永二巳年九月一五日条（旧幕）。
(34) 野村兼太郎「江戸材木仲買仲間記録」（『三田学会雑誌』三九―二、一九四六年）、同「問屋と仲買――江戸材木商」（『同』三九―三、一九四六年）、助野健太郎「勝田家文書（一）――江戸材木商史史料」（『聖心女子大学論叢』二〇、一九六二年）、同「勝田家文書（二）」（『同』二一、一九六二年）、同「勝田家文書（三）」（『同』二二、一九六三年）、同「三田文書「材木問屋帳」」（『同』二三、一九六三年）。なお、これらに掲載された史料翻刻には、誤読や誤解と思われる箇所が散見される。そのため、本来であれば原史料にあたることが望ましいと考えるが、筆者の力量不足から本章では右の翻刻を用いることとする。
(35) 『東京材木仲買史』（東京材木仲買商協同組合、一九六六年）。
(36) 「勝田家文書」は、前掲註(34)助野「勝田家文書（一―三）」を用い、以下「「勝田家文書（番号）」翻刻掲載頁数」と表記する。
(37) 「材木問屋帳」は、前掲註(34)助野「三田文書「材木問屋帳」」を用い、以下「「材木問屋帳」翻刻掲載頁数」と表記する。なお帳簿名は「問屋」と記載されるが「仲買」による記録である。
(38) 川辺古問屋史料は、島田綿蔵編『江戸東京材木問屋組合正史』（大日本山林会、一九七六年）を用い、以下「『材木問屋組合正史』同書史料番号」と表記する。
(39) 「勝田家文書（二）」一四九―一六九頁（「材木仲買人別帳」）。

(40)　前掲註(26)史料。以下、前掲註(28)牧原「江戸城下における町人の編成と商人」も参照。
(41)　嘉永四年一一月「御役材木起立幷直段書上」『諸問屋再興調』巻二、二〇〇―二〇三頁。
(42)　杉森玲子「江戸の御仕置をめぐる役と町」(『史学雑誌』一二六―一〇、二〇一七年)。
(43)　前掲註(26)史料。
(44)　『材木問屋組合正史』、史料三。
(45)　同右、史料六。
(46)　同右、史料一五・二六および「勝田家文書(三)」一五七―一六四頁。
(47)　勝田屋茂左衛門については、吉田伸之「江戸・内・寺領構造」(『伝統都市4　分節構造』東京大学出版会、二〇一〇年)、同『都市――江戸に生きる』(岩波書店、二〇一五年)一三三―一三六頁も参照。
(48)　「勝田家文書(一)」七一―七二頁。
(49)　前掲註(26)史料。
(50)　「材木町」『御府内備考』第五巻、一八六―一八八頁。
(51)　「材木問屋帳」一〇九―一一〇頁。
(52)　七ヶ所・九ヶ所組の仲間仕法(「材木問屋帳」一〇九―一一〇頁)には組替に関する条項はふくまれないが、つぎのような一件を「材木問屋帳」中に見出せる。安永年間(一七七二―八一年)に、材木仲買の手代が出店する際の加入先をめぐって、九ヶ所組から七ヶ所組に対してたびたび懸け合いがなされていたようで、その結果、七ヶ所組に属する材木仲買の手代が九ヶ所組のテリトリー＝営業場内で出店した場合には、九ヶ所組に組替させることについて七ヶ所組としては差し支えないとされている(「材木問屋帳」九一頁)。
(53)　「勝田家文書(二)」一六四―一六八頁。
(54)　同右、一四四―一四五頁。
(55)　「材木問屋帳」七四―一四〇頁。
(56)　「勝田家文書(二)」一四四―一四五頁。
(57)　同右、一四五―一四八頁。
(58)　「材木問屋帳」八六―八七頁。

(59)『東京材木仲買史』三一九―三二四頁。
(60) 商人仲間と町共同体との関係については、大野祥子「十七世紀中期の大坂・道修町――薬種中買仲間の史料から」(『年報都市史研究5 商人と町』山川出版社、一九九七年。のち同『近世大坂 薬種の取引構造と社会集団』清文堂出版、二〇〇六年に所収)を参照。
(61)『東京材木仲買史』二八四―二八六頁。
(62)『諸問屋再興調』巻十五、六四頁。
(63) 明治期の神田堀北岸の材木屋街については「明治三十四年頃神田丸太河岸附近之図」(『東京材木仲買史』史料一三三、三九五頁)を参照。
(64)『東京材木仲買史』史料一二四(三七四頁)。町屋敷所持がいつからかは未詳だが、明治九年「六大区沽券図」(東京都公文書館所蔵)の神田材木町一五・一六番地(計二一八坪ほど)に「橋本富八」の名が確認できる。
(65)『東京材木仲買史』史料一三一(三九四頁)。
(66) 同右、三七四・三九四―三九六頁。
(67) 以下、文化四年の日本橋川における川浚については『日本橋川筋竪川小名木川浚一件書留』一、「日本橋川筋浚之部 壱」第六件(旧幕)を参照。
(68) 京橋川＝八丁堀については『日本橋川筋竪川小名木川浚一件書留』三、「日本橋川筋浚之部 三」第三四件(旧幕)、東堀留川については『荒和布橋ゟ室町堀留迄 町々自分浚一件書留』(旧幕)、西堀留川については『新材木町入堀川浚一件』(旧幕)を参照。
(69)『龍閑橋川筋浚一件』(旧幕)。
(70) 文化五年二月「龍閑橋川筋河岸埋出候場所取計之儀奉伺候書付」前掲註(69)史料。
(71) 前掲註(69)史料。
(72)『東京市史稿』変災篇、第五巻、一七五―二三二頁。
(73) 前掲註(69)史料。
(74) 同右。
(75) 同右。

(76)　同右。この「定浚請負人」については未詳である。ただし、次項でみるように安政四(一八五七)年には神田堀北岸が埋め立てられ、浜町入川沿いの一部では安政四年一〇月に川沿いの町人＝地主の計画・出資による川浚が実施されていることをふまえれば（『市中取締続類集』地所之部、七ノ一、第一件）、「定浚」の内実は、神田堀＝浜町入堀の機能維持を可能とさせるものではなかったと考える。

(77)　『重宝録』第四、五九頁。

(78)　これは享保期に造成された本銀町土手蔵をめぐる由緒や記録であり、作成者や年代、その目的については不明だが、『御府内備考』にも類似した記事がみられる（『御府内備考』巻一、一〇四―一〇七頁）。

(79)　『重宝録』第四、五六頁。

(80)　同史料中から、万治二年に造営された土手の南側には、「土手前弐間通物干場髪結床等」があり、「土手預」とされた西紺屋町名主六右衛門が地代を徴収していたことがわかる（『重宝録』第四、五七頁）。

(81)　『江戸町触集成』第六巻、七八一九・七八二〇号。

(82)　『東京市史稿』市街篇、第四十五巻、一―四頁および一二一―一二四頁。

(83)　本書第5章を参照。

(84)　都市イデアについては、伊藤毅「方法としての都市イデア」（『伝統都市1　イデア』東京大学出版会、二〇一〇年）を参照。

(85)　川辺古問屋が定めた船賃銭規定は、天保一三(一八四二)年（『材木問屋組合正史』史料六六―六八）と安政三(一八五六)年（『同』史料七四）のものが残されている。ただし、当時通船に明らかな弊害が生じていた堀川との相関関係は認められない。なお、『材木問屋組合正史』では、右史料中に見出せる「白銀町」が「神田銀町」と比定されているが、「浜町」と併記されている点から考えても、正しくは神田堀沿いの「本銀町」とするのが妥当であろう。

第Ⅳ部　都市空間をささえる人びと

第7章　境界領域の規制と空間認識
——沽券地・庇地・公儀地

はじめに

日本の近世都市における「町」は、道路を内部に取り込み、その両側に町家・町屋敷が展開するかたちが一般的であった。道と屋敷地とが接する場所、つまり町家の軒下は、「庇地」「庇下」などと呼ばれ、建築内部と連続する商人（見世売・振売）にとって重要な売買の場であった[(1)]。ただし、江戸における庇地はあくまでも道＝公儀地の一部であったため、近世を通して幕府からの規制や取締が行われた[(2)]。

こうした町家の店前にある公と私とが入り交じる庇地の実態や境界領域的な性格をめぐっては、建築史分野からの都市史研究でも早くからとりあげられてきた[(3)]。江戸に限ってみれば、玉井哲雄や波多野純・黒津高行の研究をまずはあげることができる。

このうち玉井は、江戸町方における庇地の基本的形態と商業機能上の重要性を指摘し、その形成から展開を見通すことで、近世から近代にかけて町住民に占有化される傾向にあり、庇下が建物内部に取り込まれていったというシェーマをしめした[(4)]。一方、波多野・黒津は、都市設計という観点から、庇地の計画実態について論じている[(5)]。そこでは日本橋通一丁目を事例に、沽券絵図に記載される幅一間の庇地（間半を公儀地・間半を沽券地とする）が実際にはすべて公儀地であったことが明らかにされており、明暦大火（明暦三〔一六五七〕年）後に規定された「一間庇」が初発の段階から実態と乖離するものであったとしている。

城下町江戸を直接の基盤とする近代初頭の東京については、都市計画史分野から石田頼房・池田孝之らの研究が注目される。(6) 石田・池田は、大正八（一九一九）年の市街地建築物法施行以前の建築法令を考察するなかで、明治七（一八七四）年発布の庇地制限令などをとりあげ、これら「建築線制度」法制化以前の規制が、江戸以来の慣習をひきずった「曖昧さ」を有する実効性をもたないものであって、「道路空間の確保・回復あるいは拡張」を達成しえない、現状を追認するだけのものであったと評価している。

このように江戸の庇地に関する基本的な性格や、近世から近代へといたる見取図はすでに得られているように思われる。(7) しかし、右にみた研究は、屋敷絵図や沽券絵図による構成的・類型的な把握からの考察であって、その社会的・空間的様相についていえば、ごくわずかの事例を除いてほとんど明らかにされていない。

こうした庇地の形態的特徴に重点を置いた工学系分野からの諸研究に対し、江戸の都市社会史研究をリードしてきた吉田伸之は、個別町分析のなかで、店前ないし庇地における売買の実態を通して、その空間的様相も具体的に明らかにしている。(8)

今後も吉田の分析のような個別地域の実態解明の蓄積がもとめられていようが、本章では幕府による統制という局面にあらためて光をあて、庇地概念とその実態について再検討してみたい。というのも、幕府側からの法的規制に関していえば、一様にして、頻繁に町触が出されていたという素朴な指摘にとどまっており、具体的な統制策の存在などは不問に付されてきたからにほかならない。

本章で題材としてみたいのは、文化三（一八〇六）年から四（一八〇七）年にかけて幕府（町奉行）主導のもと実施された庇地統制政策（「町々取調」）についてである。国立国会図書館所蔵の旧幕府引継書には、この政策に関連して作成されたと考えられる『庇切』[9]と『江戸町中家作其外往来差障候品取調書上并絵図』[10]（以下、『家作往来取調図』と称す）と題される二つの史料が見出せ、これを主な素材とする。

まず第一節では、本所・深川地域における取り調べの記録である『庇切』をもとに、文化三年から四年にかけて江戸町方全域を対象として幕府役人によって実施された「町々取調」の具体的内容を明らかにする。

つづく第二節では、「江戸向」の町々（隅田川以西の町々）の庇地の現状を調査・記録した絵図である『家作往来取調図』と「町々取調」との関係性を検証したうえで、関連する絵図面類の読み取りから幕府側（町奉行所）と町役人（名主）の庇地に対する空間認識とその規制をめぐる土地境界の論理を検討する。

最後に幕府の都市政策として「町々取調」の評価を試みるとともに、この庇地統制策に孕まれていた空間史的意義を考えてみたい。

一　町々取調一件——『庇切』

文化大火後の建築規制令

文化三（一八〇六）年三月四日午前一一時ころ（「昼四ッ半過」）、芝車町家主幸次郎の明店から出た火は、郭内大名小路・京橋・日本橋・神田・浅草にまで延焼する大火事となった[11]。焼失範囲は幅平均七町、長さ二里余りにおよび、死者数は一〇〇〇人を超え、江戸三大大火のひとつに数えられている（以下、「文化大火」と呼称する）。

市中の多くを灰燼に帰す大火は、幕府にとって避けるべき最大の課題とされたものの、逆に建築規制や都市の再開発を講ずる絶好の機会ともなった[12]。明暦三（一六五七）年正月の大火ののち、近世をつうじて町人地の空間や建築のあり方を基礎づける法令（町触）——町家の建方[13]・道路幅の設定[14]・庇に関する規定など[15]——が多く出されたことはよく知られている[16]。

文化大火後の三月二二日には、市中の町家（「町家建之儀」）は「梁間を三間、高さは梁間に準じ、二階屋はなるべく高くしてはならない」とする明暦大火後と同内容の町触が、町奉行から町年寄役所を介して町中へと触れられている[17]。これにあわせて新たに付けくわえられた内容は、橋際に五間口ずつの「人溜」を設け、「番屋」以外の建物の設置は禁止とすること、焼け残った「河岸土蔵」については後日別の場所に引き直すこと、であった。これは防火政策のひとつとして、火事に際しての橋詰周辺の混雑を解消するとともに、小規模な火除明地の創出が企図されたものと考えられる。

つづく同年五月一三日には、明和四（一七六七）年五月と同九（一七七二）年四月に触れられた庇地に対する規制令が、再触のかたちで町中へと出されている[18]。前者は明和四年四月九日に江戸古町が類焼した火災後、後者はいまひとつの江戸大火とされる明和九年二月二九日に発生した目黒行人坂火事ののちに出されたものである[19]。その内容はともに、市中の町家が「自然と往来之方江建出」しており、実際の道幅と沽券絵図に表記される間数とに齟齬が生じているようであるため、復興の折に絵図の通り正しく家作を行うこと、店前に商売物などを濫りに積み置いて「往来之差障」や、出火・類焼の原因とならないようにすること、の二つを町中へ命ずるものであった。なお、第二節で後述するように明和四年五月の触の際には、町家の普請・修復にあたって組合名主らに対し、沽券絵図に記載された間数と現状の道幅とを照合させ、結果を町奉行所へと報告させている[20]。

こうしたなか、同年七月五日に一・四・五番組肝煎名主から組合名主宛に出されたつぎの達書が注目される。

［史料1］[21]（丸番号、丸括弧および傍線は引用者註記、以下同）

①　一、年来大坂建与号し家作建方有之、当春致類焼候町々之内ニも右建方之家作相見江庇地迄本家之内江取込、猶其上ニ付木庇等取付候故自ラ往還江も出張、且者庇地之形ヲ失ひ如何之義ニ付右建方家作之分銘々支配名主

限り取調置、御見分之節又ハ御序有之節申上候様致シ、未切組等ニ不取掛分ハ精々申付庇地之形失ひ不申候様可致旨、尤右取調候ニ付致掛候普請差止候ニ者不及候事

但、類焼不致町々町方も此已後普請致候分ハ同様可相心得旨之事

②　一、此度町々家作往還江建出下水外江庇柱建候分取払、其外出張候場所追々見分之上夫々被仰渡有之候処、地借店借之内ニ者勿論町役人ニも心得違致居候者も有之哉ニ付被仰渡之趣区々相心得不同有之候而者如何候間、最寄名主寄合被仰渡之趣一統同様ニ心得取計候様申合、右席江月行事をも呼寄得与申談候ハヽ、行届可申哉ニ付、其上ニも強而心得違之義申立候者ハ名前取調申立候様可致事

右之趣町々御取調掛方ゟ一統江申通候様拙者共江被仰渡候、御組合限り得与行届候様可被仰合候、右御達申候以上

但、前書大坂建致候者名前書之義御組合限半紙横帳ニ各様一手ニ御認中村八郎左衛門御宅江御差出可被成候

（文化三年）七月五日　　壱・四・五番組　肝煎

まず一条目（①）では「大坂建」と呼ばれる「家作建方」について述べられている。同条によれば大坂建とは、庇地を取り込むかたちで主屋（「本家」）を建て、そのうえに付木庇などを取り付けている町家のことをさすという[22]。ここでは、右のような「家作建方」によって、本来あるべき「庇地之形」が失われている状況が論難されており、ここ数年、大坂建の町家が市中および当春に類焼した町々にも散見されるため、支配名主ごとに取り調べておき、（幕府役人による）「御見分」の際に申し出るよう命じている。

そして、類焼後いまだ家作に取り掛かっていない場合には十分に注意を払わせ、類焼していない町々も以後の普請の際には同様に心得ることとされている。ただし右の取り調べにあたって普請作業を中断する必要はないという。

さらに末筆の但書では、大坂建の町家を建てている者については、名主組合ごとに「名前帳」を作成し、中村八郎

左衛門宅（後述の江戸向町々取調懸）への提出が義務づけられている。

つづく二条目（②）は、路上にはみだすように家作し家前の下水外へ設置した庇柱（「町々家作往還江建出下水外江庇柱建候分」）や、そのほか「出張候場所」についてである。これらについては追って見分のときに取り払いなどの措置を申し渡すことになっているが、この点に関しては地借・店借をふくめ町役人らにも「心得違」をしている者が多くいるため、最寄りの名主らで寄り合い、月行事をも呼び寄せたうえで申渡内容を確認し、見解を統一するよう命じられている。それでもなお、強いて異論を唱える者がいれば、名前を調べ（町奉行所に）申し立てよ、としている。

両者はいずれも道と町家との境界領域にあたる庇地の取締に関するもので、先述した明和期の再触を前提として出されたものと考えられる。

ところで、傍線部によれば、史料1は「町々御取調掛方」なる者から一・四・五番組の肝煎名主に通達されたものであったことがわかる。また、同史料中には「御見分之節」（①）、あるいは「追々見分之上夫々被仰渡有之候」（②）との文言が見出せることから、申渡ののち「町々御取調掛方」による実地見分が予定されていたことがうかがえる。

「町々取調懸」とは誰か

ではまず史料1の差出人であった「町々御取調掛方」とは誰であろうか。彼らについて検討するため、つぎの史料をみてみよう。

［史料2］(23)

①　卯三月八日於内座肥前守殿（南町奉行）御渡

本所懸り江申渡

町々家作等建出其外猥之儀有之趣ニ付、去寅年（文化三年）伺之上懸りをも申渡、江戸向は多分調も済寄候、本所深川之儀は一体ニ各懸之事ニ付、各ニ而引受可被取計筋ニ候、往還江家作出張或は川内江立出し候等致し候類、其外共相糺候様可致候、尤江戸内取扱と両様ニ相成候ては不宜候間、江戸内町々取調懸江も申合取計候様申渡候間、申談可被取計候
（文化四年）卯三月

②　私共本所深川家作改懸今日肥前守殿被仰渡候、此段御届申上候、以上
（同年）三月八日
服部仁左衛門
中田郷左衛門

①は南町奉行・根岸肥前守から町奉行所与力の本所役・服部仁左衛門、同役・中田郷左衛門宛の申渡で、つづく②はこれに対する両名から町奉行宛の届出である。

ここから文化四（一八〇七）年三月、本所・深川地域の「往還江家作出張」や「川内江立出し」などの取締りのために、本所役（「本所懸り」）であった服部・中田両名が兼任のかたちで「本所深川家作改懸」に任命されたことがわかる。「本所深川」との対比で考えれば、①中にみられる「江戸向」ないし「江戸内」とは（以下「江戸向」と統一して呼称）、隅田川以西の町方地域をさすことは明らかである。すなわち、同史料から「本所深川」とは別に、「江戸向」の町々を対象とする「懸り」が、文化三年の時点で申し付けられていたことが判明する。①の後半部では、本所・深川地域での取調方が江戸向の場合と齟齬がでないよう本所深川と江戸向の懸りが相互に申し合わせることが命じられており、これと同内容の申渡書が同日付で「江戸向町々取調懸」へも達せられている(24)。

また、他の史料から、江戸向町々取調懸が文化大火後に町奉行所に設置された役職であり、組与力二名、下役として同心四名の町奉行所役人によって構成されていたことがわかる。[25] 彼らこそ史料1の差出人であった「町々御取調掛方」である。

かくして史料1は、隅田川以西の町々＝江戸向町々における家作建出（「町々家作等建出其外」）などの取締りに関する申渡であったと理解できる。以下、文化三年から四年にかけて「町々取調懸」（「江戸向町々取調懸」および「本所深川家作改懸」、以下両者を区別しない場合には「町々取調懸」と統一して表記する）によって実施されたと考えられる庇地統制政策を「町々取調一件」と呼称する。

一件の経緯

この一件はおおよそつぎのような経過をたどったと考えられる。

文化三年七月ころから江戸向町々の見分が開始されたと考えられ、史料2によれば翌年の三月の時点でその大半が終わったとされる（「去寅年伺之上懸をも申渡、江戸向者多分調も済寄候」）。江戸向での取調の詳細がわかる史料は見出せていないが、大火直後の復興中であったからか、第二節で推定するように文化四年中にも再度見分が実施されたようである。

他方、本所・深川地域については、文化四年三月の本所深川家作改懸の任命後、同月から五月にかけて見分が行われた。[26] このときの見分記録が冒頭で紹介した『庇切』である。

さて、取調の対象について述べておくと、さきにみた史料1・2からもわかるように、通り沿いに軒をならべて建つ町家＝表店が対象であったことが明らかであろう。

このほか江戸橋広小路に関する記録からは、町々取調にあたって商床店や商番屋も摘発されていたことがわかる。[27]

また、蔵前と呼ばれる浅草御蔵西側一帯にあった火除明地（広小路）でもやはり、周辺の警備のために設置を許可されていた商番屋や髪結床が取締りの対象となっていた[28]。さらに本所・深川に限っては、河岸地に建つ納屋などの施設群も摘発対象とされたようである。

これら断片的な事実から推測すれば、そもそも庇地の規制が道の統制と表裏の関係にあることから、町家＝表店を中心としながら、路上や河岸地に存在した建物——番屋や床店、土蔵、物置小屋など——も取締の対象にふくまれていたと考えられる。

町々取調の具体像——摘発内容と調査方法

それでは、本所・深川地域の取調記録である『庇切』をもとに、町々取調の実施動向とその内容について具体的にみてゆこう。

本所深川家作改懸の任命から三日後の三月一一日、肝煎名主から組合名主らへ「町々道式建出其他」の見分が三月一二日から開始されるとの通達がなされており、取り調べにあたっては該当する町々の名主、月行事の「出向」が命じられている[29]。最初の見分場所は、深川の佐賀町・相川町・熊井町・富吉町・諸町であった。

本所・深川地域における町々取調の実施動向をまとめたものが表1である。三月一二日を皮切りに、五月二六日までに計二九回の見分が行われた[30]。書き上げられた町数は二四三町で、これは本所・深川における町奉行支配地のほぼすべてに相当する[31]。基本的に路上を巡回するかたちで実施されたが、五月二四日から二六日にかけては「川筋見分」と称される船上からの取り調べも行われた（図1）。

見分は、本所深川家作改懸である与力、同心（下役）にくわえ、本所・深川の道などの管理を従前から担っていた「道役」が同行し、町役人（名主・月行事）も立ち合いのうえで行われた。なお、初日のみ江戸向町々取調懸も同行し

表1　本所深川家作改の実施経過

#	日付	取調町々	出　役
1	0312	佐賀町・相川町・熊井町・冨吉町（・諸町ヵ）	服部仁左衛門・中田郷左衛門・中村八郎左衛門（江戸向町々取調懸）・家城伊作・鈴木伝兵衛・平松㐂太夫・渡辺吉十郎・平野初五郎・高田友右衛門・筧彦七（江戸向取調懸）・清水八郎兵衛（道役）・家城善兵衛（道役）
2	0313	深川小松町・同所松賀町・同所続拝借屋敷・同所一色町・同所伊沢町・同所松村町・同所坂本代地町・同所佐賀町代地・同所黒江町・同所平野町・同所万年町①〜③・同所三角屋敷・同所富久町・同所海福寺門前	？
3	0315	深川黒江町・同所大島町・同所蛤町①②	服部仁左衛門・家城伊作・平野発五郎・高田友右衛門・道役２名
4	0319	深川北川町・同蛤町・同奥川町・同大島町代地・同黒江町代地・同中嶋町・同佃町・同南松代町代地・本所茅場町代地・同三左衛門屋敷・同伯隆屋敷・同入舟町・同嶋田町・同三十三軒堂町・同宮川町	服部仁左衛門・平松㐂太夫・平野発五郎・高田友右衛門・道役２名
5	0320	深川蛤町三丁目・同佐賀町代地・北本所代地町・南本所代地町・深川冨岡町・同大和町・同亀久町・同冬木町・同蛤町・同伊勢崎町・南本所石原代地町・深川六尺屋敷	中田郷左衛門・渡辺吉十郎・鈴木伝兵衛・平松㐂太夫・家城善兵衛（道役）
6	0321	深川佐賀町（但下之橋より上之橋迄）・同今川町・同富田町・中川町・同佐賀町・同掘川町・同材木町・同住吉町代地・同永堀町・同海辺大工町代地・同東永代町・同西永代町	服部仁左衛門・家城伊作・渡辺吉十郎・平野発五郎・道役２名
7	0325	深川西平野町・同東平野町・同山本町・同西永町・同元加賀町・同三好町・同久永町①②・同島崎町・同吉永町・同扇町・同茂森町・同六間堀町	服部仁左衛門・平野発五郎・高田友右衛門・鈴木伝兵衛・清水八郎兵衛（道役）
8	0329	深川清住町・大工町代地・裏町・源左衛門屋敷・扇橋町・清住町代地・南本所扇橋代地町・北本所代地町・猿江代地町・石島町・嶋崎町・霊岸寺門前町・同裏門前町	服部仁左衛門・家城伊作・平野初五郎・高田友右衛門・清水八郎兵衛（道役）
9	0331	深川猿江町・同所猿江裏町・同所東町・同所上大嶋町・同所下大嶋町・同所古元町・同所南代町・同所泉養寺門前町	中田郷左衛門・家城伊作・高田友右衛門・平松㐂太夫・家城善兵衛（道役）
10	0403	常盤町①②	服部仁左衛門・平松㐂太夫・渡辺吉十郎・高田友右衛門・清水八郎兵衛（道役）
11	0407	深川六間堀町・同神明門前町・同元町・同森下町・同常盤町③・同常盤町③南側	服部仁左衛門・渡辺吉十郎・高田友右衛門・鈴木伝兵衛・家城善兵衛（道役）
12	0408	深川森下町・同三間町・同元町・同冨川町・同西町	中田郷左衛門・平野初五郎・家城伊作・道役２名
13	0410	小梅瓦町・南本所瓦町・中ノ郷竹町・同元町・同八軒町・同成願寺門前・同如意輪寺門前	中田郷左衛門・高田友右衛門・平松㐂太夫・善十郎（道役）・中村八郎左衛門・秋山幸八・米倉清六・中山八五郎・荒井宇平次・中村孝三郎・新島五左衛門（見廻り・江戸懸り）
14	0411	小梅代地町・中ノ郷横川町・本所松倉町・本所緑町・中ノ郷八軒町・同原庭町・同御仲間新町	服部仁左衛門・鈴木伝兵衛・渡辺善十郎・平野初五郎・道役２名

#	日付	取調町々	出　役
15	0412	小梅代地町・中ノ郷横川町・御仲間新町・本所松倉町・中ノ郷原庭町・同竹町・中ノ郷延命寺門前町・同福厳寺門前町	中田郷左衛門・平野初五郎・鈴木伝兵衛・平松㐂太夫・道役2名
16	0413	北本所表町・中ノ郷原庭町・北本所荒井町・同番場町・同外手町・南本所荒井町・同番場町・同石原町	服部仁左衛門・家城伊作・渡辺吉十郎・高田友右衛門・八郎兵衛（道役）
17	0414	南本所出村町・北本所出村町・柳島出村町・中ノ郷代地町・深川元町代地・南本所御用屋敷・同永隆寺門前・南本所代地町・北本所代地町・深川六間堀代地町・柳島町・同横川町・亀戸町・亀戸境町・柳島境町・南本所瓦町・深川北松代町①～④・同裏町・亀戸清水町・小梅代地町	中田郷左衛門・平野初五郎・鈴木伝兵衛・平松㐂太夫・八郎兵衛（道役）
18	0416	本所入江町・同町続屋敷・同長崎町・同清水町・同新堀町・同長岡町①②・同三笠町①②・同陸尺屋敷・同永倉町・同吉田町・同吉岡町①②・中ノ郷代地町・北本所代地町・吉岡町①②	中田郷左衛門・渡辺吉十郎・家城伊作・平松㐂太夫・道役2名
19	0417	本所茅場町③・同柳原①②⑤⑥・本所花町・同緑町①～⑤	服部仁左衛門・鈴木伝兵衛・渡辺吉十郎・高田友右衛門・道役2名
20	0419	深川海辺大工町・本所相生町⑤④③②・同亀沢町・同松坂町①②	服部仁左衛門・家城伊作・平野初五郎・高田友右衛門・道役2名
21	0420	本所相生町①・同尾上町・同藤代町・同元町・同大徳院門前町・同小泉町・同横綱町・南本所石原町	中田郷左衛門・高田友五郎・鈴木伝兵衛・平松㐂太夫・道役2名
22	0428	本所柳原③④・同茅場町①②・同菊川①～④・徳右衛門町①②・同柳原町②・緑町①	服部仁左衛門・平松㐂太夫・渡辺吉十郎・道役2名
23	0428ヵ	深川要津寺門前・本所林町①～⑤・同林町横町	？
24	0516	本所元町回向院門前・同所大徳院門前・深川森下町横町・同霊岸寺裏門前町・同今川町横町	中田郷左衛門・服部仁左衛門・平野初五郎・高田友右衛門・鈴木伝兵衛・平松㐂太夫・道役2名
25	0517	深川永代寺門前仲町・同永代寺門前町・同町山本町	中田郷左衛門・服部仁左衛門・平野初五郎・高田友右衛門・家城伊作・鈴木伝兵衛・平松㐂太夫・道役2名
26	0518	深川築出新地・同所定浚屋敷・同所上納地・同所拝借屋敷・同所外記堀・同東仲町・同吉祥寺門前町・同木場町	中田郷左衛門・服部仁左衛門・平野初五郎・高田友右衛門・鈴木伝兵衛・平松㐂太夫・道役2名
27	0524	深川築出新地海手ゟ越中島前川筋州崎弁天迄・金国橋通り築嶋橋ニ而要橋見通し永代寺より川筋黒江橋久中橋八幡橋ゟ元之越中島前江出，福島橋通り緑橋より丸太橋際にて冨岡橋相生橋見通し熊井町裏	中田郷左衛門・服部仁左衛門・平野初五郎・高田友右衛門・家城伊作・鈴木伝兵衛・八郎兵衛（道役）
28	0525	六間堀より竪川通り小梅五之橋町十間川亀戸橋近竪川出，横川通り業平橋近辺，夫より竪川通り一之橋迄，大川通り大川橋辺より深川元町迄	中田郷左衛門・服部仁左衛門・平野初五郎・高田友右衛門・鈴木伝兵衛・平松㐂太夫・善兵衛（道役）
29	0526	深川中之橋川筋田中橋元木橋松永橋通□上之橋川通り亀久橋際にて吉永町見越左江，右町裏辺富島橋福永橋六万坪町横川通り小名木川大島町迄，十間川清水橋竪川南辻橋猿江橋新高橋通り大川清澄町佐賀町大□地際迄	中田郷左衛門・服部仁左衛門・平野初五郎・高田友右衛門・家城伊作・平松㐂太夫・善兵衛（道役）

註：『庶切』1-3（旧幕）より作成.

凡例：出役のうち括弧内注記がない者はすべて「本所深川家作改懸」. □は判読不能.

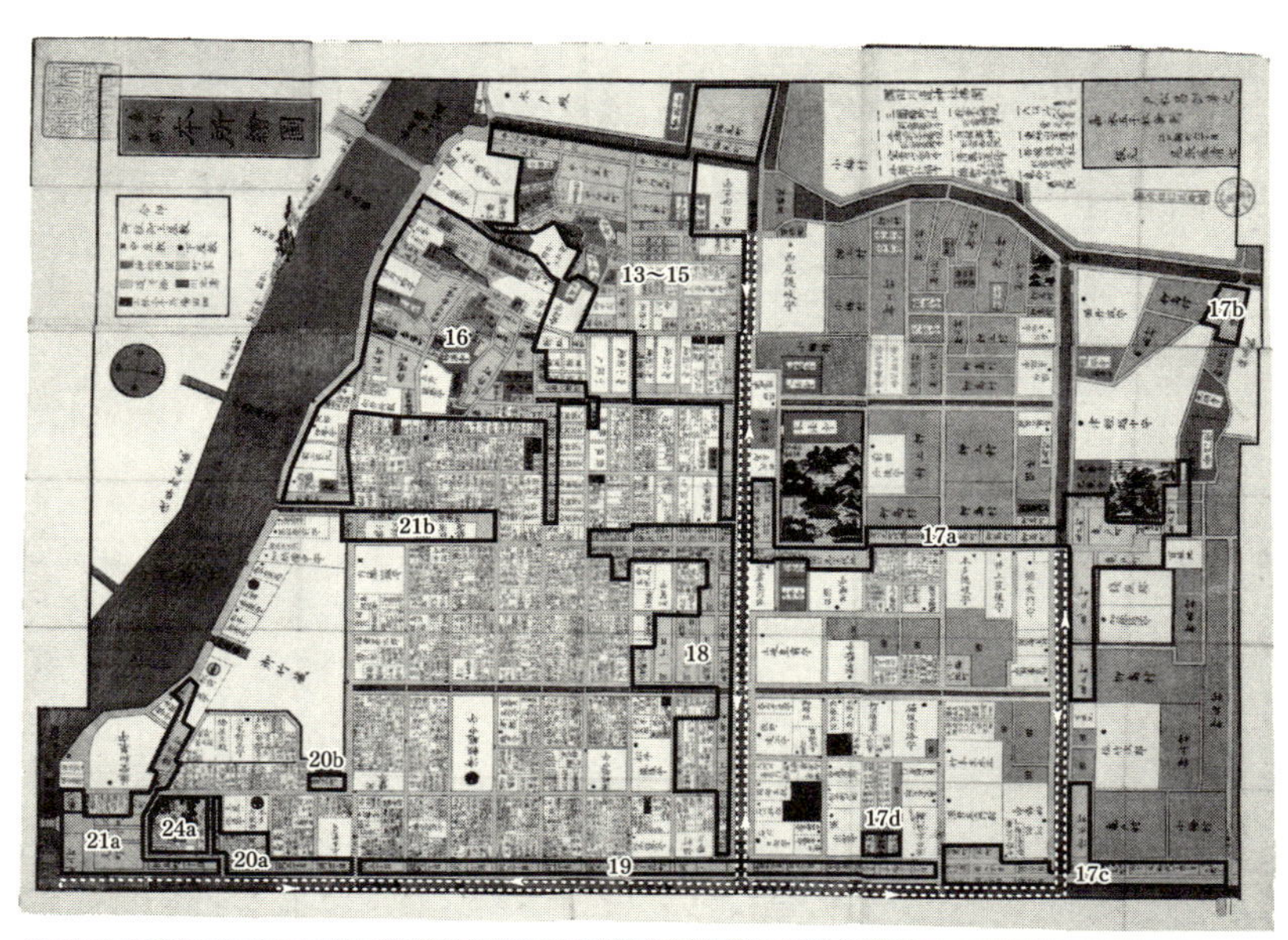

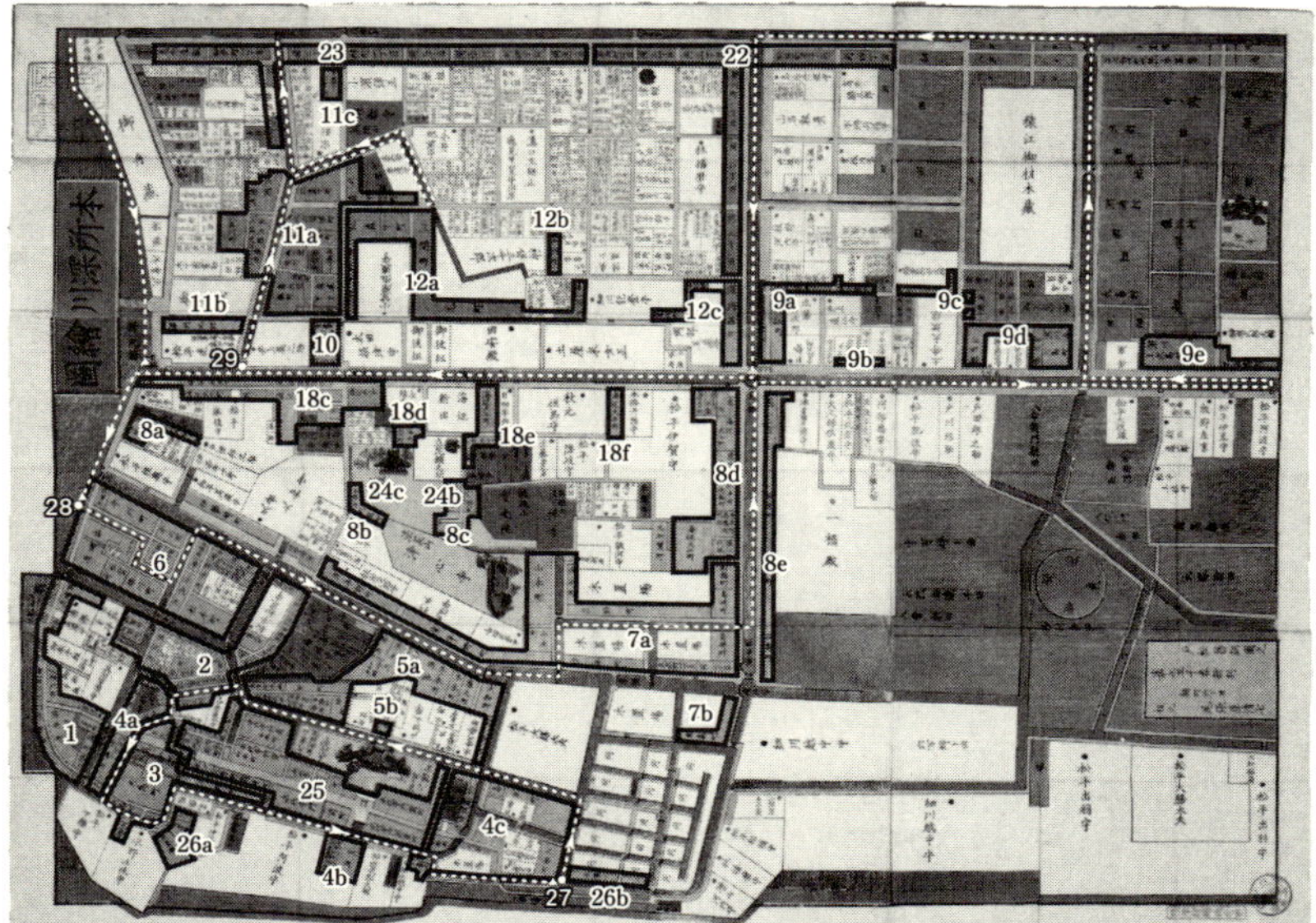

図1　本所深川家作改懸による取調実施動向

註：「本所絵図」（上）・「深川絵図」（下）（ともに『江戸切絵図』［旧幕］）より作成．番号は表1に対応する．ただしこれは取り調べをうけた町々の名前をもとに，該当する町をふくむおおよその範囲をしめしたものである．

ており、これは町方全域での取締方法の統一を図るための措置であったと思われる。そして、実地見分のうえ、違反箇所について具体的な措置が町住民に直に申し付けられたのである。取調結果は、町々取調懸による整理をへて町奉行に提出され、各月の内寄合にて町奉行から老中へと報告された[32]。

取り調べに際しては、町々取調懸によって摘発対象となった町家＝表店の家主（家守）・地借または店借人の名前と申付事項が、一点毎に現場で記録されたものと思われ、『庇切』の一―三巻にあたる「家作出張場所切縮見分下調書」[33]（以下、「下調書」と呼ぶ）はその帳簿であると考えられる。

この「下調書」をもとに申付内容を整理するとつぎの三つに類型化できる。三月一二・一三・一五日に実施され、一八日の内寄合にて町奉行から老中へと報告された取調結果を違反項目ごとに整理した表2を具体例としながら、それぞれの特徴をみてみよう[34]。

〈a〉「取払」「切縮」「引去」

表2のA―Hからもみてとれるようにもっとも多く摘発されたのが、庇柱や格子柱といった庇地に建てられた柱、駒寄や矢来、板囲などの店前に取り付けられた建物付属物である。そのほかここには木材や石材などの商品の積置もふくまれる。右についてはすべて「取払」「切縮」「引去」が申し付けられている。

江戸市中では、基本的に公道へ張り出す庇は幅三尺の釣庇としなければならず、庇柱の設置が認められたのは通町、本町通り、河岸通り沿いの一間庇が許可された地域のみであった[35]（後述）。そのため、一間庇がみとめられた通り以外で庇をささえるために設置された柱はすべて撤去し、「腕木」とするように命じられたのである。

表2　取調結果の具体例（3月12，13，15日分）

町　名	A	B	C	D	E	F	G	H	I	J	計	表店数（推定値）
佐賀町	11	18		1							30	112—168
相川町	2	54	8		1						65	63.5—95.3
熊井町		29	12								41	25.2—37.9
諸町		15						1			16	20.1—30.7
冨吉町	2	27	2				1	1			33	42.6—63.9
小松町		3									3	26.4—39.6
松賀町	2	1									3	18—27
同続拝借屋敷		1		1							2	16.3—24.5
一色町	6	23		2		2		1	2		36	54.3—81.5
伊沢町		5				1		1			7	15—22.5
松村町	1	19	2	1				1			24	31.2—46.9
坂本代地町		4		1							5	3.7—5.6
佐賀町代地	1										1	1.6—2.5
黒江町	4	78	17	1		1		1			102	112.7—169.1
平野町		23	4	1		1		1	1		31	18—27
万年町①		7	4			1					12	26.6—39.9
万年町②	1	10	26						1		38	23.7—35.4
万年町③		9	2			1		3			15	12.3—18.4
三角屋敷	2	5	1								8	10—15
富久町	1	7									8	22.7—34.1
海福寺門前町		8									8	7.7—11.5
大嶋町		28	32						1		61	54.1—81.2
蛤町	7	41	8							1	57	?

凡例：

A= 格子下取払腕木ニ申付候
B= 庇切縮幷柱取払腕木ニ申付候
C= 庇幷駒寄格子下取払申付候
D= 駒寄矢来取払申付候
E= 庇柱幷船大工小屋物置小屋出張取払申付候
F= 矢来幷材木売石等引去申付候
G= 下屋取払申付候
H= 板塀引去申付候
（A～H）類型 α

I= 土蔵幷戸袋出張追而修復之節引去申付候
J= 本家出張追而修復之節引去申付候
（I～J）類型 β

註：『庇切』1・4（旧幕）より作成．表店間口の平均を2-3間と仮定した場合に推定される1町あたりの表店数（惣間数/3～惣間数/2）を参考に付記した．なお，惣間口間数は『安政三年小間附 北方南方町鑑』（東京都公文書館，1990年）を参照し，すべて田舎間として算出した．

〈β〉「追而修復ト申渡候分」

つぎは「本家出張・建出」「本家え造懸候場所」「土蔵・同戸袋出張」（表２のⅠ・Ｊ）などと記されるもので、それぞれ町家や土蔵自体が道へと張り出しているもの、ないし主屋・土蔵の構造と一体に造り込まれた付属物（瓦庇・戸袋・蔀受など）の出張である。これらは〈α〉とは異なり「急々取払」うことが「手重」な類のものとされ、以後の改築や建替のときに修復するよう申し付けられた。ただし、違反箇所をその寸法（建出や出張部分）とともに明記し、「追而修復之節」に取り払うことを誓約する請書を、当店の地主印形と名主の加印のうえ本所家作改懸へ提出することが義務づけられた。

〈γ〉「沽券調候分」

最後は表２には見出せないものであるが、今回の見分とは別に、あらためて沽券絵図にもとづいた詳細な調査とその報告を地主・家主へ命じるものである。これは、見分の際に町内の道幅が「不足」と判断された場合に申し付けられたものと考えられる。「沽券調」を申し渡された地主・家主らは、沽券絵図に記載される町屋敷の裏行（あるいは町内の道幅）と、現状とを比較調査し（「町方地面裏行銘々相調可申旨被仰渡」）、絵図面を添えて〈β〉と同様に名主の加印のうえで「追而修復之節」に「建直」や「引去」を行う旨の請書の提出がもとめられた。〈γ〉の数は、調査全体を通じて〈α〉・〈β〉に比して少なく、内寄合に提出される際には、地主・家主らからの報告をうけて〈β〉として一括されたものと思われる(36)。

このように町々取調では、通り沿いに建つ一軒一軒の町家＝表店の違反行為に対する具体的措置（α〜γ）が命じられた。表２には参考として町家＝表店の平均間口を二―三間と考えたときの各町の表店数の推定値をしめした。違反数やその項目名には調査日や取調場所ごとにばらつきがみられるものの、全体をつうじて相当数の表店が摘発されたとみて間違いない。

ところで、この見分の方法は、具体的にはどのようなものであったのだろうか。冒頭で触れた本所・深川地域の町々取調開始を組合名主らへと伝える肝煎名主からの達書には、つぎのような文言がみられる。

［史料3］(37)

絵図之義今日取懸り仕立可申候間、沽券絵図御用意被成、今夕七時ゟ相川氏宅江御寄合可被成候、月行事持も可被参候

右では名主と月行事（名主がいない場合）に対し、支配する町々の沽券絵図を持参のうえで深川相川町名主である「相川氏宅」に集まるよう述べられており、その目的は「絵図之義」の作成に「今日取懸」るためであるとされる。さらに、五月一七日に実施予定であった「自分道」の見分前日には、町々取調懸が「例之通野絵図」を差し出すよう町中に申し渡している(38)。

これら断片的な史料からではあるが、町々取調にあたって、沽券絵図をもとにした何らかの絵図（以下、「野絵図」と称する）が町役人らによって事前に作成されていたことがうかがえる。それぞれの見分範囲が、名主の支配域とは異なっていたため、取調が行われる地域の町々の野絵図が必要とされたのであろう。詳しくはわからないが、野絵図には沽券絵図に記されているはずの町屋敷の裏行や道幅などの寸法が摘記されていたと推定され、これをもとに見分が行われたと考えられる。

さらに「下調書」中には、「出張」「建出」部分の寸法や「道幅何間之所、何尺不足」といった実際の長さに関する記述も散見される。すなわち、町々取調は町内の道ないし町家敷の奥行の測量的行為をともなうものであったと考えられる。ただし、実際には建物が建て込む屋敷地そのものの測量には困難が生じたと思われること、見分のことが「道幅改」などと史料上で表現されていることから、その主な内容は道幅の測量であったとみるのが適当であろう。

以上みてきたように、町々取調懸による見分は、町家一軒ごと（店単位）を取り調べる徹底したもので、簡易な実測をもともなうものであった。そして、店前＝庇地の現状に即したかたちで、違反に対する具体的措置（α〜γ）が町人らへ直々に申し付けられたのである。申付内容のうち類型〈α〉は前掲史料1の二条目に相当し、類型〈β〉はおおむね一条目をふくむ内容と考えられ、「江戸向」での記録は残されていないが、「本所深川」と同等の調査が行われたとみてよいだろう。

このように「町々取調」とは、これまでの町触という法形式による規制方法とは異なった町奉行所主導による庇地統制政策であったといえるのである。

二　描かれた店前──『家作往来取調図』

『家作往来取調図』とは

『家作往来取調図』は計五冊が残されており、各巻はいくつかの細簿冊によって編綴されている。細簿冊ごとに朱書で「いろは」が記され、順に整理がなされてはいるものの、欠番も多く、まとめ方やその構成には煩雑さが目立つ。そのため、最終的なかたちにいたるまでには複数の時代と手による編纂がなされたものと推定される。表3は同史料にふくまれる絵図・書付類を順に一覧にしたもので、ほとんどが絵図面で、書付は三点に限られる。

『家作往来取調図』のなかに描かれた町々の数は五〇〇あまりにおよび、なかでも神田堀（龍閑川）以北の内・外神田、本郷・湯島、上野、浅草周辺の町々がもっとも多く、また芝増上寺周辺の三田、西久保、麻布などの地域も目立つ。他方、日本橋北・京橋南・八丁堀といった町方中心部や四ッ谷・市ヶ谷などの山ノ手の町々も少なからずふくまれ、その範囲は隅田川以西の町人地全域（「江戸向」）にわたっている。

表3　『家作往来取調図』の構成と内容

巻			内　容	地域	南北方	名主番組
一			（表紙）上「い」	—		
			（書付）浅草東仲町・浅草寺裏門番屋敷 名主㐂平治書付	—	—	—
	い	1	**浅草東仲町**	浅草	北	3
		2	**神田多町一丁目・二丁目**	内神田	北	3
		3	**神田竪大工町**	内神田	北	3
		4	**神田鍛冶町一丁目**・神田紺屋町一丁目・二丁目	内神田	北	3
		5	神田須田町・神田佐柄木町・**神田多町二丁目**	内神田	北	3
		6	**神田佐柄木町**	内神田	北	3
			（い7～11は欠）	—	—	—
		—	**神田佐柄木町蔵地**・材木町蔵地	内神田	北	3
		13	**神田紺屋町弐丁目・三丁目・神田九軒町上納地**	内神田	北	2
		14	**伊勢町**	内神田	北	1
		—	**堀江町一丁目**・小舟町一丁目	日本橋北	北	1
		—	**堀江町二丁目**・小舟町二丁目	日本橋北	北	1
		—	**堀江町三丁目**・小舟町三丁目	日本橋北	北	1
		17	**堀江六軒町**	日本橋北	北	1
		—	**元大坂町**	日本橋北	北	2
		—	**住吉町裏河岸**・難波町裏河岸	日本橋北	北	2
		—	住吉町裏河岸・**難波町裏河岸**	日本橋北	北	2
		—	**難波町**	日本橋北	北	2
		—	**新和泉町**	日本橋北	北	2
			（表紙）上「ろ」絵図帳ノ末ニ有リ	—	—	—
			（書付）浅草田原町名主吉兵衛後見兼吉書付	—	—	—
	ろ	—	**浅草田原町三丁目**	浅草	北	3
	ち・り	—	**浅草六間町・善立寺など門前町**	浅草	北	13
二	ぬ	2	**元乗物町・新革屋町**	内神田	北	1
		—	**新石町一丁目・神田塗師町・野島屋敷**	内神田	北	1
		—	**新石町一丁目・神田竪大工町**	内神田	北	1
		—	永富町・**後藤屋鋪・大和町立跡**	内神田	北	1
		—	**新革屋町・横大工町**	内神田	北	1
		—	**三河町一丁目**・鎌倉町	内神田	北	1+11
		—	**鎌倉町**・神田松下町三丁目南側代地	内神田	北	1
		—	**龍閑町元地**	内神田	北	1
		—	**神田松下町二丁目北側代地**・永富町三丁目代地	内神田	北	1
		—	**永富町三丁目代地**・神田山本町代地	内神田	北	11
		—	**神田松下町二丁目北側代地・神田松下町三丁目北側代地**	内神田	北	1
		—	**柳原岩井町代地**・神田平永町・神田花房町代地	内神田	北	11
		—	**道有屋敷**・神田九軒町	内神田	北	2
		—	**道有屋鋪**・神田大和町・**岩本町**・元岩井町	内神田	北	2
		—	**蠟燭町・関口町**・三河町三丁目	内神田	北	11
		—	**神田横大工町**・神田新銀町	内神田	北	11
		—	**神田新銀町**	内神田	北	11
		—	**三河町二丁目**	内神田	北	11
		—	**皆川町二丁目**	内神田	北	11
		—	**三河町三丁目**	内神田	北	11
		—	**三河町四丁目**	内神田	北	11
		—	**雉子町**・神田佐柄木町	内神田	北	11
		—	**関口町・蠟燭町**・三河町三丁目	内神田	北	11
		—	**神田横大工町**・神田多町一丁目	内神田	北	11

巻	内　容	地域	南北方	名主番組
—	**神田新銀町**	内神田	北	11
—	**皆川町二丁目**	内神田	北	11
—	**三河町二丁目**	内神田	北	11
—	**新革屋町**・元乗物町	内神田	北	1
—	**元乗物町**	内神田	北	1
—	**新石町一丁目・神田塗師町**	内神田	北	11
—	**新石町一丁目**	内神田	北	11
—	**新石町一丁目・永富町・後藤屋鋪・大和町立跡**	内神田	北	11
—	**元乗物町代地・神田紺屋町一丁目**	内神田	北	2+11
—	**松下町一丁目南側代地・松下町二丁目南側代地・鎌倉町横町**	内神田	北	1
—	**元乗物町代地**・新革屋町代地・神田横大工町・永富町二丁目	内神田	北	1+11
—	**皆川町一丁目・二丁目・三丁目・永富町二丁目**	内神田	北	11
—	**永富町一丁目・二丁目・三丁目**	内神田	北	11
—	**永富町一丁目・三丁目・四丁目**	内神田	北	11
—	**本銀町四丁目・本石町四丁目新道・大伝馬塩町・牢屋敷**	日本橋北	北	1
—	**本石町四丁目新道・本石町四丁目・鉄砲町・鉄砲町新道・小伝馬町一丁目**	日本橋北	北	1
—	**本町四丁目・本町四丁目新道・大伝馬町一丁目・大伝馬町一丁目新道・二丁目・二丁目新道・通旅籠町・通旅籠町新道**	日本橋北	北	1
—	**神田塗師町代地・神田松下町代地・神田新石町代地**・松平越中守屋鋪	八丁堀	北	1
—	**神田新銀町代地**・松平越中守屋鋪	八丁堀	北	1
—	**神田塗師町代地**・松屋町・松平越中守屋鋪	八丁堀	北	1
—	**三河町三丁目**	内神田	北	11
—	**三河町四丁目**	内神田	北	11
—	**雉子町**・三河町四丁目	内神田	北	11
—	神田紺屋町一丁目代地・**神田紺屋町二丁目代地**・神田冨山町	内神田	北	2
—	**神田紺屋町一丁目**・神田佐柄木町蔵地	内神田	北	2
—	**永富町二丁目代地**・神田松下町代地	内神田	北	11
—	**永富町一丁目・三丁目・四丁目・新石町**	内神田	北	11
—	皆川町一丁目・三丁目・**永富町一丁目・二丁目**	内神田	北	11
—	**神田大和町代地**	内神田	北	1
—	**本銀町四軒屋敷**・龍閑町元地	内神田	北	1
—	**鎌倉町**	内神田	北	1
—	**三河町一丁目**	内神田	北	11
—	**柳原岩井町代地**・神田平永町代地・金沢町	内神田	北	2+11
—	**浅草田原町一丁目**	浅草	北	3
—	**北島町**・岡崎町	八丁堀	北	7
—	**亀島町**	八丁堀	北	7
—	**浅草田原町二丁目**	浅草	北	3
—	**浅草田原町二丁目**	浅草	北	3
—	**新両替町一丁目・三十間堀一丁目**	京橋南	北	6
—	**新両替町二丁目・三十間堀二丁目**	京橋南	北	6
—	**新両替町三丁目・三十間堀三丁目**	京橋南	北	6
—	**三十間堀四丁目**	京橋南	北	6

表3つづき1

巻			内　容	地域	南北方	名主番組
		—	**三十間堀七丁目**	京橋南	北	6
		—	**三十間堀五丁目**	京橋南	北	6
		—	**竹川町**	京橋南	北	6
		—	**芝口北紺屋町・出雲町**	京橋南	北	5
		—	堀留町一丁目・堀江町一丁目・**小舟町一丁目**	日本橋北	北	1
		—	堀江町二丁目・**小舟町二丁目**	日本橋北	北	1
		—	堀江町三丁目・**小舟町三丁目**・小網町一丁目	日本橋北	北	1
		—	**本舟町**	日本橋北	北	1
		—	**山谷浅草町・浅草山谷町・新鳥越町一—四丁目**	浅草	北	3
		—	**根津権現門前町**	根津	北	13
		—	**永富町三丁目**・元乗物町代地	内神田	北	1+11
		—	**神田平永町代地**・柳原岩井町代地	内神田	北	2+11
		—	**神田山本町代地**	内神田	北	13
三			(表紙)「る」絵図面四冊	—	—	—
	る	1	八丁堀北紺屋町・八丁堀金六町・**長澤町**	八丁堀	南	7
		2	本八丁堀一丁目・**松屋町**	八丁堀	南	7
		3	**北島町・岡崎町**	八丁堀	南	7
		—	**岡崎町**	八丁堀	南	7
		4	**八丁堀北紺屋町・八丁堀金六町**・永沢町	八丁堀	南	7
		—	**八丁堀北紺屋町・八丁堀金六町**・永沢町	八丁堀	南	7
		—	**芝田町一丁目裏通り・芝寿命院上ゲ屋敷**	芝	南	9
		6	岡崎町・**八丁堀卓峰屋敷**・亀屋屋敷	八丁堀	南	7
		7	**下柳原同朋町続新地**	両国	北	2
		—	**下柳原同朋町・吉川町**	両国	北	2
		—	**米沢町一丁目・二丁目・横山町三丁目**	両国	北	2
			(表紙)「を」絵図面三冊	—	—	—
	を	1	**永島町**・日比谷町	八丁堀	南	7
		2	**八丁堀北紺屋町・八丁堀金六町**	八丁堀	南	7
		3	**亀島町**	八丁堀	南	7
		4	**水谷町一丁目・二丁目**・北紺屋町・御組屋敷	八丁堀	南	7
		5	**岡崎町**・水谷町	八丁堀	南	7
		6	**水谷町一丁目立跡**・北紺屋町	八丁堀	南	7
			(を7は欠)	—	—	—
		8	**浅草猿屋町**・御改正会所・御廻米会所	浅草	北	3
		9	**浅草元鳥越町・寿松院門前町**	浅草	北	3
		10	**浅草御蔵前・浅草元旅籠町一丁目・二丁目**	浅草	北	3
		—	**浅草猿屋町代地・浅草旅籠町代地・的場**	浅草	北	3
		—	**浅草天王町・芝御霊屋御掃除屋敷代地・浅草御蔵前片町**	浅草	北	3
		—	**浅草森田町**	浅草	北	3
			(表紙)「わ」絵図面五冊	—	—	—
	わ	1	**諏訪町・駒形町・三間町・八間町・清水稲荷屋敷・並木町**	浅草	北	3
			(わ2は欠)	—	—	—
		3	**上野新黒門町・上野御家来屋敷・下谷同朋町**	下谷	北	13
		—	**下谷車坂町・下谷長者町二丁目・下谷長者町二丁目代地・長者町続御家来屋敷・上野長者町一丁目・上野南大門町**	下谷	北	13
		5	**東仲町**・浅草寺裏門前屋敷・日音院	浅草	北	3

巻			内　容	地域	南北方	名主番組
		—	**並木町・茶屋町**	浅草	北	3
		6	**西仲町**	浅草	北	3
		7	**上野町一丁目・二丁目・上野北大門町・上野元黒門町・下谷常楽院門前**	下谷	北	13
		8	**上野仁王門前町・下谷町一丁目・二丁目**	下谷	北	13
			(表紙)「か」絵図面四冊	—	—	—
	か	1	**三間町・福川町・陸尺屋敷・御掃除屋敷・黒船町代地**	浅草	北	13
		2	**三間町**	浅草	北	13
		3	**三島門前・金龍寺門前・真砂町・桃林院門前**	浅草	北	13
		4	**神田八名川町・神田久右衛門町蔵地**	外神田	北	3
		5	**神田久右衛門町一丁目蔵地裏町・神田餌鳥屋鋪**	外神田	北	3
		6	**神田富松町**・神田餌鳥屋鋪	外神田	北	3
		7	**神田佐久間町三丁目・神田佐久間町四丁目裏地および元地**・板倉伊予守中屋敷・佐竹右京太夫中屋敷	外神田	北	12
		8	**神田佐久間町四丁目裏町**・板倉伊予守中屋敷	外神田	北	12
		9	**神田佐久間町弐丁目・麹町平河町一丁目代地**	外神田	北	12
四	よ		(よ1～4は欠)	—	—	—
		5	**須田町二丁目代地・神田小柳町三丁目代地**・山本町代地	外神田	北	11
		6	**神田松下町一丁目代地**・山本町代地	外神田	北	1+11
		7	**神田花房町代地**・山本町代地	外神田	北	1+12
			(表紙)「た」絵図面一冊	—	—	—
	た	1	浅草花川戸町・材木町・**浅草山之宿町**	浅草	北	3
		2	**北馬道町・南馬道町**・随身門	浅草	北	3
		3	**浅草聖天町・浅草山川町**	浅草	北	3
			(表紙)「れ」絵図面二冊	—	—	—
	れ	1	**麹町一—二丁目**	四ッ谷	南	15
		2	**麹町二—三丁目**	四ッ谷	南	15
		3	**北馬道町・南馬道町・随身門**	浅草	北	3
		4	**浅草山川町・浅草田町一丁目・二丁目**	浅草	北	3
		5	**神田鍛冶町二丁目・神田鍋町・神田鍋町西横町・東横町・松田町・通新石町・須田町一丁目・二丁目**	内神田	北	11
		6	神田仲町二丁目・**須田町二丁目代地・神田旅籠町**	外神田	北	12
			(表紙)「そ段壱三」上	—	—	—
	そ	1	**浅草聖天町**	浅草	北	3
		2	**浅草金竜山下瓦町**	浅草	北	3
		3	**浅草山川町**	浅草	北	3
		—	**浅草今戸町**	浅草	北	3
		—	**(場所不明)**	浅草ヵ?	北ヵ?	3ヵ?
		4	芝田町九丁目・**芝車町・芝如来寺門前・高輪北町・高輪中町・高輪南町**	芝・高輪	南	9
	つ		(つ1～3は欠)	—	—	—
		4	**誓願寺門前町・東本願寺周辺門前・高原屋敷・本法寺門前・田中金六拝領屋敷**	浅草	北	21
		—	**浅草新鳥越町一丁目**・日本堤埋土手	浅草	北	3
		—	**田原町三丁目**	浅草	北	3
			(表紙)「祢」絵図三冊	—	—	—
	ね	1	西福寺・**小石川富坂町代地**・浅草元旅籠町	浅草	北	3+14
		2	**常福寺門前**	浅草	北	3 or 21

表3つづき2

巻			内　容	地域	南北方	名主番組
		3	**東国寺・行安寺・専光寺・宗安寺・正定寺・松源寺・龍光寺門前・浅草坂本町**	浅草	北	13+21
		4	**玉泉寺・本蔵地・東岳寺・満泉寺・広大寺門前**	浅草	北	21
		5	**西光寺・正安寺・西照寺・法福寺門前・下谷辻番屋敷**	浅草	北	3+13
		6	**宗源寺・幡随院門前**	浅草	北	21
		7	**本立寺門前・阿部川町**	浅草	北	3+21
		8	**下谷車坂町・浅草六軒町・正福院・常蔵寺門前など**	下谷·浅草	北	11+13+21
		9	**下谷小島町・下谷大工屋敷・華蔵院・観音院門前など**	下谷	北	3+13
		10	**下谷辻番屋敷**	下谷	北	13
五			（表紙）「な」絵図面三冊 外取調書付一冊	—	—	—
			（書付）家作其外往来差障候品取調申上候書付	—	—	—
	な	1	**麻布市兵衛町・麻布坂江町**	麻布	南	10
		2	**麻布谷町・麻布御箪笥町**	麻布	南	10
		3	**麻布湖雲寺門前町**	麻布	南	19
		4	**下谷二丁目・下谷車坂町**	下谷	北	11+13
		5	**下谷車坂町**	下谷	北	11
		6	下谷新坂本町・下谷山崎町・**下谷山伏町**	下谷	北	13
		7	**西久保新下谷町・西久保車坂町・天徳寺門前**	西久保	北・南	8+11
		8	**西久保新下谷町・西久保車坂町**	西久保	北	11
		9	**西久保天徳寺門前**	西久保	南	8
		10	**西久保天徳寺門前**	西久保	南	8
		11	**芝光園寺門前・芝青龍寺門前・芝青松寺門前・北新門前**	芝・愛宕	南	8
		12	**西久保天徳寺門前・西久保同朋町**	西久保	南	8
		13	**神谷町**	西久保	南	8
		14	**神谷町・西久保天徳寺門前**	西久保	南	8
		15	**飯倉町二丁目**	麻布	南	9
		16	**飯倉町三丁目**	麻布	南	9
		17	**飯倉町四丁目**	麻布	南	9
		18	**飯倉町五丁目**	麻布	南	9
		19	**芝森元町**	麻布	南	9
		20	**芝御霊御掃除屋敷**	麻布	南	9
			（表紙）「ら」絵図一冊	—	—	—
	ら	1	**三田一丁目**	三田	南	9
		2	**三田二丁目・三田同朋町**	三田	南	9
		3	**三田三丁目**	三田	南	9
		4	**三田四丁目**	三田	南	9
		5	**三田功運寺門前**	三田	南	9？
		6	麴町二丁目・**三丁目・四丁目・麴町隼町・麴町山元町**	四ッ谷	南	15
		7	**麴町四丁目・五丁目**・麴町隼町・麴町山元町	四ッ谷	南	15
		8	**芝新網町代地**・芝松本町弐丁目	芝	南	8
		9	**芝松本町一丁目**	芝	南	8
		10	**芝松本町一丁目**	芝	南	8
		11	**芝松本町一丁目**	芝	南	8
		12	**三田龍原寺・三田当光寺門前・三田久保町**	三田	南	9
		13	**湯島四丁目・五丁目**	湯島	北	12
		14	**湯島六丁目・本郷金助町**	湯島	北	12
		15	**湯島三組町・本郷新町屋**・本郷金助町・霊雲寺	湯島	北	12
			（表紙）「む」絵図一冊	—	—	—

巻		内 容	地域	南北方	名主番組
む	1	**下谷坂本町一—四丁目・下谷金杉上町**	下谷	北	13
	2	**下谷金杉下町・下谷三ノ輪町・下谷龍泉寺町**	下谷	北	13
	3	**芝西応寺町**	芝	南	9
	4	**芝西応寺町**	芝	南	9
	5	**芝西応寺町**	芝	南	9
	6	**芝金杉同朋町**	芝	南	9
	7	**麹町隼町・麹町山元町・麹町平河町一丁目**・二丁目	四ッ谷	南	15
	8	**麹町山元町・麹町平河町三丁目・麹町隼町**	四ッ谷	南	15
		(表紙)「う」絵図面一冊	—	—	—
う	1	**麹町平河町一丁目・弐丁目・麹町平河町一町目続数原所持町屋**	四ッ谷	南	15
	—	**元赤坂町**・紀州様御屋敷	赤坂	南	15
	2	**平河町三丁目・木挽町四丁目裏上納地替地・湯島亀有町代地**	四ッ谷	北・南	12+15
	3	**赤坂表伝馬町二丁目・赤坂裏伝馬町一丁目・弐丁目**	赤坂	南	15
	4	**妻恋町**・湯島三組町	湯島	北	13
	5	**湯島天神門前町**	湯島	北	13
	6	**湯島天神寺社門前・湯島棟梁屋敷**・湯島切通坂町	湯島	北	13
	7	**本郷一丁目**・湯島六丁目	本郷	北	12
		(表紙)「た」絵図面一冊	—	—	—
た	1	**湯島天神門前町**	湯島	北	13
	2	**湯島天神門前町・湯島切通町**	湯島	北	13
	—	**下谷茅町一丁目・二丁目・湯島称仰院・湯島講安寺門前**	下谷	北	13
	4	**池之端七軒町・池之端東渕寺門前・池之端正慶寺門前**	池之端	北	13
	5	**池之端七軒町・池之端七軒町横町**	池之端	北	13
	6	**根津宮永町**	根津	北	13
	7	**根津門前町**	根津	北	13
	8	**市谷田町四丁目・八幡町**	市ヶ谷	南	15
	9	**市谷田町一丁目・市谷左内町**・定御火消屋敷・市谷上寺町	市ヶ谷	南	15
	10	**谷中善光寺門前・谷中八町・谷中西光寺門前など**	谷中	北	13
	11	**駒込千駄木坂下町・駒込千駄木町**	駒込	北	14

註:『家作往来取調』1-5(旧幕)より作成.

凡例:( )は筆者注記,「 」は朱書,町名は絵図上にみられるものをしめし,ゴチックは取調の対象とされた(違反箇所が記載される)町をさす.実線は簿冊,破線は簿冊内の細簿冊の切替をあらわす.なお,名主番組は『安永三年小間附 北方南方町鑑』(東京都公文書館,1990年)による.

それぞれの絵図には一町から二、三の町がまとめて記載され、町内にみとめられる店前＝庇地の違反行為（「家作其外往来差障候品」）が描き込まれ、該当する町屋敷部分には、地借・借家人、家主の名前が記されている。当然、絵図には摘発の対象とされた要素のみが描かれているため、全体の縮尺はゆがみ、虫食い状態の沽券絵図ないし屋敷絵図の様相をもつ。それゆえ、地図史料としての精確さには欠けるが、庇の「出張」や「家作建出」といった店前に見出せる建築装置の描写からは、江戸市中の町家＝表店の様相、すなわち庇地の実態と通り沿いの景観の一端を窺い知ることができる史料となっている。

作成と背景

ではまず『家作往来取調図』の作成と背景について検討してゆこう。同史料のなかには、作成年代やその経緯を知るまとまった手がかりはみつけられないが、図中に見出せるつぎのような記述が注目される。

◇麻布市兵衛町・家持佐兵衛(39)（表3、巻五・な1）
〔違反〕二尺五寸の土蔵戸袋二ヶ所の建出
〔記述〕文化三寅年御調之節、追而修復願書差上候者ニ而未修復等不仕候
◇永富町二丁目・家持煙草粉問屋甚右衛門(40)（表3、巻二・ぬ）
〔違反〕幅三尺・長二尺五寸の土蔵戸袋二ヶ所
〔記述〕此者見世土蔵戸袋、去ル寅年（文化三年）追而修復之節可相直旨被仰渡候者御座候
◇神田横大工町・左次郎店久四郎(41)（表3、巻二・ぬ）
〔違反〕幅二尺五寸・長二尺六寸の土蔵戸袋の出張

〔記述〕文化四卯年八月中御見分之節、追而修復之節相直シ度旨奉願候得者御聞済被下置候

右のような情報は、このほか十数例確認される。

また『家作往来取調図』（巻五）の冒頭には「当十月廿八日已来見分仕、家作其外往来差障候品取調申上候書付」と題された書付がおさめられており、その日付は「卯年（文化四年）十一月十八日」とある[42]（表３、巻五・書付）。差出人は、町奉行所与力で町々取調懸であった中田郷左衛門と加藤又左衛門である。宛所はおそらく町奉行所であろう。この書付は、違反者を五ヶ条――「土蔵戸袋建出置候者」「家前下水無之家作建出置候者」「家前下水江家作建出置候者」「家前下水外江家作建出置候者」「家前下水無之町並ゟ張出幷下水外江庇張出置候もの」――に整理したリストで、つづく町々の絵図に対応する書き上げとなっている（表３、な１―20）。

これらから『家作往来取調図』は町々取調の一環で作成された絵図面類とみて間違いない。また、描かれる町々からして「江戸向」を対象とした取調にかかわるものであることもわかる。

さらに絵図中の記述内容から、文化三年の江戸向の見分実施の後、さきにみた類型〈β〉に相当する違反者が「追而修復之節」の対処を出願していたこと、文化四年になって江戸向でふたたび町々取調懸による見分が行われていたこともうかがえる。以上から『家作往来取調図』の作成年代は、文化四年中と比定できよう。

つづいて『家作往来取調図』の作成背景について、つぎの史料から考えてみたい。

［史料４］[43]

① 大坂建家作幷土蔵造・土蔵建登御請書之義ニ付心得方相伺候処、別紙雛形之通御取調御掛（町々取調懸）ゟ被仰渡候、御組合分御心得被成、先達而御達申候通分御請書取集、当月中無間違可被遣候、以上

（文化四年）卯九月廿六日　壱番組、四番組、五番組　肝煎

② 別紙之通御達申候、壱組御取集被成、当月中無間違木村定次郎方（新革屋町肝煎名主）江可被遣候、右御達申

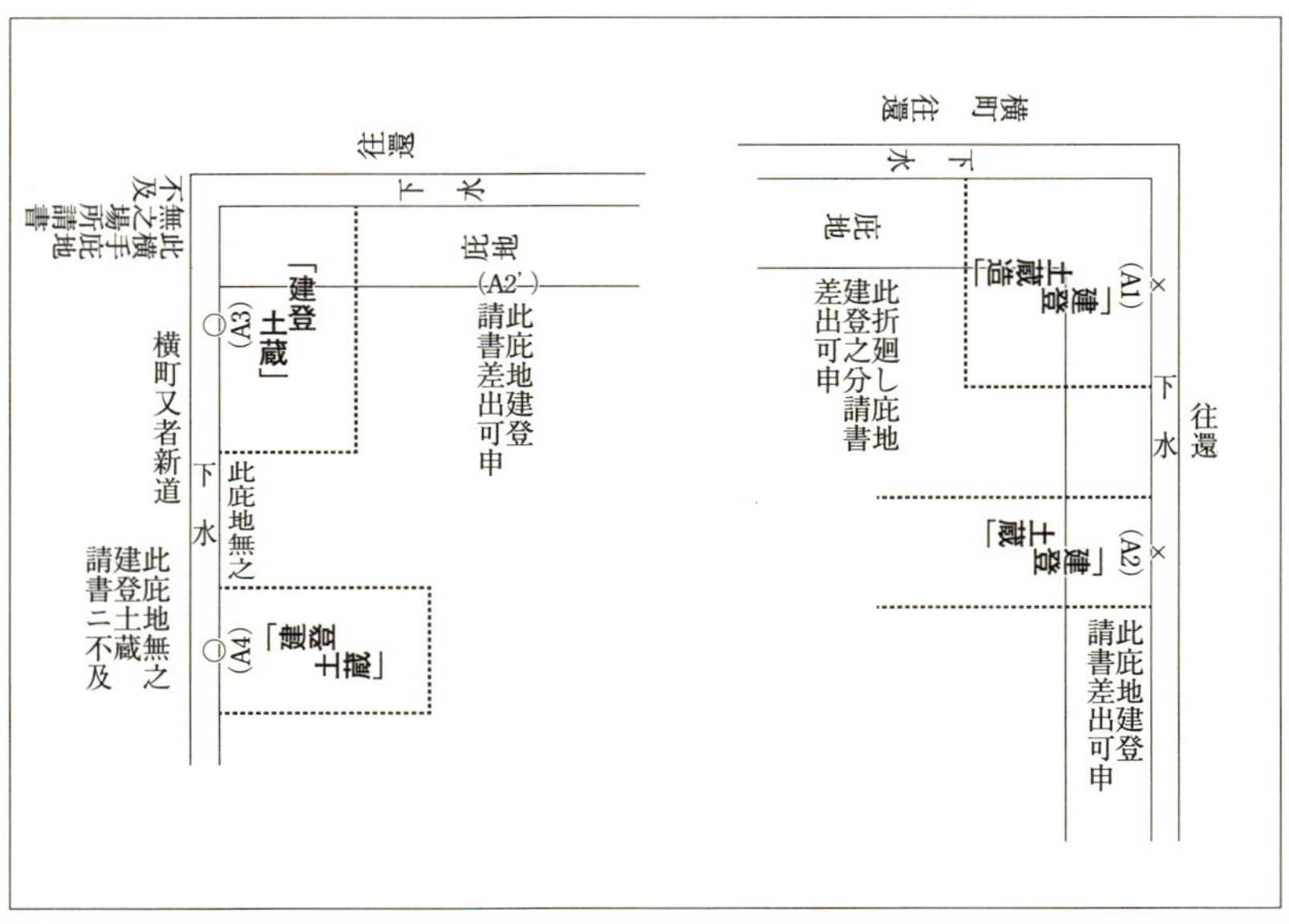

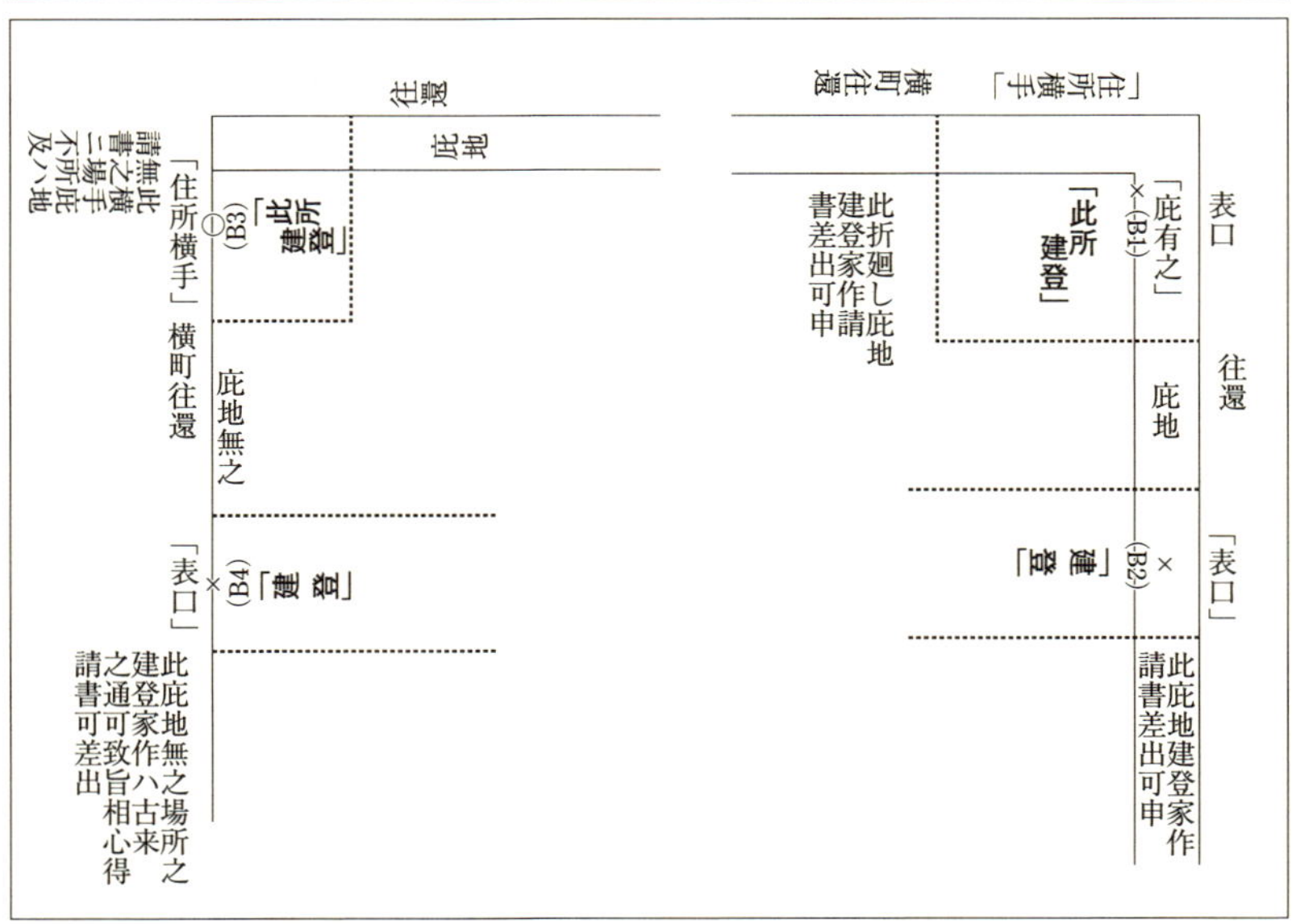

図2　「建登請書絵図」土蔵・土蔵造（上），家作建登・大坂建家作（下）

註：『類集撰要』巻4，第64件（旧幕）より作成.

凡例：点線およびカギ括弧は朱書，丸括弧および記号は筆者註記．×は請書要提出，○は提出不要.

上候、以上

九月廿七日

③　（絵図・図２）

④　差上申一札之事

近来庇無之大坂建与申家作建方有之、庇地有之場所ハ庇地沽ニ本家之内江取込、其上腕木庇など仕付候故、自ラ往還江出張、庇地有之場所ハ庇地之形を失ひ、庇地無之場所も古来之通可仕旨被仰渡奉畏候、私共儀一向ニ心付不申、右庇無之大坂建家作仕奉恐入候、何卒以　御慈悲追而修復之節相直候様可仕候間、此段御聞済奉願上候、尤修復之節相直候ハヽ、早速御届奉申上候、為後日一札差上申候、仍如件

文化四卯年八月

当人
町役人

但御支配限合冊

前書之通私共一同奉畏候、已来右躰之家作不仕候様私共精々心付可申候、為後日仍如件

何町
月行事　誰

同
同　誰
名主　誰

⑤　支配之内右躰無之分御請書（略）

①は文化四年九月二六日付の一、四、五番組肝煎名主から組合名主らへの申渡書である。ここから、これ以前に肝煎名主から町々取調懸に対し「大坂建家作幷土蔵造土蔵建登御請書」（以下、「建登請書」と呼ぶ）の体裁についての問い合わせがなされていたことがわかる。

つづく翌二七日、組合名主らに対し、「建登請書」の雛形を提示するかたちで町々取調懸からの返答が通達されたようである（②）。「建登請書」は、請証文（以下「建登請証文」と呼ぶ）と絵図（以下「建登請書絵図」と呼ぶ）の二種類からなり、④・⑤は前者、③は後者の雛形となっている。このうち「建登請書絵図」は違反に相当する箇所があった場合に作成されたものと考えられる。そして、右の「建登請書」を名主番組ごとに取り集め、合冊したうえで当月中（九月中）に木村定次郎方（新革屋町肝煎名主）に提出するよう命じている。

ここでいう「建登」とは、庇地を建物内部に取り込んで建てられた町家や土蔵ないしはそうした建て方を意味する言葉と思われる。町々取調懸からの「建登請証文」の文案は「大坂建」の場合に限られているが、請書名称と「建登請書絵図」の記載内容から、請書の提出が課されたのは「大坂建」（「庇地建登家作」）・「土蔵造」（土蔵造の町家）・「土蔵」の三つに関するものであったことがわかる。

「建登請書」は、前節の本所・深川における申付内容にみられた「追而修復ト申渡候分」の請書（類型〈β〉）に類似するものと推定され、文案の日付が「八月」となっていることから、遅くとも文化四年八月ころまでに町々取調懸によって見分が実施され、その際、違反者に対し「建登請書」の提出が申し付けられたと考えることができるだろう（①「先達而御達申候通」）。

ここで「建登請書絵図」と『家作往来取調図』を比較すると、両者が類似した形式と内容をもつことは一見して明らかである。しかし、『家作往来取調図』の作成を命じるものや「建登請書」との直接の関係性を知ることのできる史料を筆者は見出せていない。傍証的ではあるが、ここでは『家作往来取調図』が「建登請書」に関連して、町々取調懸が実施すべき取調業務であったはずの作業を、町役人らが代替して調査し、町奉行所に提出させたものであったと考えておきたい。

二つの絵図

こうした事実関係を前提に、以下では「建登請書絵図」と『家作往来取調図』に描かれた内容について検討してみたい。

両者の差異を決定づけるものは、その作成者にある。前者は町々取調懸が違反事例を想定して描いたものであるのに対し、後者は町役人（名主あるいは月行事）が現状調査をもとに作成したものであった。この点に留意しながら順にみていこう。

（ⅰ）「建登請書絵図」

「建登請書絵図」は、「建登土蔵（造）」（土蔵と土蔵造の町家）と「庇地建登家作」（大坂建あるいは庇地まで建て出している木造の町家）の場合の二種類が存在する（図２）。前者には町屋敷の地先に下水が描かれ、後者には下水が描かれてないという違いこそあるが、下水の有無は請書提出の是非には関係していない。むしろここでは、下水より外側（道路側）あるいは下水上へと建て出すような事例がみられない点が注目される。つまり町々取調懸は、こうした「建登」の存在を想定していなかったといえる。

まず「建登土蔵（造）」について具体的にみてゆくと、「庇地」に建登を行っている土蔵（造）については摘発の対象とされ、請書の提出が命じられている（A1・A2）。一方、角地に建ち横手に「庇地」がない場所[44]（A3）とそもそも「庇地」がない場所（A4）の「建登」については請書の提出の必要がないとされる。

つぎの「建登家作」も「建登土蔵（造）」の場合とほぼ同内容で、「庇地」への建登は請書の提出が義務づけられている（B1・B2）。また、角地に建ち横手に「庇地」がなく「横町往還」側に「表口」をもつ町家建登（B3）に関しては請書の提出が必要ないとされる。

ただし、「庇地」がない場合（B4）の建登については、請書の提出がもとめられている。朱書にある「古来之通可致」の意味が不明瞭だが、絵図の描写から判断すれば、「庇地」がない場合には沽券地ぎりぎりまで家作せず、沽券地から三尺分の土地を供出して、庇の出が屋敷地内でおさまるように建てることを想定したものであったと読み取れる[45]。

ここで留意しておかなければならないのは、絵図上で描き分けられる「庇地」の有無がしめす意味である。これは「建登請証文」にも述べられている「庇地有之場所」と「庇地無之場所」との別に対応しており、ここでの「庇地」の有無とは明らかに沽券絵図上に記載されているか否かをさしている[46]。すなわち、統制にあたっての町奉行所（町々取調懸）の基本的方針が、庇下の空間的な実体そのものではなく、一義的には沽券絵図上にしめされる「庇地」の存在如何にあって、これを摘発の基準としていたことになろう。

（ii）『家作往来取調図』

『家作往来取調図』には「建登請書」の提出が義務づけられてはいなかった申付項目も見出すことができる。すなわち、町々取調において取締の対象とされたすべての違反事項（類型〈α〉～〈γ〉）が描き込まれているとみてよい。各町によって違反項目の種別やその描き方にばらつきがみられるが、ここでは『家作往来取調図』の典型としてつぎの三つの事例をとりあげてみてみよう。

［a］京橋南——新両替町三丁目・三十間堀三丁目[47]（図3・図4）

新両替町三丁目中央にみられる庄蔵店の小道具屋清右衛門は、「本家」と「土蔵」前の幅六尺の庇地のうち半

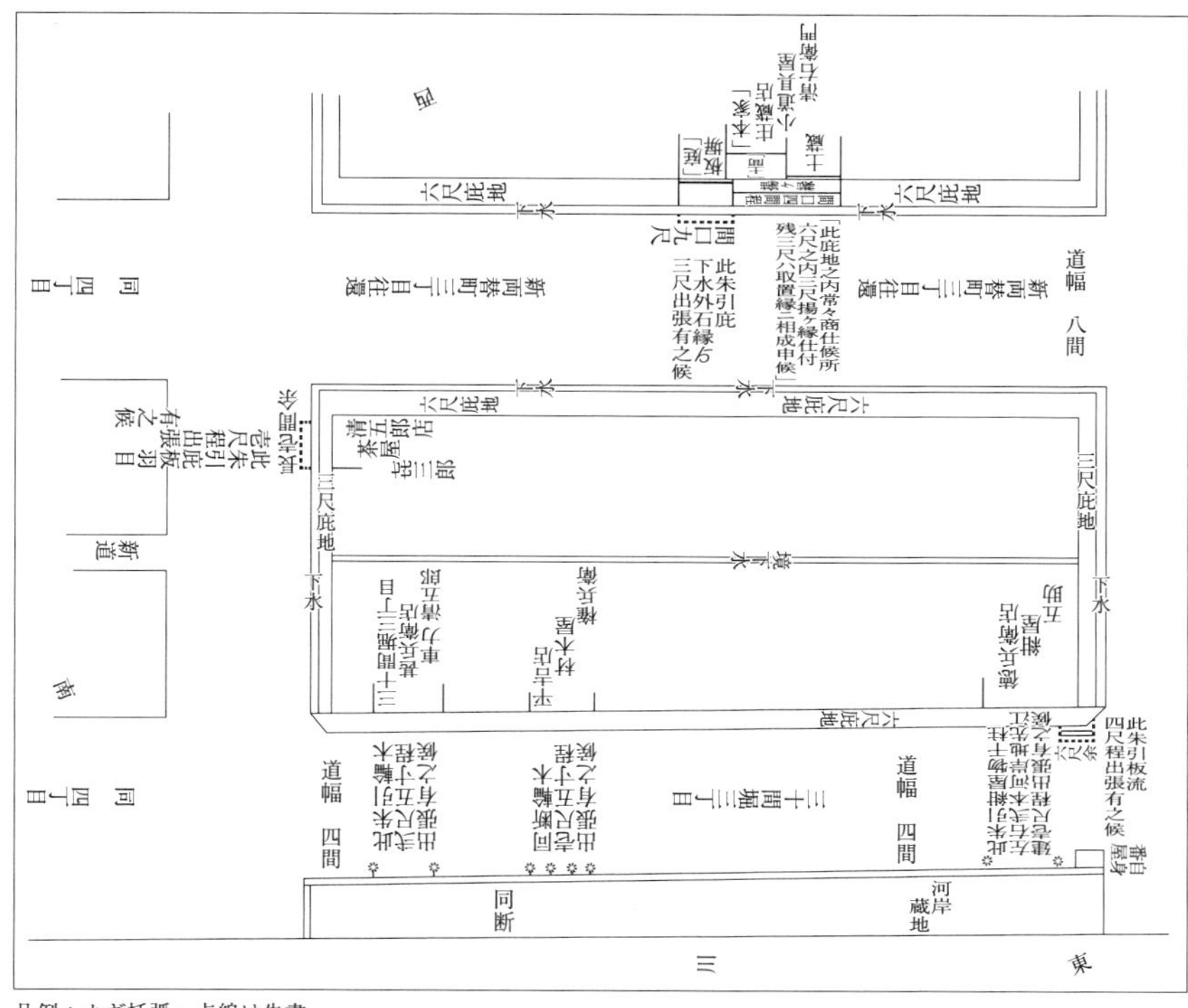

凡例：カギ括弧・点線は朱書.

図3　新両替町三丁目・三十間堀三丁目

註：『家作往来取調図』巻3（旧幕）より作成.

分に「常々商仕候」ための「揚ヶ縁」を取り付け、残りの三尺分を「取置縁」としていた。また町家南側の間口九尺の部分には、「下水外石縁」から三尺ほどの庇を出っ張らせていた。

　このほか、同町横町では、板羽目された庇が下水から一尺ほど出っ張った町家（清五郎店・茶屋㐂三郎）、三十間堀三丁目では河岸蔵地から道へはみ出すかたちで「輪木」や「紺屋物干柱」が設置されている場所（平吉店・材木屋権兵衛、徳兵衛店・紺屋五助など）があったことが読み取れる。

[b]　内神田——神田新銀町(48)（図5）

　神田新銀町では、「下水外面江」の板庇の出張が九件、下水上への「家作張出」が一件、「土蔵戸袋」の

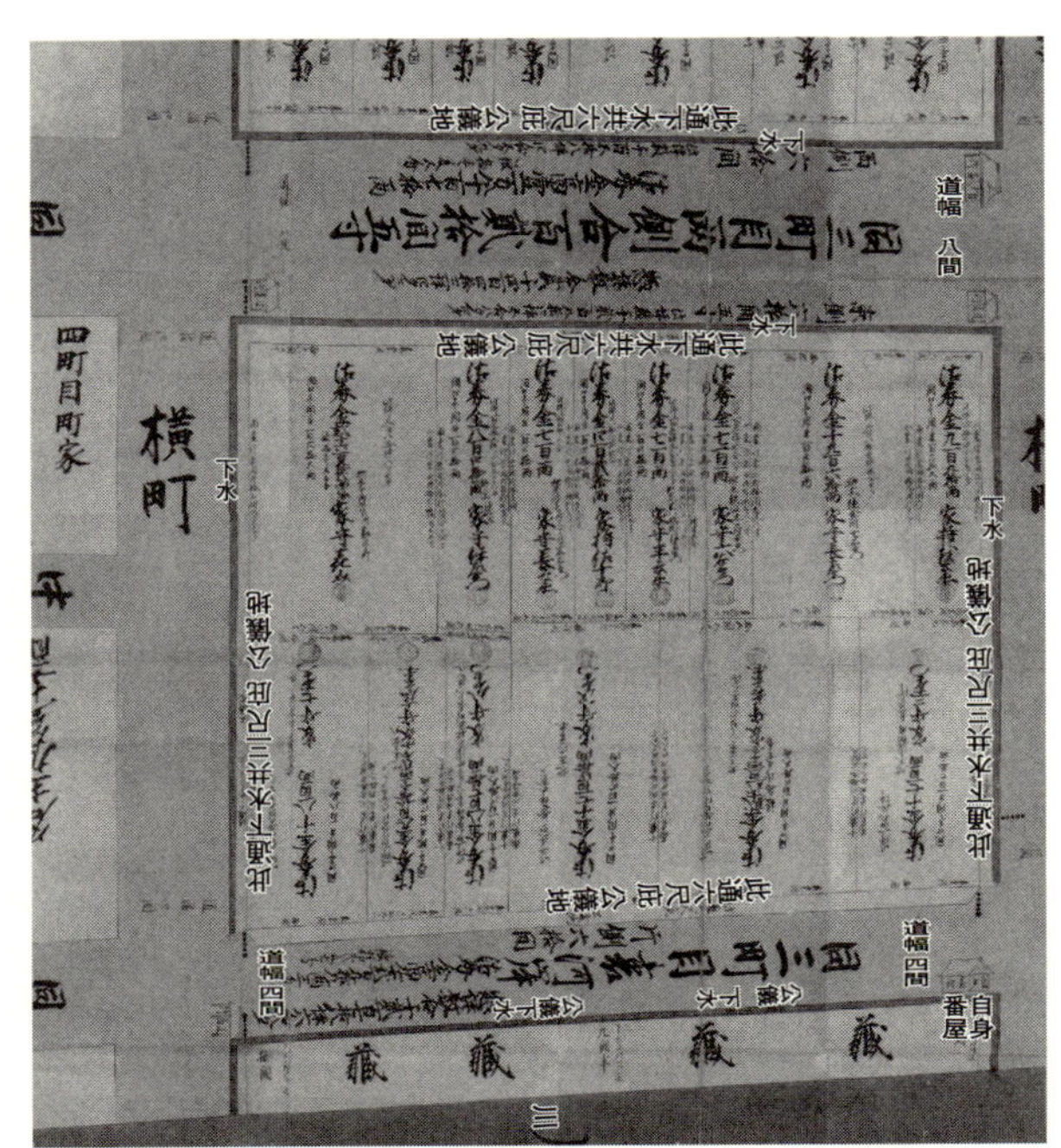

図4　新両替町三丁目・三十間堀三丁目沽券図

註：『延享元年二月新肴町弥左衛門町鎗屋町銀座従一町目至四町目元数寄屋町一町目尾張町新地絵図』（旧幕）より作成.

出張が二件書き上げられている。

なお、「家作張出」と二つの「土蔵戸袋」の出張については「先年御調之節、追而修復之節相直申度奉申上御聞済有之候」とあり、先述した類型〈β〉にかかわる請書が、この見分のときすでに提出されていたことがわかる。

[c]　浅草御蔵前——浅草元旅籠町一丁目・二丁目[49]（図6）

浅草元旅籠町一丁目および二丁目では、一八件の「家作出張」が沽券地からのはみ出しとして書き上げられている。

同町は御蔵前と呼ばれる地域にあたり、浅草御蔵に面する道は幅員の広い、いわゆる広小路であった。御蔵前の土手際には、蔵前の町々からの出願によって広小路管理のための商番屋と床店が建ちならんでいた[50]。同図には、商番屋八軒（一丁目＝四軒、二丁目＝四軒）、髪結床番屋三軒（すべて二丁目）に取り付けられた庇の「出張」も取締の対象として描かれている。

『家作往来取調図』の特徴を「建登請書絵図」と比較しながら摘記すればつぎの二点にまとめられる。

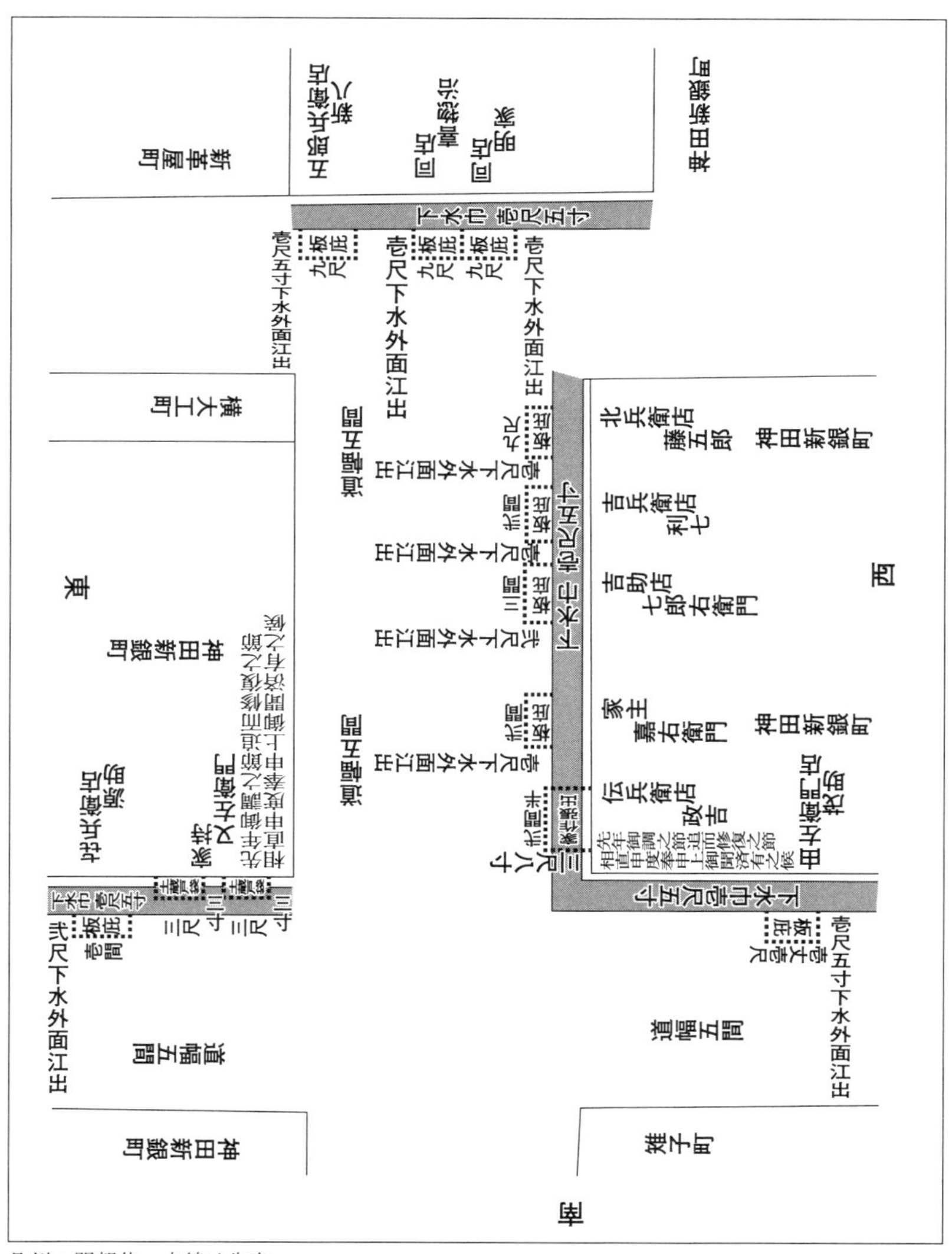

凡例：明朝体・点線は朱書.

図5　神田新銀町

註：『家作往来取調図』巻2（旧幕）より作成.

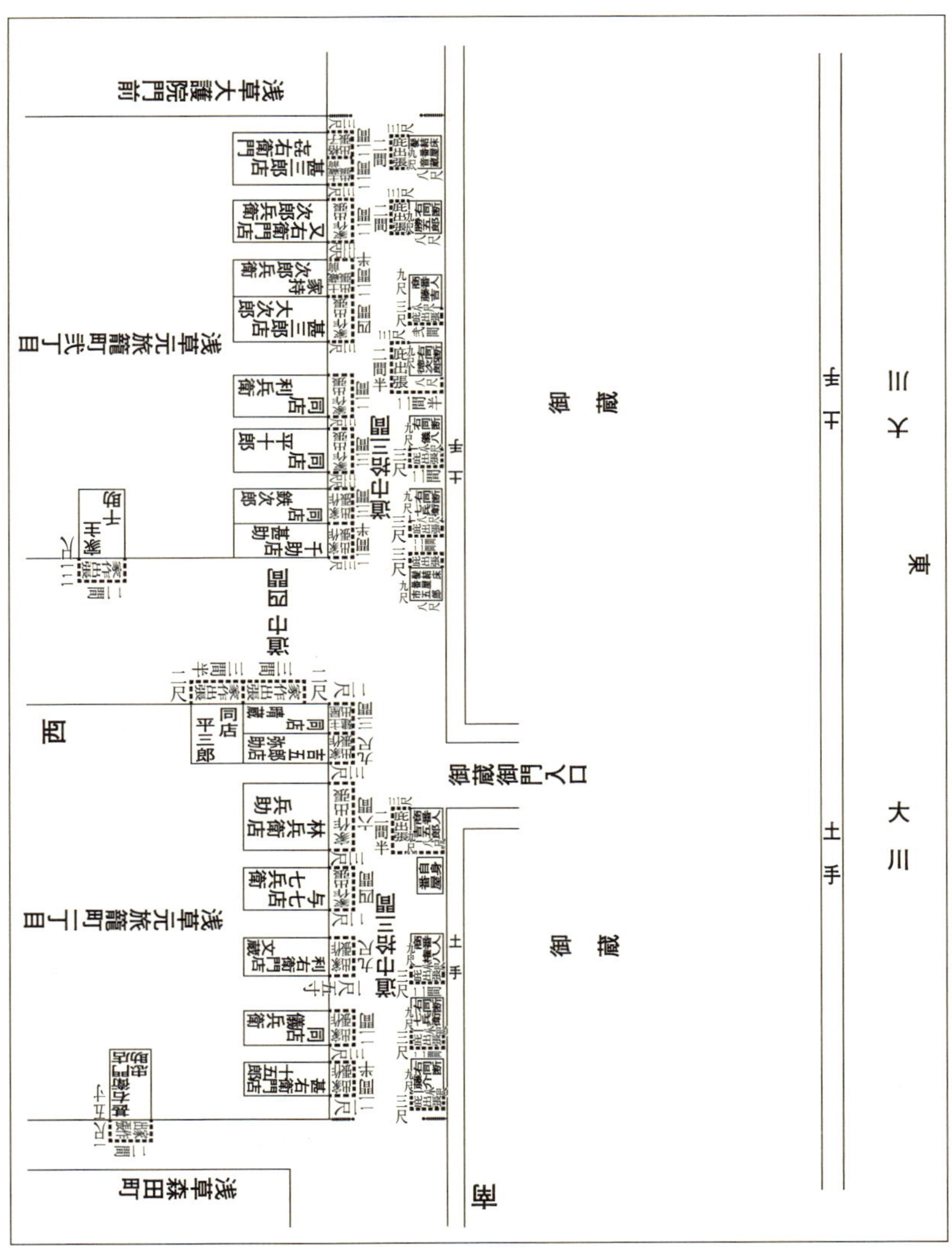

凡例：明朝体・点線は朱書.

図 6　浅草元旅籠町一丁目・二丁目

註：『家作往来取調図』巻 3（旧幕）より作成.

第一は、店前境界の描き方である。［a］では庇地が寸法とともにしっかりと書き込まれており、図4から明らかなように作図にあたって沽券絵図が直接の参照源とされたとみて間違いない[51]。これは「建登請書絵図」の描き方にのっとったものといえよう。

他方、［b］では下水が寸法とともに太く描かれ、その内側（沽券地側）に庇地と思しき細い線が描かれるのみで、［c］では庇地も下水も記載されず、沽券地と道との境界線が単線で描かれている。

結論的に述べれば、『家作往来取調図』のなかで「庇地」がしっかりと描かれているものは［a］をふくむ新両替町一―三丁目および三十間堀一―三丁目のみで（絵図面三枚）、そのほかはすべて［b］あるいは［c］の形式に限られている。神田新銀町（［b］）、浅草元旅籠町（［c］）の沽券絵図は発見されていないため確認できないが、『家作往来取調図』中には、沽券絵図上に庇地や下水の記載があるにもかかわらず、両者が省略されている町の絵図が確認できる[52]。こうした事実から、『家作往来取調図』の作成にあたって、町役人らが意図的に「庇地」を描かなかった蓋然性は高いといえるだろう。

第二は、違反事項の描き方である。『家作往来取調図』中にみられる店前の摘発箇所はすべて、「下水江」あるいは「下水外江」――下水がない場合は沽券地の外側（道）へ――の「建出」や「張出」として朱書されている。

ここで「建登請書絵図」では下水内あるいは下水を越えるような「建登」の事例が記載されていなかったことを思い出されたい。このことは、下水内やその外側にまではみ出して建てられた町家や土蔵、店前に取り付けられた付属物などが実際には少なくなかったことをしめしている。そして、第一の指摘をあわせて考えれば、町役人らが町内での取調の基準、つまり、違法性の所在を「庇地」ではなく「下水」（下水がない場合は沽券地の境界）に設定していたと推測できるのである。

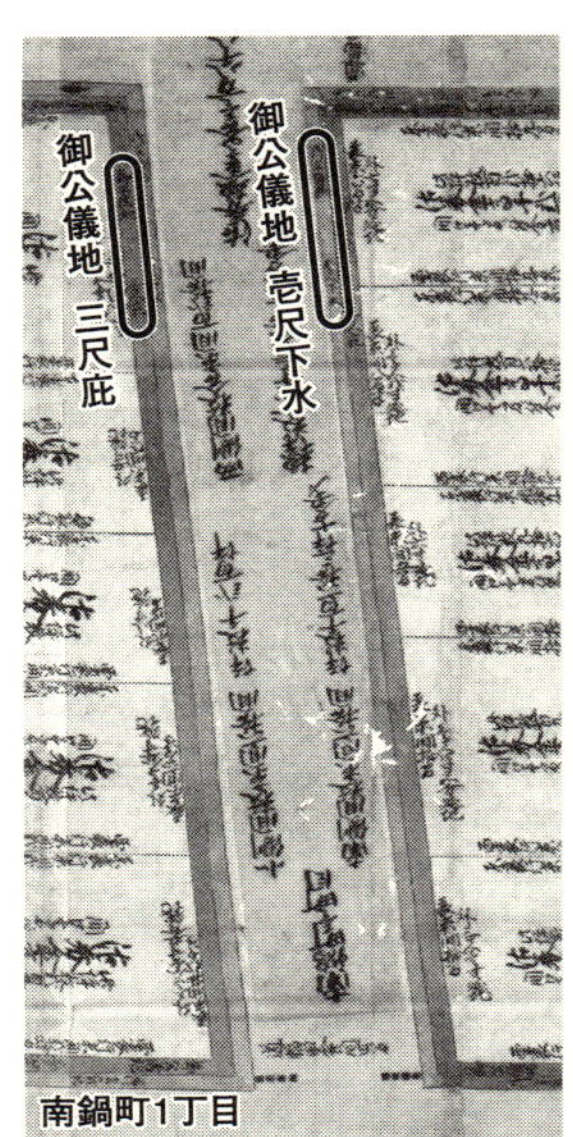

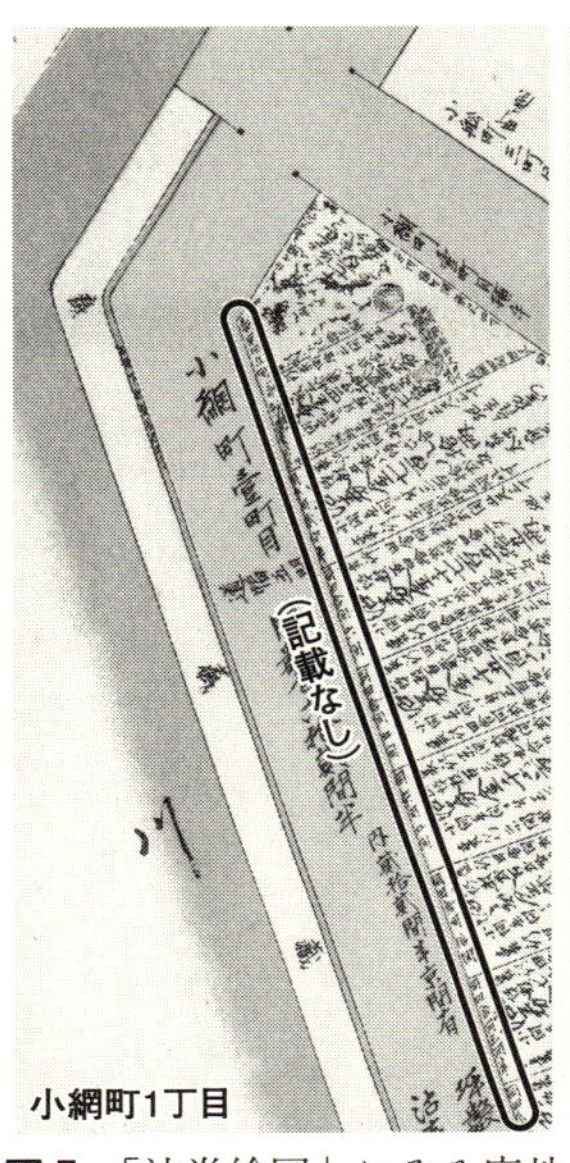

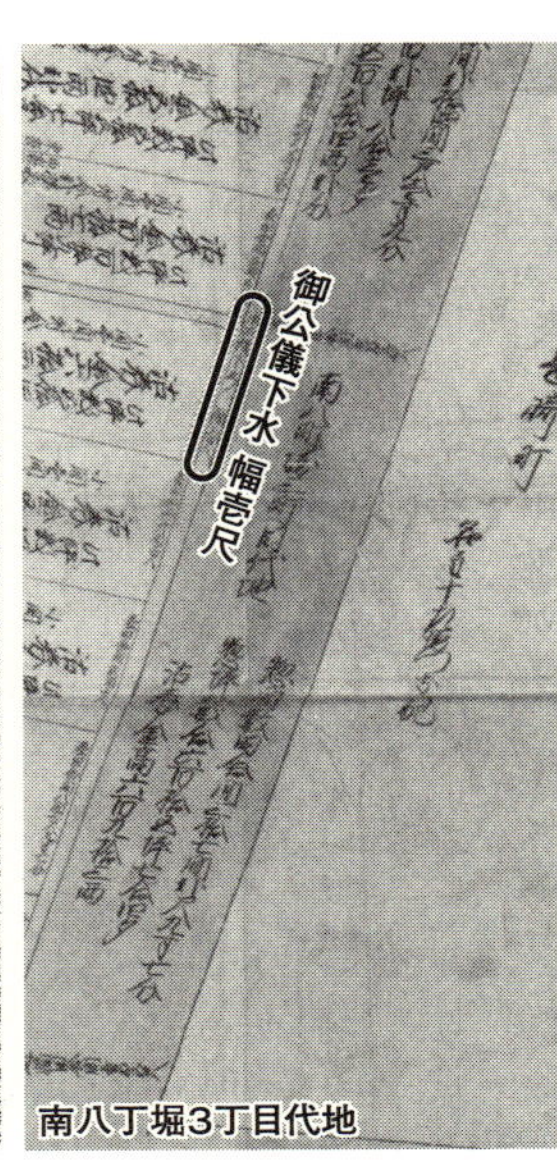

図7　「沽券絵図」にみる庇地

註：［左］延享元年２月「南鍋町一町目二町目元数寄屋町四町目滝山町守山町絵図」（旧幕）．
［中］寛保４年２月「小網町一二三丁目小網町一丁目横町甚左衛門沽券絵図」（『新修日本橋区史』）．
［右］延享元年３月「京橋水谷町同所金六町南八町堀四町分絵図」（旧幕）．

庇地か、下水か――土地境界をめぐる論理

それでは「建登請書絵図」と『家作往来取調図』の読み解きから浮かび上がってきた論点、具体的には、町奉行所（町々取調懸）と町役人（名主）の「庇地」に対する認識のずれについて少し考えてみたい。

まずその前提として、近世を通しての規範とされた明暦大火後の明暦三（一六五七）年の四月と六月に定められた庇地規定[53]（以下、「明暦年中御定」と呼ぶ）について確認しておこう。

町触によれば、「通町筋・本町通」と「河岸通り」（魚棚や青物店）は「一間庇」として「庇柱」を建てることが許可されており、このうち半間分は「自分之地之内」として「庇之内往行之道」とすべきとされる。これに対し、他の通りの庇は、「海道江三尺之釣庇」とし、柱は建ててはならないとされた。また店前の下水についてはかならずしも敷設されたわけではないようだが、「表之雨落下水」は「半間之所ニ溝を堀」ってつくるよう

にとされており、ここから一間庇についても庇地の際＝外縁に下水が設けられたと推定される。

この規定にしたがえば、どちらの庇地も少なくとも三尺分は公儀地によって構成され、沽券地所持の境界とは別に、町家前に設けられた下水こそが庇地と往還との境界をかたちづくることになる。

この内容をふまえ、現存する沽券絵図をながめてみると、確かに「明暦年中御定」に準ずるかたちで「庇地」が描かれ、その外側に「下水」が取り巻いている様子を確認することができる（図7）。その一方、これまであまり留意されてこなかったように思われるが、各町の四辺すべてに庇地や下水が「公儀地」として明記されているわけではない。沽券絵図が実際の町割りの状況をどこまで反映したものかは定かではないが、沽券絵図に描かれる庇地とはあくまでも理念的・概念的なものであって、実体としての庇地とは峻別して理解すべきと考える。そこで以下、沽券絵図上にみられる庇地をさす場合には《庇地》と表記することにしたい。

さきに指摘したように、町奉行所（町々取調懸）は、「庇地有之場所」か「庇地之無場所」か、いいかえれば、庇地の空間的実体ではなく、理念としての《庇地》の有無を、取締りのための第一の基準としていた。そして、「建登請書絵図」の表現からは、「庇地無之場所」＝《庇地》がない場所では自己の土地の三尺分を供出して、沽券地内に庇地を設けるべきと考えていたことが読み取れる。すなわち、このときの町奉行所側の規制は、そもそも「明暦年中御定」と矛盾する内容をもっていたのである。

それでは、名主は庇地をどのように捉えていたのであろうか。一八世紀後半におけるいくつかの史料をもとに紐解いてみよう。

天明五（一七八五）年三月、町年寄から庇地規定についての諮問をうけた「惣年番名主共」は、各年番名主からの返答を整理したうえでつぎのように答えている。

［史料5］(54)

（前略）

一（町屋鋪下水内壱間之庇下之儀についてのお尋ね）

此儀壱間通庇下之儀は通町幷本町筋ニ而、三尺は地主地面、三尺は御公儀地之事ニ相心得罷在、往来相成候様仕候、尤右下水ゟ内板囲、其外何ニ而も囲込度旨御願申上相済候場所無御座候

（中略）

一（庇下三尺通り之儀についてのお尋ね）

此儀（庇下三尺通り）往還之間数・屋鋪之内ニ而も無之、銘々地面ニ付候庇下三尺御公儀地と相心得罷在、都而犬走と唱来申候

（後略）

まず「壱間通庇下」は、半分が「地主地面」、残る半分が「御公儀地」であると述べられ、下水より内側の庇下一間通りは往来が可能で、ここへの「囲込」などが許可されている場所はないとする。つづく「庇下三尺通り」は、「往還之間数」＝道幅にも「屋敷之内」＝町屋敷裏行にもふくまれない土地であって、おのおの沽券地に付随する「三尺御公儀地」であるとの見解がしめされている。

右の二点は、「明暦年中御定」に準ずる理解といえる。このうち「庇下三尺通り」に関する名主らの返答からは、《庇地》の有無、つまり沽券絵図上での表記の有無にかかわらず、あくまでも町屋敷前の三尺分の地先部分が、公儀地ではあるものの「往還」とは性格の異なる固有の土地＝庇地であると認識されていたことがうかがえる。

少し時期が遡るが明和四（一七六七）年五月、庇地に関する規制令が出された際、町奉行所は名主に対し、自己の支配町内での町家普請を行うにあたって現状の道幅と沽券絵図上の寸法とを調査し、その整合性を確認するよう命じた

ことは第一節でもふれた[55]。

つぎに掲げる史料は、同年四月の火事で類焼した町々の名主（四・五番組）たちが町年寄宛に提出した伺書の末尾部分である。なおこの伺一件は町年寄に町奉行所への取り次ぎが断られ、結果として「不用」とされている[56]。

［史料6［57］］

（前略）

私共町々道幅改候得は、前書申上候通、先年差上置候沽券絵図ニ引合候も有之候、又は過不足有之引合不申候場所も御座候得共、町々古来ゟ家前雨落下水を限往来道幅ニ仕候儀故、此分は如何之訳ニ而、先年差上候沽券絵図ゟは過不足御座候哉難計奉存候、右之訳之分、沽券絵図ニ引合候様ニ相直置候得は、下水も新規ニ堀替不申候而は難相成、左候得は町家之間数相減難儀仕候間、右下水外江一切建出等不仕候様ニ家作仕、尤下水を限り道幅ニ仕置可申候、勿論類焼以前ニ建出候場所は急度相改、類焼後御触以前普（請脱）仕候場所ニも、下水外ニ建出等も御座候ハヽ、早束（ママ）為取払可申候、且又下水無之場所は、道幅町屋共ニ間数再応相改家作可仕候間、何卒右之通被仰付被下置候様仕度奉伺候、以上

明和四亥年六月十日（町年寄）樽屋殿江出ス

類焼町々

呉服町

名主　藤次郎

（他一九名、略）

名主による調査の結果、実際の道幅が沽券絵図の記載と整合がとれる場所もあったが、「過不足」のあった場所も多く存在したという。たとえば、町家前を流れる下水幅を道幅にふくめれば沽券絵図の道幅寸法と一致する場合や、

下水幅をふくめなくても沽券絵図の道幅寸法と実際のそれとが符合する場合など、調査の結果はさまざまであった。こうした状況が生じた原因は、京間・田舎間の別が明記されていなかったり、下水そのものの寸法の記入洩れがあるなど、沽券絵図上の情報の不備によるものでもあった。

そこで名主は、沽券絵図の通りに現状を改変することは困難なため、今後は下水と下水との間を「道」と規定し（「下水を限り道幅ニ仕置」）、現在ある「下水外江一切建出等不仕候様ニ」町家を建てるようにしたい、また下水のない場所については沽券絵図と現状の道・町屋敷の裏行間数を再検証したうえで家作を行いたいとする対応策を町年寄に伺い出たのであった。

ここで注目される点は、名主が「町々古来ゟ家前雨落下水を限往来道幅ニ仕候」と述べていることである。ここから、かねてから町人らが下水を「往還之境」とする慣例があったことがうかがえ、この点はさきにみた天明期（一七八一―八九年）の認識と同様である。ゆえに、下水に挟まれる公儀地こそが「道」であり、「家前下水」を「目当ニ家作」すれば、道幅が狭められるようなことはないと主張したのである（ただし下水幅が道幅にふくまれるかどうかは明示的ではない）。いいかえれば、名主らは絵図上に描かれる理念的な《庇地》ではなく、実体としての庇地の外縁を流れる「下水」を基準とすることで庇地規制の実効性を担保できると提案したのである。

ただし、右のような規制策では下水外側への出張・建出の禁止という効果しか期待されないことは明らかで、この主張の背後には、庇下の私的な占有状況を幕府側に容認させようとする町人らの意向を代弁する名主らの見解が伏在していたとも考えられる。

以上をふまえると、『家作往来取調図』から読み取れた名主らの庇地に対する考え方は、右にみてきた庇地理解や規制方針に準ずるものといえる。いいかえれば、『家作往来取調図』は町役人の庇地に対する空間認識と規制論理を「図化」したものであったとみることができるだろう。

さて、『家作往来取調図』の作成後にあたる文化五（一八〇八）年七月一九日、南北肝煎名主が一名ずつ町奉行所に呼び出され、町々取調懸の立ち合いのもとつぎのような申渡をうけている。

［史料7］(58)

一、河岸地江内々ニ而建致候者之事（略）

一、追而修復之節建直之義申渡置候者一向ニ不申出事

右者御改之節、追而修復之節建直可申段申上置候分一向不申出、寅年（文化三年）類焼年数も無之候得共、類焼不致場所も不申出候ニ付心付可申事

一、往還下水上江又候建物出候事

右は御改之節、下水上建物張出等取払被仰渡候処、又候内々建物等致し候者有之趣ニ付、為取払可申候

一、往還ニ而作事之もの（略）

一、往還商物嵩高ニ積出候事（略）

一、掛之者時々見廻り候事

一、橋台江近頃商内差出候事（略）

（後略）

右は、往還や河岸地といったひろく市中の道にかかわる申渡である。このうち町々取調に深くかかわるのは二・三・六条である。

まず二条目では、町々取調（「御改」）の際に「追而修復之節建直」を申し付け、請書をとったにもかかわらず、一向に建て直しが行われていない状況が非難されている。

六条目では再度見廻りを行う旨が告げられている。後略した部分でも「町々御掛り方御見廻り御改め」を実施する

ため名主らも心得るようにと通達されていることから、これは明らかに町々取調懸による見分と考えてよい。

三条目では、ふたたび行われている建物などの張り出しの取り払いを命じているのだが、ここには庇地規制の本質にかかわる重要な内容がふくまれている。ここでは、町々取調の主たる規制対象であった庇地への「建物張出」の問題が、明らかに「往還下水上」のそれへと限定されるかたちで命じられているのである。こうした文言は従前の町触や申渡などには見出すことができない。

この申渡は、町役人（名主・月行事）の調査にもとづいて描かれた『家作往来取調図』をもとに統制を行おうとしたがために、幕府側が意図していた本来の規制論理そのものを修正せざるをえない状況に陥っていたことを示唆している。

むすびにかえて

本章では、幕府が遂行した庇地統制策であった町々取調の内容を明らかにし、庇地とその規制をめぐる幕府側と町役人側の空間認識について検討してきた。本章をむすぶまえに、この一件の顚末をみておきたい。

文化五年以降、文化三—四年にみられたような大規模な見分が行われた形跡はなく、町々取調懸による不定期の見廻りが実施されるのみであったようである。さきにみたように文化五年七月一九日の申渡の後、「見廻り御改」が実施されたと考えられる。ただし、この見廻りでは「其町々月行事・五人組等大勢罷出」る必要はなく、肝煎名主や近隣の名主ら数名が立ち合うのみでよいとされ、簡易な見分であったと推定される[59]。

この申渡から約二年半後の文化八年正月、町々取調懸から肝煎名主宛につぎのように達せられている。

［史料8］(60)

去ル寅年（文化三年）已来追々見分之上、往還江建出候家作幷土蔵、且定尺ゟ高家蔵等、追而修復之節相直候様申渡、請証文取置候分口々有之候処、其後相直候段申出候者両三人ならでハ無之候、然ル処二三年已来、家作建直し修復等いたし候向所々ニ有之候、右之内ニハ請書差出置候者共も可有之哉ニ候、若申渡を不相用、仕来ニまかせ、出張候儘普請致直候者有之候ハ、不埒ニ付、急度取計可申候得共、先支配限取調、万一不埒之族有之候ハ、早々申聞候様可致候

右之趣早々申達事

未正月

町々取調掛り

（後略）

右では文化三年以来の見分で摘発した家作や土蔵について「追而修復之節相直」すよう命じ、かつ「請証文」をも提出させたにもかかわらず、その後、違反箇所を改めた旨を申し出てきた者は皆無に等しく、申渡に背くような状態のまま建替や修復が行われている現状が綴られている。つまり、町々取調懸による実地見分にもとづく一斉摘発は、実効性をほとんどともなっていなかったのである。

こうした状況を改善すべきとしながらも、まずはあらためて名主番組ごとに調査し、「万一不埒之族」がいる場合には、当該の者に対して名主らから申し聞かせるようにと指示している。換言すれば、町々取調懸が本来まっとうすべき職務を、実質的に名主らの裁量にゆだねたことを意味していよう。

つづく同年二月には、再度町内にみられる「建出又ハ大坂建」の「相直候分」と「未修復等不致分」について取り調べ、組合ごとに「竪帳」にまとめ届け出るよう命じているが(61)、以後、管見の限りまとまったかたちで町々取調懸の

名を史料上に見出すことはできていない。その後の職務内容や役職取り放ちなどについては未検討であるが、文化年間(一八〇四―一八年)にみられた町々取調という庇地統制政策は、まったく成果をあげることなく収束してしまったものと思われる。

以上の考察をふまえたとき、町々取調の史的意義はつぎの二点にまとめられるだろう。

(1)　幕府による空間把握と公儀地統制

庇地占有化の規制を目的とした町々取調はまさに失策であった。このうち三尺庇に取り付けられた柱などの店前における簡易な建築的造作の取り払いについては一定の効果があったとも想定しうるが、これもあくまで一過性のものに過ぎなかったのではないだろうか。

しかし、町々取調が江戸の惣町を対象とした悉皆的な調査にもとづく都市政策であったという点は看過すべきではないだろう。町奉行所は、町触による法的規制とは位相を異にした、実力行使による庇地の規制を実行にうつしたのである。その政策に込められた意図は、史料名として掲げられた「庇切」という表現からも端的にうかがうことができる。また「改方」――見分の方法や規制の仕方――が、「江戸向」と「本所深川」とで統一的な仕様とされており、町人地という空間領域が念頭に置かれていたことも見逃せない[62]。

この一件を通して筆者が指摘してみたいのは、政策そのものの評価ではなく、町人地の空間支配における町奉行側の土地統制と空間把握についてである。町々取調が町奉行支配場を総体として捉える視線を有していたことは間違いない。そして、境界領域的な土地=庇地の実体を実地調査ならびに絵図上で把握、規制しようとしたことは――町役人から提出された絵図が違法性の所在を「下水」としており、幕府側の方針とは異なった描写になっていたにせよ――、沽券地と公儀地(庇地・道)との土地境界線の問題を幕府側に強く意識させる結果につながったと考えられる。

時代はくだるが、天保年間(一八三〇―四四年)に、床店取払[63]や河岸地の取締[64]、御堀端と日本橋川河岸の非人小屋の撤去と移動などといった市中の公儀地を対象とした強行的な都市空間再編の動きが顕著にみられたことはよく知られている。[65]こうした天保改革期前後における動向は、当該期における独自の施策にもとづくものであって、町々取調との直接の関連性はない。しかし、空間管理という観点からみたとき、一九世紀以降の幕府による都市空間、とくに公儀地の土地把握とその統制にとって、町々取調の経験が重要な局面をしめしているように思われるのである。

（2）町々取調の到達点——道と屋敷地の境界画定

町々取調の一環で作成された『家作往来取調図』には、沽券絵図に描かれ、実体として店前に存在したはずの「庇地」が隠蔽され、「下水」のみが描かれていた。これは町役人（名主と月行事）の庇地認識とその規制をめぐる彼らの論理が図像化されたものとしてみることができる。

『家作往来取調図』は、沽券地と公儀地（道）の土地の図像による把握にほかならず、このことは庇地規制の基準を明確化することにつながった。しかし、同図にしめされた基準にのっとれば、下水の内側にまで家作すること、つまり庇地への建て出しや出っ張り行為は合法的なものとなる。すなわち、道の境界が店前に存在する下水に措定されることで、町々取調にあたって幕府が意図した庇地統制の内実は骨抜きにされてしまったのである。

以降、従来のような規制令はみられるものの、町々取調に類する庇地に関する統制政策は管見の限り見出せていない。庇地規制の徹底を目指した幕府の政策は、皮肉にも町人らによる庇地の占有化を事実上容認せざるをえない状況を生み出してしまったように思われる。ただし、先述したように下水を道の境界とする町人らの認識は、明暦の大火後に出された庇地規定（「明暦年中御定」）から導き出されるものであって、文化期の庇地統制策にはそもそもの矛盾が内包されていた。かくして町々取調は、「公」と「私」という両義的な性格を有する境界領域としての「庇地」の存在を、空間管理という局面において「下水」という即物的な境界線へと収斂させてしまったのではないだろうか。[66]

註

(1) 庇地は「犬走」とも呼ばれ、近世大坂では「おたれ」と称していた。
(2) 近世大坂においても江戸と同様に「おたれ」(庇地)は公儀地であったが、京都の庇地は町人らの家屋敷＝沽券地の一部であった。
(3) 庇地を「都市の境界領域」としてとりあげた先駆的論考として伊藤毅「近世大坂における都市の境界領域(1)――公と私の境界としての町家の軒下」(『日本建築学会学術講演梗概集』五七、一九八二年八月。のち改稿して同「庇地・浜地」『日本都市史入門Ⅰ　空間』東京大学出版会、一九八九年に所収)がある。
(4) 玉井哲雄『江戸――失われた都市空間を読む』(平凡社、一九八六年)。
(5) 波多野純・黒津高行「町触にみる表通りの庇とその実態について――江戸の都市設計に関する研究1」、同「日本橋通1丁目における表通りの庇について――江戸の都市設計に関する研究2」(ともに『日本建築学会東海支部研究報告集』二二、一九八四年)。
(6) 石田頼房・池田孝之「建築線制度に関する研究・その3――明治初年の庇地制限について」(『総合都市研究』一二、一九八一年)。
(7) 玉井や波多野・黒津のほか、鈴木理生による研究も存在するが(鈴木『江戸のみちはアーケード』青蛙房、一九九七年)、特筆される論点の提示は見出せない。
(8) 吉田伸之「振売」(『日本都市史入門Ⅲ　人』東京大学出版会、一九九〇年)、同「肴納屋と板舟――日本橋魚市場の構造的特質」(『商人と流通――近世から近代へ』山川出版社、一九九二年)。ともにのち同『巨大城下町江戸の分節構造』(山川出版社、二〇〇〇年)に所収、など。
(9) 『庇切』(旧幕府引継書、国立国会図書館所蔵、以下「旧幕」と略す)は、「文化四卯年　家作出張場所切縮見分下調書」(一―三巻)、「文化四卯年　家作出張場所切縮方伺書留」(四巻)、「文化四卯年　家作出張場所切縮申渡書留」(五巻)。以降、それぞれを「『庇切』巻数」と略す。
(10) 『家作往来取調図』一―五(旧幕)。史料構成の詳細については後述する。
(11) 『江戸町触集成』第十一巻、一一三五一号(塙書房)、『藤岡屋日記』第一巻(三一書房、一九八七年)、二六―三一頁など。
(12) 伊藤毅「都市史のなかの災害」(『図集　日本都市史』東京大学出版会、一九九三年)。

(13)『江戸町触集成』第一巻、一五二号。
(14) 同右、第一巻、一六四・一六五・一六六・一七一号。
(15) 同右、第一巻、一六五・一六六・一六九・一七一・一七七号。
(16) 前掲註(4)玉井『江戸』など。
(17)『江戸町触集成』第十一巻、一一三五五号。
(18) 同右、第十一巻、一一三六九号。
(19) 同右、第七巻、七九四四号。
(20) 同右、第七巻、八三三二号。
(21)『類集撰要』四、第六十二件（旧幕）。
(22) 近世後期の風俗誌『守貞漫稿』（天保八［一八三七］—嘉永六［一八五三］年）のなかで喜多川守貞は、「通り側の壁面（表柱）が二階と一階とでそろう町家を、京坂の町家の特徴との類似性から大坂建てと呼ばれた」と記しており、「江戸では官禁されていた」と述べている（『近世風俗志』巻一、岩波文庫、一九九六年、九〇頁）。史料1は、一九世紀初頭の江戸に「大坂建」がすでに存在していたことをしめすとともに、守貞のいう「官禁」の事実を裏づけるものといえる。
(23)『庇切』四（旧幕）。
(24) 同右。
(25)『江戸町触集成』第十一巻、一一四〇一号。同史料の付紙部分に「去寅年（文化三年）大火後、向町（［江戸向］）御調掛り秋山幸八殿、米倉清六殿（以上、北町奉行所・与力）、下役田中金次郎殿、成尾三六殿、新島五左衛門殿、中村幸三郎殿（以上、北町奉行所・同心）、安藤小左衛門殿、中村八郎左衛門殿（以上、南町奉行所・与力）、下役筧彦七殿、中山八三［五］郎殿、小川久三郎殿、折［新］井宇平次殿（以上、南町奉行所・同心）被仰付」とある（（　）は引用者註、［　］は「文化四年版　増補改正万世江戸町鑑」『江戸町鑑集成』東京堂出版、一九八九年より補記）。
(26)『庇切』一—三（旧幕）。
(27)『江戸橋蔵屋敷其外最寄旧記』第十件（旧幕）。同史料によれば、文化三年七月中の町々取調懸による見分の際、江戸橋広小路床店商人（床持）の新右衛門町善蔵店与兵衛・江戸橋蔵屋敷平左衛門店久吾らに対し、床店や床番屋に取り付けられていた「付庇」と「取置縁」の取り払いが命じられたが、その後の同年一二月、彼らから一尺五寸幅の庇と一尺三寸幅の「取置縁」の再設置が町々取調懸に出願され、町奉行所に許可されている。
(28)『家作往来取調図』五（旧幕）。
(29)『江戸町触集成』第十一巻、一一三九九号。
(30)『庇切』一―三（旧幕）。
(31)『安永三年小間附 北方南方町鑑』（東京都公文書館、一九九〇年）によれば、本所・深川地域の惣町数は二四八町である（内訳は、名主十六番組［南本所］が六六町、同十七番組［深川］が一二二町、同十八番組［北本所］が六〇町）。
(32)『庇切』五（旧幕）。
(33)同右、一―三（旧幕）。なお「家作出張場所切縮申渡書留」（『庇切』五）は、数日分の「下調書」を整理して町奉行に提出された帳簿である。
(34)同右、一・四（旧幕）。史料を精査する限り、取調全体を通じた申付内容は、以下の三類型で把握が可能と考える。ただし、調査後半になるにつれて記載が乱雑になる傾向があるため、ここではもっとも丁寧に記載される取り調べ開始直後のものを典型としてとりあげた。違反事項の地域ごとの偏差とその分布形態についての考察は今後の課題としたい。
(35)『江戸町触集成』第一巻、一六五・一六九・一七一号。
(36)前掲註(33)史料には〈γ〉に関する記述が見出せるが、老中に提出された帳簿（前掲註(32)史料）にはその記載がみられず〈β〉にふくまれるかたちで書き出されている。
(37)同右、第十一巻、一一三九九号。
(38)同右、第十一巻、一一四一五号。
(39)『家作往来取調図』五（旧幕）。
(40)同右、二（旧幕）。
(41)同右、二（旧幕）。
(42)同右、五（旧幕）。
(43)『類集撰要』四、第六十四件（旧幕）。
(44)A3の記述方法からは、庇地側に「表口」があるように読み取れる。しかしここでは、つぎにみる「家作建登」の場合と同様、「横町往還」側に「表口」がある場合とみるほうが妥当と判断した。

(45) 後述するように、この規制内容は、町触にみられた三尺庇の規定、つまり、釣庇とすれば道＝公儀地への三尺分の庇の張り出しを許可する従来の見解と明らかに食い違っており、そもそも統制にあたっての幕府側の方針に矛盾があったことが明らかである。

(46) 江戸町方では、町奉行の指示により正徳期（一七一一―一六年）と延享期（一七四四―四八年）の二度にわたって、沽券絵図が作成されたことはよく知られており、絵図上には庇地の土地も明記されている（玉井哲雄『江戸町人地に関する研究』近世風俗研究会、一九七七年および前掲註(4)玉井『江戸』）。ただし、前掲註(5)波多野・黒津「日本橋通1丁目における表通りの庇について」でも指摘されているように、現存する沽券絵図をみる限り「庇地」が明記される場合とされない場合とがあったことが確認できる。「庇地」の記載がないものについては、町割りの段階で「庇地」の土地が、「往還」とは別に割り出されなかったと考えられるが、これは実体としての「庇下三尺通」が存在しなかったことを意味するものではないと考える。

(47) 『家作往来取調図』三（旧幕）。

(48) 同右、二（旧幕）。

(49) 同右、三（旧幕）。

(50) 『御府内備考』第一巻、二八九―二九〇頁。吉田伸之『21世紀の「江戸」』（山川出版社、二〇〇四年）も参照。

(51) 「延享元年二月銀座従一丁目、二丁目、三丁目絵図」（旧幕）。

(52) たとえば、三十間堀五丁目では、沽券絵図上に「庇地」と「下水」とが明記されているにもかかわらず、『家作往来取調図』では両者ともに省略されて描かれている（『家作往来取調図』二［旧幕］および「寛保四年二月銀座四丁目裏河岸外二ヶ町絵図」［旧幕］を比較参照）。

(53) 前掲註(15)史料。

(54) 『江戸町触集成』第八巻、九〇六一号。

(55) 同右、第七巻、七九九四号。

(56) 同右。町年寄からは「庇地造込御免被成下候様ニと申儀は、願之品」であり、「古来ゟ有来候家前下水」を「往還之境」として家作することは「届ニ致候筋」であって「伺之筋」ではないとし、町奉行所への「取次」を断っている。その後、同史料末尾には「右伺一件不用に相成候得共、追而為見合記置事」とある。

(57) 同右。
(58) 『類集撰要』四、第六十七件（旧幕）。
(59) 同右。
(60) 同右、四、第七十件（旧幕）。
(61) 同右、四、第七十一件（旧幕）。
(62) なお、幕府の共通見解としての江戸市域の範囲（「御府内外境筋」）＝「江戸朱引内図」（朱引・墨引）が提示されたのは、文政元（一八一八）年のことである（『旧江戸朱引内――図復刻と解題』東京都公文書館、二〇一五年）。
(63) 南和男「江戸の床見世――天保改革を中心として」（『国立歴史民俗博物館研究報告』一四、一九八七年。のち「床見世の実態」と改題し同『幕末都市社会の研究』塙書房、一九九九年に所収）、藤田覚『天保の改革』（吉川弘文館、一九八九年）、同『遠山金四郎の時代』（校倉書房、一九九二年）、小林信也「床店――近世都市民衆の社会＝空間」（『日本史研究』三九六、一九九五年、のち同『江戸の民衆世界と近代化』山川出版社、二〇〇二年に所収）など参照。
(64) 従前の天保改革に関する研究ではほとんど注目されていないが、天保二（一八三一）年から同三（一八三二）年にかけて、河岸地内に建てられた「家作住居」（火焚所を付随させた土蔵や小屋）などの取調とその摘発が実施されている。これは本章で検討した「町々取調」に類似した幕府主導による空間統制策といえ、『家作往来取調図』のような実態調査にもとづく絵図も町役人らの手で作成されている（『天保撰要類集』七十八上・中、屋鋪之部二、第六件［旧幕］）。具体的な考察は今後の課題としたい。
(65) 塚田孝「異なる呼称――近世後期・江戸の非人についての一考察」（『大阪市立大学文学部　人文研究』第四一巻、第一〇分冊、一九八九年、のち同『身分制社会と市民社会』柏書房、一九九二年に所収）参照。
(66) 明治七（一八七四）年に東京で施行された「庇地制限令」も「下水」を基準にして庇地への建物の出っ張りや建て出しを規制しようとする法令であった（前掲註(6)石田・池田「建築線制度に関する研究・その3」）。これは、町々取調によって明確化された道の境界を「下水」とする基準が近代においても適用されたものと考えられる。

第8章　町空間の再生産と民衆世界
――鳶人足と火災復興

はじめに

本章では、江戸町方の都市空間をささえた維持管理の担い手について考えてみたい。前章までに、町人地を主たる舞台として道（道空間）や堀川（河岸空間）が町人＝家持による負担（「役」）によって維持管理されていたことをみてきた。しかし、彼らは金銭的な負担者であって、その維持管理業務を代替し、実際の労働に従事した人々は別に存在した。

この問題を考えるうえでまず参照されるべきは、吉田伸之によって取り組まれてきた「都市下層社会」論であろう(1)。吉田によれば、江戸では一七世紀後半以降に都市下層社会が成立するとされ、その構造的特徴は「裏店に居住する小商人、小職人や日用＝稼業を中核」とする裏店層と、これより「下位に展開」し「「家」を欠損した単身者」で、都市―農村を滞留・循環する流動的な存在であった実質的な労働力販売者層＝「日用」層の二つの位相から捉えられるという。そして、町屋敷ないし町方社会において彼らを生活と労働の両局面において掌握し、家持や高利貸商人といった社会的権力との間を仲介する存在（「媒介的位相」）として、家守層や店支配人層、日用頭層などが措定されている。

右を前提に展開された城下町論においては、都市下層社会（「民衆世界」）が、都市における日常生活の必需品販売や多様な労働力供給源として機能したことを「都市社会の賄機能」と呼び、江戸における武家・寺社をはじめ、町方の地主・表店商人たちの社会的・経済的諸活動が「民衆世界」に強く依存するものであったと述べている(2)。

右の指摘をふまえたとき、用役給付としての労働にふくまれうる町内の警固・見廻り（「番」）や、道造・下水浚などといった町空間の維持管理の実質が、都市下層社会に属す人々によって担われていたであろうことは容易に想像される。このほか吉田には右の議論に直結する鳶人足に関する諸研究があり、そこでは彼らが町方における土木・普請工事を独占的に請け負っていたとしている（第一節で後述）。これらの所論に学べば、町空間の維持と存続にかかわる最重要の担い手として町方鳶の存在を想定することは、それほど見当違いではないだろう。

ところで、都市空間の維持管理にかかわる労働を建築史的な関心からみたとき、これらが多分に建築的・土木的性格を帯びている点が注目される。これにかかわって、つぎにとりあげてみたいのは岩淵令治の論考である(3)。岩淵は、近世考古学との接続の試みとして、一七世紀後半以降頻々に繰り返されてきた武家地における「居住に伴う土地の改変」に着目し、これを成り立たせていた社会的諸関係、つまり土木工事をめぐる請負商人やその組織、請負人相互のネットワークや武家との出入関係などを検討することで「土木の社会史」論を展開している。

本章の主題と関連して重要な指摘はつぎの二つである。第一に、町屋敷の普請地形をはじめ、道造、堀川浚などといった町方における維持管理業務もまた、岩淵が武家地を素材に対象化した、労働力＝日用層を差配する土木を専門とする請負業者によって担われていたと考えられることである。第二には、空間構造のドラスティックな変化をともなった、江戸城下町成立期や幕末の台場建設ではなく、一七世紀後半以降の近世中後期に単一の武家屋敷内で不断に行われた中・小規模の土地造成を焦点化したこと、すなわち、形成・開発論的ないし技術論的な観点に偏りがちな従来の建築史・土木史研究への批判的な視点をもつことである。

一方、建築史分野に目を転じてみれば、近世の建築生産史ないし生産組織史といった独自の研究蓄積が厖大に存在する[4]。しかし、これらは近世大工（組織）研究とほぼ同義であって、本章で扱うような都市空間における広い意味での建築・土木関連工事＝維持管理労働やその請負組織についてはほとんど論じられてこなかったように思われる[5]。

以上をふまえ本章では、町方における土木・普請工事の多くを請け負ったとされる町方鳶（鳶人足）を素材に、町空間の維持管理労働について論じてみたい。そのうえでは、前章までにみてきた町内の道造や市中の堀川浚などのいわゆる維持管理業務を題材としたいが、筆者はこれを直接に論ずるだけの史料を十分に得ていない。そのため、やや異なる角度からとなるが、町方鳶が従事した町場の消火から復興という、いわば町空間が〝再生産〟されるプロセスを、維持管理の一事例としてとりあげることで、右の課題に答えてみたい。

一　鳶の職分と仲間集団

町方鳶の二つの顔

まず町方鳶の性格を、その職分からうかがうことからはじめよう。つぎに掲げる史料は、嘉永五（一八五二）年正月、世話番名主から火消人足改宛に提出された伺書のなかで、町火消十番組と組の人足頭取跡役の候補にあがっていた浅草諏訪町㐂兵衛店に住む留五郎について述べられた一節である。

［史料1］[6]

（前略）留五郎年来鳶人足ニ而実躰ニ相稼、出入場も多ク平日下方之もの共多人数遣廻シ罷在、於出火場も出精相働消防方等厚心掛、組合人足共取締ニも相成候もの（後略）

留五郎は年来実直に稼業を営んでおり、多くの取引先（「出入場」）をもち、「平日」には「下方之もの」、すなわち配下におく鳶人足を右の「出入場」へと多人数差配しているとされる。また、「出火場」においても精を出し「消防方」をよく心得ている者で、火消組合人足どもの「取締」にもなるという。さらに同史料内で「浅草田原町三丁目抱人足」との肩書をもつことから、留五郎は町抱鳶＝鳶頭の地位にあったことがわかる。

留五郎の例にみられる①土木・普請工事の請負・従事者と②町火消という二つの顔は、「実躰」なる鳶人足を評する際に文書中にしばしば見出される「平日・火事場出精仕候」という表現から端的にみてとることができる。こうした町方鳶の特徴については、これまでもたびたび言及されてきた。そこでまず分析の前提として、これまでの諸研究をもとに、鳶人足とその共同組織であった町火消組合について瞥見しておきたい。

鳶人足と町火消組合

江戸町方における鳶人足（集団）については、彼らが担っていた「町火消」という役割や、その共同組織である「町火消組合」と不即不離の関係にあったため、第一には市中の消防体制の検討のなかで考究されてきた。そこでまず、池上彰彦(7)、鮎川克平(8)、吉田伸之(9)の研究をもとに、町火消としての鳶人足の位置、町火消組合の成立と展開について概観しておこう。

江戸における町火消制度の確立は、享保五（一七二〇）年三月の「いろは組」（四七組）の編成、同一五（一七三〇）年正月の大組（一〇組）の設定を大きな画期とする。つづく元文三（一七三八）年には、大組の四番組と七番組がそれぞれ五・六番組に合併、これとほぼ同時期に北・中・南組の三つの小組からなる大組＝本所深川組が成立したと考えられ、これらは幕末まで維持された。

そもそも町人（＝家持）らには、居町をふくむ市中の防火・消火活動への「火消人足」の動員が役負担（「町人足役」）のひとつとして課されていた。これを一七世紀半ばころから代替したと思われるのが鳶人足であった。すなわち、町方での火災時には、家持から家主、表店、裏店までの町中の全構成員が初期消火にあたることになっていたが、実際の消火活動の担い手となったのは、町ごとに雇われていた「町抱鳶」＝鳶頭とその指揮のもとに編成される「町々駆付人足」などの鳶人足たちであった。

享保期（一七一六—三六年）の町火消組合の成立後、これが事実上の鳶人足の仲間組織となっていたが、寛政九（一七九七）年一〇月の「日用座」解体後、火事場における火消人足＝鳶人足の取締りのため、町火消小組のメンバーから二七四名の「人足頭取」が任命された。彼らの多くは町抱の鳶人足＝鳶頭であり、ここに町火消組合は名実ともに鳶人足集団の公認された共同組織となったのである（以下、この体制を吉田にならい「人足頭取制」と呼称する）。

右にみた町方の消防組織の史的展開をふくめ、鳶人足そのものの存在形態や集団の内部構造に関して現段階での到達点をしめすのが、吉田伸之による所論である。

吉田は、鳶人足の本源的形態を「最上級の日用」として日用層のなかに定位したうえで、土木・普請工事などの「江戸の厖大な日用需要を賄」い、かつ「火消人足を随時供給する日用頭」として町抱鳶＝鳶頭を位置づけている。そして人足頭取制下における町火消＝鳶人足の共同組織は、

α　町の抱鳶＝鳶頭—欠付鳶（—彼らに抱えられる日用）

β　人足頭取—道具持（纏持・梯子持など）—平人足

という二系統の階層性をもっていたことが指摘されている。αは町との関係性における地位、βは町火消組合（出火場）における地位をしめすものといえる。両者は有機的に関連したと考えられるが、史料的制約もあってその実相はいまだ十分に把握されているとはいえない。

このほか、幕末期における鳶人足の存在形態について興味深い事実を指摘しているのが市川寛明である[10]。市川は「四谷塩町一丁目人別帳」の分析から、鳶集団の上層を占めた町抱鳶・人足頭取層には「鳶人足という生業と鳶集団の地位を家職として相続するイエ」的な構造が成立していたことを明らかにしている。そして、その結合原理には「実子関係」や「養子制度」、擬制的な「親方—子分関係」などがあり、幕末期の鳶人足集団の上層部に限っては、吉田が規定した本源的形態としての日用＝鳶人足を克服する面も有していたとされる。

以上、既往研究をもとに鳶人足とその共同組織についてみてきたが、これらのほとんどが前述の②の性格を基軸として考察がすすめられてきたといってよい。筆者は、鳶人足の存在形態や集団の内部構造理解を深めるうえでも、①の側面にあらためて着目し、個別の事例分析を蓄積してゆくことが重要と考えており、本章はその試みのひとつでもある。

鳶の「平常職分」

①の性格に関して、実証をともなう言及がなされるものは、前述の吉田による論考[11]がほぼ唯一のものといってよい。吉田によれば、町抱鳶＝鳶頭の経営にとっての最大の基盤は、市中における厖大な土木・普請工事の需要であって、その内容は雇用者によって「武家方」と「町方」とに大別できるという。鳶頭は、自己の居所となる町や所属する町火消小組内の町域における多様な土木・普請工事を独占的に請け負うとともに、出入関係をもつ個別の商人や武家からも仕事を受注していた。史料1で留五郎が多くもつとされた「出入場」とは、これらを意味するのであろう。

こうした鳶の「平常職分」、すなわち「火消」という概念をはなれた鳶人足の社会的実態あるいはその経営内容については――その存立が火消としての役儀と表裏の関係にあったとはいえ――、鳶集団固有のまとまった史料がみつかっていないこともあり、十分には検討されてこなかった。本章第三節では、鳶の「平常職分」に関する実態の一事例を紹介することとなるが、町空間の維持と存続という視点にかかわって、鳶人足らが町中から請け負った仕事の内容について少し詳しくみておきたい。

［史料２］[12]（（　）内および傍線は引用者註）

壬申（明治五［一八七二年］）三月二日各区戸長へ

町火消鳶人足共、町々普請其外道造り些小之事ニ至ル迄、町内抱鳶人足ニ不申付候半テハ難相成様成行、他町又ハ組合違之人足え申付候へハ町内抱鳶人足彼是故障申出、種々妨致シ暴行ニ及候者モ有之哉ニ相聞、右は去々午年中旧弊相改候様相達候以来右様之儀ハ無之筈之処、未タ旧弊改リ不申場所モ有之趣以之外之事ニ候。一躰鳶人足共組合之儀ハ、消防駆引取締之為メ相立有之候義ニテ職業之儀ハ町内組合之差定ハ素より無之、普請申付候諸人之勝手次第ハ勿論之儀ニ有之候間、諸職人普通之稼事可致候。自今前条悪弊等ニ拘泥致シ候者有之候ハヽ、鳶人足組合相除キ相当所置ニ可及間、其旨屹度心得違無之様可致事。

右之趣区々無洩可触示者也。

これは明治五年三月二日に、東京府から各区の戸長宛に下達された布告である。「去々午年中旧弊相改」とは、明治三（一八七〇）年一〇月の東京府の消防体制の改正、つまり鳶人足集団を結集せしめる要のひとつであった町火消組合の縮小と再編のことである[13]。

吉田も前半傍線部冒頭を引用して指摘するように[14]、幕末まで「町火消鳶人足」＝「町内抱鳶人足」が、町人足役の代替者＝町中に雇用される日用人足であったこと、かつ町火消組合の存在を梃子にして、居町や小組内における「町々普請其外道造り些小之事」を一手に請け負っていたことがよくわかる。

ここで東京府は、そもそも町火消組合が火事場における「消防駆引」の取締りを目的として組織されたものであって、鳶人足らの「職業之儀」のための「町内組合」ではないとし、以降は「諸職人普通之稼事可致」と戸長に通告している（後半傍線部）。つまり東京府側は、町と深く結びつくことで成立していた近世由来の町方鳶の営業特権を保護する態度はとらず、むしろ他の諸職人と同様に扱おうとしていたことがわかる。ただし、つぎにみる史料からも明らかなように、以後も町との関係性がすぐさま解消されたわけではなかったようだが、当時「種々妨致シ暴行ニ及候者」までいたことは、町内の土木・普請工事の請負が、鳶人足の生計にとって不可欠なものであったことを如実に物語っていよう。

それでは「町々普請其外道造り些小之事」とは具体的にはどのようなものであろうか。もちろんこれらは、居町で行われた町家や土蔵の建設、道造などの土木・普請工事をさすのであろうが、ここで紹介してみたいのは清水組（現清水建設）に残された『清水組諸職人差出帳』(15)という史料である。ここには、神田区東紺屋町二十五番地に住む鳶頭であった「よ組紺三五代目　関口亀治郎」（明治九［一八七六］年五月一一日生）が「古来ノ風習」と題して清水組へ提出した書付と挿画が収録されている。作成年代は昭和一〇（一九三五）年八月であるが、鳶頭の手によって記された明治中後期における鳶職の「風俗・習慣・技法等」を伝える第一級の史料といえる。

「古来ノ風習」は七つの「お話」――地形、下小屋、井戸替・下水、曳方、風呂屋・出火、建方、神田祭――で構成される。ここでは「地形のお話」と「井戸替下水話」についてみてみよう。

［史料3］(16)

一、地形のお話

（一条目略）

一、町方御店様土蔵の地形杭打頭衆の木遣です。只今でわ一日位いの地形を三日・四日位い致すのです。蛸の根取わ道具持ち、杭打わ根取が非常に骨を折ます。此絵わ地形です。（後略）

（図1左）

［史料4(17)］

三、井戸替下水話

一、昔わ、町内の鳶が井戸替や下水の掃除を致した物です。此仕事が実に儲る事です。毎年七月井戸、下水わ年二回で、勘定の掛りより三つ割二分わ儲です。仕事師の事をどぶさらいと申したのてあります。只今わ丸でありません。町内の頭わ気の毒です。

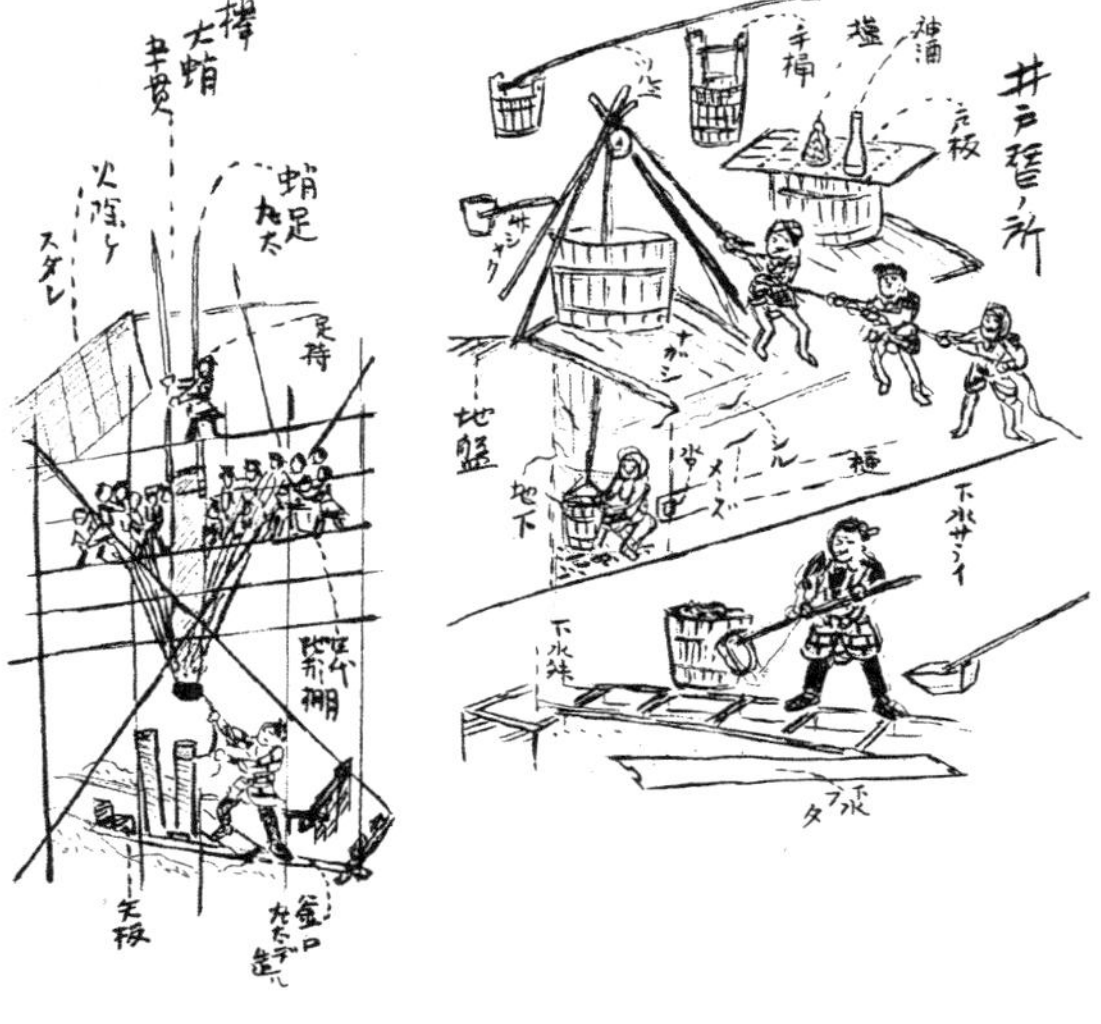

図１　地形（左）と井戸替・下水浚（右）

註：伊藤ていじ監修『清水組諸職人差出帳』（清水建設広報室，1978 年）より作成．

まず史料３では、町内の土蔵建設（「町方御店様土蔵」）（図１右）にあたって、鳶らが基礎工事である「木遣」――大櫓を組んで音頭にあわせて大蛸を用いて複数人で地面を突き固めること(18)――を行っていたことがわかる。その作業に従事した鳶は「地形杭打頭衆」（「木遣衆」）などと呼称され、鳶頭が中心的役割を担ったものと思われる(19)。

ここで注目されるのは、「蛸の根取」、すなわち蛸の下端につないだ綱をもって、蛸の振を調整する人が「道具持ち」と記されていることである。近世における「纏持」や「梯子持」などといった道具持との直接の関連性は未詳だが、町火消としての階層性が、職能集団のなかの地位――技能や熟練度――とも即応していたことをうかがわせ興味深い。

つづく史料4からは、町住民の共同施設であった井戸や下水の定期的な修繕が、町内の鳶によって担われていたことがわかる。また「此仕事が実に儲る事」とされ、昭和期初頭には「只今わ丸でありません」、「町内の頭わ気の毒です」と述べられていることからは、井戸替や下水浚が彼らの重要かつ安定的な収入源であったことが明らかであろう。町中から鳶人足が請け負った仕事には、町内での町家・土蔵建設といったいわゆる土木・普請工事のほかに、こうした町空間を維持するための雑業も多分にふくまれていたのである。むしろこうした「些小」ながらも定期的に必要とされた維持管理労働の受注こそが、彼らの経営上の重要な基盤をなしていたのではないだろうか。

以上、町方鳶の職分と存在形態について、既往研究と若干の史料をもとに概括してきた。次節からは安政期（一八五四―六〇年）の火事を素材に、〝消火〟（第二節）と〝復興〟（第三節）という二つの局面を通して町空間をささえた鳶人足の実態を明らかにしたい。

二　消火活動の実像――町火消としての鳶

安政元年一二月、神田多町二丁目より出火[20]

安政元（一八五四）年一二月二八日の夜八時ころ（「夜五ッ時」）、神田多町二丁目庄兵衛店で乾物渡世を営む三河屋半次郎の表店から火の手があがった。「家内」にて急いで初期消火にあたったが、すぐさま屋根へと燃えうつり、季節柄晴天つづきで空気も乾燥し、北西の風が強かったこともあって、同町東側の佐柄木町・連雀町へと延焼し、通町筋――通新石町・鍋町・鍛冶町――から、今川橋を越えて日本橋手前までを焼く大火事となった。

しばらくは北西風であったため、延焼は内神田地域の東側、通町筋を中心に南へと広がったが、翌午前零時ころ

（「夜九ッ時」）にかけて、「つむじ風」によって風向きが変わり、「東風交リ」となった。この風によって、町方住民らが「鎌倉河岸の広原」へ所狭しと持ち出し避難させていた「荷物・家財諸道具・畳・建具」などが延焼被害を促進し、もともと風上であった「西神田一面」までも焼きつくすこととなる。結果的に、幅四町四〇間・長さ一〇町三〇間にわたる内神田と日本橋北をふくむ町方中心部を類焼させ、火が鎮まったのは明朝八時ころ（「翌朝五ッ時」）であった。

この火事（以下「神田多町二丁目火事」と呼ぶ）の一年程前、「異国船」が浦賀に来航し、日本が開国をせまられたことはよく知られている。そこで、少々迂回することとなるが、当該期の市中情勢を概観しつつ、神田多町二丁目火事の史的位置づけを確認しておきたい。

日常としての火事——黒船来航と安政江戸地震のはざまで

神田多町二丁目火事と同年の嘉永七（一八五四）年一月一五日、ペリー率いる艦隊（「異国船」）が「浦賀表」に再来航した。前年一二月二六日には「異国船渡来候ハヽ、壱町限町火消抱人足幷店人足・家主共一同、自身番屋江相詰非常相守」るべき旨が町中に触れられており[21]、町火消人足らは「異国船（江戸——引用者註）内海江乗入」れた場合には、大組ごとに江戸市中の七ヶ所の「詰場」——壱・弐番組＝呉服橋御門外、三番組＝金杉橋南詰、五番組＝増上寺表門通、六・九番組＝常磐橋御門外、八番組＝日本橋南詰、十番組＝江戸橋南詰、本所深川組＝永代橋西詰——に待機することとされた[22]。「亜墨利加船平穏ニ内海退帆」した三月二二日の翌日、町火消に課された警戒体制は解除されたが[23]、このときすでに日米和親条約が締結されていたことは周知のとおりである[24]。

こうした町火消人足による市中警固は、嘉永六（一八五三）年六月三日のペリー初来航時にもとられたもので[25]、このとき町火消組合には「浜御殿御固急御用」として「貫目重御道具」の運送などのための「町人足」の出動（五〇—一〇〇人程度）も命じられていた[26]。

同月一三日には「異国船退帆」につき、「諸事平日之通り心得可申」とされたが[27]、同日から二二日にかけて「浜御庭御固引払」のため、町火消組合に「諸道具取片付持送り等入用之人足」の差し出しが命じられていたことを付言しておきたい[28]。すなわちこれは、江戸の軍備化という〝有事〟に際して動員された町火消人足組合＝鳶人足が、〝平事〟の都市空間の恢復にあたっても、幕府の主たる労働力供給源とされたことを意味しており興味深い。

幕政史上の転換点を迎えていた江戸は、これと同時に、避けがたい大きな動揺にも直面していた。それは嘉永七（一八五四）年ころから畿内・東海地方を中心に頻発していた地震であり、江戸では安政二（一八五五）年一〇月二日夜一〇時ころ、直下型の大地震にみまわれた（「安政江戸地震」）。二次災害＝火事もあわさって江戸は甚大な被害をうけ、町方では死者四三〇〇人、怪我人二八〇〇人にもおよび、その被害は低地部にあたる本所・深川辺、隅田川以西では本郷や浅草辺に集中してみられた[29]。

安政江戸大地震のほぼ一年前の安政元年一一月一〇日――神田多町二丁目火事が起こる約一ヶ月前――、世話懸名主は、同月五日の「浅草聖天町ゟ之出火」と、同日に発生した「東海道筋地震」にふれながら「江戸表は地震薄キ土地柄之段は銘々弁居候事ニ而、此うえのうれいハ有之間敷」としながら、「万一地震之節火事有之候而は以之外之事ニ候」と町中に警戒を促している[30]。また翌々日には、非常懸名主から「国中大地震大津波等」が発生しているため、「市中火之元守方」を再応徹底すべき旨が町中に触れられていた[31]。この「市中火之元守方」の通達は、嘉永五（一八五二）年以来頻々に町中に対し「厳敷触幷申渡」されていたものであった[32]。

安政元年の江戸は、幕末期における政治的動乱の端緒、列島における地震頻発の渦中にあって、通常よりも厳重な警備・防火態勢が敷かれており、町人に課された火消人足役を実質的に代替していた町火消＝鳶人足たちも、こうした不穏な状況のいくばくかを自覚していたであろう。

さて、『藤岡屋日記』によれば、神田多町二丁目火事は三河屋半次郎の召仕が「居宅奥二階より見世二階中仕切杉

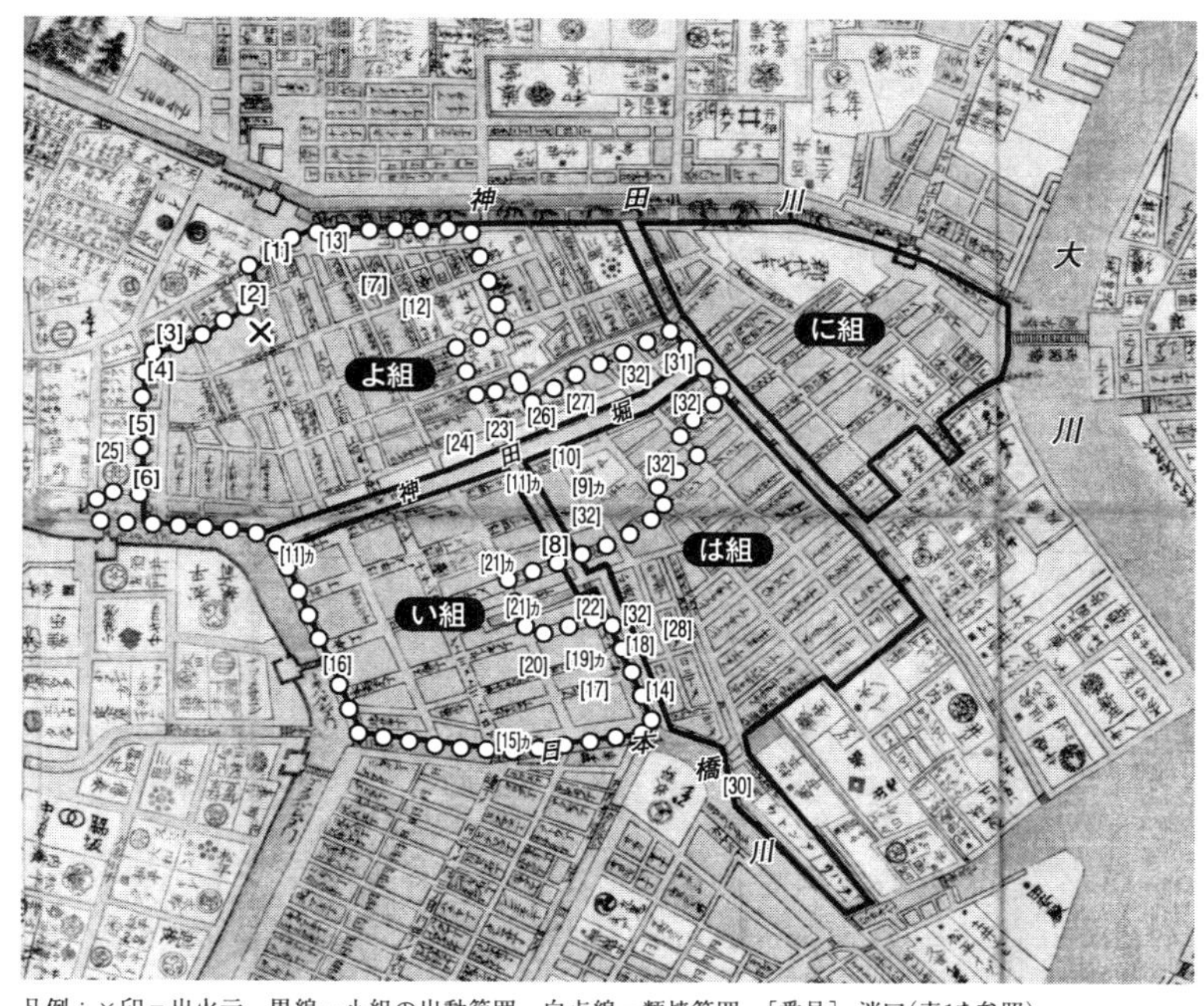

凡例：×印＝出火元，黒線＝小組の出動範囲，白点線＝類焼範囲，［番号］＝消口（表1を参照）．

図２　町火消一番組の管轄域と神田多町二丁目火事の類焼範囲・消口

註：「安政六年版 泰平御江戸町鑑」（『江戸町鑑集成』第５巻，東京堂出版，1990 年），「安政改正御江戸大絵図」（国立国会図書館所蔵），『藤岡屋日記』第６巻（三一書房），pp. 379–380 より作成．

戸」に提灯を懸け置いたままであったのを失念したことが原因であったとされる(33)。つまり、この火事は、右にみた緊迫した世上とはまったく無関係な、町方住民の不始末によって発生した江戸の日常的風景の一齣に過ぎなかったのである。

消口――消火活動の証

それでは、神田多町二丁目火事に話題をもどそう。図２は『藤岡屋日記』に記載される延焼動向をもとに復元した類焼範囲（丸点線）である。同図にあわせてしめしたが、この範囲は町火消一番組小組のい・は・よ組の管轄域（太実線）にあたる。

既往研究では、町火消＝鳶人足の仲間集団の内部構造をうかがう恰好の素材として、火事場においてたびたび発生した町火消らの喧嘩口論が注目されてきた(34)。その一方、史料的制約もあろうが、彼らの本質的な達成、つまり消火活動の実態についてはあまりとりあげられてこなかったように思われる。

『藤岡屋日記』の神田多町二丁目火事に関する記事には、延焼動向にくわえ、「消口」に関する記述がふくまれている[35]。消口とは「火事などの延焼をくいとめた場所」のことをさし[36]、その地点に焼け残った家屋の屋根のうえには、火消組合の名を記した札（「消口札」）が掲げられた。

後掲図3は、江戸三大大火のひとつとされる目黒行人坂火事（明和九［一七七二］年二月）の火災発生から復興までを描いた火事絵巻の一部であるが、そこには焼け焦げた屋根のうえに、無数に突き刺された消口札がみてとれる。消口札とは、身命厭わざる町火消らの消火活動の証であったがため、火事場では、消口を争って鳶人足らによる喧嘩が頻発したのである。消口の分布からは鳶人足らの消火活動の具体相を窺い知ることができるだろう。

『藤岡屋日記』から知られる消口の情報をまとめたものが表1で、前掲図2には該当地点をプロットしてある。自明なことではあるが、消口の地点を結んだ領域が類焼範囲にほぼ一致することが確認できる。以下、これらをもとに、神田多町二丁目火事における消火活動について検討してゆこう。

まず表1から大半の消し手が町火消であったことが明らかである。このうち類焼場周辺を管轄域とした町火消一番組の消口をみてみると、本船町木戸際［15］、長浜町二丁目角［17］、小田原町横町河岸［19］、本町三丁目横町木戸際［21］と、その数は意外にも少ない。これは火元周辺や風下にあたるい・よ組の町火消＝鳶人足が、居所や組内の町々の初期消火に優先的にあたったことと関係するのであろうか[37]。

もっとも注目されるのは、消し手として町火消大組のすべての名が表1に見出せることである。この点から比較的規模の大きな火災時には、火元に隣接する大組だけでなく、市中全域の町火消が出動し消火にあたっていたことが明らかとなる。消口の分布形態としては、内神田の北辺や神田堀付近などへの集中がみとめられる。推測の域をでないが、このことは大組あるいは小組の朱引境界に、他組の町火消人足が我先にと詰めかけ、延焼を食い止めていたこと

表1　安政元年12月神田多町二丁目火事の消口と消し手

#	消　口	消し手
[1]	須田町②北角	8番組
[2]	佐柄木町裏通角・連雀町東西角	5・6番組
[3]	雉子町西北角	5・6番組
[4]	三河町④角	6番組・本所深川組
[5]	三河町③新道角	6・9番組
[6]	三河町③新道	6・9番組
[7]	平永町3ヶ所	9・10番組
[8]	本石町④角・大伝馬町	店火消・本所深川組
[9]	鉄砲町横	11番組(?)・本所深川組
[10]	大伝馬塩町角	本所深川組
[11]	本白銀町角	本所深川組
[12]	冨山町北角	9・10番組
[13]	小柳町③角	10番組
[14]	本船町川岸角	2・3番組・本所深川組
[15]	本船町木戸際	1番組
[16]	常磐橋御門前	2番組
[17]	長浜町②角	1・2番組
[18]	伊勢町河岸中程	3・8番組
[19]	小田原町横町河岸	1番組
[20]	瀬戸物町より小田原町の角	本所深川組
[21]	本町③横町木戸際	1番組
[22]	伊勢町	店火消
[23]	地蔵橋・丸太河岸角地	町内店火消・本所深川組
[24]	本白銀町会所屋敷地	本所深川組
[25]	神田橋外本多豊前守・本多加賀守両やしきうしろ	定火消
[26]	新土手通り・紺屋町③河岸	店火消
[27]	九軒町河岸	店中
[28]	堀江町	店中
[29]	永富町代地(?)	店中
[30]	小網町	店中
[31]	柳原岩井町上納地・元岩井町	店中
[32]	小伝馬町・鉄炮町・小船町・道有屋敷・亀井町	店中・浅草田原町若者・松下町若者

註：『藤岡屋日記』第6巻（三一書房），pp. 379-380より作成.

を示唆している。

町火消のほか、武家方の消防組織のひとつであった「定火消」の名もみられる〔25〕。定火消（宝永元［一七〇四］年以降「十人火消」）とは幕府直属の火消組織で、幕臣によって勤められた(38)。消火の実働を担ったのは、火消屋敷に住む役場中間＝臥煙と呼ばれる日用層で(39)、独自の共同の場（「部屋」）を有し、彼らの労働と生活とは「部屋頭」によって掌握された(40)。

岩淵によれば、神田橋御門外の鎌倉河岸から筋違橋御門あたりまでの内神田西側の地域は、町火消と定火消が「打

巻でみる事件』横浜市歴史博物館, 2013年）より作成.

交之場」で防火活動に支障が出ていたため、天明八（一七八八）年七月に三河町裏通＝三河町新道が両者の活動域の境目となったという(41)。この点は、定火消の消口が三河町新道に接する本多豊前守上屋敷と普請奉行本多加賀守の御役屋敷であったこととよく符合する。

町火消や定火消以外には、「町内店火消」「店火消」「店中」などと記されるものがみられる。これは家持や家守から地借・店借にまでいたる町住民、または町に待機させられた「店人足」による消火を意味するのであろうか。あるいは、町火消組合の名はあげられないものの、これもやはり当該町に抱えられる町火消＝鳶人足（町抱鳶・欠付鳶）によるものであろうか。右の消口の分布の特徴が、日本橋北の伊勢町入堀沿いや神田堀地蔵橋以東といった後発的な類焼場に見出せることからは、少なくとも各町による初期消火の成果であったことは間違いないだろう(42)。

このうち興味を惹かれるのは、小伝馬町・鉄炮町・小船町・道有屋敷・亀井町[32]が、右町の「店中」と「若者」（松下町・浅草田原町）との「もみ合ニて消止」められたとされている点である(43)。この「若者」とは近世後期から顕在化してくる若者仲間のことで、吉田の考察からその特徴をまとめれば、若者中は江戸市中の各町に分布し、各々の職分とは別に結集した職人・小商人層の青年による共同組織――神田明神などの氏子の青年組織としての性格もあわせもつ――で、若者頭と呼ばれるリーダーも存在した(44)。若者中は、町火消＝鳶人足な

図３　「火事図巻」（作成明治19[1886]年，『絵

どとの抗争や市中における喧嘩の仲裁役を担うなど、鳶と類似した「行動文化」を有していたとされ、右にみられた消防活動への参与は、町火消＝鳶人足への対抗的な心性を体現したものと捉えられるだろう。

以上、神田多町二丁目火事をもとに消火活動の具体的なすがたをみてきた。町火消組合にはそれぞれの管轄領域が定められてはいたものの、規模が比較的大きな火事であった場合、火元や風下にあたる町々の組に所属する町火消らは居所近辺の防火に集中的にあたったと思われ、市中における惣町火消たちが自己のテリトリーを越えて入り交じるかたちで消火活動が繰り広げられたと考えられる。

ところで、図３（右側）には、焼け跡のただなかで町家再建のための仮囲設置に取り掛かる一番組よ組の法被を纏った鳶のすがたが描かれている。この描写は、焼け残った家屋類の解体→瓦礫・廃材の処理→新たな建設作業といった町方復興にむけての一連の作業においても鳶人足が重要な役割を担っていたことを示唆している。このうち次節では、町場の復旧作業の初段階といえる「焼土瓦取片付」に着目し、鳶のいまひとつの職分であった土木・普請工事の実態にせまってみたい。

三　火災復興の初動——土木・普請請負業者としての鳶

被災した町々は、焼け落ちた家屋廃材、大量の瓦礫などが山積する状態にあったと考えられる。そして焼土類の一部は新たな資源（地形土など）として再利用されたが、その多くは廃棄物として処理されたのであろう。

神田多町二丁目火事から年が明けた安政二（一八五五）年正月、つぎのような懸け合いが勘定奉行（石河土佐守）と下田奉行（岡田利㐂次郎）から町奉行衆（井戸対馬守［北］・池田播磨守［南］）に対してなされた。

［史料5］(45)

焼土瓦取片付一件

大川通越中嶋新田地先人足寄場向江、焼土瓦類取捨候趣相聞候処、右者大川澪筋水行ニ相障り候場所ニ有之候間、大川内江土捨候儀者下方心得違ニ而取捨候儀与存候間、是迄捨候焼瓦等者不残取揚、水行障ニ不相成場所江運送いたし、以来決而右場所江取捨申間敷旨御申渡有之候様致度存候、此段及御達候

卯正月

神田多町二丁目火事によって出た焼土瓦類が、幕府公認の越中島後ろの芥捨場ではなく「越中嶋新田」の地先にある「人足寄場」向かい側の「大川澪筋」＝上総澪に捨てられており（図4）、こうした取捨方は「下方」の者（後述）の心得違いであって、これでは大川の「水行」にも支障がでかねないと下田奉行・勘定奉行が問題視したようである。ごみの不法投棄については、近世を通して幾度も注意をうながす町触が出されていたが(46)、このときは澪筋に捨てられた焼土瓦類をふたたび取り揚げ、差し障りの無い場所へと運搬させ、以後このようなことがないようにしてほしいと、町奉行に具体的な措置がもとめられた。

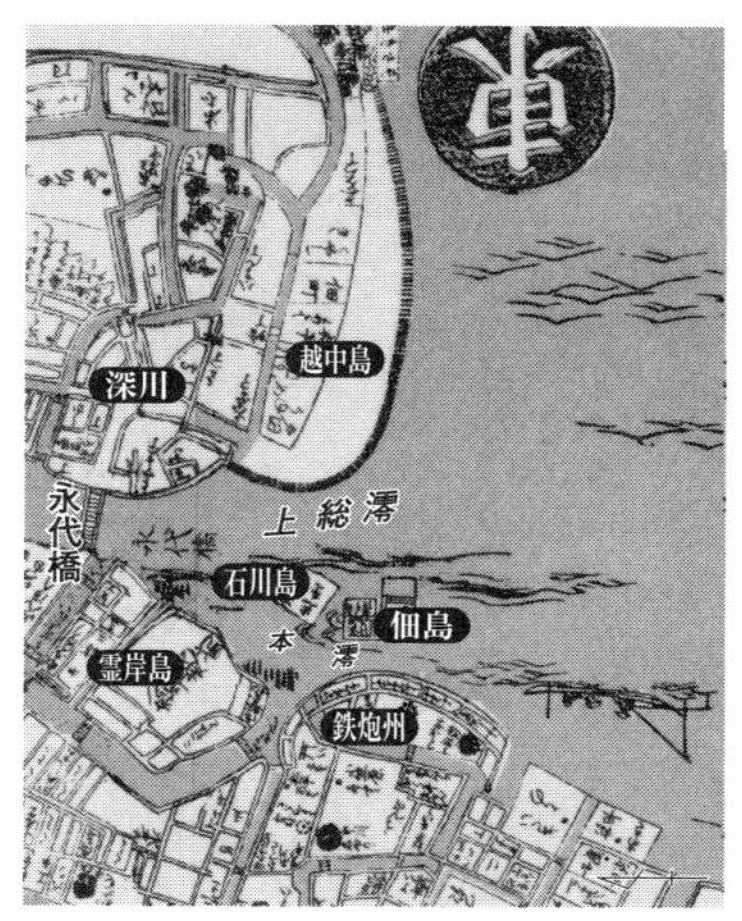

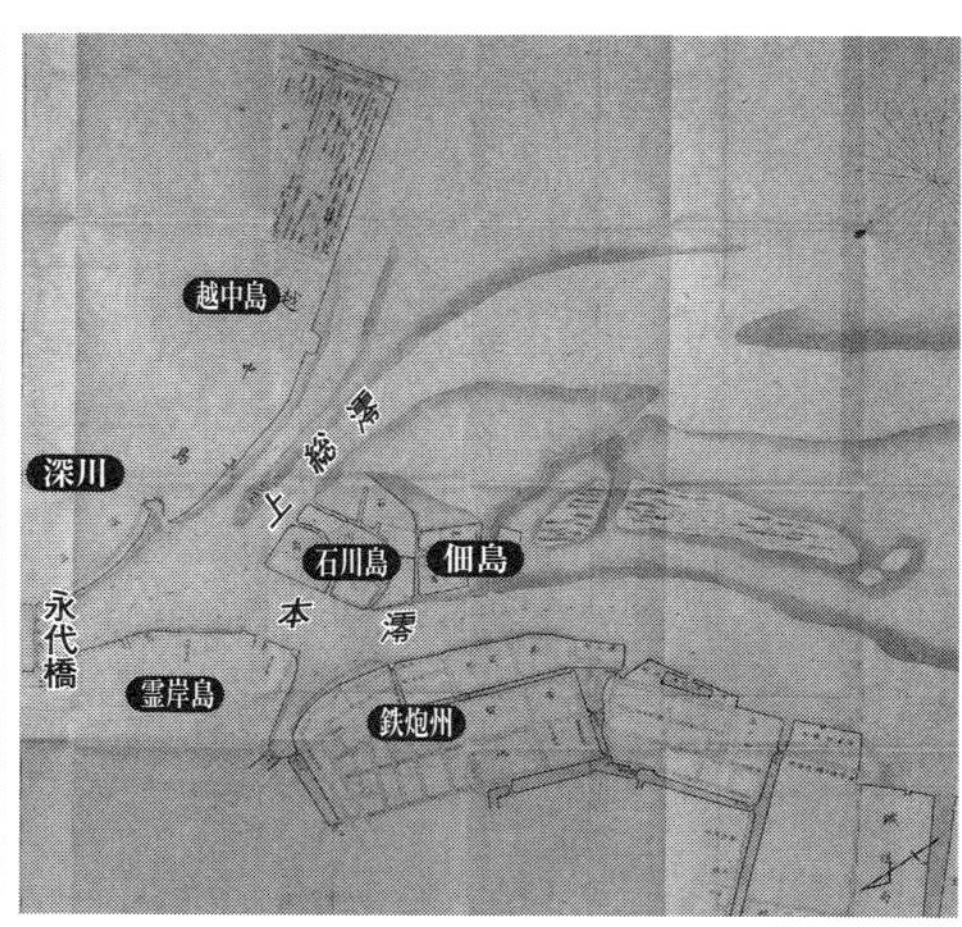

図4　越中島芥捨場と大川口澪筋

註：［左］「弘化江戸図」（弘化4［1847］年，国際日本文化研究センター所蔵），［右］「品海測量図」（明治3［1870］年，国立国会図書館所蔵）より作成．

これに対し町奉行からは、①「市中ちりあくた深川越中嶋後江捨へし、若中途ニ捨而ニおいてハ曲事たるへし」と大川三俣ほか市中一三ヶ所に高札を掲げていること、②達書に述べられる取捨方は町人らの心得違いであって、名主を通じて町中に対し厳重に申渡を行うこと、③焼土瓦の取り揚げについては町方で違反者を取り調べたうえで、彼らに実施させる予定であること、との返答がなされた(47)。

同年一月二二日、（南）町奉行は市中取締掛名主に対し、右の趣旨を町中へと申し渡すよう命じており、町方での取り調べについても指示したようである(48)。つぎに掲げる史料は、同日、市中取締掛名主から町奉行宛に上申された伺書である。

［史料6(49)］（（　）内は引用者註）

通達振御伺

一、類焼場所焼土瓦之類大川内上総澪通辺江取捨候趣入御聴今日被仰渡候ニ付、市中土船持共幷類焼場町々人足抱頭共、且（町火消組合）組々一統江早々行届候様通達仕候

一、此節も焼土瓦類焼場所ニ而取片付中之分も有之候ニ付、類焼場壱町限焼土瓦取捨受負候もの之内市中幷近在

土船、町々人足抱頭等之手続ニ而雇上候ニ付、此雇頭ゟ下々ニ而是迄雇入候土船乗名前取調、支配限り来ル（正月）廿五日迄ニ定次郎（一番組支配名主）方江無間違取集メ、此もの共之内川中江取捨候分取調候上、取計方御伺可申上候

但、車力請負候分ハ所々地低之場所江持運候ニ付、取調およひ申間敷候、此分も川端迄差出船手江相渡候手配之受負致候もの者、船受負同様取調可申候

一、町火消い組・よ組類焼場重に候間、此組頭取共江別段申談、町々取調方麁漏ニ心得候人足抱頭者申上候而御沙汰有之候間心得違無之様心付候様申付候

一、芥捨受負人共、越中嶋後ロ芥捨場船路遠浅之場所兼而澪付ヶ等閑之分早々小汐ニ而も船通相成候様申付、且土方幷土船乗共、焼土瓦市中川中・大川筋・同江戸前海面澪通、当分見廻心付、不束之捨方致候土船者見留候而、最寄町々江早々為相知留置御訴可申上候

右之通急速通達仕候ハ、差向候不束之取捨方相止、猶澪筋川中等江取捨候ものも市中在方土船乗之筋々凡相分り可申候、此段御伺奉申上候、以上

正月廿三日

市中取締掛名主共

右からわかる内容を、仮説を交えながら摘記すればつぎのようになる。

・「焼土瓦取捨」または「焼土瓦取片付」（以下、「焼土瓦取片付」と統一して表記する）とは、火災後に町内に散乱した瓦礫の収拾、その運送と廃棄、町屋敷地の地形などをさすものと思われ、こうした一連の労働業務の

多くは、基本的に「町々人足抱頭」＝鳶頭などが請け負っていた。

・このうち個別町を単位として請け負っている場合（「類焼場壱町限焼土瓦取捨請負候」）、芥捨場までの水上輸送を担った「市中幷近在土船」が、「町々人足抱頭」などを「雇頭」として「下々」に雇い入れられていた。それゆえ、焼土瓦の「取捨」作業の末端に従事し、不法投棄を行った「土船乗」は、右の「雇頭」を通じて取り調べれば摘発できるという。前掲史料5で勘定奉行と下田奉行が「心得違」をしているとした「下方」とはこの「土船乗」を意味するのであろう。

・他方、請負業者が土船持や鳶頭ではなく、物資の陸送業務を稼業とした車力（車屋）であることもあった。この場合、焼土瓦類は市中の「地低之場所」＝武家の屋敷地や市中道路に運搬され、土木・普請用の資源（地形土）として再利用ないし販売されていたと考えられる。ただし請負人が車力（車屋）であっても、焼土瓦を町から「川端」へと運び出したのち、船積みして輸送→廃棄される「手配」となっている場合もあった。

ここから、被災した町々の瓦礫処理の多くはそれぞれの町に抱えられた鳶人足（人足抱頭）によって請け負われるかたちが一般的であったことがわかる。また、名主らが「市中土船持共幷類焼場町々人足抱頭共」にくわえ、すべての町火消組合へも通達を行うとしている点からは、こうした初期的な町空間の復興作業が、町火消という共同組織の上層に位置した鳶人足＝鳶頭・人足頭取によって市中で広汎に請け負われていたことがうかがえよう。

かくして名主らは、焼土瓦取捨業務を斡旋する立場にあった鳶人足を介して取調を行えば、不法投棄を行った者（「土船乗之名前」）を特定可能であると具申したのである。そして以後、請負人に雇われ芥捨場までの輸送を担う「土方幷土船乗共」に「不束之捨方」を相互に監視させれば、不法な投棄行為を摘発できると考えたのである。

類焼町々の焼土瓦取片付と請負人

安政二(一八五五)年二月一〇日、本石町一丁目勘次郎店伊兵衛（一番組い組頭取惣代）・瀬戸物町利兵衛店谷五郎（一番組い組鳶人足）・三十間堀三丁目弥五郎店市右衛門（二番組も組鳶人足カ）ら約二〇名の焼土瓦取片付請負人から、不法投棄者の取調を実施することを前提として、「上総澪筋左右・鉄炮州寄州之場所」と「大川中州」に捨てられた焼土瓦が「汐指引」によって澪筋へと流れ落ちてしまうのを早期に防ぐために、自分たちの差配で「浚取」ることを町奉行所に願い出た。(50)

この嘆願書に添えられた市中取締掛名主の上申書によれば、焼土瓦の一部は取片付を請け負った「土船又者土方共」の「出入方」である「芝金杉・深川・浅草辺」の大名下屋敷に運ばれていたとされる。しかし、彼ら「元請」らが「賃銭安」に雇い入れた「下方土船乗共」のなかに「深川上総澪通・鉄炮州前州縁・大川中州縁」などに廃棄している者がいたようである。(51)その後の詳細は同史料からはわからないが、結局請負人らの出願は町奉行所に認められ、この一件は特別なお咎めなどなしに落着した。(52)

さて、右にみた市中取締掛の上申書には、類焼町々における請負人名前の書上（「焼土瓦取片付請負人名前」）が添付されている。(53)表2－1・2は、この書上からわかる情報に補足をくわえ一覧にしたもので、請負人は町単位（「壱町限請負人」）と、家屋敷単位（「家主某地面内」）とに分類できる。以下、これをもとに町方における焼土瓦取片付請負人の性格について検討してみたい。

（i）焼土瓦取片付場所

まず焼土瓦取片付場所（四二件、うち実数は町二六、町屋敷地＝家主地面二六）についてみていこう。図5にしめしたように、すべての場所が被災地域にあたり、三河町・鎌倉町横町南側代地（一番組よ組）を例外とすれば、町火消一番組い組のテリトリー内に分布している。詳しくはわからないが、請負人リストはおもに一番組い組の人足頭取によってとりまとめられたものと推定される。

町単位と家屋敷単位の所在を比較してみると、後者は御堀端や伊勢町入堀沿い、つまり類焼域の境界に多いことがわかる。ここから、町全体での被害が小規模で済んだ場合には、町中の共同負担（町単位）ではなく、それぞれの家

凡例：番号＝表2を参照，斜線＝取片付場所（個別町），黒線＝町境界，黒太線＝町火消1番組い組管轄域をしめす．

図５　焼土瓦取片付場所

註：「五千分之一東京実測全図」（明治 19-21[1886-88]年，『五千分の一江戸東京市街地図集成』柏書房，1992 年）をもとに作成．

表 2-1　焼土瓦取片付請負人――個別町単位（安政元年12月神田多町二丁目火事）

#	片付場所	居所	名前	職分	備考	下請人
□1	室町①	品川町六平店	勘七	鳶人足		なし
		高輪北町清兵衛店	金次郎	土方		
2	室町②	**瀬戸物町利兵衛店**	**谷五郎**	**鳶人足**		1c, 2b, 3a
3	室町③	**本石町①勘次郎店**	**伊兵衛**	**鳶人足**	1番組い組頭取	1a, 2b
4	瀬戸物町	**瀬戸物町利兵衛**	**谷五郎**	**鳶人足**		1b, 2c
5	本小田原町①	芝田町③伊三郎店	源次郎	土方		1b, 2c
6	本船町	難波町裏河岸又右衛門店	徳兵衛	土方		1d, 2e
7	按針町	**本石町①勘次郎店**	**伊兵衛**	**鳶人足**	1番組い組頭取	1e, 2d
8	長浜町①・②	下谷坂本町①茂兵衛店	太助	土方		なし
		武州荏原郡品川猟師町	金蔵	土船乗		
9	本石町①a	本石町①市五郎店	源三郎	鳶人足		1g=2a
□10	本石町①b	**本石町①清蔵店**	**㐂右衛門**	**鳶人足＝土方**		3b
11	本石町②	本石町②銀五郎店	勘助	鳶人足		2f, 3a
□12	本石町③	本石町③金兵衛店	市五郎	鳶人足		3a, 3d
□13	本石町十軒店	本石町十軒店金三郎店	八右衛門	鳶人足		3a
14	本革屋町a	**本石町①勘次郎店**	**伊兵衛**	**鳶人足**	1番組い組頭取	1a, 2b
□15	本革屋町b	**本石町①清蔵店**	**㐂右衛門**	**鳶人足＝土方**		3b
16	金吹町	**本石町①勘次郎店**	**伊兵衛**	**鳶人足**	1番組い組頭取	1a, 2b
17	品川町	品川町音吉店	善八	鳶人足	1番組い組頭取	2b, 2d
18	品川町裏河岸	**住吉町裏河岸安兵衛店**	**寅右衛門**	**土方＝土渡世**		なし
		下柳原同朋町忠兵衛店	松五郎	船積世話方		
□19	本町①	**本石町①清蔵店**	**㐂右衛門**	**鳶人足＝土方**		3b
□20	本町③	**本町③利兵衛店**	**仁兵衛**	**鳶人足**	1番組い組頭取	3a, 3c
□21	本町③裏河岸	本石町①勘次郎店	豊次郎	鳶人足		3a
□22	本町④	**本町③利兵衛店**	**仁兵衛**	**鳶人足**	1番組い組頭取	3a, 3c
□23	駿河町	新右衛門町忠兵衛店	丑右衛門	鳶人足	2番組ろ組頭取	3b
□24	岩附町	**本町③利兵衛店**	**仁兵衛**	**鳶人足**	1番組い組頭取	3a, 3e
□25	三河町②	三河町②八郎兵衛店	伊之松	鳶人足		1f
26	鎌倉横町南側代地	**松嶋町久七店**	**伊右衛門**	**土渡世**		なし
		三河町①玄蔵店	倉右衛門	土船持		

註：『市中取締続類集』地所之部，3ノ4（旧幕），「安政6年版 泰平御江戸町鑑」（『江戸町鑑集成』第5巻，東京堂出版，1990年）より作成.

凡例：表2-2とあわせて重複する名前はゴチックでしめし，網掛けは同町居住の請負人，□番号は「船取不仕分」をさす.「下請人」は表4を参照.

表 2-2　焼土瓦取片付請負人――家屋敷単位（安政元年12月神田多町二丁目火事）

#	片付場所（家屋敷＝家主名）		居　所	名前	職分	備　考	下請人
27	本町②	庄兵衛	**本石町①勘次郎**	**伊兵衛**	**鳶人足**	1番組い組頭取	1a, 2b
28	本両替町	久兵衛	**瀬戸物町利兵衛店**	**谷五郎**	**鳶人足**		なし
			芝田町③伊三郎店源次郎方同居	**半兵衛**	**土方**	請負人(5)と同居	
			幸町次郎八店	**伊之助**	**土船持**		
29	〃	嘉平次・伊助	**三十間堀③弥五郎店**	**長兵衛**	**鳶人足**	2番組も組頭取	2f, 3b
30	〃	辰兵衛	冨嶋町嘉兵衛店	平吉	土船持		なし
31	〃	庄右衛門	**本所花町勘右衛門店**	**倉吉**	**土船持**		なし
32	〃	㐂右衛門	**本石町①勘次郎店**	**伊兵衛**	**鳶人足**	1番組い組頭取	なし
			本所花町勘右衛門店	**倉吉**	**土船持**		
33	〃	儀三郎	**本石町①勘次郎店**	**伊兵衛**	**鳶人足**	1番組い組頭取	3a
34	北鞘町	久兵衛	**瀬戸物町利兵衛店**	**谷五郎**	**鳶人足**	請負人(5)と同居	なし
			芝田町③伊三郎店源次郎方同居	**半兵衛**	**土方**		
			幸町次郎八店	**伊之助**	**土船持**		
35	〃	四郎左衛門・保平	深川元町家主留五郎方同居	銀次郎	土船持		なし
36	〃	清右衛門・友右衛門・徳兵衛	霊岸島川口町佐兵衛店	源次郎	土船持		なし
37	〃	嘉平次	**三十間堀③弥五郎店**	**長兵衛**	**鳶人足**		2f, 3b
38	〃	庄右衛門・儀助	**本所花町勘右衛門店**	**倉吉**	**土船持**		なし
39	〃	太右衛門・幸右衛門・忠兵衛	**本石町①清蔵店**	**㐂右衛門**	**鳶人足＝土方**		3b
40	伊勢町	太平	**本石町①清蔵店**	**㐂右衛門**	**鳶人足＝土方**		なし
			深川蛤町家主不知	清蔵	土船持		
41	〃	庄次郎・良助	**住吉町裏河岸安兵衛店**	**寅右衛門**	**土方＝土渡世**		なし
			下柳原同朋町忠助店	安五郎	土船持		
42	〃	市兵衛・清兵衛	深川万年町③花五郎店	金次郎	土船持		なし

註：『市中取締続類集』地所之部，3ノ4（旧幕），「安政6年版 泰平御江戸町鑑」（『江戸町鑑集成』第5巻，東京堂出版，1990年）より作成．

凡例：表2-1とあわせて重複する名前はゴチックでしめし，□番号は「船取不仕分」をさす．「下請人」は表4を参照．

主らによって個別に請負人への業務依頼が行われた（家屋敷単位）と考えられる。

（ii）鳶人足

請負人の職名は、鳶人足・土方・土船関連（土船持・土船乗・船積世話方など、以下「土船持」と統一して表記）の三つで、その内訳は、鳶人足が約五五・六％（五四人中三〇人）、土船持が約二九・六％（五四人中一六人）、土方が約一四・八％（五四人中八人）である[54]。ここで特筆されるのは、請負人の半数以上が鳶人足であることで、その割合は町単位に限れば六七・七％にまで達する（三一人中二一人）。

表2−1・2から、重複を整理し鳶人足のみを抽出したものが表3である。ここから明らかなのはつぎの点である。

第一に、鳶人足は居町の請負を基本

表3　鳶人足の請負数

町火消組合	居所	名前	備考	町数	家屋敷
1番組い組	本石町①勘次郎店	伊兵衛	人足頭取	4	3
〃　〃	〃　〃	豊次郎		1	0
〃　〃	〃　清蔵店	㐂右衛門		3*	2
〃　〃	〃　市五郎店	源三郎		1*	0
〃　〃	本石町②銀五郎店	勘助		1*	0
〃　〃	本石町③金兵衛店	市五郎		1*	0
〃　〃	本石町十軒店金三郎店	八右衛門		1*	0
〃　〃	本町③利兵衛店	仁兵衛	人足頭取	3*	0
〃　〃	瀬戸物町新兵衛店	谷五郎		2*	2
〃　〃	品川町音吉店	善八	人足頭取	1*	0
〃　〃	〃　六平店	勘七		1	0
〃　よ組	三河町②八郎兵衛店	伊之松	人足頭取	1*	0
2番組ろ組	新右衛門町忠兵衛店	丑右衛門	人足頭取	1	0
〃　も組	三十間堀③弥五郎店	長兵衛	人足頭取	0	2
計				21	9

註：『市中取締続類集』地所ノ部，3ノ4および「安政6年版 泰平御江戸町鑑」（『江戸町鑑集成』第5巻，東京堂出版，1990年）より作成．
凡例：＊は居町をふくむものをしめした．

としつつ、町火消小組の管轄域＝テリトリー内の町々や家屋敷の焼土瓦取片付をひろく請け負っていることである。第二には、請負人となる鳶人足が、いずれも町に雇用される鳶人足（主に鳶頭層）であったと推定されることである。また、複数の請負契約を結ぶ鳶人足の多くが、当該の町火消小組の人足頭取であったこともわかる。第三に、町火消組合の人足頭取が、自己のテリトリー外の町々や町屋敷の取片付をも請け負っていたことも注目されよう。

このうち第一と第二の点は、吉田の指摘する町方における土木・請負工事を独占した人足頭取制下の鳶頭の経営構造を反映したものと理解できる(55)。そして実際の労働業務は、彼らが差配する鳶人足や雇われた日用が従事したのであろう。

（iii）土船持・土方

鳶人足とは対蹠的に、土船持・土方の肩書きをもつ請負人らは類焼域以外の町々に居所をもつ者のみで、かつ家屋敷単位の取片付の六〇・九％（二三人中一四人）を請け負っている（表2－1・2）。彼らは、独自の取引関係（「出入」）をもとに町や家主から焼土取片付を「直請負」していたと考えられる(56)。

土船持は自己の所有する土船をもちいて土木・普請用の土砂の運送や仕入・販売を稼業とした(57)。江戸市中の土船持

（「土船乗・土商之者共」）は、文化九（一八一二）年、日本橋川筋の一部（「江戸橋ゟ豊海橋迄」）の定浚を請け負うことの助成として鑑札があたえられている。この株仲間の前身は、明和七（一七七〇）年に「飯田町汐留ゟ数寄屋橋御門際迄御堀内澪通土浚取」ることを認められた際にすでに形成されていた八組の仲間（「八河岸土船持」）であったと考えられ、その数は文化一二（一八一五）年には一一組一三二人、安政三（一八五六）年には一二組一九〇人がいた。彼らにとって火災後の取片付は、瓦礫の輸送を担えることにくわえ、商品となる資源確保の絶交の機会となったのであろう。

一方、土方とは「黒鍬者」などと呼ばれる土手築造や土地造成といった土工工事を専門とする者で、職能上、普請地形などをふくむ焼土類の取片付なども請け負っていたと考えられる。

安政江戸地震後の賃銀統制の際には、大工や左官などの職人や鳶人足とは別に「土方人足」として独立した項がたてられており[58]、統制の一環として提出された名主五番組の「大工棟梁其外重立候者」のなかには、「土方人足割頭」として桶町二丁目松五郎店定吉の名が見出せる[59]。不明な点が少なくないが、「古来ゟ仲ヶ間有之候ニ付、其家業之組行事世話方江取締方相任セ」とされているように、当時「割頭」などを統率者とする一種の「仲ヶ間」が形成されていた蓋然性は高いように思われる[60]。

(iv)「媒介的位相」としての焼土瓦取片付請負人

右にみてきたように鳶人足・土船持・土方はそれぞれの職分を有し、独自の仲間集団を形成していた。ところで前掲表2の請負人のなかには、「鳶人足＝土方」（本石町一丁目清蔵店㐂右衛門）、「土方＝土渡世」（住吉町裏河岸安兵衛店虎右衛門）といった二つの職分を兼ねる者の存在をわずか二事例ながら見出すことができる。以下この点について、鳶人足・土船持・土方の職分と焼土瓦取片付請負人の性格から検討しておきたい。

まず鳶人足と土方（人足）について考えてみよう。それぞれ独自の技能や諸道具などを備えていたと思われるが、安政江戸地震後の安政三（一八五六）年四月の「諸職人手間賃銀」の達書にはつぎのように定められている。

［史料7］[61]

（前略）

一、鳶人足壱人　　賃銭三百四拾八文

　　　　土手鳶人足壱人　　道具代四拾八文

　　　　平人足壱人　　右同断

　　　　土方人足　　銭三百文

一、川並鳶壱人　　同四百文

　　同早出居残之節は　　銀三匁壱分

　　　　　　　　　　同六匁弐分

（後略）

ここで注目すべきは、「鳶人足」の条目のなかに、「土手鳶人足」と「平人足」とならんで、「土方人足」が一括して記載されていることである。このうち土手鳶人足は「町火消組合人足」ではなく、「土手組」と称する独自の共同組織を有する鳶集団であった。しかし、彼らの手間賃統制にあたっては「いろは組限りニ頭取取締致」すべきと申し渡されており、「土手組」は人足頭取制のもとに従属する位置にあったと推定される。[62]また平人足とは、鳶人足＝鳶頭・人足頭取層に直属ないし雇用される「道具」を持たない鳶や日用のことをさすと考えられ、やはり人足頭取制のもとに掌握されていたと考えられる。

以上から、土方人足もまた鳶人足の派生的形態のひとつとみなされていたことは明らかで、基本的には人足頭取のもとに把握されていたと推定される。つまり、鳶人足と土方人足とは、その労働の質としては近似的な存在であったといえる。しかし、土方人足の賃銭が鳶人足のそれより高額とされている点は特筆に値しよう。震災後という特殊な状況下ではあるものの、この点は土方人足が、鳶人足とは異なる特殊技能を備える職人的地位にあったことを傍証的にしめしている。

ところで『日本土木建設業史』によれば、一九世紀以降台場造成などの需要拡大にあわせて、土木工事全般を専門に請け負う「土木請負業者」が成長するとされている[63]。さらに岩淵の分析した土工請負人平野弥十郎の事例を参照項とすれば、焼土瓦取片付請負人としてあらわれる「土方」とは、土方人足＝工事従事者の単なる上層ではなく、彼らを統轄し斡旋する請負商人であったと推定しうる[64]。これをふまえ仮説的に述べれば、大規模な土地造成事業の需要が増していた近世後期にかけて、町火消組合＝鳶集団とは位相を異にする、土木専門の労働力＝土方人足を掌握・斡旋する請負商人＝日用頭（「土方人足割頭」）による土方人足集団の統括の傾向もみられたのではないだろうか。

これに対し、土船持は土船を所有し土砂を仕入・販売する商人であり、文化年間に株仲間化をとげていたという点において、鳶人足や土方とは異質な集団といえる。ただし、彼らの重要な仕事のひとつは、市中の堀川で実施される大・小規模の浚渫事業（「川浚」）の請負であったと考えられる。そして、右の労働に従事した、土船持に抱えられる、あるいは臨時に雇用される土船乗や浚人足などは、鳶人足や土方人足をふくむ広い意味での日用層であったと推定される。

焼土瓦取片付請負人として見出せた鳶人足・土船持・土方は、固有の職分をもとに結集する仲間集団であったが、彼らが差配・雇用し、業務の実働を担ったのは、本質的には日用層の範疇に括られる代替・互換可能な市中に流動する労働力販売者層であったといえるだろう。このような観点からみれば、三者はいずれも人足請負商人として近似的な存在、つまり吉田が定位した都市下層社会を統轄・編成する日用頭＝「媒介的位相」にほかならない[65]。

以上の鳶人足・土船持・土方らの請負商人＝日用頭的な類似した性格を了解しつつも、彼らのなかで町方における土木・普請工事受注の中枢を握っていたのは、鳶人足（鳶頭・人足頭取）であったと筆者は考える。次項では右の仮説

表4　焼土瓦取片付下請人

#	居　所	名前	職分	町	家屋敷
1a	西久保新下谷町卯右衛門店	三吉	土方	3	1
1b	**芝田町③伊三郎店源次郎方同居**	**半兵衛**	**土方**	2	0
1c	深川伊勢崎町忠兵衛店	源太郎	土方	1	0
1d	住吉町裏河岸安兵衛店	虎吉	土方	1	0
1e	深川海辺大工町嘉助店	栄次郎	土方	1	0
1f	上槙町松兵衛店	清次郎	土方	1	0
1g=2a	武州葛飾郡平井新田吉右衛門店	弥助	土方・船持	1	0
2b	浅草御蔵前片町代地忠兵衛店	亀五郎	土船持	5	1
2c	**幸町次郎八店**	**伊之助**	**土船持**	2	0
2d	本湊町忠兵衛店	新太郎	土船持	2	0
2e	深川上大坂町家主不知	新右衛門	土船持	1	0
2f	**本所花町勘右衛門店**	**倉吉**	**土船持**	1	2
3a	橋本町③家主	勘七	車力	8	1
3b	檜物町清兵衛（蔵?）店	清次郎	車力	4	3
3c	橋本町①佐七店	栄次郎	車持	2	0
3d	亀井町弁八店	万吉	車力	1	0
3e	難波町又右衛門店	要助	車持	1	0

註：『市中取締続類集』地所ノ部，3ノ4（旧幕）より作成．
凡例：請負人との関係は表2を参照．ゴチックは請負人（表2）としても名前がみられるもの．

を焼土瓦取片付の請負―下請構造から検討してみたい。

鳶人足の請負構造

さきに紹介した「焼土瓦取片付請負人名前」には請負人に紐つけられるかたちで「下請人」の名前が記されている。表4は、彼らの情報を職能ごとに整理したもので、前掲表2には請負人との関係をみるため右項に下請人（表4の記番号）を別記してある。これらからまずつぎの点が指摘できる。

① 下請人の職分は、〈1〉土方、〈2〉土船持、〈3〉車力・車持の三つである。

② 下請人が設けられているのは家屋敷単位よりも町単位のものに多く、本小田原町一丁目（表2−1の5）と本船町（表2−1の6）を除くすべての請負人が鳶人足である。

まず②から、下請をとる請負形態が鳶人足に特有なものであったことが明らかである。そして、下請人としては鳶人足の名を見出すことはできず、その逆に請負人としてもあらわれる土方や土船持は下請人ともされていることから

(①)、町方における焼土瓦取片付が、あくまでも町々抱鳶(鳶頭)や周辺の町火消組合の人足頭取らに委託されることが主流であったと理解してよいだろう。つまり、町々との得意関係を所有する鳶頭・人足頭取層が、町中との直接の請負人となり、彼らが媒介(「手続(てつぎ)」)することで焼土瓦の運搬や輸送などの取片付作業の一部を下請けしたのが土方・土船持・車力らであった。

このように考えるとすれば、町単位の請負人(表2－1)としてあらわれる土方や土船持もまた、実際には「町々抱頭」の口利きを通して町に雇用される存在であったとみるべきであって、こうした焼土瓦取捨業者の雇用のあり方が、先述した町奉行所へ上申した際の市中取締懸名主の前提にあったといえよう。すなわち、土船持や土方は、個別の家主や表店商人らとの独自の出入関係に根ざすことではじめて、町内の焼土瓦取片付の請負(「直請負」)が可能になったと考えられる。

つぎに、下請人についても少しくみておこう。下請人のほとんどは類焼町々以外の市中に居所をもつ者であり、彼らも請負人同様、土船乗や土方人足、仕手方車力を抱える頭や親方層ないしは人足請負商人であったと考えられる。[66]請負—下請関係から指摘できるのは次の三点である。

第一に、下請人は、鳶人足を請負人として土方・土船持・車力の異職種の組み合わせから成ることである。この点は、瓦礫の撤去、町屋敷の地形、陸上・水上での輸送などの焼土瓦取片付作業の分業関係に対応するものと思われる(以下、〈 〉内数字は表4を参照)。

第二に、鳶人足＝鳶頭・人足頭取がもつ固有の下請関係の存在である。たとえば、西久保新下谷町卯右衛門店の土方・三吉〈1a〉は、下請四件(三ヶ町・一家屋敷)すべてを本石町一丁目勘次郎店の鳶人足・伊兵衛から請け負っており、浅草御蔵前片町代地忠兵衛店の土船持・亀五郎〈2b〉も、六件中(五ヶ町・一家屋敷)四件を同じく本石町一丁目勘次郎店の鳶人足・伊兵衛から下請けしている。また、檜物町清兵衛店の車力・清次郎〈3b〉は、計七件(四ヶ町・

三家屋敷）の下請けのうち四件を本石町一丁目清蔵店の鳶人足・㐂右衛門から、うち二件を三十間堀三丁目弥五郎店の鳶人足・長兵衛から下請けしている。

第三に、第二の点を下請人の側からみたとき、彼らが固有の地域的な営業場をもっていたことがうかがえ、これは請負人としては登場しない車力から特徴的に見出せる。

車力・勘七〈3a〉は橋本町三丁目の家主で、九件（八ヶ町、一家屋敷）もの下請けをしている。下請先となる町々――本町三丁目、同裏河岸、室町二丁目、本石町二・三丁目、本石町十軒店、岩附町、本両替町――からは、日本橋北を中核的なテリトリーとして諸荷物の運搬を諸商職人から請け負っていたことがうかがえる。また車力・清次郎〈3b〉は、日本橋南の御堀端に位置する檜物町に居所をもつ。下請先は日本橋川筋と御堀端に近接する町や家主＝家屋敷が中心となっている。右からは古町地域の周縁部の河岸近辺に店を構え、中心部における諸商職人との「出入」関係をもとに稼業を営む車力の存在が推定されよう。

焼土瓦取片付にみられる請負―下請関係からは、土木・請負工事を地域的に独占した鳶頭・人足頭取の存在が明らかで、彼らを中軸として、鳶人足、土船持、土方、車力らが焼土瓦取捨業務を請け負っていたのである。また、江戸において火事が日常的に起こっていたことをふまえれば、こうした町方における鳶人足を中心とする初動的な復興活動が、町空間の存続をささえる基底的な労働たりえたことは間違いない。

むすびにかえて

前述したように安政二（一八五五）年一〇月二日夜一〇時ころ、江戸を大地震が襲った。神田多町二丁目火事からの復興の直後であった日本橋北地域（名主一番組）での火災被害はなかったが、名主の報告によれば潰家一三三軒、潰土蔵二三ヶ所であったという[67]。他の番組とくらべてみても倒壊数はとくべつに多いわけではなかったが、家屋や土蔵への被害は少なくなかったと思われる。

同年一〇月一八日、世話懸・市中取締懸名主はつぎのような申渡を火消組の惣人足頭取に伝えた。

［史料8］[68]

此度地震出火ニ付而は、鳶人足其外賃銀引上申間敷旨、追々触申渡置趣も有之候処、町々身元相応之もの、家蔵修復焼土片付等致候節、其町内抱人足之外、他町住居之鳶人足相雇候得は、渡りと名付、雇主ゟ金銭ねたり取、又は賃銭も高直ニ候上、雇人数も不足ニ差出、賃銭は雇人数高ニ而、右を拒候得は、難題申掛、及不法候者も有之、且壱番組弐番組町々は地位宜敷家蔵建込候故、別而之儀、惣組合共其町内抱之者ニ限請負申付候而は、修復其外手後レ相成候ニ付、無余儀過当之増賃等差遣候哉ニ而、右躰諸人迷惑致候をも不顧、却而人足共引足兼候を見込、銘々我侭之働方致、壱人ニ而諸方掛持、一日雇入候人足之内、半ハニ而立戻、一日分是賃銀受取、品々為手支候由相聞、以之外不届之事ニ候、既ニ召捕、当時吟味中之者も有之、此上心得違致、他場所ゟ入込候を差障、或は過当之賃銀受取候もの於有之は、厳重ニ可申付候間其旨厚相心得、其方共下方之者へ情々可申聞置候

（後略）

ここでは、諸職人手間賃の統制令が出るなか、鳶人足に対する警告と取締強化が人足頭取らに申し付けられている。［史料8］からうかがえる当時の状況はつぎのようであった。

・震災後の町方における初期的な復興工事（「家蔵修復焼土片付」）は「其町内抱人足」＝鳶人足が請け負っていた。このうち「他町住居之鳶人足」（「渡り」）を雇い入れた場合、これを理由に「雇主」である「町々身元相応之もの」から金銭をねだったり、手間賃を高く請求するものもいたようである。また賃銀を通常よりも高く設定した

にもかかわらず、「雇人数高」通りの人足を差し向けないことや、支払いを拒んだ場合には難題を吹きかけ、不法におよぶものもいた。

・とりわけ一番組（日本橋北）、二番組（内神田、浜町、両国辺）のような「地位宜敷」場所では、町家や土蔵などが密集しており「其町内抱」の鳶人足に限って修復工事を請け負わせては手遅れとなるため、仕方なく右のような「過当之増賃」を支払っていた。

・こうした町住民らの迷惑を顧みず、そもそも人足数が足りていない状況をよいことに鳶人足は「我侭」に働いており、一人で複数の請負工事を引き受け（「壱人ニ而諸方掛持」）、「一日雇」にもかかわらず半日で帰ったうえで一日分相当の賃銀を受け取っている不届者もいた。当時、身柄を召し捕らえられ吟味中の鳶人足もいたようである。

ここには、居町や火消組内の土木・請負工事を請け負っている既得権益を梃子に、地震を奇貨として町方における震災特需＝「家蔵修復焼土片付」に吸着する数多の鳶人足らのすがたがあらわれている。

また、神田多町二丁目火事後と同様、「土蔵家作之崩土瓦」や「焼土瓦」が大川澪筋をはじめ市中内の川内に不法に取り捨てられる状況が多発していたようである(69)。安政三（一八五六）年正月、町奉行所は市中取締懸を通じて町火消物組合の人足頭取惣代に対し、震災後の町方における取片付作業を鳶人足から下請けする土方土船共をはじめ、「家主・地借・店借」から「直請負」する「在方土船出稼土船幷土方人足」にいたるまでを徹底して把握することを誓約させている(70)。このことはやはり町抱の鳶＝鳶頭や人足頭取といった鳶人足集団の上層が、居町や火消組内の土木・普請工事を独占的に掌握した請負業者であったことをしめしている。

以上にみてきたように鳶人足にとって都市火災とは、「町火消」という勇敢なる自己表象の場であるとともに、鳶職としての需要を生み出す源泉にもなりえていたとみることができる。町火消の概念を離れた鳶人足本来の職能が、新規の建設行為のなかで発揮されたことはもちろんである。他方、火災後の復旧や町内で不断に行われた町家・土蔵の修復、道造・下水浚などの町空間を物理的に存続させるために不可欠であった多様な維持＝再生産労働の根幹を担っていた点にこそ彼らの職分の本質を見出せるのではないだろうか。

註

（1）吉田伸之「日本近世都市下層社会の存立構造」（『歴史学研究』増刊五三四、一九八四年。のち同『近世都市社会の身分構造』東京大学出版会、一九九八年に所収）。

（2）吉田伸之『伝統都市・江戸』「第Ⅰ部　城下町論」（東京大学出版会、二〇一二年）を参照。

（3）岩淵令治「江戸武家地の土地造成――土木をめぐる社会史にむけて」（『江戸遺跡研究会第二二回大会報告集　江戸をつくった土木技術』江戸遺跡研究会、二〇〇九年）、同「藩邸」（『伝統都市3　インフラ』東京大学出版会、二〇一〇年）など。

（4）建築生産史・生産組織史研究については、中川武「技術と工匠(1)生産組織」（『建築史学』四、一九八五年）などを参照。

（5）江戸における多様な普請工事従事者について論じたものとして藤尾直史の一連の研究（同「巨大都市江戸の建設業者に関する基礎研究1―20」『日本建築学会支部研究報告集』二〇〇一―〇三年など）があるが、翻刻史料を列記し事実を指摘する散逸的な考察にとどまるものがほとんどで、残念ながら構造化された著者なりの立論はみられない。

（6）『書留』九、北人足改、第二件（旧幕府引継書、国立国会図書館蔵、以下「旧幕」と略す）。

（7）池上彰彦「江戸火消制度の成立と展開」（西山松之助編『江戸町人の研究』第五巻、吉川弘文館、一九七八年）。

（8）鮎川克平「江戸町方火消人足の研究――店人足と鳶人足の実態」（『論集きんせい』三、一九七九年）。

（9）吉田伸之「江戸日用座と日用＝身分」（尾藤正英先生還暦記念会編『日本近世史論叢』上巻、吉川弘文館、一九八四年）、同「日本近世都市下層社会の存立構造」（『歴史学研究』増刊五三四、一九八四年）、同「近世における身分意識と職分観念」（『日本の社会史』七巻、岩波書店、一九八七年）。いずれものち同『近世都市社会の身分構造』（東京大学出版会、一九九八年）に所収、同「江戸町火消と若者仲間」（『浮世絵を読む6　国芳』朝日新聞社、一九九七年。のち同『身分的周縁と社会＝文化構造』部落問題研究所、二〇〇三年に所収）。

(10) 市川寛明「江戸における消防組織の存在形態と結合原理」(『関東近世史研究』五七、二〇〇四年)。
(11) 前掲註(9)吉田「近世における身分意識と職分観念」。
(12) 『東京市史稿』市街篇、第五十二巻、八六七頁。
(13) 同右、第五十一巻、六〇七―六一〇頁。明治期以降の町火消(組合)の動向については、鈴木淳『町火消たちの近代』(吉川弘文館、一九九九年)を参照。
(14) 前掲註(9)吉田「近世における身分意識と職分観念」。
(15) 伊藤ていじ監修『清水組諸職人差出帳』(清水建設広報室、一九七八年)九―一八頁(翻刻版)・八二―八六頁(写影版)。
(16) 同右、一〇頁(翻刻版)・八二頁(写影版)。
(17) 同右、一二―一三頁(翻刻版)・八三頁(写影版)。
(18) 中村達太郎著、太田博太郎・稲垣栄三編『日本建築辞彙〔新訂〕』(中央公論美術出版、二〇一一年)、四八二頁。
(19) 省略した一条目には「丸の内御造営新築当時の地形、三重やぐらの上にて、各区鳶頭衆が七・八十貫位いの大眞棒にて、木遣音頭にて突固め」を行ったとある(前掲註(15)『清水組諸職人差出帳』一〇頁〔翻刻版〕・八二頁〔写影版〕)。
(20) 以下、特記しない限り、『藤岡屋日記』第六巻(三一書房、一九八九年)、三七九―三八〇頁を参照。
(21) 『江戸町触集成』第十六巻(塙書房)、一五五〇九号。
(22) 同右、一五五一六号。
(23) 同右、一五五六四号。
(24) 藤田覚『幕末から維新へ』(岩波書店、二〇一五年)などを参照。
(25) 『江戸町触集成』第十六巻、一五四一六・一五四一九・一五四二一号。
(26) 同右、一五四二六・一五四二七・一五四二八・一五四三一号。
(27) 同右、一五四三三号。
(28) 同右、一五四三五・一五四三六・一五四三七・一五四三八号。
(29) 同右、一五七二六号。安政江戸地震については、北原糸子『安政大地震と民衆――地震の社会史』(三一書房、一九八三年。のち同『地震の社会史――安政大地震と民衆』講談社学術文庫、二〇〇〇年)に詳しい。
(30) 同右、一五六一八号。

(31) 同右、一五六二二号。
(32) 同右、一五二三三・一五二三五・一五二四〇・一五二四一号など。
(33) 前掲註(20)『藤岡屋日記』第六巻、三七九頁。
(34) 前掲註(7)池上「江戸火消制度の成立と展開」、前掲註(9)吉田「近世における身分意識と職分観念」、同「江戸町火消と若者仲間」など。
(35) 前掲註(20)『藤岡屋日記』第六巻、三八〇頁。
(36) 「消し口」『日本国語大辞典』。
(37) 前掲註(7)池上「江戸火消制度の成立と展開」で引用される『御触書寛保集成』(八二四頁)によれば、火元の風下の町では、当組内の町火消＝鳶人足らに飛火に備えるため各自の町を防がせ、かわりに風上・風脇にあたる大組内の町々の町火消＝鳶人足らが火元に集まって消火に努めるよう命じている。
(38) 前掲註(7)池上「江戸火消制度の成立と展開」および岩淵令治「江戸消防体制の構造」(『関東近世史研究』五七、二〇〇四年)。
(39) 町方鳶と臥煙の共通性と異質性については、前掲註(10)市川「江戸における消防組織の存在形態と結合原理」を参照。
(40) 吉田伸之「城下町の構造と展開」(『新体系日本史6　都市社会史』山川出版社、二〇〇一年。のち同『伝統都市・江戸』東京大学出版会、二〇一二年所収)。
(41) 前掲註(38)岩淵「江戸消防体制の構造」。
(42) 町中に課された初期消火の体制については、前掲註(8)鮎川「江戸町方火消人足の研究」および前掲註(9)吉田「近世における身分意識と職分観念」に詳しい。
(43) 前掲註(20)『藤岡屋日記』第六巻、三八〇頁。
(44) 前掲註(9)吉田「江戸町火消と若者仲間」。
(45) 『市中取締続類集』地所ノ部、三ノ四(旧幕)。
(46) 伊藤好一『江戸の夢の島』(吉川弘文館、一九八二年)、坂詰智美『江戸城下町における「水」支配』(専修大学出版局、一九九九年)。
(47) 前掲註(45)史料。

(48)『江戸町触集成』第十六巻、一五六四三号。
(49) 前掲註(45)史料。
(50) 同右。
(51) 同右。
(52) ただし、安政二年一一月六日の市中取締掛名主から町中・人足頭取・土船持への申渡中に、「一同（焼土瓦取片付請負人――引用者註）申合浚取、越中島後ロ芥捨場江運送いたし取捨度旨相願、当時片付中之処」と述べられており、すぐには「浚取」作業が実行されてはいなかったようである（前掲註(45)史料）。
(53) 前掲註(45)史料。
(54) ここでは、本石町一丁目清蔵店㐂右衛門は「鳶人足」、住吉町裏河岸安兵衛店寅右衛門は「土方」として算出した。この併存する職分については後述する。
(55) 前掲註(9)吉田「近世における身分意識と職分観念」。
(56) 前掲註(45)史料。
(57) 以下、江戸市中の土船持とその仲間については、吉田伸之「「御堀端」と揚場」（『別冊都市史研究　パリと江戸』山川出版社、二〇〇九年）を参照。
(58)『江戸町触集成』第十七巻、一五八四四号。
(59) 同右、一五八一一号。この点については、すでに岩淵令治が指摘している（前掲註(3)岩淵「江戸武家地の土地造成」）。
(60) 同右、一五八四四号。
(61) 同右、一五八四一号。
(62) 同右、一五八二一号。「土手組」については吉田伸之も同様の見解を述べている（前掲註(9)吉田「近世における身分意識と職分観念」）。
(63) 土木工業協会・電力建設業協会『日本土木建設業史』（技報堂、一九七一年）。
(64) 前掲註(3)岩淵「藩邸」。
(65) 前掲註(1)吉田「日本近世都市下層社会の存立構造」。
(66) 親方（車力＝車屋）に抱えられる「仕手方車力」（大八車を牽引する労働者）については、吉田伸之『都市――江戸に生きる』「第五章　舟運と薪――江戸の物流インフラと燃料」（岩波新書、二〇一五年）を参照。

（67）『江戸町触集成』第十六巻、一五七〇一号。

（68）同右、一五七三一号。

（69）前掲註（45）史料。

（70）同右。

終章　江戸町人地の空間構造、その史的段階

本書では、近世中後期における江戸町人地を主要な舞台に、個別の課題設定のもと、道・堀川の維持と存続のありようをめぐって分析をすすめてきた。最後に、本書では扱えなかった事柄も補足しながら、各章で得られた知見を通時的に整理し、今後の課題や展望をまじえながら一八世紀半ばから一九世紀にかけての江戸町人地の空間構造の史的展開の見通しを仮説的に述べることでむすびとしたい。

一　町屋敷構造の再生産の起点——一八世紀前半

城下町江戸の空間構造を〈変化の相〉からみたとき、メルクマールといえるのは、一七世紀半ばの明暦大火（明暦三［一六五七］年）とその後の都市改造、つづく一八世紀前半の享保期（一七一六—三六年）までにみられた様々な都市政策の実施であろう。この間の江戸は、成立期の「惣構」を遥かに越えて、武家屋敷、寺社・寺町をつぎつぎと郭外に移転させ、内陸部の湿地や江戸内海を埋め立てることで「大江戸」と称されるメガロポリスへと成長をとげた。その前提となった江戸周縁部における町場の形成は、明暦大火以前の一七世紀前半にまで遡るものと考えられるが[1]、芝・三田・飯倉、下谷・浅草の街道筋（寛文二［一六六二］年一一月）、本所・深川および山の手の町場（正徳三［一七一三］年五月）、寺社門前地および境内町屋（延享二［一七四五］年一二月）が、「町並地」として町奉行支配下へと編入される過程

は、江戸の空間的拡大を追認する町人地の再編プロセスであった。このとき江戸町の総数は一六七八町にまで膨らみ、幕末までその数は平行線をたどる。つまり、町方の肥大化――町方支配場という意味ではあるが――はこの時点で一応の収束をみせたといえるだろう。

こうした町人地の空間構造の展開についてはいく度も語られてきたが、あらためて注目してみたいのは、玉井哲雄が研究の基礎史料とした「沽券絵図」（または「沽券図」）の成立についてである。[2] 玉井は、町方での沽券絵図の作成が、町屋敷を基礎とする町方支配政策の確立過程とパラレルな関係にあったこと、すなわち、元禄期（一六八八―一七〇四年）の絵図（「元禄間数絵図」）をその端緒とみなし、右でみた町人地の再編過程に連動するかたちで「宝永・正徳沽券図」（一七一〇―一一年）、「寛保・延享沽券図」（一七四三―四四年）が作成されたと推定し、以後は「寛保・延享沽券図」が町方支配の基本図となったとしている。つまり当該期には、沽券絵図によって掌握可能なかたちで町・町屋敷を単位空間とする町人地の構造が確立していたのである。いいかえれば、以降はこうした町屋敷構造が再生産される段階にはいったと捉えることができよう。

こうした玉井の先駆的業績はいまなおその有効性を失っていないが、ここではつぎの二点を指摘してみたい。

ひとつは、沽券絵図の作成実態についてである。沽券絵図は町名主の支配領域ごとに断片的に作成されたもので、限られた地域のものしか現存していない。すなわち、町人地全体を覆うように作成されたものかどうかはいまだ判然としない。[3] また玉井は、時系列的関係から町方支配場拡大の直前に沽券絵図の作成が町中に命じられたことを指摘するのみで、その後、支配に組み入れられた町々によって沽券絵図が作成・提出されたのかどうかについては詳らかにされていない。こうした、沽券絵図の作成経緯や、近世中後期における作成動向についての検証は、今後も重要な課題といえる。[4]

いまひとつは、沽券絵図に込められた意図あるいは描かれた内容の意味についてである。この点の精確な読み取りは、一八世紀後半以降の町人地の空間構造の理解を深めるためにも不可欠と考える。沽券絵図の主題が、町・町屋敷に課された「公役（又は国役）」「町入用賦課基準としての間口間数」「町屋敷支配者としての家守名」「町屋敷公示価格を示す沽券金高」にあり、これらの把握を目的として絵図作成が命じられたとする玉井の見解[5]は筆者も首肯するところである。

しかし、これを逆にみれば――これまであまり強調されてこなかったが――、町屋敷以外の土地、つまり町内の道や下水、町に面する堀川などは、沽券絵図作成にとってあくまでも副次的要素でしかなかったとみるべきではないか。もちろん河岸地や庇地、下水などが町屋敷と密接不可分な関係にあったことは間違いないし、沽券絵図が町人地の空間支配のために重要な役割を果たしたことも想像に難くない。しかし、こうした公儀地に属する諸要素については詳細な描写もみられる一方で、必ずしも統一された形式で描かれていないことは看過できないように思われる。また、沽券絵図を〝地図〟としてみたとき、その描写に幾何的な歪みが大きいことは明らかであって、ここに、都市空間を構成する土地片の形態と土地所有関係を漏らさず明記し、測量にもとづいて描かれる明治期以降の地籍図との決定的な差がある。

すなわち、沽券絵図の作成は、あくまでも町屋敷＝沽券地についての情報の掌握こそが肝要であって、町人地内の公儀地（道や堀川）の把握あるいは測量的な町方空間の統括を目指したものとはいい難いのである。しかし、沽券絵図の成立にみられる都市内の土地把握の一段階としての町人地空間の〝地図化〟の意味するところは重要であろう。つまり、今後問われるべきは、「寛保・延享沽券図」の成立以後、幕府側が沽券絵図にもとめた空間支配あるいは統制・管理上の役割の史的変容ではないだろうか。この点については次節で再度触れたい。

沽券絵図の成立とならんで、町方支配場再編の最終段階（寛保・延享期［一七四一―四八年］）において注目してみたいのは、第3章でみた町人地内の道空間の管理にかかわる一連の動きである。簡潔にいえば、この間、町奉行によって町内の「往還ニ相拘リ候儀」の統制が試みられていた。というのも，町方支配に編入された後も，江戸周縁部に展開する町並地は，年貢については代官支配とされ[6]，道や下水の機能維持に関しても従前のとおり道奉行によって管理される状況がつづいていた。つまり，当該期の町奉行による管理強化の動きは，支配権力が重層する地域＝町並地において，古町のような一元的な統治を目指すものであったと理解できるだろう。

結果として，当時の認可のあり方そのものの再編は実現されなかったが（「道筋之儀ニ付，町奉行・道奉行取計之儀は，前々之通双方申談可被取計候」），ここで指摘すべき重要な変化は，町内の道空間における「新規」の施設建設だけではなく，「有来候」ものの建替や修繕・修復についても幕府役所（町奉行あるいは道奉行）に対する申請――場合によっては幕府役人による見分――が町人らに義務づけられたことにある。すなわち，従来放任されていた町人らの手による路上での雑多な建設活動＝道空間の維持行為が，町奉行によって都市行政的に把握されることになったのである。ここには，沽券絵図にもとづく「町屋敷」の掌握とは異なる位相での「道敷」の統制という町方支配政策の端緒を見出せるのではないだろうか。

これに対し，江戸市中の堀川については幕府側の明確な動向を見出すことはできていない。ただし，第5章でみたように，享保一八（一七三三）年に実施された「享保御救浚」を境に，幕府が計画する浚渫事業（「公儀浚」）の対象となる堀川が限定された。これを除く市中の堀川のほとんどが自分浚の場所として位置づけられたことは，消極的ではあれ，管理体制のひとつの転機とみなすことができるだろう。

この点について補足を試みれば，享保二〇（一七三五）年に町奉行と普請奉行とで「所々御堀浚」の実施計画がすすめられていたことが注目される[7]。そもそも江戸城の基盤となる内・外堀については，近世を通じて普請奉行が定期的に監査・管理し，修繕を行っていた[8]。このときは，飯田町下御堀・日比谷御堀・赤坂溜池・弁慶堀・神田川＝江戸川といった外堀を対象に，「常浚役地」から得られる地代金を維持管理費に割り当てる仕組み＝「常浚」の請負体制の構築が企図された。ただし、資金繰りのめどが立たず、神田川＝江戸川を除いてはうまく機能しなかったようである。

一方、これらの前提として理解しておきたいのは、一七世紀後半から一八世紀初頭にかけての江戸の都市拡大にともなう市中堀川の質的な変化である。第5章で推定したように、日本橋南地区の船入堀の埋立や海岸線の屋敷開発にともなう水環境の変化によって、一八世紀初頭までに市中の堀川の一部では、川床への土砂堆積が徐々にではあれ顕在化しはじめていたと考えられる。さきにみた享保期における公儀浚の限定や外堀の常浚体制の計画は、都市機能の維持を幕府財政の運用のなかにどのように組み込んでゆくかということを本質的な課題とするものであったと考えられるが、そこには少なからず当該期における堀川の質的状態も背景に潜んでいたのではないだろうか。

ただし以後、幕府ないし町奉行が、堀川の維持管理を町人らに義務づける法令やその実施を命ずるような政策がまったくといっていいほど見出せないことは看過できまい。第5章で明らかにした江戸市中における堀川の長期的な実態をふまえれば、維持管理に関するほとんどは町々の責任とされ（「自分浚」）、その存続に関して幕府側はあまりにも無頓着であったように思われるのである。

二　町人地の空間構造の変曲点——一八世紀後半

城下町江戸の都市改造がみられた明暦の大火から享保期までに比して、以降の町人地の空間構造については、建築史分野ではほとんど語られてこなかった。いいかえれば、一八世紀後半以降の町方の空間的展開については、新道の敷設や明地・代地の設定、会所地の宅地開発などの町・町屋敷内部あるいは都市内地域における個別的で断片的な変容に光があてられるのみで、町人地全体の空間構造を視野にいれるような論点の提示はみとめられない。

他方、近世史研究において一八世紀後半は、藩政改革や飢饉、都市・農村騒擾を題材に近世社会の基礎構造の転換期として古くから争点とされ、つづく一八世紀末における寛政改革（一七八七―九三年）は、幕藩制解体の起点としても位置づけられてきた[9]。では、建築史あるいは空間史の立場からは、当該期の江戸町人地の空間構造をどのように評価できるだろうか。本書の考察をもとに筆者が仮説的に焦点をあててみたいのは、道・堀川をめぐる明和期（一七六四―七二年）の動向である。

まず注目されるのは、明和五（一七六八）年九月の道奉行の廃止である（第3章）。このとき実行にうつされた普請奉行への「道方之儀」（道と下水）・「上水方之儀」の一括移管は、江戸市中全体のインフラ・ストラクチャー管理の一元化を目論む大きな変革を意味していた。町奉行の側からみれば、これは町人地の統治に直結する死活問題であって、ゆえに管轄域の変更を鞏固に否定したのである。このときの町方（町奉行・町年寄・名主）の主張を支える論理は、「道敷」（町内の道・河岸地・広小路・橋）が「町屋敷」に付随するもので、「町」の存立にとって不可欠な空間的な構成要素であること、町人地にふくまれる道空間の実質的な維持管理が町人身分の者によって担われていることの二つであった。

結果的に、町奉行の権限が遵守され、城下町の編成原理＝町人地という即自的な社会＝空間構造が保持されることとなった。これを空間史的にみれば、町方中枢の古町と周縁部に遍在する町並地が、道空間の維持管理構造のもとに、ひとつの領域としてふたたび規定されたと捉えることができるだろう。

ただし、寛保・延享期の「往還ニ相拘リ候儀」の把握、そして明和期の道奉行廃止後の動向は、市中内の道空間の統治にかかわる支配関係の整序でしかなく、これらは管理体制そのものを変革させる契機とはならなかった。すなわち、道空間にかかわる許認可のあり方は、それ以前とほとんど変わらないまま町奉行と普請奉行（かつては道奉行）の管理が併存する状態にあった。認可システムとしての一応の確立がみられるのは一八世紀末の寛政改革を俟たねばならない（第3章）。

表1　明和3(1766)年の「道悪敷場所」

名主番組	町
3番組	浅草平右衛門町・神田久右衛門町・神田八名川町・餌鳥屋鋪・福井町・猿屋町・福富町・元鳥越町・陸尺屋鋪・聖天町・新鳥越町・浅草高原屋鋪・浅草三島西蔵院門前・浅草田原町
4番組	呉服町河岸通
4·5番組	上槇町河岸蔵地前ゟ御油屋拝借地前・南槇町河岸蔵地前通・南鍛冶町
5番組	狩野探林屋鋪河岸通・木挽町二丁目・木挽町横町
6番組	元数寄屋町・芝三島町
8番組	芝口一丁目裏通り・芝湊町同新網町両側境内・浜松町四丁目東側表通り新網町境之通・芝口一丁目西側二葉町境之河岸通り兼房町・桜田備前町西側・桜田富山町北新門前町・桜田伏見町・二葉町・芝口鍛冶町南側・芝口二丁目西側
9番組	芝寿命院境上り屋鋪・芝善右衛門町・芝御掃除屋鋪・芝和泉町・芝善長寺門前・芝順了寺門前・神谷町横町・麻布十番永坂町・麻布狸穴町・麻布新町・天徳寺門前町広小路・麻布十番馬喰町・麻布十番飯倉森町境・麻布十番永坂町下横町・麻布十番いい倉町一丁目ゟ五丁目・的場屋鋪・麻布十番六本木町・飯倉片町・新網町通り
10番組	麻布桜田町・麻布市兵衛町・白銀台町・麻布今井三谷町・麻布一丁目神田松永町・麻布龍土下町
11番組	湯島三四丁目・湯島聖堂後通・佐久間町四丁目裏町・元柳原六丁目・神田竹町・下谷長者町・下谷同朋町・神田花房町・池端七軒町・本郷六丁目・下谷山崎町・下谷三町目・下谷龍泉寺町・下谷三念寺門前・関口駒井町・湯島切通し町・小石川下富坂町・根津宮永町・根津伝通院裏門前町
14番組	駒込片町・駒込九軒屋鋪・駒込楊町・駒込橋戸町
15番組	牛込水道町・牛込馬場先片町・小日向松ヶ枝町・小日向古川町辺・赤坂一ツ木町・赤坂田町通り・元鮫ヶ橋町・赤坂谷町
19番組	渋谷長谷寺門前町・芝二本榎木承教寺門前町・芝和泉岳寺門前町・芝広岳寺門前町・芝相福寺門前町・芝中道寺門前町・三田随応寺門前町・下目黒町・中目黒町・長遠院門前・宗教徳寺門前町・遍立寺門前・龍光寺門前・善照寺門前・正定寺門前・幡随院門前・星源寺門前・光感寺門前・燈明寺門前・大円寺上ヶ地・源空寺門前・西福寺門前
20番組	浅草東漸寺門前・浅草阿部川町・浅草誓願寺門前・浅草浄念寺門前・浅草日輪寺門前・浅草東光寺門前・浅草専光寺門前・浅草万福寺門前・浅草本法寺門前

註：『江戸町触集成』第6巻，7950号．

こうした幕府側の動向に対し、実態としての道空間の維持管理はどのような状況にあったのだろうか。道奉行廃止の二年前にあたる明和三(一七六六)年一〇月二六日、町人地における「道悪敷場所」の取調が町年寄から年番名主に対し命じられた[10]。詳しくは未検討だが、おそらくこれも道方支配の管轄移管にかかわる町奉行所による調査の一環であったと考えられる。翌月三日には名主から町年寄宛に返答書が提出されている。ここには名主番組ごとに「道悪敷場所」とされる町名が列記されており、当時の江戸町方における道の質的状態の具体像をうかがうことができる(表1)。同史料によれば「其町切之内ニ而少々宛之道悪敷処」

もあったが、町内の通りがすべて「道悪敷場所」に相当するもののみを書き上げたとされる。同表からは、町方中心部の「古町」に比して場末地域の「町並地」に多くの「道悪敷場所」が存在したことが明らかで、通りごとの特色としては御堀端や河岸付町々、門前町が「道悪敷」状態にあったことがわかる。

右からもわかるように、町人地における道空間の存続は、町・町屋敷を基本的な単位として規定されるそれぞれの「持場」における町共同体や町人らの負担関係に強く依存していた（第4章）。一方、彼らもまた金銭的な負担者でしかなく、維持管理の実働を担ったのが——町人地に限らず——都市下層社会に属する人びとであったことも重要である。第8章で類焼後の町場の焼土瓦取片付を題材に、そのごく一端を垣間見たに過ぎないが、鳶人足集団は町人地の物理的環境の維持の中枢を担っていたと想定される。この意味でそれぞれの町共同体は、鳶人足を抱え込むこと（「抱鳶」）によって、町空間の再生産を可能とする基盤を内蔵していたといえる。今後は、武家地や寺社地をふくめた江戸の都市空間の維持にかかわる労働力供給の所在をはじめ、作業に必要とされた技術や資源など、いわば都市空間の〝シャドウ・ワーク〟[11]を担った諸社会集団の分析が、近世中後期の空間構造理解にとって不可欠の課題となるだろう。

他方、ごくわずかな史料ではあるが、一八世紀後半の町触のなかに、町ごとの「持場」を想定するような文言がふくまれている点は注目しておきたい（第4章）。また個別事例ではあるものの、管見の限り、町の持場の具体的な取決めに関する絵図史料が延享三（一七四六）年にまで遡って見出せる[12]（図1）。推測の域をでないが、一八世紀後半以降、「往還ニ相拘リ候儀」の出願先の統制とならんで、負担場所（「持場」）の空間的な割り当て＝領域確定が、市中の道空間管理のための重要な装置たりえたのではないか。幕府は支配系統に照応する認可システムと、町や武家、寺社の屋敷地に応じた分節的な負担を組み合わせることで、市中全体の道の維持管理体制を編成していったと考えられる。第4章で個別にみた、「持場」をめぐって起きる争論は、維持管理の網の目から洩れてしまう空隙を埋めてゆく作業そ

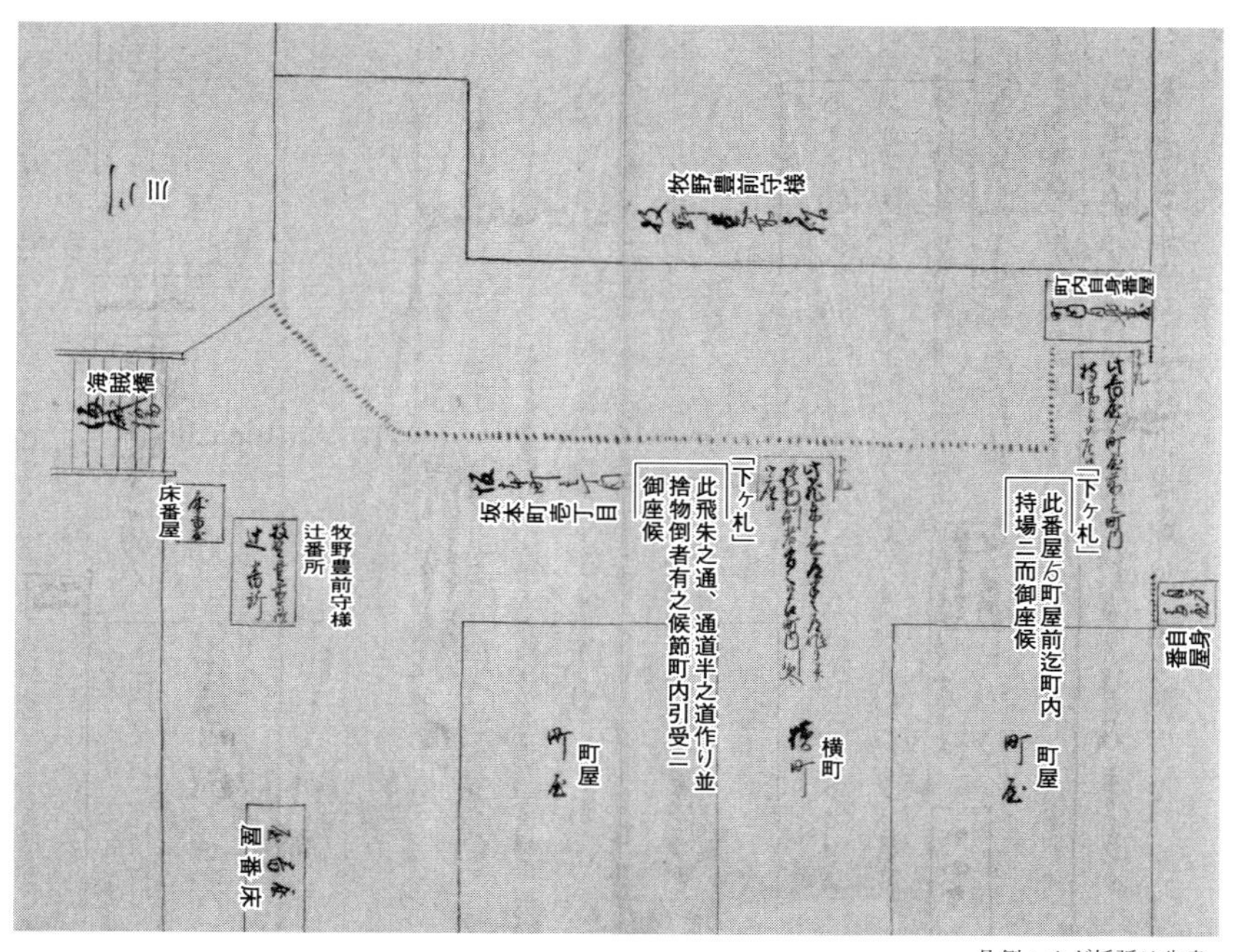

凡例：カギ括弧は朱書.

図1　坂本町の持場（治安維持と機能維持）

註：『坂本町旧記』地，第15件（旧幕）より作成.

のものであったといえよう。

つぎにとりあげてみたいのは明和期に町方中心部を類焼させた二つの火事である。ひとつは明和九（一七七二）年二月二九日に発生した目黒行人坂火事（以下、「明和大火」と呼ぶ）である[13]。この火事は、目黒の大円寺から出火し、南西の風にあおられ、約二日間にわたって町方中心部を焼き尽くした。類焼町数は九三四町、死者数は約一万五〇〇〇人にもおよび、江戸三大大火のひとつに数えられている。いまひとつは、明和大火の五年前、さきにみた道奉行廃止の一年前にあたる明和四（一七六七）年四月九日に京橋金六町より出火し、日本橋南地区を焼失させた火事である[14]。

この二つの火事に直接の関連はないが、つぎのような共通する道空間の規制政策を見出すことができる。火事の後、町奉行から町名主に対し、庇下への「家作建出」を禁ずる町触が出されるとともに、類焼した町々の再建にあたって、沽券絵図の記載情報にのっとった町屋敷の間口や奥行、道や下水幅の照合調査（「沽券改」）が命じられた（第7章）。一見すると、近世を通して頻繁にみられた庇地規制の一齣に過ぎないだろうが、沽券絵図が、町屋敷＝沽券地の把握という当初の意図を越えて、道＝公儀地の統制、つまり町奉行による道空間管理の下図として本格的に活用されたことは注目に値する。この二つの明和の火事は、類焼規模こそ大きかったものの、明暦の大火とは異なりその後に明確なかたちでの都市改造は行われなかった。しかしここには、第7章でみた文化大火後の町々取調へとつながる、町人地内の道＝公儀地の管理をめぐる幕府側の都市空間把握のあり方の質的な変容が見出せるように思われるのである。

対して、江戸市中の堀川についてはどうであろうか。前節でも述べたように、堀川を直接の対象とする幕府の規制や諸政策はまったくといっていいほど見出すことができない。こうしたなかとりあげてみたいのは、第5章で中橋入堀の事例分析のなかで言及した明和二（一七六五）年一一—一〇月に窮民救済政策として計画、実施された江戸城堀の公儀浚（「御堀浚」）である。このときに出た浚土は、町方の「地面不陸」な場所（道や明地）の修繕や堀川の埋立に利用してよいとされた。町奉行の申渡からわかるように、当時、市中において「不用」とみなされる堀川が存在したこと、つまり、一部の堀川で機能不全が起きていたことを幕府が認識していたことは明らかである。そして、こうした堀川については「川浚」による機能恢復は命じられず、むしろこれを埋め立て「上納地町屋」とすることが推奨されたのである。ここからは、堀川の維持管理に対する幕府側の姿勢の一端をうかがうことができる。さらに、楓川や三十間堀などを事例に推定したように、一八世紀後半には川床への土砂堆積が常態化し、通船に支障が発生していたという市中堀川の質的状態は、自分浚という堀川の維持管理のあり方が、当該期においてすでに十分に機能していなかったことの証左といえる。

小林信也は、町や武家、寺社による道空間の維持管理にみられる「持場負担」の原則が、堀川にも援用可能としている[15]。しかし、たとえば楓川は本材木町、三十間堀は三十間堀町のみというように、堀川に面する片側の町のみが自分浚を負担する場所が少なからず存在していた。こうした点で、堀川について持場負担の論理を単純には敷衍化できないように思われる。第6章の神田堀の維持管理のあり方のように、堀川の自分浚にみる負担の論理については、河岸沿い地域（「川筋町々」）の形成過程や社会構造とのかかわりから検討してゆく必要がある。

他方、堀川の維持や存続の問題を、こうした川浚の実施頻度や舟運機能の是非を絶対的な指標として論ずることは一面的に過ぎるだろう。筆者は、堀川そのものが「川埋り」という冗長的で不可逆的な変容を強いられながらも、川浚が施されなくとも長期にわたって機能をもちこたえられていたという歴史的事実を評価してみたい。第6章でみた神田堀における材木仲買の事例にもとづけば、川際への寄州は町住民の土地利用拡大の奇貨となりえたし、舟運が行われない堀川では貯木場としても機能していた。今後は、当時の堀川の質的状態をふまえた中・小規模の河岸――堀川と河岸地――の実態、陸路もふくめた市中内の商品流通・運輸ネットワークのより具体的な空間的様相の解明が課題といえる。そして何よりも、こうした巨大都市江戸に存在した堀川の「悪敷」状態を、維持管理体制の未成熟な段階として切り捨てず、近世都市空間を存立せしめた不可欠な要素として歴史的に位置づける方法を今後も探ってゆきたい。

三　インフラの維持・存続の限界と公儀地の秩序――一九世紀以降

一八世紀末になると町人地における道空間管理のための認可システムが確立されるにいたった（第3章）。これは寛政改革にともなう「町法改正」の副産物であって、これにかかわって町内の番屋（自身番屋・木戸番屋・髪結床番屋）の「建広」の縮小も命じられていた[16]。こうした寛政改革期の動向については、別個に論じられる必要があろうが、町人地の空間構造をめぐって本書の考察から重視してみたいのは文化期（一八〇四―一八年）の動向である。

第一に注目されるのは、第7章で詳述した文化三（一八〇六）年から同四（一八〇七）年にかけての町々取調の実施である。これは先述した明和期の庇地規制策の延長線上に捉えられるもので、町奉行所による道空間の一斉摘発であった。そしてその範囲は江戸町人地全域（「江戸向」と「本所深川」）におよび、規制基準も統一されたかたちで行われた。

このトリガーとなったのは、三つ目の江戸大火に数えられる文化三年に発生した火災である。明暦の大火と比較してこれまでほとんど注目されてこなかった二つの大火（明和九年と文化三年）が、町人地の空間構造を考えるうえで重要な契機たりえたことは興味深い事実といえる。こうした意味で、巨大都市江戸で頻発した中小規模の火事についても、単発的な都市災害としてではなく、町空間が再生産される局面として捉え直してゆく必要があるだろう（第8章）。

第7章で指摘したように、町々取調の意義のひとつは、幕府による道空間の管理、ひいては、公儀地を対象とした空間統制の起点と考えられることにある。ただし、そもそも江戸市中の道すべてが公儀地として一括しうるものではなかったことには留意が必要であろう。第7章では言及できなかったが、町々取調では、町屋敷＝沽券地や寺領・境内地を供出してつくりだされた「自分道」をどのように規制するかが一つの争点となっていた[17]。自分道は、不特定多数の人びとが使用できるという点では他の道と同質であったが、所有形態としては町や寺社の所持する固有の土地であって、あくまでも公儀地ではなかった。それゆえ、従前は町奉行や道奉行による取締りはほとんど行われておらず、自分道の敷設を除いては幕府に対する出願や届出などもなされていなかったと思われる。しかし、町々取調にあたって町方の自分道は、道＝公儀地と同等のものと判断され、摘発の対象とされたのである[18]。

さらに、町々取調において「江戸向」と「本所深川」で統一的な規制方針がとられていたことは見逃せない。ここには隅田川を隔てて二重化していた町人地空間の全体性を把持しようとする幕府側の支配意識が読み取れる。本書での分析は、隅田川以西の問題にとどまってしまったが、本所深川地域をもあわせて町人地空間を論ずることは必須の課題である。

ところで、文政一二（一八二九）年一二月に自身番屋・床番屋・髪結床の定尺規制が出されたことはよく知られている。[19] 筆者はここに、先述した町法改正時の曖昧な番屋規則に寸法基準が付加されたという単なる規制強化という以上に、幕府による道＝公儀地の管理にかかわる質的な変化を読み取ることができると考えてみたい。町々取調が町人地全体を念頭においた測量的な実態調査にもとづく徹底的な規制策であったことをふまえたとき、こうした経験が、以降の町方における道＝公儀地の統制、いいかえれば幕府による空間把握のあり方にあたえた影響は大きかったと推定されるのである。

第二に、文化五（一八〇八）年から日本橋川、竪川、小名木川（「三ン川」）を主な対象として町奉行・普請奉行によって計画・実施された一連の浚渫事業（「文化川浚」）である。この計画の最大の事由は、日本橋川での「将軍御成」ができないことにあった。文化川浚の内容については第５・６章で関説したに過ぎないが、当時、江戸内舟運の大動脈といえる日本橋川での「川埋り」が深刻化していたことは明らかである。この川浚をきっかけに、これまでは不定期に公儀浚が実施されるのみであった日本橋川および竪川では、維持管理の仕組み、つまり商人仲間（石問屋・土問屋と板材木炭薪問屋）の公認を名目に彼らが川浚負担を請け負う常浚体制が確立されることとなった。[20]

他方、幕府がこれまで直接的には関与してこなかった自分浚の場所についても、文化川浚の際には町奉行所役人による見分が行われ、自分浚の実施が河岸沿いの町々に強制されたことは、堀川の管理を考えるうえで注目すべき点であろう。この見分によって河岸地が築出され、長らく陸地と化していた神田堀の実態が把握され、町奉行所に摘発されることになったのである（第６章）。

ただしこの見分は、日本橋川に連接する一部の堀川に限ってのものであって――東・西堀留川および神田堀――、市中全体の堀川の管理体制の改革とはいえず、単発的・局所的な統制にとどまるものであったといわざるをえない。

当該期にいたってもなお堀川の維持負担とその存続の責任は、河岸沿いの町々に一方的に課されるだけであった。第5章で述べた一九世紀前半の西堀留川、楓川、中橋入堀、三十間堀の質的状態をみれば明らかなように、自分浚という維持のあり方は十分には機能しておらず、堀川そのものが有していた長期持続性の限界が一九世紀にはいって露呈しはじめていたと考えられる。

町々取調と文化川浚との直接の関連性は見出せていないが、文化川浚実施のための堀川の見分に際して、広い意味で道敷にふくまれる河岸地にかかわって町々取調懸の関与がみとめられる事実は注目される。河岸——堀川と河岸地——の問題は、陸の側から捉え返されることで、道の問題へと接続しうる。ここから町々取調懸が、庇地規制とあわせて河岸地の統制にも一定の役割を果たしていたと推定されるのである。こうした町方における河岸利用の実態把握が、文政七(一八二四)年の河岸地冥加金の設定[21]という発想へとつながってゆくのではないだろうか。

文化期を経て、つぎなる焦点として措定しうる時期は天保期（一八三〇—四四年）であろう。庇地に関しては、町々取調以後、管見の限り特筆される事象を見出せていないが、天保二—三(一八三一—三二)年、河岸地に存在した「家作住居」（火焚所を付随させた土蔵や小屋）の取調と、その摘発が町々取調と類似する形式で実施されていることは注目される（第7章）。これは河岸地冥加金の上納を名目として町住民らによる河岸地の占有が事実上公認されたこと（「沽券地同様」）の弊害であったと考えられる。他方、第5章でみた「市中川々浚」の実施は、市中における従前の堀川の維持管理体制とその質的状態の克服を目指す特異点的な川浚事業であったと理解できるだろう。

これまで天保改革にかかわる都市政策に関しては少なからず研究蓄積がみとめられるが、かならずしも町人地の空間構造との関連性からは十分に検討されてこなかったように思われる。都市空間にかかわる諸政策を個別にとりあげるだけでなく、今後は道や堀川、ないし公儀地に対する幕府による一連の維持管理政策のなかに位置づけてゆく必要があると考える。本書からみえてきた一九世紀初頭の問題を手がかりとして、近世後期から幕末期にかけて、町人地の空間構造には、いかなる諸段階を読みとることができるだろうか。

＊　＊　＊

本書の目的にかかげた都市の空間構造を〈持続の相〉からみつめ直すこと、「維持と存続」の視角から都市空間そのものが有した特質を考えることは、空間史分析の方法論的提起であるとともに、発展や衰退のプロセスに沿って綴られる都市形成・開発史あるいは〝近代〟へとむかう単線的で一方向的な従来の見方からの視線変更をうながすものでもある。本章で結論的にしめしたのは、本書で明らかとなった個別の事実を手がかりに、江戸町人地の空間的特質とその全体像を理解するための通時的叙述のひとつの試みである。そこにはいくつかの契機や転換点が見出されたが、これらは空間構造に決定的な変容を強いるものではない。しかし、静態的に捉えられがちな江戸の空間構造のうちに潜んでいた個別具体的な実態と、歴史的時間のなかでの都市空間にまつわる質的変容の徴候のいくばくかを浮かび上がらせることができたと考えている。

江戸の都市空間が、都市に住まう人びとの営為によって粘り強く維持されてきたことは間違いない。他方、部分的な機能不全や欠陥、悪敷場所を纏いながら存続しつづけた巨大城下町江戸の空間的様相からうかがえるのは、都市の単なる未成熟な段階ではなく、前近代の都市が包摂しえた冗長的な都市空間のありようであって、そこにこそわれわれが生きる現代都市を批判的に見据えるための糸口が隠されているように思われるのである。

註

（1）　金行信輔がすでに指摘しているように、寛永一二（一六三五）年の作成と考えられる「寛永江戸全図」（之潮、二〇〇七年）をみれば明らかなように、当時すでに「惣構」周辺に武家屋敷や町場が展開していたことがわかる（金行「寛永江戸全図――臼杵市所蔵の新出江戸図について」『建築史学』四六、二〇〇六年）。明暦の大火や享保期の都市政策が都市域拡大の大きな契機になったことは間違いないが、実態分析を通じた通説の再検証がもとめられている。

（2）玉井哲雄「江戸日本橋町人地における幕藩制的構造の確立」（『江戸町人地に関する研究』近世風俗研究会、一九七七年）。

（3）この点は、筆者が幹事として参加する研究会「江戸町触を読む会」（第五回、二〇一三年一〇月一六日）における吉田伸之の指摘に学んだものである。なお吉田は近著において、宝永七（一七一〇）年の沽券絵図を紹介するなかで「市中すべての町々で同じように沽券絵図が作成されたかどうかは疑問も残る」と述べている（同『都市――江戸に生きる』岩波新書、二〇一五年、七一頁）。

（4）江戸の沽券絵図については近年、岩淵令治があらためて整理し新たな史料も提示している（岩淵「江戸の沽券図について」『国立歴史民俗博物館研究報告』二〇四、二〇一七年）。

（5）前掲註（2）玉井『江戸町人地に関する研究』。

（6）髙山慶子は、江戸周縁部の町並地における町奉行と代官による二重化した支配を「両支配体制」と位置づけ、深川猟師町を主たる素材としながらその特質を考察している（髙山『江戸深川猟師町の成立と展開』名著刊行会、二〇〇七年、同「江戸の拡大と支配制度の変容――代官と町奉行の両支配をめぐって」『史潮』新六七、二〇一〇年）。また近年吉田伸之は、品川領を素材に、江戸周縁部の地域特性の理解には、重層する支配関係にもとづく社会＝空間構造の分節的な把握が不可欠であるとしている（吉田「幕末期、江戸の周縁と民衆世界」『歴史評論』七五八、二〇一三年、「品川歩行新宿と食売旅籠屋」『遊郭社会1　三都と地方都市』吉川弘文館、二〇一三年、同「北品川と寺社門前」『身分的周縁と地域社会』山川出版社、二〇一三年）。

（7）『享保撰要類集』十九上、「堀川浚之部」、第十―十三件（旧幕府引継書、国立国会図書館蔵、以下「旧幕」と略す）。この「所々御堀浚」については、神田川＝江戸川の常浚にかかわって、坂詰智美『江戸城下町における「水」支配』（専修大学出版局、一九九九年）および下田桃子「江戸の常浚にみる請負制度――神田川常浚を題材として」（二〇一一年度東京大学文学部歴史文化学科卒業論文）で論じられている。

（8）前掲註（7）坂詰『城下町江戸の「水」支配』。なお、普請奉行の管理記録としては、享保八（一七二三）年から安政四（一八五七）年までの計六四冊の『書上帳』（旧幕）が残されており、普請奉行が統括した江戸城堀の維持管理については今後の検討課題としたい。
(9) 藤田覚「近世政治史と三大改革論——研究史の整理と展望」(同編『幕藩制改革の展開』山川出版社、二〇〇一年)、同『近世の三大改革』(山川出版社、二〇〇二年) など。
(10) 『江戸町触集成』第六巻 (塙書房)、七九五〇号。
(11) イヴァン・イリイチ『シャドウ・ワーク』(岩波書店、一九八二年)。
(12) 『坂本町旧記』地、第十五件 (旧幕)。
(13) 『東京市史稿』変災篇、第四巻、一〇〇七—一〇六九頁。
(14) 『江戸町触集成』第七巻、七九八五号および『東京市史稿』変災篇、第四巻、九七九—九八一頁。
(15) 小林信也『江戸の民衆世界と近代化』(山川出版社、二〇〇二年)。
(16) 『類集撰要』十、第二十五件 (旧幕) および『東京市史稿』産業篇、第三十七巻、五九六—五九七頁。
(17) 『庇切』四 (旧幕)。
(18) 同右。
(19) 『類集撰要』四、第八十四件 (旧幕)。町方の番屋規制に関しては、伊藤好一による基本的な整理がある (伊藤『江戸の町かど』平凡社、一九八七年)。
(20) なお、小名木川については未検討である。
(21) 『類集撰要』四、第七十七—七十九件 (旧幕)。河岸地冥加金については前掲註(19)伊藤『江戸の町かど』に概要がまとめられている。

あとがき

変わらない（ようにみえる）空間を叙述することはできないのか。

都市や建築の歴史を、その形成や発展、あるいは衰退といったベクトルではない、何か別の角度から描くことはできないのか。

幼いころから新しい環境に身を投じること、いまの生活が変わってしまうことがいつも怖かった。本書がかかげる問いの根柢には、そんな甘ったれた感情が潜んでいるように思う。

大学に入学してから今年（二〇一八年）で一四年目。博士課程修了後、幸運にも研究員、教員として大学に残れることになり、学部進学からずっと同じキャンパス、同じ建物に通いつづけている。しかし、ふりかえってみると、変わってしまうことに臆病であったはずの自分が、むしろみずからが変化をのぞんでいたようにも感じてやまない。

中高の恩師・高橋秀昌先生にすすめられた東京大学に合格し、さしたる展望ももたぬまま、なんとなくカッコイイという理由だけで建築学科を選んだ。製図室に泊まりこみ、同級生と文字どおり寝食をともにしながら設計課題にとりくむなかで、学部生の勢い〝建築家になりたい〟との想いにかられたことは紛れもない事実である。思い起こせば、これが人生で自覚しえた初めての〝夢〟であった。

しかし、学部を卒業し、課題に追われる生活から自由になったはずの修士二年間は、若いなりの野心と明確な像を描けない自分への苛立ちが綯い交ぜになった悶々とした日々の連続だった。そしてふと気づけば、両親の期待や学部・修士時代にお世話になった大野秀敏先生の助言に背くように、某建築設計会社への道を閉ざし、建築史研究室への進学を決めていた。博士課程に入ったとて、確たるテーマや研究計画があったわけではない。ただ漠然と、好きになった建築や都市のことを、歴史的なまなざしから自分なりに理解してみたかっただけであった。

じつをいえば、専門を江戸ないし日本近世の都市史に据えたのは、博士課程三年（！）をむかえたときである。卒業論文ではショッピングセンター論、修士論文では日本近代の住宅史。前近代の世界はまったくの門外漢であった。しかし、それまで近現代を選んでいたのは古文書が読めないというだけのことであって、ここでもわたくしは変化をもとめた。

二〇一二年五月、指導教員である伊藤毅先生に、「いまから近世を研究対象にしてもだいじょうぶですか」、「江戸を題材とした都市史研究で学位論文を書きたい」と頼りないメモをもとに相談したことをいまもよく覚えている。そのとき先生は、いつも通りの笑顔を浮かべながら「良いと思うよ、やってみなさい」と、いとも簡単に背中を押してくれた。遅まきながら、このときようやく、博士研究のスタートが切れたのである。

淡々と過ぎてゆく月日に焦りを感じながら、鍛錬のためと自身に言い聞かせ、古文書をひたすら読みつづけるなかで、研究に対する確かな実感と、第二の〝夢〟らしきものが像をむすびはじめたような気がする。

まわりからすれば当て所ない変化の連続にしかみえないかもしれない。ただ、自分にとってはこうした頼りない歩みこそが、変わらぬ自分をかたちづけているのだと思うのである。

本書は、二〇一七年三月に東京大学大学院工学系研究科に提出した学位論文（「江戸町人地に関する都市史的研究――道・堀川の維持と存続をめぐって」）をもとに加筆修正、再構成したものである。長いようで短くもあった学生・研究生活をとおして、拙いながら本書をまとめることができたのは、ひとえにいくつもの幸運な出会いと恵まれた研究環境に身をおけたことによるところが大きい。

まずもって、博士入学を快く許され、遅々として研究テーマを決められなかったわたくしを長い眼で見てくださった伊藤毅先生に厚く御礼申し上げたい。研究室ですすめてきた国内外のフィールド調査研究会、折にふれて機会をあたえてくださった「都市史研究会」（現、都市史学会）をはじめとする学際的な研究交流の場に参加する経験がなければ、今日のわたくしはなかった。とくに数多の共同調査研究のなかで、現場で論点を発見してゆく姿勢、新しい方法論の模索、議論をもとにダイナミックに展開させてゆく研究のあり方など、ほんとうに多くのことを学ばせていただいた。

江戸を研究すると決心した矢先、伊藤先生をつうじて吉田伸之先生と出会えたこと、ときを同じくして「江戸町触を読む会」（二〇一二年五月―二〇一七年一月、計四〇回）の幹事を仰せつかったことは望外の喜びであった。ほぼ月一で開催される研究会の時間は、いつも緊張と昂奮の連続だった。ひとつひとつの史料を丹念に読み込み、論点を抽出してゆくすがたに間近に接せられたことは大変な幸運で、勝手ながら、史料にむきあう基本的な研究態度をお教えいただいたと感じている。共同調査でいまもお世話になる吉田先生には感謝の言葉もない。

博士在籍時からお世話になっている建築史研究室の藤井恵介先生、加藤耕一先生には、大学院講義や月例研究会などをつうじて直接・間接にご指導いただくなかで、わたくしの問題の所在に少なからぬ示唆をあたえていただいた。また、社会基盤学専攻の中井祐先生には本書のもとになる博士論文の審査をお引き受けいただき、研究視野を現代へとひらいてゆく方向性を御指南いただいた。先生方のご厚情に御礼申し上げます。

建築史研究室や学外などで巡り会えたたくさんの先輩や同輩、後輩と過ごした日々は、かけがえのないものであった。初田香成氏には、個人的な悩みから博士論文にいたるまで数多くの相談にのっていただき、たくさんのご助言をいただいた。また、それぞれの研究テーマをもちながら、院生室で切磋琢磨してきた、宮脇哲司氏、福村任生氏、江本弘氏、長谷川香氏、小島見和氏、中尾俊介氏、古文書の読み方を懇切丁寧に教えてくれた藤田壮介氏、会うたびに心地よい刺戟をあたえてくれる石榑督和氏、高道昌志氏にも感謝の意を表したい。

なお本書は、平成二九年度東京大学学術研究成果刊行助成を受けて刊行されるものである。審査をご担当いただき貴重なご意見をくださった匿名のレフェリーの先生方、作業の遅いわたくしを励まし、きめ細やかなご配慮をいただいた東京大学出版会編集部の山本徹氏をはじめ、関係者各位に深甚の謝意を申し上げる。

最後に私事にわたるが、いつまでも足取りのおぼつかない不肖の息子を辛抱強くいまなお見守っていてくれる、父・英史、母・さえ子、姉・ちとせ、小さなころから応援しつづけてくれている祖父母（髙橋次郎・和、鈴木恒雄・美輪子）、研究者の道をすすんだわたくしを思いやり、自身の経験からいつも厳しい言葉をかけてくれた伯父・故鈴木直哉（享年五九歳）、そして、辛いはずの博論執筆期間をいつもと変わらない楽しい日々にかえ、そばでわたくしをささえてくれている下坂裕美さんに感謝の気持ち込めて本書を捧げる。

二〇一八年五月二九日

髙橋元貴

初出一覧

序　新稿

第1章　新稿

第2章　「学界展望　江戸の都市史」（『建築史学』六六、二〇一六年三月）を一部改稿

第3章　「江戸における都市-内-領域としての道」（日本建築学会都市史小委員会二〇一三年度シンポジウム梗概集『道を介した交流と都市――境界を越えた同化と異化』二〇一三年一二月）および「江戸町人地における道空間の支配と管理体制」（『日本建築学会計画系論文集』七二九、二〇一六年一一月）をもとに一部改稿

第4章　「江戸町方の道空間の存続と「持場」――南伝馬町二丁目他三町を事例として」（『日本建築学会計画系論文集』七四六、二〇一八年四月）および「道と橋」（池亨・櫻井良樹・陣内秀信・西木浩一・吉田伸之編『みる・よむ・あるく　東京の歴史2』通史編2、吉川弘文館、二〇一七年）をもとに大幅に改稿

第5章　「江戸市中における堀川の空間動態とその存続――「古町之川岸」の川浚を通して」（『都市史研究』四、二〇一七年一一月）を一部改稿

第6章　新稿

第7章　「江戸町方における庇地統制と土地境界をめぐる論理――町々取調一件を通して」（『建築史学』七〇、二〇一八年三月）を一部改稿

第8章　新稿

終　章　新稿

索　引

あ 行

か 行

さ 行

た 行

な　行

は　行

ま　行

や 行

ら 行

わ 行

著者略歴
1986年　埼玉県生まれ
2008年　東京大学工学部卒業
2010年　東京大学大学院新領域創成科学研究科修了
2014年　東京大学大学院工学系研究科博士課程単位取得退学
　東京大学大学院工学系研究科学術支援職員，同特任研究員をへて
現　在　東京大学大学院工学系研究科特任助教，博士（工学）

主要著書・論文
『東京大学が文京区になかったら——「文化のまち」はいかに生まれたか』（共著，NTT出版，2018年）
『みる・よむ・あるく 東京の歴史』1・2（分担執筆，吉川弘文館，2017年）
「一六〜一九世紀前期におけるフリースラント小都市の社会と空間——ボルスワルトにおける家屋・土地所有をとおして」（『年報都市史研究21 沼地と都市』山川出版社，2014年）

江戸町人地の空間史
——都市の維持と存続

2018年6月26日　初　版

［検印廃止］

著　者　髙橋元貴（たかはしげんき）

発行所　一般財団法人　東京大学出版会
代表者　吉見俊哉
153-0041 東京都目黒区駒場4-5-29
電話 03-6407-1069　FAX 03-6407-1991
振替 00160-6-59964
http://www.utp.or.jp/

印刷所　株式会社平文社
製本所　誠製本株式会社

ISBN 978-4-13-026247-7　Printed in Japan